EL
LIBRO
DE LOS
LIBROS

TREVOR DENNIS

Ilustraciones de interior:
David Dean

EL
LIBRO
DE LOS
LIBROS

Nunca nadie te contó la **Biblia** de una forma
tan hermosa, simple e inspiradora

Título original: *The Book of Books*
Traducción: Gloria Estela Padilla Sierra

Diseño de portada: Diana Ramírez
© 2003, de las ilustraciones de interiores, David Dean

© 2003, del texto, Trevor Dennis
© 2009, de la edición original, Lion Hudson

Se reconocen los derechos morales del autor y del ilustrador de interiores.
Edición original publicada en inglés bajo el título *The Book of Books*,
por Lion Hudson plc, Oxford, Inglaterra.
All rights reserved.

Derechos mundiales exclusivos en español

© 2014, Editorial Planeta Mexicana, S.A. de C.V.
Bajo el sello editorial DIANA M.R.
Avenida Presidente Masarik núm. 111, 2o. piso
Colonia Chapultepec Morales
C.P. 11570, México, D.F.
www.editorialplaneta.com.mx

Primera edición: febrero de 2014
ISBN: 978-607-07-2001-7

Impreso en los talleres de Litográfica Ingramex, S.A. de C.V.
Centeno núm. 162, colonia Granjas Esmeralda, México, D.F.
Impreso y hecho en México - *Printed and made in Mexico*

Para Eleanor, hija y amiga,

y para Judy, colega y amiga;

ambas, excelentes maestras

CONTENIDO

RECONOCIMIENTOS
Acerca de este libro y cómo se escribió

Todo comenzó con otras personas. Philip Law y Lois Rock, ambos editores de Lion Publishing, tuvieron la idea de que escribiera una Biblia para lectores jóvenes. Al principio no estaba seguro de que pudiese escribir el tipo de libro que ellos me proponían, pero me convencieron de hacer el intento y me alegro mucho de que lo hicieran.

Lois se convirtió en mi editora. Me dio siempre su aliento y en toda ocasión sus sugerencias sobre reformas, tanto grandes como pequeñas, fueron inteligentes y perceptivas.

También agradezco a Olwen Turchetta, quien hizo un gran trabajo en la revisión de estilo del libro.

Quiero agradecer en especial a otras dos personas. Una de ellas es mi hija mayor, Eleanor, y la otra es Judy Davies, directiva de Educación de la Catedral de Chester. Eleanor y Judy tienen mucha experiencia con la enseñanza y el trabajo con niños y personas jóvenes. Accedieron a leer todo lo que escribí, y cada vez que terminaba un capítulo, se lo mostraba primero a ellas. Fueron sumamente amables y me alentaron durante todo el proceso, les estoy tan agradecido por las molestias que se tomaron, que les he dedicado el libro a ambas.

Mi esposa Caroline y nuestros otros hijos, Sarah, Jo y Tim, así como nuestro yerno John, también mostraron gran interés en el libro. Escribirlo fue una tarea emocionante, pero de enormes proporciones, y necesité su amor e interés para seguir adelante. Me alegro de esta oportunidad para decir cuánto les debo.

Hay muchas otras personas que me ayudaron a producir este libro e hicieron posible que el lector tenga un ejemplar en sus manos. Éstas incluyen a David Dean, quien ilustró el libro; Jacqueline Crawford, que lo diseñó; y Sarah Toulmin, quien hizo la publicidad. Sin ellos, mi trabajo no hubiera llegado a nada y este libro no existiría. ¡Espero que lo disfrutes!

TREVOR DENNIS
CATEDRAL DE CHESTER, ENERO DE 2003

INTRODUCCIÓN

¿Quiénes somos? ¿De dónde venimos? ¿Qué nos hace diferentes? ¿Por qué somos tan especiales? ¿Somos especiales? *Todos nos hemos hecho estas preguntas. Hace dos mil quinientos años, el pueblo de Israel se hizo las mismas interrogantes, y también otras como: ¿Por qué tenemos tantas dificultades? ¿Qué hemos hecho mal? ¿Qué trae Dios entre manos? Los israelitas vivían en un pequeño país al extremo oriental del mar Mediterráneo, y un pueblo muy poderoso conocido como Babilonia había invadido y destruido sus pueblos y ciudades, había matado a muchos de ellos y se había llevado a miles al exilio en Babilonia, que estaba a cientos de kilómetros de distancia hacia el oriente. Los babilonios robaron su ganado, al igual que sus cabras y ovejas, y destruyeron los cultivos, por lo que la gente que sobrevivió enfrentó una época terrible.*

Los babilonios se consideraban los mejores. Decían que sus dioses también eran mejores. Los babilonios decían que los israelitas deberían pensar como ellos, vivir como ellos, sentir como ellos y adorar como ellos.

Algunos de los israelitas pensaron: ¡Tenemos que hacer algo o esto será nuestro fin! Otros dijeron: Escribamos una historia, nuestra historia, la historia de nuestro pueblo, de nuestras tierras y nuestro Dios. Reunamos las historias que hemos contado a nuestros hijos y las que aprendimos cuando niños. ¡Vamos a combinarlas y a escribir algunas historias nuevas y a relatar una tradición que nuestros hijos puedan contar a sus hijos y estos, a su vez, a sus propios hijos, y así sucesivamente hasta el fin de los tiempos!

Así lo hicieron y nosotros todavía tenemos esa historia. Es la Biblia, y se extiende desde el libro del Génesis hasta el segundo libro de Reyes.

No sabemos los nombres de ninguna de las primeras personas que contaron esta historia. Algunas partes son muy viejas, quizá tan antiguas como de tres mil años o más, pero con frecuencia no sabemos el siglo en que se escribieron las primeras narraciones individuales, no digamos ya el año. Es posible que algunas de éstas sean obra de mujeres, pero es evidente que la mayoría de los narradores fueron hombres. Desafortunadamente no existen escritos de niños. La mayoría de los cronistas habrían vivido en ciudades. Algunos de ellos fueron sacerdotes, otros mercaderes o terratenientes. Es posible que varias de las narraciones vengan originalmente de los pequeños pueblos. No es posible que toda la historia se haya concluido sino hasta algún tiempo después de que los babilonios invadieron y se llevaron al exilio a tantas personas. Podemos estar bastante seguros de ello, porque es donde todo termina.

Pero la Biblia no concluye ahí, como tampoco lo hace este libro. El pueblo de Israel, o los judíos, como se les llegó a llamar, contó otras historias y recitó hermosas poesías. Entre los poetas había profetas, hombres y mujeres que afirmaban ser capaces de ver las cosas como Dios las veía, y hablar con la voz de Dios. La gente atesoraba sus más bellos poemas y los transmitía de una generación a otra. Como veremos luego, algunos profetas podían ver la llegada de alguna catástrofe e intentaban ayudar a su pueblo a enfrentarla. Durante el exilio en Babilonia, otros profetas tuvieron maravillosas visiones de cómo Dios los rescataría y los llevaría de vuelta a casa. Luego de terminar el exilio, el pueblo reconstruyó el templo en Jerusalén. Un judío que se llamaba Nehemías organizó la reconstrucción de los muros de la ciudad y dejó una narración de ello para que nosotros la pudiésemos leer. Casi trescientos años después, otro rey extranjero amenazó con borrar por completo la religión judía. En el libro de Daniel encontramos historias que se contaron en esa época acerca de cómo vino Dios a rescatar de nuevo a sus amigos.

En la Biblia también hay historias de amor, como la narración sobre la notable amistad entre dos mujeres que se llamaban Rut y Noemí, y de cómo Rut llegó a casarse con un hombre llamado Booz. Igualmente hay cuentos graciosos, como el del profeta Jonás, quien era un caso perdido y simplemente no podía aceptar la verdad acerca del perdón de Dios. También hay poesía. Un poeta anónimo, quizás el más grande en toda la Biblia, escribió sobre un hombre que se llamaba Job, quien casi perdió todo y sufrió una terrible enfermedad, pero al final vio a Dios y esa visión lo transformó. Y en el templo de Jerusalén entonaban cánticos sagrados, que ahora se conocen como salmos, algunos muy antiguos y otros compuestos después del exilio.

En este libro encontrarás estas historias y algunas de los poemas y cantos.

Luego de que hayamos hablado de estos, no habremos llegado todavía al final. Habremos dejado atrás lo que los cristianos conocemos como el Antiguo Testamento, y los judíos conocen como Tanaj (ya que todos esos escritos pertenecen a la Biblia de los judíos al igual que la Biblia cristiana). Pero entonces llegaremos a otros cuatro narradores judíos cuyos nombres eran Mateo, Marcos, Lucas y Juan, que escribieron sobre un judío llamado Jesús de Nazaret. Ellos afirmaron que la llegada de Jesús marcó un nuevo principio, no solo para sus compatriotas judíos, sino para el mundo entero. Dijeron: Si quieres tener la imagen más clara de cómo es Dios, entonces ve a Jesús, ve cómo vivió y particularmente atiende a cómo murió, y escucha las historias que él contó. Sus libros se conocen como los Evangelios y para la mayoría de los cristianos son los libros más importantes en la Biblia.

Lucas añadió un segundo tomo a esta historia y en este, el libro de Hechos, contó sobre cómo creció la cantidad de discípulos de Jesús después de su muerte, y cómo se extendieron a un número cada vez mayor de lugares. Esa parte de su historia trata principalmente de dos hombres: Pedro, quien había sido uno de los discípulos de Jesús mientras él vivía, y Pablo. Pablo fue el fundador más importante de las nuevas comunidades cristianas y la Biblia contiene algunas de las cartas que escribió a los cristianos en sitios como Roma, en Italia, o Corinto, en Grecia. Estas cartas se enviaron antes de que se hubiera escrito alguno de los Evangelios. La Biblia contiene también otras cartas de los cristianos.

En el último libro de la Biblia, que se conoce como Apocalipsis, descubrimos algunas magníficas imágenes del Cielo, creadas por otro de los discípulos de Jesús, que se llamaba Juan (probablemente no el mismo Juan que escribió el cuarto evangelio).

Todo esto forma lo que los cristianos llamamos el Nuevo Testamento, y los últimos seis capítulos de este libro tratarán sobre ese tema. Cuatro de los capítulos se dedicarán a los Evangelios y el quinto a los Hechos, en tanto que el sexto contendrá una recopilación de pasajes de las cartas de Pablo y el libro de Apocalipsis.

Las narraciones recreadas para este libro son un tanto diferentes de lo que leerías si consultaras una traducción común de la Biblia. Pretenden interpretar el estilo de cada historia en los idiomas originales, a veces poéticas, a veces divertidas, a veces formales y solemnes. También intentan dar una idea de lo que está detrás de cada historia y poema, y mostrar cosas que podrían haber interpretado quienes las escucharon por primera vez hace largo tiempo, pero que son difíciles de entender para nosotros. Algunos de los nombres del original tienen un significado y esta versión trata de revelarlo. Existen pequeños detalles que quizá sean sorprendentes; por ejemplo, en la historia de David y Goliat, vemos que Goliat recibió un golpe en una pierna y no en la frente. Este cambio se debe a detalles de la versión hebrea original y a lo que los sabios dicen sobre el tema. A veces la historia se vuelve más larga, ya que los narradores originales podrían haberla dicho de viva voz; en otras ocasiones las historias largas se hicieron breves y se dejaron fuera las extensas listas de reyes y demás.

Pero la mejor manera de averiguar lo que tiene este libro es leyéndolo, entonces debemos empezar por el principio...

1
EN EL PRINCIPIO

El Libro de los Libros *comienza con un poema, un hermoso verso acerca de la creación del mundo. Nos dice cómo se hicieron el Sol, la Luna y las estrellas, y la Tierra con sus mares y ríos llenos de peces y su suelo firme lleno de vida con plantas y animales. Nos habla también de nosotros, los seres humanos. Pareciera ser un poema sobre el pasado, un pasado muy remoto; pero no lo es en absoluto. Tiene el propósito de darnos una imagen del universo y de la Tierra en particular, como debería ser, como Dios quiere que sea, donde todo es bello y todo es bueno.*

Después del poema viene una historia sobre un jardín que Dios plantó. El poema de la creación inicia con Dios y una gran cantidad de agua. La historia sobre el jardín empieza con Dios y un desierto seco, y nos habla de un niño y una niña que van creciendo: los primeros niños sobre la tierra. Se desarrollan con demasiada rapidez y de pronto todo se vuelve muy triste.

En la siguiente historia, que trata sobre dos hermanos, es donde empiezan realmente los problemas; después viene la historia del Diluvio, donde encontramos que los seres humanos han destruido por completo la tierra de Dios y la han arruinado con la violencia, así que Dios debe limpiarla.

¿Después del Diluvio todo es bello de nuevo? ¿Todo es bueno como lo fue en el principio? No. Los seres humanos son iguales. Hacen lo que ellos quieren y no lo que Dios quiere. Otra vez amenazan con arrasar la tierra y destruir los planes de Dios.

Todo esto forma una introducción o prólogo para la maravillosa historia del pueblo de Israel en el libro de Génesis. Pero, ¿por qué los narradores de Israel iniciaron con ese tema? ¿Por qué no comenzaron simplemente con sus propios ancestros? Porque creían que su pueblo tenía una misión espe-

cial que les había sido dada por Dios: la misión de trabajar al lado de Dios para dar orden al mundo. *Según creían, con ayuda del pueblo de Israel, Dios lograría que el mundo fuera bello de nuevo y muy bueno, como había sido y como Él había querido que fuera. Dios les enseñaría la manera de ayudarlo. Eso es lo que estaban tratando de decir.*

Dios hace el mundo

EN EL PRINCIPIO
Antes de que existiera el mundo
no había nada.
Solo Dios en la oscuridad,
con gran cantidad de agua,
y el espíritu de Dios como brisa fresca,
parecido al aletear de un ave silvestre.

Y luego en la oscuridad, Dios habló:
—¡Hágase la luz! —gritó.
¡Y así se hizo!
Dios miró la luz y dijo:
—¡Qué bella eres! Te llamarás día.
Vio a la oscuridad y dijo:
—¡Tu nombre será noche!

Entonces hubo mañana y hubo noche, en el primer día del mundo.
Y de ese modo continuaron las cosas.

Dios habló,
Dios hizo,
Dios separó una cosa de otra.
Dios nombró a cada una
y las puso en su sitio,
para que fueran lo que debían ser,
para que hicieran lo que debían hacer.

Creó los cielos
y les puso agua para hacer lluvia.
Hizo el Sol,
la Luna y las estrellas.
Las elevó al cielo
para que con su brillo y salida
marcaran los días, las noches
y las estaciones del año.

Hizo la tierra firme
y la cubrió completa
con moras y plátanos,
geranios y grosellas,
amapolas y azucenas,
con plantas de toda clase.

Formó los mares, océanos
y ríos, a los que llenó
con carpas y cetáceos,
tortugas y tilapias,
lenguados y lubinas,
bagres y ballenas,
con peces de toda clase.

Creó corrientes de aire
y en ellas colocó
águilas y ánades,
cuervos y calandrias,
somorgujos y serretas,
golondrinas y garzas,
y aves de toda clase.

Creó planicies, montes y valles
y a todos los cubrió
con osos y ocelotes,
venados y vicuñas,

erizos y elefantes,
cerdos y caballos,
con animales de toda clase.

Los días fueron pasando
y Dios vio las criaturas que había hecho.
Las bendijo a todas y lloró.
—¡Qué hermosas son ustedes!
Florezcan y multiplíquense,
y llenen la bella tierra.

Al sexto día,
cuando hizo los animales,
Dios dijo:
—Quiero hacer otra criatura
que cuide por mí de esta tierra.
Haré seres humanos:
hombres y mujeres, niños y niñas.
Serán como yo
a mi imagen y semejanza,
¡reyes y reinas de esta, mi bella tierra!
Me ayudarán a cuidar de los peces, animales y aves,
a toda criatura que nade en lo profundo,
o que corra por la tierra,
o que vuele por los aires.

Y Dios los hizo,
iguales a Él,
a su propia imagen y semejanza,
niños y niñas, hombres y mujeres.
Y colocó sus manos sobre ellos,
los bendijo y clamó:
—Florezcan y multiplíquense,
colmen la tierra
y ténganla por reino.
Vean, les he dado el alimento que necesitan.

He dado alimento a todas mis criaturas,
todas las plantas que quieran
para que llenen su estómago.

Entonces Dios vio lo que había hecho.
¡Contemplen! ¡Todo era muy bello y todo era muy bueno!

Al séptimo día
Dios descansó de todo el trabajo hecho.
Hizo de ese día una fiesta,
un día santo,
un día de sagrado descanso
para Él y para toda su creación.

¡Cuán bello era todo!
¡Y cuán bueno!
¡Todo era bueno!
¡*Todo* era bueno!

Dios planta un jardín

EN EL PRINCIPIO, antes de que el mundo empezara en realidad, no había nada… solo Dios y un desierto. El desierto era interminable; adondequiera que pudieras ver había desierto. Sin plantas ni animales. Sin personas. Solo el desierto y Dios.

Así que Dios se puso a trabajar. Tomó en sus manos un poco del polvo del desierto y lo mezcló con agua. Le dio forma, lo moldeó y alisó hasta que pareciera como un ser humano, un niño. El niño se quedó acostado en el suelo y no se movía. Dios se puso de rodillas, se inclinó sobre el niño, colocó su boca sobre la nariz de la figura y le sopló la vida. ¡La figura se puso de pie y se convirtió en un ser humano vivo, que respiraba y reía!

Pero Dios no podía dejar al niño solo en el desierto. Seguramente moriría de hambre y sed. Entonces Dios plantó un jardín en Edén, que estaba muy lejos hacia el oriente, en un lugar que está más allá de la imaginación, y puso ahí al niño. Era un sitio maravilloso, lleno de árboles y muy bello, con frutos perfectamente deliciosos. Había un manantial que después se convertía en un torrente, y ese torrente se convertía en cuatro ríos que eran suficientes para llevar agua a toda la tierra. Cada vez que el niño sentía hambre, lo único que tenía que hacer era tomar un plátano, una naranja, un mango o una manzana, o cualquier cosa que quisiera. Si sentía sed, lo único que tenía que hacer era acercarse al manantial y tomar con sus manos un poco de agua para llevar a su boca.

En medio del jardín había dos árboles especiales: el Árbol de la Vida y el Árbol de la Ciencia del Bien y el Mal. Dios dijo al niño:

—Cuida el jardín y mantenlo bonito y silvestre. Puedes comer cualquier fruto, excepto el del Árbol de la Ciencia del Bien y el Mal. No debes comerlo porque morirás.

¡El jardín era un sitio maravilloso! No se necesitaba trabajar gran cosa para mantenerlo bonito y silvestre, y el niño tenía mucho tiempo de sobra para jugar. Construía islas en el arroyo y subía a los árboles, incluso se construyó una casa en un árbol. El jardín se llenaba con sus risas.

Luego, un día, Dios se acercó y no pudo oír ningún ruido. Buscó al niño y vio que estaba tratando de jugar a las escondidillas; pero uno solo a las escondidillas no puede. Dios miró de nuevo y esta vez el niño estaba tirando de una enorme rama que había caído en el arroyo. Tiraba y tiraba de esta sin lograr progreso, el tronco era demasiado pesado para él. Dios pensó que la situación no funcionaba. El niño necesitaba de un ayudante y de alguien con quien jugar.

Así que Dios tomó un poco más de tierra y agua, esculpió animales y aves, y se los llevó al niño para ver si eso servía. El niño les puso nombres. *Canguro*, le dijo, pero antes de que pudiera preguntarle si estaría dispuesto a ayudarle con el tronco, el canguro se fue saltando. *Tigre* le dijo a otro, pero antes de poder preguntarle si querría jugar a las escondidillas, el tigre se deslizó tras de los árboles y desapareció. Dios le llevó una enorme ave, pero el niño apenas tuvo tiempo de llamarle *águila real* antes de que se fuera volando.

Al final el niño se quedó solo. Les había puesto nombres a todos los animales y aves, pero se fueron y él seguía solo.

Dios pensó para sí mismo que las cosas seguían estando mal.

Entonces tuvo una brillante idea, una idea misteriosa, pero brillante. Primero hizo que el niño entrara en un profundo sueño. Luego se inclinó sobre él y tomó una de sus costillas. No lo lastimó en absoluto. Lo cosió tan bien que no podía verse ningún remiendo. Después tomó la costilla que le había quitado y la moldeó hasta formar una nueva criatura. Dios la miró y aplaudió.

—¡Tú bastarás! —dijo Dios, y entonces despertó al niño.

—¡Dios mío! —gritó el niño—. ¡Una NIÑA! Mira, si nos ponemos juntos, encajamos uno en el otro. ¡Genial! ¿Cómo hiciste esto, Dios?

Dios sonrió y no dijo nada.

Y todo estuvo bien… hasta que un día llegó una serpiente.

Un día soleado, la niña y el niño jugaban junto a los dos árboles en medio del jardín, el Árbol de la Vida y el Árbol de la Ciencia del Bien y el Mal, cuando se acercó a ellos la serpiente. La serpiente era *muy* lista. Lo sabía todo, o por lo menos así lo creía. Venía caminando hacia la niña, y le dijo:

—¿Qué piensssssasss, niña… —siseó—, de que Dios te haya dicho que no debes comer de las frutas de los árboles, como por ejemplo estas deliciosas manzanas?

—Bueno —respondió la niña—, Dios dijo que podíamos comer cualquiera de los frutos, excepto los de este árbol que está en medio del jardín. Nos dijo: *Si comes de la fruta de este árbol, o la tocas, morirás*. Eso es lo que dijo Dios. Es un árbol sagrado, y esa es la razón. Es especial.

—¡¿Morir?! —gritó la serpiente—. ¡No morirás! Come la fruta del Árbol de la Ciencia del Bien y el Mal, y serás como Dios. Lo sabrás todo. Ambos lo sabrán. ¡Mira ese árbol! ¡Es hermoso, con deliciosssssa fruta para comerla, la mejor del jardín! Para chuparse los dedos.

La niña observó de nuevo el árbol. Quizá no era tan diferente después de todo. De hecho, no se veía nada diferente en realidad. No se *veía* sagrado. Tal vez no tenía nada especial.

Levantó la mano, tomó una de las frutas y le dio una mordida. La serpiente tenía razón, era deliciosa. Escogió unas cuantas frutas más y las llevó al niño, quien también les dio una mordida. Luego tomó otro bocado y ella también tomó otro, y otro y otro más.

Empezaron a sentirse un poco raros. Se vieron entre sí y se dieron cuenta de que ¡no tenían ninguna ropa! Estaban creciendo y eso estaba bien, solo que estaban creciendo demasiado rápido. De pronto, antes de que siquiera se dieran cuenta, sabían demasiado y eso les dio miedo. No se dijeron nada el uno al otro, pero encontraron una higuera que tenía grandes hojas. Ataron algunas de las hojas y las convirtieron en faldas —bueno, en una especie de faldas— y se las pusieron. Se veían ridículos. Pero no se rieron, tenían demasiado miedo.

Entonces oyeron que Dios se acercaba. Ahora, de pronto, también Él les daba miedo. Se ocultaron detrás de algunos arbustos y escucharon que los pasos de Dios se acercaban cada vez más.

—¿Dónde están? —llamó Dios.

—Detrás de este arbusto —respondió el niño—. Te escuché venir, pero me dio miedo porque no tenemos ropa adecuada y me escondí.

—¿Quién te habló sobre la ropa? —preguntó Dios—. ¿Has comido la fruta que te dije que no comieras?

—¡No es mi culpa! —gimió el niño—. Esa niña me la dio, recogió unas frutas y me dio a probar. Es tu culpa, Dios —añadió entre dientes.

Dios se volvió hacia la niña, y preguntó:

—¿Tú lo hiciste?

—¡No es mi culpa! —lloró—. La serpiente me engañó para que lo hiciera.

La serpiente se quedó callada, pero se deslizó por el suelo y se ocultó debajo de un montón de hojas.

—Así es, serpiente —dijo Dios—. Así será la vida para ti desde ahora. Tendrás que deslizarte por el piso y ocultarte y morder, y que te den de palos.

Entonces Dios volteó hacia el niño y la niña. Tenía una profunda tristeza en su voz.

—Cuando realmente hayan crecido —dijo—, así será la vida para ustedes. No habrá más juegos en este hermoso jardín. Los dos trabajarán durante las horas que yo crearé. Y tú —le dijo a la niña—, tendrás hijos que correrán a tu alrededor todo el día, bebés que te despertarán todas las noches, y estarás cansada. Y tú —dijo al niño— sudarás en los campos bajo el ardiente sol hasta que sientas que se te quiebra la espalda. ¿Y qué sacarás de eso? ¡Espinos y cardos! Y un día estarás agotado y morirás.

El niño y la niña bajaron la cabeza. Ahora tendrían que dejar el jardín. Y así lo hicieron, no había modo de regresar. Estaban muy tristes y Dios también lo estaba.

Me pregunto: ¿qué hubiera pasado si mejor nos hubiéramos comido la fruta del Árbol de la Vida?, pensó la niña para sí. *Después de todo, Dios nunca dijo que no comiéramos esa fruta.*

Pero era demasiado tarde. Ahora estaban fuera del jardín y no podían regresar.

Las cosas se ponen feas

EL NIÑO Y LA NIÑA dejaron el Jardín del Edén y se convirtieron en hombre y mujer. Se llamaron Adán y Eva. Sentaron cabeza y se dedicaron al duro trabajo de sus vidas diarias.

Un día Eva se dio cuenta de que su estómago estaba creciendo. Se hizo cada vez más grande hasta que, unos meses más tarde, llegó un bebé. Miró al niño que estaba junto a ella y lo vio tan pequeño que lloró de asombro y dicha. Es *nuestro orgullo y alegría*, le dijo a Adán.

De modo que le llamaron Caín, que significa *Orgullo y alegría*.

¡Era maravilloso tener a *Orgullo y alegría*! Pero luego llegó otro bebé, otro varón. Eva recordó lo que Dios le había dicho antes de dejar el jardín, sobre que sus hijos la rodearían todo el tiempo y los bebés la despertarían todas las noches. Tanto ella como Adán no hubieran querido tener otro bebé, por lo menos no tan pronto.

Lo llamaron Abel, que significa *Nadie*.

Orgullo y alegría siguió siendo su favorito y no prestaban atención alguna a *Nadie*.

Orgullo y alegría y *Nadie* crecieron. *Orgullo y alegría* se volvió agricultor, cultivando la tierra y cosechando. *Nadie* se convirtió en pastor.

Al final de la estación de cosechas ambos llevaron algunos regalos a Dios. *Orgullo y alegría* le llevó parte de su mejor maíz y sus verduras. *Nadie* le llevó un poco de carne de sus mejores animales, aquellos trozos que esperaba fueran del mayor gusto de Dios.

Dios estaba encantado con *Nadie* y su regalo, pero no pareció tomar muy en cuenta ni el regalo ni la presencia de *Orgullo y alegría*.

De pronto *Nadie* se sintió muy satisfecho. Nunca antes habían tenido interés en él, pero ahora Dios mismo le ponía atención y mostraba agrado, ¡tanto hacia él como a su regalo! Estaba colmado de felicidad.

Sin embargo, *Orgullo y alegría* estaba furioso.

—¿Qué tiene de malo mi regalo? —murmuró para sí mismo—. ¿Qué tengo de malo *yo*? ¿Y qué tiene de especial el regalo de mi hermano menor? ¿Qué tiene de bueno *él*? ¡Es *Nadie, un don nadie*! Yo soy mayor que él. Soy mejor que él en todo. ¡*No es justo*!

Pero no le dijo todo esto a Dios. Ni se lo dijo a nadie más. Lo mantuvo guardado para sí mismo y el dolor y el profundo enojo fueron creciendo dentro de él hasta estar a punto de estallar.

Dios lo observó y vio la expresión en su rostro.

—¿Por qué estás tan enojado? —le preguntó.

¡*Qué pregunta tan estúpida*!, pensó *Orgullo y alegría, tú sabes muy bien por qué estoy enojado. ¡Todo esto es por tu culpa*! Pero no lo dijo en voz alta. Se mordió la lengua y miró hacia el suelo.

—¡Ten cuidado! —le advirtió Dios—. Ten cuidado o tu enojo te gobernará, y luego harás lo que tu enojo quiera y eso será algo terrible. No dejes que tu enojo ordene tus acciones. ¡*Tú* eres quien da las órdenes, y dile a tu enojo que se comporte bien!

Orgullo y alegría dio la media vuelta y se fue. No hizo caso, pero siguió sin decir nada. Simplemente empezó a maquinar un plan espantoso.

Un día llamó a su hermano.

—¡*Nadie*! —dijo.

—¿Qué deseas? —preguntó *Nadie*.

Orgullo y alegría no respondió, sino que empezó a caminar hacia los campos.

Nadie estaba confundido. *Bueno*, se dijo a sí mismo, *será mejor que lo siga y averigüe de qué se trata.*

Siguieron caminando hasta que su casa parecía como un pequeño punto en la distancia. *Orgullo y alegría* calculó que estaban suficientemente lejos como para que Adán y Eva pudieran ver u oír algo. Caín caminaba unos cuantos pasos adelante cuando de pronto dio la vuelta y saltó sobre *Nadie* como un león que ataca a un antílope. Su hermano no sospechaba que sucediera eso. Levantó las manos para defenderse, pero era demasiado tarde. *Orgullo y alegría* lo mató. *Nadie* estaba muerto y su sangre empezó a manar de su cuerpo y a filtrarse en la tierra seca y polvorienta.

Orgullo y alegría le volvió la espalda y empezó a alejarse. Dios lo detuvo en seco.

—¿Dónde está tu hermano, al que todos llaman *Nadie*? —preguntó.

Orgullo y alegría le miró de reojo.

—No sé —respondió—. No es *mi* obligación cuidar de él. Dios, esa es *tu* obligación —añadió entre dientes—, y no lo has hecho muy bien, ¿no crees? —rió en voz baja para sí mismo.

—¿Qué has hecho? —gritó Dios—. ¿Qué has hecho? La sangre de tu hermano me lanza alaridos desde el suelo. Quería darles mi bendición a ambos, pero ahora tu hermano está muerto y tú estás maldito. De hoy en adelante, cuando ares la tierra, nada sacarás. Serás un nómada y un vagabundo.

Las lágrimas corrieron por el rostro de *Orgullo y alegría*. Por primera vez vio directamente a Dios.

—¡Esto es demasiado para soportarlo! —gritó—. Me expulsas de la tierra, y nunca podré volverte a ver. Seré un nómada y un vagabundo que solamente deambulará por todas partes, sin un hogar ni un sitio que pueda considerar propio. Cuando haya más gente en la tierra, todos querrán matarme.

Dios ya no quería más asesinatos. No quería ver otro cuerpo desplomado y sin vida, con su sangre filtrándose en el suelo.

—Te pondré una marca —le dijo— para que ninguna persona te ponga una mano encima.

Así que aquel a quien Adán y Eva habían llamado *Orgullo y alegría* siguió su camino. Dejó atrás a Dios. Tenía una extraña marca en la frente. Vivió por largo tiempo y pronto hubo muchas otras personas en el mundo. Quienes se encontraban con él sabían de inmediato lo que significaba la marca: Asesino. Fratricida. Y se alejaban rápidamente de él.

Vivió en la Tierra de los Perdidos, lejos de Edén. Nadie sabe dónde está ese lugar.

El Diluvio

Cuando Caín mató a Abel, ese fue el primer asesinato en el mundo. Dios no quería más muertes. Pero a medida que fue pasando el tiempo y más personas habitaron la tierra, también aumentaron los asesinatos hasta que el planeta se sacudió con la violencia.

Dios miró la hermosa tierra que había creado. ¡Estaba arruinada, totalmente arruinada! Miró a los seres humanos. Los había creado para que cuidaran la tierra en su nombre, para que la mantuvieran en orden y protegieran su belleza. Se puso a observar con cuidado, pero no pudo ver otra cosa que no fueran pensamientos oscuros y hechos tenebrosos y malvados.

Le abrumaban la pena y el enojo. *Me arrepiento de haber hecho a esos seres humanos*, se decía con amargura. *Tendré que eliminarlos de la faz de la tierra y a todas las demás criaturas junto con ellos, y habré de comenzar desde el principio.*

Miró a la tierra una vez más y en esta ocasión se percató de que había un hombre bueno, solo uno, se llamaba Noé.

Noé estaba casado, su esposa y él tenían tres hijos: Sem, Cam y Jafet.

Un día Dios le habló a Noé:

—La tierra está arruinada y llena de violencia —le dijo—. He visto todo y he decidido destruirlo. Pero los mantendré seguros a ti y a tu familia, y a unos cuantos animales, aves y serpientes.

»Debes construir un arca, un enorme barco, con suficiente espacio para ti y tu familia y para las criaturas que llevarás contigo, así como un área para guardar gran cantidad de alimentos. Voy a enviar un diluvio sobre la tierra y con esa agua limpiaré todo, excepto a ti, a tu familia y a las criaturas que lleves dentro del arca».

Noé estaba asombrado. No sabía qué decir. Tenía tanto miedo que no podía hablar. Era obvio que Dios tenía razón. Era obvio que la tierra se había convertido en un sitio muy malvado, ¿pero cubrirla con una gran inundación?… ¡eso era terrible! Quería discutir con Dios, pero no podía decir palabra alguna. Escuchó las instrucciones que Dios le dio sobre el arca, la madera que debía usar, qué tan larga, ancha y alta debería ser, cuántas cubiertas tendría y así sucesivamente. Y todavía no podía emitir palabra.

—Llevarás parejas de animales —le decía Dios—, un macho y una hembra de cada uno de ellos. Cuando el diluvio haya terminado, podrán tener crías y empezar todo de nuevo.

El corazón de Noé batía en su pecho como un tambor y sus rodillas hacían tanto ruido al chocar entre sí que apenas podía oír lo que Dios le estaba diciendo. Y aun así no podía encontrar qué decirle. Finalmente, Dios terminó de hablar. Noé dio un gran suspiro y se puso a construir el arca.

Hizo lo que Dios le había indicado. Cuando terminó, entró en el arca junto con su familia y todos los animales entraron por pares, justo como Dios había dicho que lo hicieran. Dios cerró la puerta del arca para que el agua no pudiera entrar.

Al principio, cuando Dios creó al mundo, empezó con una enorme cantidad de agua. Cuando Dios hizo los cielos, colocó arriba parte del agua para hacer la lluvia. Hasta ese momento se había asegurado de que la lluvia cayera ligeramente. Pero ahora abrió al mismo tiempo todas las compuertas del cielo. Llovía a cántaros y siguió lloviendo… día tras día tras día.

Cuando Dios creó al mundo, ocultó parte del agua en sus profundidades, en manantiales, ríos y lagos subterráneos. Hasta entonces el agua había brotado tranquilamente hacia la superficie. Pero ahora Dios hizo que saliera en enormes chorros y géiseres que siguieron brotando día tras día tras día.

Durante ciento cincuenta días continuaron creciendo las aguas sobre la tierra. Al final, incluso las montañas más altas estaban bajo el agua. El diluvio ahogó todo, excepto a Noé y su familia, y a las criaturas que llevaban en el arca.

¿Adónde iban? No podían saberlo. El arca no tenía un timón pero, de todos modos, ¿adónde podrían ir? No había más que agua por todas partes.

¿Cuándo terminaría? No podían saberlo. Dios había dicho que un día podrían comenzar todo de nuevo. ¿Pero cuándo sería eso?

Lo único que podían escuchar era el sonido de las gotas de lluvia que golpeaban la cubierta del arca sobre sus cabezas y las aguas que chocaban con sus costados. No había fin para el terrible sonido del agua, que continuaba todos los días.

Por lo demás, todo estaba muy tranquilo. Noé y su familia no se hablaban unos a otros. Los animales, las aves y las serpientes también estaban callados. Las ovejas no balaban, los ruiseñores no cantaban y las serpientes de cascabel no sonaban su cola. Todos estaban apretujados y esperaban, mientras el arca flotaba sobre esa enorme cantidad de agua. Era como al principio, antes de que se creara el mundo. Nunca veían el sol o la luna o las estrellas. Miraban por la ventana pero lo único que tenían enfrente era agua: agua que caía torrencialmente del cielo y brotaba desde abajo y agua todo alrededor.

¡Era terrible!

Luego Dios vio al arca y a Noé y su familia y a todas las criaturas dentro de ella; se veían tan diminutos en esa enorme concentración de agua. Cerró las compuertas del cielo y la lluvia cesó. Cerró los manantiales y géiseres, y los borbotones dejaron de manar.

Cuando Dios creó al mundo, su espíritu sopló como el viento y voló como un ave sobre el cúmulo de agua. Ahora Dios envió otro viento para que se dispersara sobre las aguas y las alejara. Pasaron muchos días y las aguas se retiraron.

Un día Noé sintió un ligero golpe debajo del arca y ésta se detuvo. ¡Debían haber tocado tierra! ¿Pero cuánta tierra habría? ¿Sería seguro dejar el arca? No lo sabía, no podía ver. Así que envió a uno de los cuervos. El cuervo no regresó. Todavía no había un sitio donde pudiera posarse y tuvo que continuar su vuelo hasta que terminara el diluvio y lograra reunirse con su pareja. Noé no lo volvió a ver. Después envió una paloma para ver si podía encontrar tierra, pero no pudo y voló de regreso al arca. Noé la vio venir y sacó un brazo por la ventana. La paloma se posó en su mano y con mucho cuidado Noé la llevó dentro. Esperó otros siete días y envió por segunda vez a la paloma. De nuevo regresó y esta vez tenía en su pico una hoja recién cortada de un árbol de olivo. Noé se puso a bailar con mucha alegría y luego fue corriendo para mostrarle la hoja a su esposa y a los demás. Siete días después envió a la paloma por tercera vez. En esta ocasión no regresó; había encontrado un sitio donde vivir.

—Las aguas deben estar a punto de desaparecer —dijo Noé.

Enrolló la cubierta que habían colocado sobre el arca y miró alrededor. Las aguas habían desaparecido y la tierra se estaba secando.

—Vamos —gritó Noé—. ¡Hagamos una fiesta!

Y así lo hicieron. ¡Con cuánta emoción balaron las ovejas! ¡Con cuánto gozo cantaron los ruiseñores! ¡Con cuánta alegría agitaron sus cascabeles las serpientes! Noé y su familia y todos los seres del arca bailaron juntos todo el día hasta la noche siguiente.

Luego Dios dijo a Noé:

—Ahora salgan todos del arca. El diluvio ha terminado. La tierra se ha secado y pueden comenzar todo de nuevo.

Tenían una sensación muy extraña de pisar de nuevo tierra firme, pero también era maravilloso. Noé dijo a su esposa:

—Hagamos también una fiesta para Dios.

Así que construyó un altar, encendió una hoguera en él y ofreció sacrificios a Dios. Dios olió el aroma delicioso y reconfortante del fuego.

Pero Dios sabía cómo se comportarían los seres humanos. Se dijo a sí mismo que los hombres no habían cambiado. El diluvio no había lavado sus defectos. Todavía podían ser malvados y peligrosos; todavía seguían siendo violentos. Sin embargo se dijo que nunca volvería a destruir la tierra. *Sin importar lo que hagan los seres humanos, nunca asumiré de nuevo el control. Nunca más les quitaré el poder que les di desde el principio. Viviré con ellos como son, sin importar el precio que tenga que pagar.*

Dios bendijo a Noé y a su familia, y les dijo:

—¡Fructifiquen y multiplíquense y llenen la tierra! Todas las demás criaturas les temerán desde ahora —añadió en voz más baja—, porque ahora puedo ver que las cazarán, las matarán y se las comerán.

Dios estaba triste al decir estas palabras. Al principio había sido diferente. Había dado plantas para que los seres humanos las comieran igual que los demás animales. No habían tenido que matar para obtener alimento. Se suponía que no debería haber matanza alguna. Los seres humanos habían cambiado todo eso. Dios tendría que vivir con ellos como eran y no castigarlos como se merecían.

Dios habló a Noé y a su familia, al igual que a las criaturas que habían salido del arca:

—Les prometo solemnemente que nunca haré caer otro diluvio sobre ustedes —les dijo—. Pondré sobre el cielo una señal para recordarme la promesa que les he hecho: el arcoíris. No es posible tener un arcoíris sin el sol. El arcoíris me recordará que nunca dejaré caer la lluvia sin cesar y que el sol esté oculto día tras día. Nunca más responderé al mal con el mal. Ahora están seguros, les doy mi palabra.

El blablablá de Babel

La Biblia inicia con un poema y unas cuantas historias sobre el principio de los tiempos. Esas historias se refieren a cosas misteriosas: un jardín donde Dios crea a los seres humanos a partir de la tierra y de insuflarles la vida con su aliento; un trozo de tierra teñido con sangre de un hombre asesinado que grita a Dios anunciándole su pena, y un gran diluvio que inunda no solo un valle ribereño y no solo un país, sino el planeta completo. En la siguiente narración también suceden cosas extrañas, pero de pronto encontramos algo que viene directo de la historia de la humanidad y que en sí mismo no es tan antiguo.

Hace dos mil quinientos años los babilonios, que provenían de un país que ahora se conoce como Irak, invadieron la tierra del extremo oriental del mar Mediterráneo, donde vivía el pueblo de Israel. Capturaron la capital, Jerusalén, y la destruyeron;

derribaron todo, o lo quemaron, y destrozaron el templo de
Dios. Se jactaban de que su dios Marduk había derrotado
al Dios de Israel. Los israelitas dijeron que su Dios era el creador
del mundo y había cuidado de ellos todos esos años. Pero los
soldados de Babilonia se rieron y dijeron: «¡Bueno, pues ahora
no está cuidando mucho de ustedes, ¿no creen?!». Forzaron a
muchas personas a caminar miles de kilómetros hasta Babilonia,
que estaba en las orillas del río Éufrates.

Quizá la persona que escribió la siguiente historia fue uno
de los prisioneros que fueron a ese país. Con toda certeza fue un
israelita que conoció Babilonia. En medio de la gran ciudad
había un gigantesco templo que era como una pequeña
montaña. La formaban seis enormes escalones y en la cúspide
había una casa para Marduk. Los babilonios estaban muy
orgullosos de su ciudad. Contaban historias sobre ella y
entonaban canciones alabándola. Decían que sus raíces llegaban
a un lugar más profundo que la tierra y que su cima era tan alta
como el cielo.

Nuestro narrador anónimo de Israel no estaba tan orgulloso.
Para él era un símbolo de la tiranía y la crueldad de la guerra.
Decidió que contaría su propia historia sobre la ciudad. Algunas
partes son muy divertidas, pero resumía mucho de lo que estaba
mal con los seres humanos y, por tanto, era un testimonio
adecuado para colocarlo justo después de la historia sobre el
diluvio.

Y así fue como Babilonia, o Babel, como le llamaban los
israelitas, fue tema de una serie de historias sobre los inicios del
mundo.

Este es el testimonio que contó ese gran narrador.

HACE MUCHOS, PERO MUCHOS SIGLOS, cerca del principio de los
tiempos, todos los seres humanos en la tierra hablaban un solo
idioma. Dios les había dicho que fueran a vivir en todas partes de
la tierra, pero algunos no le hicieron caso. En vez de ello, decidieron asentarse en un lugar junto al río Éufrates. Aprendieron a

fabricar ladrillos y estos les dieron algunas ideas. Soñaban con construir una gran ciudad que tuviera gruesos muros y un enorme templo en su interior, con raíces que penetrarían más allá de la tierra y con una cima tan alta como el cielo. De modo que se pusieron a construir. A medida que las paredes se hacían más gruesas y el templo se volvía más alto, estaban cada vez más orgullosos. Eran tan grandes como Dios mismo, si no es que más. Pensaron que el plan de Dios de que se distribuyeran por toda la tierra era algo estúpido, y se dijeron: «Quedémonos aquí y volvámonos famosos».

Dios miró su hermosa ciudad y su alto templo. Para Él eran diminutos, pero sabía lo que estaban pensando los constructores. Antes de que pasara mucho tiempo la tierra volvería a estar arruinada. Podía verlo claramente y tenía que ponerles un alto.

Dios sonrió para sí mismo mientras ponía en acción sus planes.

—Pásame otro ladrillo —dijo un día uno de los constructores, y su compañero le contestó:

—¡Ciertamente es un hermoso día!

—¡La vista es fabulosa desde aquí! —exclamó otro. Su amigo lo regañó, diciendo:

—¡Deja de hacer comentarios groseros sobre mi nariz!

—Debemos estar a punto de alcanzar el cielo —comentó un tercero, mientras que una mujer junto a él les gritó:

—¿A qué se refieren con eso de que mi marido parece un sapo?

¡Dios estaba haciendo que hablaran en diferentes idiomas y no podían entenderse unos a otros!

Se originaron peleas y las cosas se pusieron tan difíciles que dejaron de construir. Al final tuvieron que abandonar totalmente la ciudad. Se fueron en grupos a las distintas partes del mundo, según el idioma que cada grupo hablaba.

Abandonaron la ciudad y el gran templo. Los edificios desiertos se fueron deteriorando hasta que no quedó más que un montón de escombros. La gente llamó *Babel* a esa ciudad, porque ahí fue donde Dios confundió sus idiomas y los transformó en un blablablá, ¡el blablablá de Babel!

El plan de Dios había funcionado. Los seres humanos ahora estaban dispersos por toda la tierra, como Él había querido.

¿Pero cómo podría el mundo convertirse en lo que Dios quería realmente que fuera? ¿Cómo se podría lograr que la tierra y todo en ella se volviera hermoso de nuevo, y bueno, como lo había sido en el principio? Dios necesitaba otro plan.

2
LA NUEVA FAMILIA DE DIOS

Entonces Dios vio todo lo que había hecho, y dijo: ¡*Contemplen!* ¡*Era muy hermoso y muy bueno! Así es como comenzaron las cosas, pero después todo salió mal. El primer niño y la primera niña en la tierra tuvieron que abandonar el bello jardín de Dios. Crecieron y tuvieron dos hijos varones, pero cuando estos se convirtieron en hombres, uno mató al otro. A la larga, la tierra se volvió un sitio tan violento que Dios decidió lavarla con un diluvio y comenzar todo de nuevo. Pero eso tampoco funcionó. Los seres humanos siguieron siendo iguales y haciendo su propia voluntad. Dios quería que caminaran con él y le hicieran compañía, pero ellos no querían hacerlo. Estaban más felices construyendo sus grandes templos y llenándose de orgullo. Empezaron a pensar que eran tan grandes como Dios, si no es que más.*

¿Qué podía hacer Dios entonces? No podía arrasar la tierra con otro diluvio. Había prometido que nunca más volvería a hacerlo. No debía asumir todo el control.

Necesitaría a todo un pueblo para que le ayude. Noé y su familia le ayudaron a salvar del diluvio a los animales, a las aves y serpientes. Pero necesita más que eso para lograr que el mundo se vuelva muy hermoso y muy bueno otra vez. Debe haber un pueblo especial de Dios, un pueblo que entienda la mente de Dios y comparta sus sueños, que se mantenga a su lado y trabaje con Él a medida que pasan los años y los siglos. Este pueblo debe tener su propia tierra y también su libertad. La situación no funcionaría si deben recibir órdenes de otra nación que no conoce a Dios.

Este capítulo nos cuenta la historia de los ancestros de ese pueblo. Nos habla de una sola familia y comienza con solo dos personas: Abraham y su esposa Sara.

Algunos pueblos convierten a sus ancestros en grandes héroes. Sin embargo, cuando el pueblo de Dios, el pueblo de Israel, escribió la historia acerca de la familia de Abraham y Sara, no hicieron eso. No crearon historias sobre las grandes proezas de los miembros de esa familia. Ni siquiera los hicieron parecer especialmente buenos. Los describieron como una familia muy rica, pero dijeron que en muchos sentidos eran notablemente comunes, con gran cantidad de problemas, algunos de los cuales siguen siendo habituales en las familias de hoy día. Esta es una de las cosas que hace que la narración de sus vidas sea tan fascinante y viva.

Abraham y la gran promesa

CUANDO DIOS DECIDIÓ traer un diluvio sobre la tierra, observó con gran cuidado, buscando a alguien que le ayudara a salvar una familia humana y el número suficiente de animales, aves y serpientes para comenzar todo de nuevo cuando el diluvio hubiese terminado. Entonces encontró a Noé.

Cuando Dios dispuso tener un pueblo que le perteneciera, encontró a Abraham. Ahora bien, Abraham no era un hombre particularmente bueno, como lo era Noé. Pero era alguien con quien Dios podía hablar y, lo que es más, a veces Abraham le escuchaba.

Abraham vivía con su esposa Sara, su padre Taré y su sobrino Lot en un sitio que se llamaba Harán. Todos se habían mudado ahí desde Ur, una ciudad en el Éufrates. Había sido un viaje muy largo, les había gustado Harán porque se sentían a sus anchas.

Abraham creía que se quedaría en Harán por el resto de su vida, pero un día Dios le dijo:

—Quiero que te vayas de Harán. Quiero que dejes a tu padre y que *tú* seas ahora el jefe de la familia. Quiero que inicies una nueva familia, no solo tuya, sino también *mía*. Te daré un país donde vivirán, una tierra especial, y los convertiré en una gran nación y los volveré famosos. Les daré mi bendición y ustedes deben ser una bendición para todos los que conozcan. De ese modo me aseguraré de que el mundo se vuelva bueno y bello como era en el principio.

Todo eso fue una gran sorpresa; de hecho, hubo varias sorpresas más. Abraham cumplió con lo que Dios quería. Salió de Harán. Dejó atrás todo lo que conocía. No entendía hacia dónde se dirigía o qué sucedería. Por supuesto, su esposa Sara lo acompañó y también Lot, así como sus sirvientes y todos sus animales. Viajaron al oeste y después giraron hacia el sur. Hicieron un recorrido muy largo. Al final llegaron a un lugar que se llamaba Canaán.

—Aquí es —dijo Dios—. Esta es la tierra especial que te prometí. Aquí es donde deben asentarse. Es donde deben convertirse en mi familia y, cuando haya suficientes personas, serán mi pueblo. Aquí les daré mi bendición. Y recuerda, Abraham, ¡sé una bendición para todos los que te conozcan!

Pero había dos problemas con estas promesas de Dios. En primer lugar, la tierra especial estaba llena de gente que ya vivía ahí. ¿Y qué hay con ellos? Bueno, Abraham no tenía que preocuparse todavía de esas personas. Pero el otro problema era algo que tenía constantemente en su mente y que también hubiera preocupado mucho a Sara si Abraham le hubiera contado los planes que tenía Dios para ellos. ¿Cómo se convertirían en una gran nación si él y Sara no tenían un hijo? De hecho, parecía ser que Sara *no podía* tener hijos. Habían estado casados desde hacía mucho tiempo. Intentaron tener hijos, pero no sucedía nada. Todos decían que los hijos eran una bendición de Dios. ¿Cómo era posible que Dios lo bendijera si Sara no podía tener un hijo? ¿Y qué pasaría con esta tierra especial de Canaán? No sería tan especial si no quedaba nadie de su familia después de que él y Sara murieran. Ese sería el final de todo: no serían famosos, ni se convertirían en una gran nación, ni en el pueblo de Dios. Nada.

El astuto plan de Sara

SARA, LA ESPOSA DE ABRAHAM, no sabía nada de lo que Dios le había dicho a su marido. Abraham no le había contado sobre aquella tierra especial y una gran nación, ni de volverse famosos y recibir bendiciones, y todo lo demás. Ella simplemente quería tener un bebé, durante años lo había deseado. Todas las demás mujeres casadas que conocía tenían hijos. Se culpaba a sí misma y sentía que era un terrible fracaso. A medida que pasaban los años, se desesperaba cada vez más.

Quizás Abraham tendría que conseguirse una segunda esposa. Las costumbres de esa época lo permitían. Cuando vivieron en Canaán durante diez años y seguían sin tener hijos, Sara tuvo una idea de quién podría ser la segunda esposa. Abraham pensó que era muy buen plan. Después de todo, Dios le había dicho que tendría un hijo, pero no mencionó que Sara fuera la madre.

Sara tenía una joven esclava egipcia que se llamaba Agar. Sara pensó: *Tal vez, si le doy mi esclava a Abraham para que se convierta en su segunda esposa, entonces ella tendrá un hijo en mi lugar y se acabarán todos los años de fracaso. Vamos a decir las cosas como son, Agar es solamente una esclava y los esclavos no cuentan. Agar no es nadie. Si tiene un bebé, el niño sería mío y no de ella. Podré criarlo como si fuera mi hijo. Sé que Abraham quiere tener un hijo varón y apuesto que esa mujer tendrá un niño. Todos dirán: «¡Mira qué lindo hijo tienes, Sara!», y yo podré llevar la cabeza en alto. Ya no me verán con desprecio ni harán comentarios desagradables sobre mí. ¡Seré madre!*

Ese fue el astuto plan de Sara.

Así que hizo que Agar se volviera la segunda esposa de Abraham, y de inmediato Agar se embarazó. Pero entonces, cuando el vientre de Agar empezó a crecer con el niño que llevaba dentro, Sara la observó y de pronto se dio cuenta de lo que pasaría. Vio que ella nunca sería en realidad la madre del niño. Agar sería la madre, y no ella. Sara pensó: ¡*Mírala, con ese vientre redondo y abultado*! ¡*Se siente tan orgullosa de sí misma*!

—Pon tu mano en mi vientre —solía decirle Agar a Sara—. ¡Hoy está pateando con mucho entusiasmo!

Sara no podía soportar tocarla. ¡Agar era una *esclava*, no era *nadie*! Pero ahora hacía sentir a Sara como una nulidad. Sara no podía soportarlo más.

—¡Mira lo que has hecho! —gritó a Abraham—. ¡Embarazaste a esa mujer! ¡Estoy segura de que me ve con desprecio! Es una *esclava* y además una extranjera que me desprecia a *mí*, su dueña. ¡Eso está mal!

—Haz con ella lo que quieras —respondió Abraham con frialdad—. Sigue siendo tu esclava.

Abraham se alejó y dejó a Sara sintiéndose todavía más sola y dolida.

¡Pobre Sara! Quería que Abraham la abrazara y la tranquilizara y le dijera que la amaba. Pero lo único que hizo fue decirle: *Haz con ella lo que quieras*. Y en ese momento eso era precisamente lo que pensaba hacer. Haría que la vida de Agar fuera miserable y más.

Le gritaba cada vez que cualquier nimiedad salía mal e incluso cuando no pasaba nada. Empezó a golpearla. Agar se atemorizó mucho y no solo por ella misma. Era posible que un día Sara le pegara tan duro que la hiciera perder a su bebé. Así que decidió huir. Decidió regresar a Egipto, su tierra natal. Ahí serían amables con ella y su hijo también estaría seguro. Tendría a su hijo en su propio país, entre su gente, como una mujer libre y no como esclava.

Agar y el Dios que ve

AGAR ESTABA HUYENDO de su cruel ama, Sara. Tenía un largo camino por recorrer y pronto se cansaría debido a que su vientre se volvía cada vez más grande porque el bebé que llevaba dentro seguía creciendo. Tenía que recorrer muchos kilómetros hasta su país, Egipto, y también casi todo el camino era por el desierto.

Pero no tenía miedo. Conocía los senderos; recordaba dónde estaban los oasis y pozos para obtener agua. Los habitantes del desierto le darían alimento y abrigo. Siempre cuidaban de los desconocidos. Serían amables con ella, no como Sara y su marido Abraham.

Una mañana, después de caminar durante varios días, Agar llegó a un manantial. Se inclinó y tomó agua entre sus manos para llevarla a su boca y lavarse la cara. Era maravillosamente fría.

—¿Adónde vas, Agar? —dijo una voz—. Eres la esclava de Sara.

Agar se quedó congelada, con las manos frente a su rostro y sintiendo el agua que corría por las mangas de su vestido. ¿Quién era esta persona que se aparecía en medio del desierto? La voz era extraña, como si viniera de muy lejos pero a la vez estuviera muy cerca, tan cerca como el agua que apaciguaba su garganta. ¿Y por qué sabía su nombre y que era esclava de Sara?

—Estoy huyendo de mi ama, Sara —dijo con voz tenue, sin atreverse a levantar la vista.

—Debes volver con ella y regresar a su crueldad —prosiguió la voz.

Agar se puso a temblar. ¿De qué lado estaba este desconocido? Parecía que no estaba de su parte. *No puedo regresar*, pensó, *no*

puedo. Pero estaba acostumbrada a hacer lo que se le ordenaba. Toda su vida había obedecido órdenes de otras personas. Se quedó quieta y se preguntó si el desconocido tenía algo más que decir. Mantuvo la vista fija en el agua.

Un profundo silencio cayó sobre el desierto y luego el desconocido volvió a hablar:

He presenciado tu desgracia, Agar,
y la crueldad de Sara.
He contado tus lágrimas,
todas y cada una de ellas.
Y todas las llevo conmigo.

¡Agar, tendrás un hijo!
Que vagará por el desierto
libre como asno salvaje
que no se inclina ante nadie.
Nunca será un esclavo
ni tú tampoco lo serás.
¡Serás la antecesora de un gran pueblo,
cuyo número será incontable!
Te lo prometo.
Esa es mi promesa.

Agar dejó caer sus manos frente a sus ojos. Ahora pudo reconocer la voz. ¡Miró hacia arriba y se encontró viendo directamente el rostro de Dios!

—¡He visto a Dios! —murmuró—. Y Dios me ha visto. Te daré un nombre, Dios, un nombre para que lleves contigo. ¡Te llamaré el Dios que ve!

Hasta nuestros días llaman al pozo de ese lugar *El manantial del Viviente que me ve*. La gente solía ir ahí para encontrar a Dios, para escuchar su voz y ver su rostro. Quizá lo siguen haciendo hasta hoy.

Sara oye la promesa por casualidad

SARA ERA UNA MUJER que había perdido las esperanzas. Seguía sin tener hijos. Su mundo parecía vacío y sin significado. Abraham, su marido, no parecía darse cuenta de su desdicha ni preocuparse por ella. Y para Sara, también Dios parecía estar en silencio. Oraba, pero sus palabras se perdían en el aire y, según lo que ella pensaba, no eran escuchadas. Dios dijo de nuevo a Abraham que tendría un hijo, pero esta vez también dijo que la madre sería Sara. Pero Sara no estaba enterada porque su esposo no le había dicho nada.

Un día Abraham estaba dormitando frente a su tienda. Era mediodía y hacía mucho calor. De pronto una sombra cubrió su rostro y lo despertó. Al abrir los ojos vio a tres desconocidos parados frente a él. De inmediato se puso en pie.

—Lo siento —dijo—, estaba tomando una siesta. Por favor, vengan por aquí y siéntense a la sombra de los árboles. Les traeré agua y les lavaré los pies. Deben estar cansados y doloridos. Les traeré algo de comer y beber. Esperen en la sombra, no tardaré mucho.

Lo que Abraham no sabía es que los desconocidos eran Dios y dos acompañantes que venían del cielo.

Se apresuró a entrar en la tienda y le dijo a Sara que empezara a cocinar. Ella hizo montones de pasteles mientras Abraham y su esclavo asaban un ternero y traían cubetas con leche. Caminó tambaleándose hasta donde estaban sus huéspedes y puso los alimentos frente a ellos. Dios sonrió ante la gran cantidad de comida. Abraham no comió nada. Los alimentos eran para sus visitantes y no para él. En cuanto a Sara, tenía que quedarse dentro de la tienda. Siempre debía permanecer fuera de la vista cuando llegaban visitas. Abraham observó a sus tres huéspedes mientras comían la carne asada. Aún no se había dado cuenta de quiénes eran.

—¿Dónde está Sara, tu esposa? —preguntó Dios.

Es raro, pero Abraham no reconoció la voz que le era tan familiar.

—Dentro de la tienda —respondió.

—Pronto regresaré y Sara tendrá un hijo varón —afirmó Dios.

Si Abraham hubiera estado en sus cabales se habría dicho a sí mismo: *¿Cómo es que este desconocido conoce el nombre de mi esposa? ¿Y de qué se trata esto acerca de que tendremos un bebé? ¡Solamente Dios y yo sabemos eso! ¿Será Dios? Debe serlo. ¡Válgame! ¡Acabo de invitar a Dios a comer y no me di cuenta!*

Pero Abraham no pensó nada de esto. Simplemente se quedó mirándolos mientras comían.

Por casualidad Sara escuchó todo. Estaba oyendo la conversación parada junto a la entrada de la tienda. No podía dar crédito a sus oídos. ¿Un bebé? ¿A su edad? ¿Con un marido tan viejo como Abraham? Era obvio que seguía deseando un hijo. Lo quería con todo su ser. Pero no podía tenerlo, y eso era todo. ¡La idea era ridícula! *Debe ser una broma; una broma cruel.* Dejó salir una risa amarga.

—¿De qué se ríe Sara? —dijo Dios a Abraham—. ¿Darle un hijo es algo demasiado maravilloso como para que Dios lo haga?

De pronto Sara sintió miedo. ¡Este desconocido sabía todo sobre ella! Se escurrió fuera de la tienda, y susurró:

—No me reí.

—Claro que sí, te reíste —afirmó Dios.

Después de eso, Dios y sus acompañantes prosiguieron su camino. Abraham nunca se dio cuenta de quiénes eran, pero dejaron a Sara pensando y preguntándose y, por primera vez en años, con el brote de una esperanza.

Dios regresó, como había dicho que haría, y Sara tuvo un hijo, el niño que tanto había ansiado por tan largo tiempo. Lo llamaron Risa. Bueno, en realidad lo llamaron Isaac, pero eso es lo que significa su nombre, *risa*; la risa de Sara, la risa de Abraham y la risa de Dios.

Agar y el Dios que salva

SARA ESTABA LLENA DE DICHA por tener un hijo. Toda su vida adulta había querido tener un bebé. Y ahora, cuando pensaba que era demasiado vieja como para tenerlo, concibió a Isaac y lo había dado a luz.

Sin embargo, su dicha no sería duradera. Agar, su esclava egipcia, había regresado luego de huir al desierto, y con ella regresaba el hijo de Agar. Él también era hijo de Abraham y se llamaba Ismael. Era unos cuantos años mayor que Isaac.

En aquellos tiempos morían gran cantidad de bebés. Si sobrevivían más allá de los dos años y sus madres podían dejar de amamantarlos, entonces se hacía una gran fiesta para celebrar ese acontecimiento. Así que cuando Sara dejó de amamantar a Isaac, Abraham dio un festín e invitó a todos. Hubo música y bailes y mucha comida y bebida.

Se la estaban pasando de lo mejor hasta que Sara vio a Ismael. Ese era el gran día de Isaac, pero Ismael presumía como si fuera *su* fiesta. Sara pensó: *Únicamente porque es mayor, se cree más importante. No lo voy a tolerar.* Y luego siguió pensando: *Ya que es el mayor, será el heredero de todo cuando Abraham muera. Así es la costumbre. El hijo mayor obtiene todo y el menor no se queda con nada. El presumido de Ismael, el hijo de esa egipcia Agar, esa esclava buena para nada, heredará los mejores camellos, ovejas y asnos de Abraham, lo tendrá todo. Será el jefe de la familia. Podrá darle órdenes a mi Isaac. ¡No esperé tantos años para tener un hijo solamente para que lo mangonee el hijo de una esclava!*

Caminó llena de rabia hasta donde estaba sentado Abraham.

—Tienes que arrojar de aquí a esa esclava —gritó—, y a su hijo con ella. No voy a permitir que el hijo de una sierva herede todas tus posesiones en lugar de mi hijo Isaac. ¡Expúlsalos!

Abraham estaba enojado y triste, pero le dijo a Agar que debía irse y llevarse a Ismael con ella. A la siguiente mañana Abraham se levantó temprano, le dio a Agar un poco de pan y un odre lleno de agua, colocó a Ismael sobre los hombros de su madre y los envió al desierto.

Agar tenía los ojos inundados de lágrimas y no podía ver por dónde caminaba. Estaba llena de temor y pena, y no era capaz de pensar con claridad. La última vez, cuando había huido, siguió los senderos que conducían hacia Egipto llevando la cabeza muy en alto. Esta vez iba tropezándose, con la espalda encorvada bajo el peso de su hijo.

Le dio el pan a Ismael, pero en poco tiempo ya no quedaba nada. También le dio a su hijo la mayor parte del agua, que pronto se terminó. Vio a uno y otro lado y solo había colinas secas y polvorientas, llenas de piedras afiladas. Estaban perdidos y no tenían nada que comer o beber. Deambularon por tres días. Agar pensaba que su hijo moriría. Ya estaba muy débil. Una vez Dios había prometido grandes cosas para su hijo. Dios le había dicho que Ismael recorrería los desiertos tan libre como un asno salvaje y que ella sería la antecesora de un gran pueblo. ¿Dónde habían quedado todas esas promesas? Parecía que se hubieran reducido a nada y en apariencia ella misma y su hijo también se habían convertido en nada, solo quedaba la muerte en un desierto abandonado.

No era capaz de presenciar la muerte de Ismael. Tampoco soportaba escuchar su llanto, así que lo colocó con gran cuidado bajo la sombra de un tamarisco. Se alejó de él hasta que ya no pudo escucharlo y apenas lo veía como una pequeña figura sobre el suelo. Luego Agar se sentó y cubrió su rostro con sus manos. Era obvio que ella también moriría, pero eso no importaba.

De pronto escuchó de nuevo aquella voz, la misma que había oído antes en el desierto. ¡Era la voz de Dios! Esta vez la reconoció de inmediato.

—No temas, Agar —dijo Dios—. Puedo escuchar el llanto de tu hijo. No he olvidado lo que prometí. Yo cumplo mis promesas. Ismael dará origen a un gran pueblo en este desierto. Me aseguraré de ello. Ve hacia él, levántalo y abrázalo fuerte. ¡Mira!

Agar miró y quedó sorprendida. Vio un pozo. Había estado ahí todo el tiempo, solo que ella no lo había podido ver porque tenía los ojos llenos de lágrimas. Se apresuró hasta el pozo, llenó el recipiente con agua y corrió hasta Ismael para darle de beber. ¡Estaban salvados! También encontrarían comida. Con la fresca agua del desierto que mojaba sus gargantas, todos sus viejos conocimientos sobre el desierto regresaron de inmediato a su mente. Podían vivir en el desierto. Ahí lograrían florecer y disfrutarían de su libertad. Ella ya no sería la esclava de nadie y tampoco Ismael lo sería. Su hijo crecería y se haría un gran cazador que usaría arco y flechas. Ismael tendría muchos hijos y estos, a su vez, tendrían muchos hijos hasta convertirse en un gran pueblo, cuyo número sería incontable. Por supuesto, lo primero sería encontrarle una esposa, una vez que estuviera listo para casarse. Regresaría a su casa para encontrarla, a la tierra donde había nacido y donde había pasado su infancia, la tierra donde había vivido antes de que Sara se la llevara con ella. Iría a Egipto.

Dios los había salvado y ahora estarían protegidos.

Abraham e Isaac

ABRAHAM AMABA A ISAAC, el hijo que Sara dio a luz en su vejez. Ismael, el hijo que había tenido con la esclava de su esposa, se fue junto con su madre Agar. Nunca volvería a verlos. Ahora solo quedaban él e Isaac.

Isaac creció y se convirtió en un joven sano y fuerte. Luego, una noche, una terrible noche, Abraham escuchó la voz de Dios. Esta vez la reconoció de inmediato.

—¡Abraham! —dijo suavemente Dios.

—Aquí estoy —respondió Abraham.

—Toma a tu hijo, tu único hijo, aquel al que amas y que se llama Isaac, y llévalo a la Tierra de la Visión, hasta una montaña sagrada que yo te señalaré y ofrécelo ahí como sacrificio.

Eso fue todo. La tienda de Abraham y Sara se llenó de nuevo con el silencio de la noche. Abraham se quedó muy quieto en su lecho, con los ojos bien abiertos. Quería preguntarle a Dios a qué estaba jugando. Quería lanzar un grito de angustia tan agudo que partiera en dos los cielos y un alarido de protesta que encogiera el corazón de Dios. Abrió la boca pero no salió ningún sonido. ¿Sacrificar a su hijo? ¿Matar a Isaac? ¿Cómo podría hacer algo así?

Llegó el alba. Con gran pena en su corazón, Abraham se levantó de su lecho. Dispuso todo lo necesario. Cortó la leña para el sacrificio y la cargó sobre su asno. Luego salió, llevándose a dos sirvientes y a su hijo Isaac. No dijo hacia dónde irían o qué iba a hacer. No dijo nada en absoluto. Caminó al frente con la mirada fija sobre el suelo pedregoso, llevando tras de sí al asno.

Viajaron durante dos días y Abraham seguía en silencio, como si estuviera encerrado en su propio mundo. Al tercer día levantó la vista y vio la montaña hacia donde se dirigían. Supo que era esa. Se detuvo y habló a sus acompañantes:

—Permanezcan aquí con el asno—dijo a uno de los sirvientes—. Hay un lugar sagrado en esta montaña. El muchacho y yo iremos a orar y luego volveremos.

No los miró mientras decía esto y su voz era tan baja que casi no podían entenderle. Sabía muy bien que Isaac no regresaría.

Tomó la leña que llevaba en el asno y la apiló sobre la espalda de su hijo. Luego tomó un cuchillo especial que utilizaba para los sacrificios, así como un pequeño fuego que llevaba en una vasija de barro para prender la madera.

Empezaron a escalar juntos la montaña. Isaac llevaba la leña para su propio sacrificio, aunque no lo sabía. Pero Abraham tenía una carga más pesada que la de su hijo. Aparte del fuego y el cuchillo, tenía que cargar con la terrible orden que le había dado Dios. Su corazón estaba a punto de despedazarse por la presión.

—Padre —dijo Isaac.

—¿Sí, hijo mío? —contestó Abraham.

—Llevamos el fuego y la leña, ¿pero dónde está el cordero para el sacrificio?

—Dios nos dará el cordero para el sacrificio, hijo mío.

Abraham casi se atragantó al decir esas palabras. Sabía quién sería el «cordero», Isaac, su propio hijo, a quien tanto amaba.

Siguieron escalando hasta llegar al lugar sagrado. No había altar para el sacrificio, así que Abraham tuvo que construirlo. Mientras traía piedras y las colocaba, cada una le parecía como el cuerpo de su hijo.

Al terminar el altar había llegado la hora. Para esto habían venido a este lugar. Esto era lo que Dios quería. No había ningún cordero. Puso la leña sobre el altar y luego ató a su hijo y lo colocó encima. Tomó el cuchillo especial para los sacrificios, y levantó el brazo para matar a su hijo.

—¡Abraham! ¡Abraham! —le llamó una voz con urgencia. Era la voz de Dios.

Abraham se detuvo un momento y respondió con un susurro:

—Aquí estoy.

—¡No lastimes al niño! —dijo la voz—. Te puse a prueba para ver si te dabas cuenta de que Isaac no era solo tu hijo, sino también mío; para ver si lo conservabas para ti o si estabas preparado para regresármelo. Ya he visto. ¡He visto suficiente! Las viejas promesas que te hice siguen siendo ciertas. Tus descendientes serán tan numerosos como las estrellas en el cielo y como los granos de arena en la playa y les daré una tierra para ellos, mi Tierra Especial. Te bendeciré a ti y, a través de tus descendientes, todas las naciones de la tierra también estarán benditas.

Abraham levantó la mirada y vio el sacrificio que no se había atrevido siquiera a esperar. Un carnero había quedado atorado con sus cuernos en un matorral. Abraham lo ofreció en holocausto en vez de su hijo. Luego dio un nuevo nombre a ese lugar: *Dios ve*.

Dios había salvado a su hijo y ahora ambos estarían protegidos.

Un gemelo taimado y un plato de guisado

ABRAHAM ERA EL PORTADOR DE BENDICIONES. Dios le había dado las bendiciones y él tenía que transmitirlas a la siguiente generación. Ahora había muerto y su hijo Isaac asumiría el papel de portador de bendiciones. También debía transmitirlas.

Isaac se hizo adulto y se había casado con una mujer llamada Rebeca. Pasaron los años y seguían sin tener un hijo. Parecía ser que Rebeca no podía concebir. Cuando menos eso es lo que todos pensaban. Pasaron veinte años y todavía no tenían hijos.

Luego Isaac oró a Dios y, finalmente, Rebeca concibió y no solo era un hijo, sino dos. ¡Estaba embarazada de gemelos!

El embarazo fue una época muy difícil para ella. Sentía como si los bebés pelearan entre sí todo el tiempo mientras estaban en su vientre. Todos los días se empujaban, se daban codazos y se pateaban. La estaban agotando. Seguramente le causarían la muerte. Durante mucho tiempo había ansiado un hijo, pero nunca imaginó que sería así. Expuso ante Dios todo su dolor y desesperación.

—¿Qué debo hacer? —gritaba.

Dios le respondió:

Dos naciones hay en tu seno,
dos tribus saldrán de tus entrañas;
una tribu será más fuerte que la otra:
y la mayor servirá a la menor.

Eso está al revés, pensó Rebeca. *Entre nuestra gente los hijos menores tienen el segundo lugar, no el primero.*

Cuando nacieron, el primer bebé salió cubierto de un fino vello rojizo en todo su cuerpo. Lo llamaron Esaú. El segundo gemelo salió tomado del talón de su hermano, por lo que lo llamaron Jacob, que significa «atrapa talones».

Al crecer, Esaú se convirtió en cazador, un hombre dedicado a deambular por lugares silvestres y abiertos. Jacob se quedó cerca de las tiendas de su familia, cuidando de las cabras. Esaú era el favorito de Isaac, mientras que Jacob era el favorito de Rebeca.

Un día Jacob estaba hirviendo lentejas sobre el fuego cerca de una de las tiendas. El guisado era rojo, como el vello que cubría todo el cuerpo de Esaú. *Se parece a Esaú*, dijo Jacob para sí mismo y rió.

Justo en ese momento regresó Esaú de sus cacerías. Se había ido largo tiempo y no había cazado nada. Estaba muy hambriento. El aroma de la comida lo volvía loco.

—¡Estoy medio muerto! —comentó a su hermano—. Dame un poco de tu guisado.

Jacob vio la oportunidad que tenía enfrente. Era gemelo de Esaú, pero había nacido después de él. Cuando muriera su padre, Isaac, Esaú tendría mucho más que él, a menos que se ocupara de ese asunto. Desde hacía mucho tiempo había estado buscando una oportunidad y ahora había llegado el momento.

—Te daré un poco de pan y lentejas —dijo Jacob— si me das tu primogenitura. Si me das los privilegios del hijo mayor, te daré la cantidad que quieras de estas deliciosas lentejas y un poco de pan recién hecho y caliente para acompañarlas. ¿Qué te parece ese trato?

—Si no me das algo de comer —contestó Esaú—, moriré, y de qué me servirá haber sido el primogénito.

—Haz un juramento —afirmó Jacob moviendo frente a la nariz de Esaú un tazón vacío—. Jura que yo puedo ser el primero.

—Lo juro —dijo Esaú—, tan solo llena el tazón y dámelo.

—Claro que sí —respondió Jacob—, aquí lo tienes. ¡Deliciosa comida! Toma todo lo que quieras. Pero tendrás que servirte tú mismo porque, no lo olvides, ahora yo soy el primero. Tienes que hacer todo lo que te diga y yo podré elegir primero lo que quiera.

A Esaú no le importaba. Estaba demasiado hambriento. Comió el potaje y se sirvió por segunda y por tercera vez, y luego regresó a las colinas vacías y salvajes.

Jacob se roba una bendición

JACOB QUERÍA ASEGURARSE de tener opción de elegir las mejores posesiones cuando muriera Isaac, su padre. Esaú, su hermano gemelo, era mayor que él. Era cierto que solo por unos cuantos minutos, pero eso seguía siendo importante.

Isaac ya era muy viejo. Había perdido la vista y la muerte no estaba demasiado lejos. Lo último que haría antes de morir era dar la bendición a su hijo mayor, Esaú. Jacob ya había engañado a su hermano para que le prometiera cederle los privilegios de primogénito, pero Isaac no lo sabía y de todos modos Esaú era su favorito. Si bendecía a Esaú, éste tendría el predominio para elegir lo mejor de todo y Jacob quedaría en segundo plano.

Jacob no tenía idea de qué hacer.

No hasta el día en que su madre, Rebeca, escuchó de pasada algo muy importante.

Isaac estaba muy cansado, por lo que se recostó dentro de su tienda y platicaba con Esaú. Rebeca se acercaba a la tienda para llevarle algo de beber a Isaac, y cuando estaba a punto de entrar, escuchó la voz de su marido y se detuvo a oír lo que decía.

—Hijo mío, estoy muy débil —decía Isaac—. Moriré cualquier día. Dame alguna alegría antes de que muera. Ve de cacería y encuentra algo suave y jugoso. Cocínalo como me gusta. Luego tráelo a mi tienda para que lo coma y eso me proveerá la fuerza para darte mi bendición antes de que muera.

Rebeca observó cuando Esaú tomó su arco y sus flechas y empezó a caminar hacia las colinas. En cuanto se hubo ido, corrió hasta Jacob.

—¡Rápido! —susurró—. Tu padre envió a Esaú a cazar algo para él. Le dijo que lo cocinara y llevara el guisado hasta su tienda. Luego, cuando haya comido, le dará la bendición desde su lecho de muerte. ¡Ya sabes lo que eso significa! Pero escúchame, tengo una idea. Ve y toma dos de los cabritos del rebaño, los mejores. Le haré una comida con ellos a tu padre, justo como le gusta. Después tú se la llevas y que te dé a ti su bendición. ¡Pero apresúrate! No sabemos cuándo regresará Esaú.

—¡Pero Esaú parece una cabra! Está todo cubierto de pelo —gimió Jacob—. Mi piel es tan suave como la de un bebé. Si mi padre me toca, se dará cuenta de que soy yo. ¡Pensará que no soy más que un embustero de la peor categoría y me maldecirá!

—No te preocupes —respondió Rebeca—. Ya he pensado en ello. En todo caso, si llega a maldecirte, que la maldición caiga sobre mí y no sobre ti. Solo ve por los cabritos, ¡y date prisa para hacer las cosas!

Jacob hizo lo que se le había indicado y Rebeca cocinó un delicioso guisado, exactamente como le gustaba a Isaac. En seguida tomó trozos de la piel de las cabras y los ató alrededor de las suaves manos y cuello de Jacob. Le dio un tazón con el guisado y un poco de pan y le dijo que lo llevara a su padre. Lo siguió detrás y esperó afuera de la tienda de Isaac para ver qué sucedía.

Jacob se deslizó al interior para ver a su padre.

—Hola, padre — dijo jovialmente.

Isaac estaba esperando a Esaú, pero la voz sonaba como la de Jacob.

—¿Cuál de mis hijos eres? —preguntó.

—Soy Esaú, tu primogénito —contestó Jacob—. Hice lo que me pediste. Fui de cacería y te preparé un delicioso guisado con lo que cacé. Cómelo y entonces tendrás la fuerza para darme tu bendición.

—Fuiste muy rápido, hijo mío —comentó Isaac—. No esperaba que regresaras por lo menos antes de otra hora.

Jacob carraspeó, y dijo:

—Dios me ayudó. Nunca tuve caza que fuera tan fácil. Come, padre. No quiero que se enfríe.

Pero Isaac no podía comer. Rebeca, que esperaba fuera, saltaba de un pie al otro. De vez en cuando miraba hacia las colinas para observar si Esaú regresaba.

—Acércate, hijo mío —dijo Isaac a Jacob—, quiero asegurarme de que realmente eres Esaú.

Jacob dio un paso adelante. Isaac no podía verlo porque estaba totalmente ciego. Recorrió sus temblorosos dedos sobre la piel de cabra que cubría las manos de Jacob mientras éste aguantaba el aliento. Su corazón latía con fuerza y lo mismo le pasaba a Rebeca, quien estaba afuera. ¡Podía ver a la distancia que Esaú se aproximaba!

—Tu voz es la de Jacob —dijo Isaac—, pero tus manos están llenas de vello como las de Esaú. ¿Realmente eres mi hijo Esaú?

—Sí, padre.

—Bien, dame el guisado. Comeré un poco y luego podré darte mi bendición.

Jacob puso la comida cerca de su padre y un poco de vino para que bebiera. Las papilas gustativas de Isaac ya no tenían tanta sensibilidad como antes. No podía distinguir la cabra del venado, pero seguía inseguro de que fuera Esaú. Cuando terminó de comer, dijo:

—Dame un abrazo —y Jacob lo abrazó, mientras Isaac olía sus manos y cuello.

Las pieles de cabra eran muy olorosas. Le recordaban el aroma de Esaú cuando regresaba de las cacerías con un animal sobre sus hombros. *Debe ser Esaú*, se dijo a sí mismo. Ahora podría bendecirlo:

¡Mira, el olor de mi hijo
es como el olor de una cacería
que Dios ha bendecido!
Dios te dé del rocío del cielo
y la riqueza de la tierra,
abundancia de maíz y vino nuevo.
Que las naciones te sirvan
y las tribus se inclinen ante ti.
Sé el señor de tu hermano
y que él se incline ante ti.

¡Era una hermosa bendición! Jacob dio un suspiro de alivio, se inclinó ante su padre y salió. Fuera de la tienda, él y Rebeca bailaban encantados. Luego tuvieron que correr y ocultarse, porque en ese preciso momento Esaú regresó de cazar, llevando sobre sus hombros una gacela.

La cocinó y llevó la comida a la tienda de Isaac.

—Aquí tienes, padre —dijo—, he cazado esto para ti como me lo pediste. Cómelo. Te dará la fortaleza para darme tu bendición.

—¿Cuál de los dos eres? —preguntó Isaac.

—Tu primogénito, Esaú, por supuesto.

Isaac empezó a temblar.

—¿Quién fue entonces el que me trajo hace un momento un guisado? Lo comí poco antes de que llegaras y le di mi bendición.

Esaú lanzó un grito lleno de rabia y amargura.

—¡Todo el tiempo fue Jacob! —exclamó su padre—. Me engañó y se llevó la bendición que era tuya.

—Esa es la razón por la que lo llaman Jacob, el «atrapa talones»
—afirmó Esaú con amargura—. Hace que la gente tropiece y se vaya de boca. Me lo ha hecho ya dos veces. Me pagó mi primogenitura
con un plato de lentejas y ahora se ha robado mi bendición. ¿No te
queda alguna bendición que darme, padre? ¡Bendíceme también,
padre!

Isaac negó con la cabeza.

—Le he dado mis mejores cosas a tu hermano. No puedo re-
tirar mi bendición o deshacer lo que ya he dicho. Lo he nombrado
señor sobre ti. ¿Qué quedará para ti, hijo mío?

—Padre, ¿solo tienes una bendición que dar? Seguramente
tendrás otra. Bendíceme también, padre —y rompió en llanto.

Su padre habló, con la voz todavía entrecortada:

He aquí que deberás vivir
lejos de la riqueza de la tierra
y lejos del rocío de los cielos.
Por la espada vivirás
y servirás a tu hermano.
Pero un día, algún día,
te librarás de él.

Eso fue lo mejor que pudo hacer Isaac. Esaú salió de la tienda de
su padre, con lágrimas de enojo y pena que todavía escurrían por su
rostro. Se vengaría de Jacob.

La puerta del Cielo

ESAÚ IBA CAMINANDO entre las tiendas donde vivían. No podía olvidar la treta que le había jugado su hermano Jacob, el modo en que
le había robado la bendición de su padre.

—Mi padre morirá muy pronto —dijo en voz alta para sí mismo—. Cuando hayan pasado los días de duelo por su muerte, me vengaré de Jacob. Lo mataré.

Alguien escuchó de pasada lo que decía Esaú y se lo contó a Rebeca, quien fue corriendo con Jacob.

—¡Date prisa y sal de aquí! Esaú ha jurado matarte en cuanto pueda. Sal de inmediato de esta tierra y ve con mi hermano Labán en Harán. Está a cientos de kilómetros de aquí. Ahí estarás seguro. Permanece con él un tiempo y enviaré un mensajero para avisarte cuando sea el momento adecuado para que regreses. Si te quedas aquí, y Esaú te mata, la gente lo castigará de inmediato quitándole la vida. No quiero perderlos a ambos en un mismo día.

Así que Jacob salió para Harán, que era el sitio de donde había venido su abuelo Abraham hacía muchos años.

Tenía un largo viaje por delante y no sabía si podría lograrlo. ¿Tenía suficiente comida y ropa para el trayecto? No estaba seguro. Si llegaba a Harán, ¿cómo lo trataría su tío Labán? ¿Y alguna vez Esaú lo perdonaría? ¿Podría regresar a su casa algún día? Había engañado a su hermano y a su padre, pero la primogenitura y la bendición que les había robado no parecían valer gran cosa en este momento. Todo salió mal.

No había viajado muy lejos cuando llegó a un pueblo llamado Luz. Era un embustero y un ladrón. Nadie querría darle alojamiento. Así que encontró un lugar donde pudiera pasar la noche, en campo abierto. Se recostó a dormir. La noche cayó y las espesas nubes cubrieron la luna y las estrellas. La oscuridad era total.

Luego tuvo un sueño extraordinario. Una extraña luz lo alumbró y pudo ver que había una escalera. El primer peldaño estaba cerca de él y su parte más alta llegaba al cielo. Los mensajeros de Dios subían y bajaban por ella para decir la verdad acerca de los cielos y llevar hasta Dios las esperanzas y temores del mundo. Pero, un momento, ¡Dios mismo estaba de pie junto a él! Dios le hablaba y podía oír con tanta claridad sus palabras como el canto de un ruiseñor:

Yo soy Dios,
el Dios de Abraham e Isaac.
La tierra sobre la que duermes
la daré a tus descendientes.
Será su número como los granos de arena de la playa.
Todas las familias de la tierra encontrarán bendición
en ti y en tus descendientes.
Y verás, estoy contigo.
Cuidaré de ti
adondequiera que vayas
y te regresaré a esta tierra.
No te abandonaré.

Jacob despertó sobresaltado.

—Dios está en este lugar —gritó— y no lo sabía. ¡Esta es la Casa de Dios y también la Puerta del Cielo! Ya no se llamará Luz. Le pondré por nombre Betel, que significa Casa de Dios.

Dios seguía al pie de la escalera. Jacob se volvió hacia Él, y le dijo:

—Dios, si realmente cuidas de mí y me llevas a salvo a Harán, para que después pueda regresar en paz a mi hogar, entonces convertiré este sitio en un santuario y lo llamaré tu casa y la gente vendrá aquí durante siglos para encontrarte. ¿Qué te parece ese trato?

—¿Sigues haciendo tratos, verdad, Jacob? —comentó en voz baja Dios para sí mismo—. Pero un pacto es un pacto y yo nunca rompo mis promesas.

Frente a frente con Dios

JACOB RECORDABA las palabras que le había dicho su madre antes de partir. *Quédate con Labán un tiempo*, le había dicho Rebeca. Jacob estuvo con él durante ¡*veinte años*! Era el sobrino de Labán, pero éste no le daba mejor trato que a un jornalero. Se había casado con dos de las hijas de Labán: Lea y Raquel, y con sus siervas Bilha y Zilpa, pero su tío seguía haciendo que su vida fuera miserable y no podía esperar para regresar a su casa.

Rebeca le había prometido avisarle en cuanto fuera seguro su regreso, pero no había venido ningún mensajero. Y llegó un momento en que tampoco era seguro permanecer ahí. Labán y sus hijos se habían hartado de Jacob. Lo miraban como si tuvieran intención de matarlo. Le recordaban a Esaú. Dios le habló de nuevo y le ordenó que regresara a Canaán.

—Estaré contigo —le dijo.

Jacob se levantó y salió de ahí lo más pronto posible. Sus esposas fueron con él, al igual que sus hijos y sirvientes. Tenía grandes parvadas y rebaños, y gran cantidad de camellos. Eran el pago por todos los años de duros esfuerzos dedicados a su tío. Había llegado a Harán sin nada y regresaba a Canaán como un hombre rico. Quizá no le había ido tan mal después de todo. ¿Pero cómo sería cuando regresara a casa? ¿Esaú lo habría perdonado? Seguía sin tener noticias de Rebeca.

Poco a poco fueron acercándose y Jacob se fue poniendo cada vez más nervioso. Cuando llegó cerca de la frontera, envió algunos hombres para encontrarse con Esaú.

—Díganle que regreso a casa como un hombre rico y espero que me reciba en paz —les indicó.

Los mensajeros regresaron más pronto de lo que esperaba.

—Esaú viene en camino a encontrarte —le informaron— y trae consigo cuatrocientos hombres.

¡Cuatrocientos hombres! Eso era casi un ejército. Seguramente Esaú quería cobrar venganza. ¿Qué podía hacer Jacob? Dividir a su gente en dos campamentos independientes. Sí. Y si Esaú encontraba uno, quizá no vería el otro. Orar a Dios. Sí. Dios le había prometido protegerlo. *Dios, ahora necesito tu protección ¡y la necesito de verdad!*, imploró. Tratar de sobornar a Esaú. Sí. Tres veces. Enviaría por delante tres grupos de cabras, ovejas y camellos, así como ganado y asnos, junto con algunos sirvientes, para que cada vez que encontraran a Esaú le dijeran: *Señor, estos animales son un obsequio de tu sirviente Jacob*. Sí, eso haría. ¿Pero funcionaría? Cuatrocientos hombres. ¡Casi todo un ejército!

Jacob llegó a un río conocido como Jaboc. Era de noche. Las lluvias habían llegado y el lecho del río estaba lleno de aguas torrenciales y revueltas. Los sirvientes y el ganado se habían adelantado mucho. Jacob tomó a sus esposas, a sus hijos y a sus siervas y logró que atravesaran el río con seguridad hasta el otro lado del valle. Luego dudó y regresó hacia las aguas. ¿Qué camino debería seguir? ¿Debería hacer el intento de escapar? Una vez que cruzara el Jaboc no habría vuelta atrás. Esaú y sus hombres deberían estar bastante cerca para ese momento. La oscuridad del valle envolvió a Jacob en su negro manto. Se sentía pequeño y solo, y tenía mucho miedo.

De pronto sintió que alguien le ponía las manos encima. Un misterioso desconocido empezó a luchar con él y se encontró haciendo uso de todas sus fuerzas para mantenerse en pie. *¡Debe ser Esaú!*, pensó Jacob. *Debe haberse adelantado para atacarme.*

La pelea duró toda la noche. Sin embargo, a medida que continuaba, parecía más como un sueño. El atacante de Jacob lo tocó en la cadera y se la dislocó. Con un simple toque había dislocado su cadera, pero Jacob no sintió dolor y siguió luchando como si nada hubiera pasado.

Las primeras luces del amanecer empezaron a salir por el horizonte en las orillas del valle.

—¡Suéltame! —gritó el desconocido.

—No, a menos que me bendigas —replicó Jacob. Su padre lo había bendecido y ahora necesitaba también la bendición de Esaú.

El otro dijo:

—¿Cuál es tu nombre?

—Jacob.

—Te daré un nuevo nombre. Ya no serás Jacob, el «atrapa talones», quien causa el tropiezo de los demás. Tu nombre será *Israel*, el que lucha con Dios, porque has luchado con Dios y con los seres humanos, y has ganado.

Esa voz no suena en absoluto como la de Esaú, pensó Jacob.

—¿Cómo te llamas *tú*? —preguntó.

—¿Por qué preguntas mi nombre? —respondió el otro. Y entonces, justo cuando Jacob no lo esperaba, lo bendijo.

El naciente sol bañó el valle con su luz y calor, y Jacob estuvo solo de nuevo. Se dio cuenta de quién había sido el desconocido.

—¡Era Dios! —gritó—. ¡He visto a Dios frente a frente! Luché con Dios toda la noche y ahora tengo un nuevo nombre y también su bendición. ¡Finalmente estoy seguro!

Salió del valle y se unió con sus esposas e hijos. Mientras se acercaba a ellos, se percató de que cojeaba, porque su cadera se había dislocado.

Frente a frente con Esaú

JACOB HABÍA PASADO la noche luchando con Dios. Con la luz de la nueva mañana dirigió su vista hacia el sur. Esaú se acercaba con cuatrocientos hombres. El corazón de Jacob empezó a latir de nuevo con fuerza. Cuando Dios lo había dejado, se sentía seguro; pero ya no se sentía así. A medida que se acercaba a su hermano, inclinó la frente siete veces como si saludara a un gran rey y pidiera su perdón.

En verdad Jacob no tenía nada que temer. El enojo y los celos de Esaú habían desaparecido. Hacía mucho que había perdonado a su hermano. En realidad estaba más que contento de que Jacob hubiera regresado a salvo. Así que cuando lo vio venir, corrió para encontrarse con él, abrazarlo, rodear su cuello con sus brazos y darle un beso. Por largo rato los hermanos lloraron uno en hombros del otro.

—¿Quiénes son estas mujeres y niños? —preguntó Esaú.

—La familia con la que Dios me bendijo —respondió Jacob.

—¿Y todos estos animales y sirvientes? Se reunieron conmigo mientras venía en camino, primero un grupo, luego otro y finalmente un tercer grupo.

—Son presentes para ti, mi señor —Jacob todavía no podía creer del todo que Esaú lo hubiera perdonado.

Esaú rió.

—Ya tengo suficientes, hermano.

¡Hermano! ¡Lo había llamado hermano! Jacob había recibido la bendición de Dios en el río Jaboc cuando menos lo esperaba, y ahora recibía otra bendición más allá de lo que pudo haberse imaginado alguna vez: el amor y el perdón de Esaú.

—Ver tu rostro —dijo a Esaú— es como ver el rostro de Dios. —Hizo una pausa y prosiguió—. Pero por favor, acepta estos regalos. Recíbelos como una bendición. Después de todo ya era hora de que recibieras una bendición de mi parte.

—Entonces los acepto —contestó Esaú—. Gracias. Ahora podemos viajar juntos.

Esaú quería que Jacob regresara con él a su propio hogar, pero Esaú había fincado su casa en un sitio que se llamaba Edom, al sur del mar Muerto. Jacob no quería vivir en Edom. Tenía que vivir en Canaán, la tierra prometida por Dios a su padre y abuelo y a sus descendientes.

—Prosigue tu camino —dijo a su hermano— y después te alcanzaré.

Vio a Esaú dirigirse hacia Edom y esperó hasta ver que pasara la línea del horizonte, y entonces condujo a su familia hacia el oeste, a Canaán.

Jacob y sus hijos

JACOB TUVO CUATRO ESPOSAS y muchos hijos: una hija mujer y doce varones. Su esposa favorita era Raquel. Por largo tiempo no habían podido tener hijos, pero al final tuvo con ella dos varones: José y Benjamín. Cuando Raquel entró en trabajo de parto con Benjamín, el dolor pareció durar una eternidad. Al final Benjamín nació bien, pero para entonces Raquel estaba tan débil, que solo pudo decir su nombre en un suspiro antes de morir.

José y Benjamín eran los hijos menores de Jacob y sus favoritos. Para el momento en que nacieron ya era un hombre viejo y no había esperado ser padre a una edad tan avanzada. También eran los únicos hijos de su amada Raquel. José era el más especial de todos. Le recordaba tanto a Raquel: cada vez que miraba a José venía a su memoria su esposa. Regaló a José un manto especial que lo hacía parecer como un príncipe. José se sentía muy importante cuando llevaba ese manto, mucho más importante que sus hermanos mayores. Ninguno de ellos llevaba un manto tan bueno, ni una cuarta parte de bueno que el suyo.

Los hermanos de José lo odiaban. Para empezar, porque solía acusarlos con Jacob. Luego empezó a decir que tenía sueños acerca de ellos. Dijo que en el primer sueño sus hermanos eran como manojos de maíz y que él era un manojo de maíz que estaba parado firmemente, mientras que sus hermanos lo rodeaban en círculo y se inclinaban ante él como si fuera un príncipe. Después les contó que en su segundo sueño su padre y su madre eran como el sol y la luna, y sus hermanos eran como once estrellas. Todos le hacían reverencias como si fuera un rey. José pensaba que sus sueños eran maravillosos, pero para sus hermanos eran terribles. Incluso Jacob pensó que el segundo sueño llegaba demasiado lejos.

Una vez los hijos de Jacob fueron hacia el norte para encontrar pastura para las ovejas. Habían estado lejos por largo tiempo, mucho más de lo que era común, y Jacob empezó a sentirse ansioso.

—Ve y encuéntralos, y asegúrate de que estén bien —encargó a José.

Por varios días José caminó sin localizar indicios de sus hermanos. Pero entonces un hombre le dijo que se había topado con ellos y les había escuchado decir que irían unos cuantos kilómetros adelante, a un sitio llamado Dotán.

Sus hermanos lo vieron venir desde lejos.

—¡Miren! —dijeron—, ahí viene el soñador. Esta es nuestra oportunidad. Matémoslo y digamos a nuestro padre que lo ha matado un león hambriento. ¡Eso dará fin a sus sueños!

—No lo matemos —dijo Rubén, el mayor—, simplemente lancémoslo a un foso y ahí lo dejamos.

Rubén pensó para sí: *Cuando oscurezca lo sacaré del foso y lo llevaré de regreso a casa.*

Cuando José llegó al campamento, vestido con su manto de príncipe, se lanzaron contra él, desgarraron el manto y tiraron a José al foso. Era demasiado profundo para que pudiera subir por sí solo y no tenía alimento ni agua. Los otros hermanos se sentaron a cenar, mientras Rubén fue a su tienda y esperó a que cayera la noche.

De pronto, los hermanos levantaron la vista y vieron una caravana de camellos que se dirigía hacia ellos. Otro de los hermanos, Judá, tuvo una idea. Tampoco quería dejar ahí a José para que muriera.

—José *es* nuestro hermano —comentó a los otros—, no podemos matarlo. Veamos qué podemos obtener de estos mercaderes a cambio de José. Vendámoslo como esclavo.

Los mercaderes pensaron que podían obtener buen dinero por José en Egipto. Intercambiaron el dinero, ataron a José a un camello utilizando una larga cuerda, y siguieron su camino hacia la frontera de Egipto.

Cayó la noche, pero Rubén no sabía sobre los mercaderes y la venta que habían hecho sus hermanos. Se deslizó en silencio fuera de la tienda y fue hasta la boca del foso. ¡José no estaba ahí! Corrió hacia las tiendas de sus hermanos y les gritó:

—¡José se ha ido! ¡El muchacho se fue! ¿Qué haré?

—Ya sé —dijo uno de ellos.

Tomó una de las cabras, la mató y mojó el precioso manto de José con la sangre. Después hizo trizas la tela. Sonrió y les dijo:

—En la mañana volveremos con papá y le mostraremos esto.

Cuando regresaron, de inmediato fueron a ver a Jacob. Sostuvieron en alto el manto totalmente destrozado y cubierto de sangre.

—Encontramos esto, ¿lo reconoces?

—Es de José —gritó Jacob—. Un león debe haberlo atacado y se lo comió. ¡Debe haberlo hecho pedazos!

Sus hijos y su hija intentaron consolarlo, pero no era posible.

—Moriré antes de terminar el duelo por la muerte de mi hijo —afirmó Jacob.

Hacía muchos años Jacob había engañado a su propio padre. En aquel entonces Isaac era un hombre muy viejo. Ahora Jacob mismo era viejo y sus propios hijos estaban jugándole una cruel jugarreta. No sospechó nada. Creyó que José, su hijo favorito, estaba muerto.

José, el esclavo

LOS HERMANOS DE JOSÉ lo vendieron como esclavo a unos mercaderes que se dirigían a Egipto. Cuando los mercaderes llegaron a
su destino, llevaron a José a uno de los mercados de esclavos y lo
vendieron a un egipcio rico que se llamaba Potifar, uno de los cor-
tesanos del faraón. En aquel tiempo, Egipto era el país más rico y
poderoso de la tierra.

Dios no abandonó a José. Permaneció a su lado y le ayudó. Potifar estaba muy complacido con José y con el trabajo que hacía. Le
parecía que todo lo que tocaba José se convertía en oro, porque tenía éxito en cualquier cosa que emprendiera. De modo que Potifar
le encargó todos sus asuntos.

Todo iba bien hasta que la esposa de Potifar se enamoró de
José.

—Ven a mi lecho —le decía constantemente.

—¿Cómo podría hacerlo? —le contestaba José—. Eres la esposa de mi amo. Él confía en mí. ¿Cómo podría hacerle eso a él?
¿Cómo podría deshonrar a Dios?

Ella seguía importunándolo una y otra vez, y José se negaba.
Entonces, un día que estaban solos en la casa, intentó tomarlo del
brazo y le gritó:

—¡Ven conmigo a mi cama ahora! —y lo asió del manto.

José logró desprenderse de ella y corrió fuera de la casa. Ella
empezó a llamar a gritos a los demás sirvientes para que entraran.

—¡Ese esclavo extranjero intentó violarme! —chilló—. Grité y
huyó dejando su manto detrás. ¡Vean!

Sostuvo en alto el manto para que lo vieran.

En cuanto Potifar regresó del palacio, ella corrió hasta él y le
contó la misma historia, gimiendo sobre su hombro. Potifar estaba
furioso. Sin más, hizo apresar a José y lo envió a la cárcel. José no
tuvo oportunidad de contar su lado de la historia.

José, el prisionero

JOSÉ SE ENCONTRÓ en una prisión egipcia hedionda y oscura. Sin embargo Dios no lo abandonó, sino que se mantuvo a su lado y le ayudó. Como resultado, José impresionó tanto al gobernador de la prisión que le permitió cuidar de los demás prisioneros en su nombre.

Ahora bien, en la prisión había dos presos que eran el copero y el panadero del faraón. Se habían metido en graves problemas con él y los había encerrado en la cárcel para que estuvieran ahí hasta que decidiera qué haría con ellos. ¿El faraón los liberaría o los mataría? No lo sabían.

Una noche tuvieron cada uno un sueño. Los egipcios creían que se necesitaba de un experto para interpretar los sueños, y no sabían que hubiese uno dentro de la cárcel. Lo único que lograba haber tenido esos sueños y no ser capaces de entenderlos, era poner más temerosos a los dos hombres.

A la mañana siguiente José se dio cuenta de que los dos hombres parecían verse más tristes que nunca. Le explicaron acerca de sus sueños.

—No necesitan de expertos para entender estas cosas —dijo José—. Es Dios quien interpreta los sueños. Cualquiera puede hacerlo con ayuda de Dios. Díganme qué soñaron.

Y así lo hicieron. Primero el copero le contó su sueño.

—Soñé una vid —contó el hombre— que tenía tres ramas. Había hermosas uvas en ellas. Tenía la copa de vino del faraón en mi mano, así que coseché las uvas, las prensé, llené la copa y se la di al faraón.

José le dijo que en tres días el faraón lo liberaría y lo regresaría a su trabajo.

—Cuando salgas de esta prisión —le pidió—, cuéntale al faraón sobre mí. No he hecho nada malo y no merezco estar aquí.

Al escuchar la buena noticia que José le había dado al copero, el panadero le contó rápidamente su sueño.

—Llevaba tres canastas de pasteles sobre mi cabeza —explicó—. La canasta superior estaba llena de todo tipo de hermosos pasteles para el faraón, pero había un grupo de aves sobre ellos, devorándolos tan rápido como podían.

Miró ansioso a José, esperando su respuesta. Notó que José tenía una expresión muy sombría.

—En tres días —dijo al panadero— el faraón te colgará y las aves vendrán a devorarte.

Y eso fue exactamente lo que pasó. Tres días después ahorcaron al panadero y el copero recibió el perdón y le devolvieron su trabajo sirviendo vino para el faraón.

Pero al copero se le olvidó contarle al faraón acerca de José.

José en el palacio

JOSÉ ESTABA ENCERRADO en prisión por un delito que no había cometido. El copero estuvo en la cárcel con él y, cuando lo liberaron, prometió a José que hablaría de su caso al faraón. Pero estaba tan dichoso de haber salido de la cárcel y de estar de nuevo en su viejo empleo, que olvidó su promesa.

Pasaron otros dos largos años y luego el faraón tuvo unos sueños muy enigmáticos. Los sueños le preocupaban e hizo llamar a todos los expertos egipcios para que los interpretaran. Ninguno de ellos sabía su significado.

La noticia sobre los sueños del faraón circuló por el palacio. Todos hablaban del tema. El copero escuchó sobre esto y de pronto recordó a su viejo amigo. Se apresuró a ir con el faraón y le contó todo sobre José; cómo se habían conocido en la prisión; que él y el panadero habían tenido sueños y José les había dicho su significado; que todo se había confirmado y José le había pedido decirle al faraón que era inocente; que se le había olvidado todo eso y estaba muy arrepentido.

—¡Apresúrense! —gritó el faraón a dos de sus esclavos—. ¡Vayan a la prisión y tráiganme de inmediato a ese José!

José no podía ir en ese momento a ver al faraón. No se había rasurado durante todo el tiempo que había estado en la cárcel. Su barba estaba larga y desarreglada, y también olía muy mal. Necesitaba un buen baño y alguna ropa elegante.

Los esclavos del palacio del faraón alistaron lo más rápido que pudieron a José y lo llevaron al salón del trono. José nunca había visto al faraón. Ahí estaba, el hombre más poderoso de todo el planeta, sentado en su trono con todas sus galas y rodeado de todos sus expertos y sabios.

—He tenido dos sueños —le dijo el faraón—. Escuché que eres un experto en la interpretación de los sueños.

—No lo soy, su majestad, Dios es el experto —respondió José—. Dios y yo somos buenos amigos.

El faraón sonrió.

—¿Lo son? —preguntó—. Bueno, déjame ver qué es lo que tú y tu Dios son capaces de entender de mis sueños.

Y contó a José sus dos sueños.

—Estaba de pie al borde del Nilo —dijo—, cuando siete vacas salieron de las aguas y empezaron a pastar. Eran unas vacas hermosas y gordas, con un pelaje brillante. Después otras siete vacas salieron del río. Eran las vacas más flacas y feas que haya visto. Las vacas flacas se comieron a las vacas gordas, pero siguieron tan delgadas y feas como antes. Luego desperté.

José escuchó con gran cuidado y esperó a que el faraón le contara su segundo sueño.

—Me dormí de nuevo y en esta ocasión vi una caña con siete espigas grandes y llenas que brillaban bajo el sol. Luego creció otra caña junto a la primera. Esta también tenía siete espigas de grano, pero estas eran delgadas y huecas, secas por el ardiente viento. Las espigas delgadas engulleron a las gordas.

»Ninguno de mis expertos puede decirme qué significan estos sueños —concluyó—. ¿Tendrás tú un mejor resultado?

—Ciertamente que sí —respondió José—. ¡El significado es claro como el día, tan obvio como la espinilla en la punta de la nariz del sabio que está a tu lado!

El sabio se sonrojó y miró hacia el piso.

—Dios está utilizando estos sueños para mostrarte lo que sucederá —prosiguió José—. Las vacas y las espigas significan siete años. Habrá siete años de buenas cosechas y luego siete años de malas cosechas. Después de años de abundancia vendrán años de hambruna. Será un desastre que cubrirá a todo el mundo.

»Ahora bien, esto es lo que debes hacer. Tomarás todo el grano sobrante en los siete años buenos y lo almacenarás en grandes bodegas. Luego, cuando venga la hambruna, habrá algo que la gente pueda comer. Necesitarás elegir a alguien muy inteligente y capaz para que lo organice todo.

—¿Y qué tal tú mismo? —dijo el faraón y se volvió hacia sus expertos y sabios—. Este pastor de Canaán parece exactamente el hombre inteligente y capaz que queremos, ¿no lo creen?

Los expertos y sabios se sonrojaron y asintieron con furia.

—Bueno, está decidido —sonrió de nuevo a José, pero ahora con una amplia sonrisa—. En vista de que tú y tu Dios son tan buenos amigos, y es obvio que adquiriste parte de la sabiduría de Dios, y ya que mis sabios son tan idiotas, ¡te nombraré mi virrey! Serás la segunda persona más poderosa de Egipto. Por supuesto que yo soy el primero. Tú serás la segunda persona más poderosa del mundo. Acércate y deja que te coloque este anillo en uno de tus dedos. Ponte estas hermosas vestiduras y déjame colgar de tu cuello esta cadena de oro. Tendrás tu propia carroza y cuando recorras las calles, los esclavos correrán frente a ti diciéndoles a todos que se arrodillen a tu paso. La gente no podrá mover un dedo en Egipto a menos que tú lo indiques.

¡Eso suena mucho mejor que estar en una prisión apestosa!, pensó José.

Lo que José predijo se volvió realidad. A siete años de cosechas excelentes les siguieron siete años de cosechas fallidas. En todo el mundo hubo una terrible hambruna. Pero José lo había organizado todo y para el momento en que llegó la hambruna, había grandes montones de cereales en los graneros de Egipto, suficientes no solo para alimentar a los egipcios sino también a los demás habitantes del mundo.

José y la hambruna

EL MUNDO ENTERO estaba bajo las garras de una terrible carestía. La falta de alimentos en Canaán era tan grave como en todas partes. A Jacob, el padre de José, y su familia, casi no les quedaba nada que comer.

Jacob creía que José había muerto hacía años a causa del ataque de un león. Los hermanos de José sabían que eso no era cierto, porque lo habían arrojado a un foso en el desierto y lo vendieron a unos mercaderes que viajaban a Egipto, y mintieron a su padre sobre lo ocurrido. Pero no volvieron a saber nada de él, no desde que los comerciantes lo habían atado a sus camellos.

El granero de la familia estaba casi completamente vacío. Un día Jacob escuchó que había montones de granos en Egipto.

—¿Qué estamos esperando? —dijo a sus hijos—. Vayan a Egipto y compren algo de grano. Si no lo hacen, todos moriremos. Pero Benjamín debe quedarse, es un viaje peligroso y ya perdí a José. Raquel era mi esposa favorita, a la que más amaba. No quiero perder también al segundo hijo que tuve con ella.

Así que los otros diez hijos fueron a Egipto. Y sucedió que José estaba supervisando la venta de granos de uno de los almacenes egipcios. Vio a sus hermanos formados en la fila y los reconoció de inmediato, pero ellos no lo reconocieron. Después de todo, no estaban esperando verlo. Los mercaderes se lo llevaron para venderlo como esclavo y en general los esclavos no vivían mucho tiempo, de modo que pensaban que José solo había vivido unos cuantos años. En cualquier caso, si hubieran estado buscándolo, con toda seguridad no se habrían imaginado encontrarlo vestido con los ropajes de un virrey, el segundo hombre más poderoso de esas tierras.

Cuando llegaron cerca de él, se inclinaron hasta tocar el piso y José recordó los sueños que había tenido cuando niño. *Y aquí están,* pensó para sí mismo, *¡inclinándose ante mí! Después de todos estos años mis sueños se volvieron realidad.*

Fingió no conocerlos.

—¿De dónde vienen? —les preguntó.

—De Canaán para comprar alimentos —respondieron.

—¡Ustedes no han venido a comprar alimentos! —gritó José—. ¡Son espías!

—¡No, mi señor, no somos espías! —alegaron.

—Lo único que tengo para comprobarlo es su palabra —expresó José—. ¿De dónde vienen?

—Somos tus siervos, señor, y somos doce hermanos —dijeron—. El menor está en casa con nuestro padre y el otro ya no vive.

—¡Son espías! —repitió José—. En todo caso pronto lo sabremos. Uno de ustedes debe ir por su hermano menor y traerlo aquí. Mientras tanto, los demás serán mis prisioneros.

José los mandó a prisión por tres días. Luego se acordó de Jacob y de los demás que se estaban muriendo de hambre en Canaán.

—Les diré qué haré —dijo a sus hermanos—. Uno de ustedes se quedará en la cárcel y el resto regresará a casa para llevar la ración de grano.

—Estamos pagando por lo que le hicimos a José —se dijeron los hermanos unos a otros—. Cuando lo lanzamos al foso, escuchamos sus gritos de angustia, pero no hicimos caso. Esa es la razón por la que ahora nos ha caído esta desgracia.

No se dieron cuenta de que José podía entender su lengua. Había estado comunicándose con ellos por medio de un intérprete, fingiendo no hablar su idioma. Cuando escuchó lo que decían, no pudo controlar más sus lágrimas. Se alejó de ellos y lloró. En ese momento se dio cuenta de que sus hermanos entendían lo que le habían hecho y lo lamentaban. Quizá podría reconciliarse con ellos después de todo. Pero todavía no: primero se divertiría un poco con ellos. Y quería ver a su hermano Benjamín.

Eligió a su hermano Simeón, lo metió en la cárcel y envió a los demás a casa. Empacó sus sacos con cereales, metió dentro de los sacos un poco de plata arriba de los cereales y les dio alimentos para que comieran en el camino.

Y de ese modo los envió al largo viaje a casa.

Un extraño descubrimiento

LOS HERMANOS DE JOSÉ iniciaron el camino desde Egipto para regresar con Jacob a Canaán. Los grandes costales de grano colgaban pesadamente de sus asnos. El viaje les tomaría varios días.

La primera noche que llegaron a un albergue, uno de ellos abrió su costal para darle un poco de grano a su asno.

—¡Vengan a ver esto! —gritó a los demás—, mi parte del dinero que pagamos por el grano está hasta arriba de mi saco. ¿Qué es esto? ¿Qué será de nosotros? ¡Cuando regresemos a Egipto nos acusarán de ladrones además de espías!

Al llegar a casa contaron a Jacob casi todo lo que había pasado. Le dijeron que el hombre encargado de las provisiones de grano los acusó de ser espías. Le contaron que había demandado ver a su hermano menor, Benjamín, y que había enviado a Simeón a la cárcel. No le hablaron sobre el dinero que estaba en el costal. Pero entonces, cuando los demás también abrieron sus costales, encontraron hasta arriba su propio dinero.

Estaba sucediendo algo muy raro. Tenían mucho miedo y Jacob también estaba atemorizado.

—¡Creen que ustedes son espías y ladrones! —gimió—. ¡José está muerto; Simeón también y ahora quieren alejar de mí a Benjamín!

Pero la hambruna no terminaba. A la larga, Jacob se dio cuenta de que si sus hijos no regresaban a Egipto, todos morirían. Las provisiones que habían traído de Egipto estaban casi por agotarse y sus propios campos estaban secos y agrietados, seguían sin producir nada.

—Tendrán que regresar y comprar un poco más de grano —les indicó.

—Pero no podemos regresar sin Benjamín —dijo Judá, uno de los hermanos mayores.

—¿Por qué tuvieron que decirle a ese hombre en Egipto que tienen otro hermano? —habló muy enojado Jacob.

—Nos preguntó todo sobre nuestra familia —respondieron los hermanos—. «¿Todavía vive tu padre? ¿Tienen otro hermano?», ese tipo de cosas. Nos interrogó y le dijimos. Teníamos que decirle la verdad. No sabíamos que nos ordenaría llevarle a Benjamín.

—Deja que Benjamín venga conmigo —explicó Judá—, me haré responsable de él, lo cuidaré. Estará bien conmigo.

Jacob suspiró y dijo:

—Vayan. Lleven un regalo a ese hombre y dos cantidades de plata, una para comprar más grano y otra para pagar lo que trajeron en sus costales. En cuanto a su hermano Benjamín, llévenlo ante él.

Benjamín

LOS HERMANOS TUVIERON QUE regresar a Egipto para comprar más granos y encontrar a Simeón. Llevaron dos fardos de plata, como les había instruido su padre, y un regalo para el hombre a cargo de los graneros. Esta vez los acompañó Benjamín. No sabían bien a bien qué podían esperar, pero pensaron que enfrentarían problemas. Se preguntaban si alguno de ellos regresaría de nuevo a casa.

Cuando llegaron a Egipto se reencontraron con su hermano José. Seguían sin reconocerlo. José se percató de inmediato de que Benjamín venía con ellos, y le indicó a su siervo:

—Llévalos a mi casa. Esta tarde haremos un gran banquete.

Los hermanos no podían entender qué pasaba. La última vez ese hombre los había acusado de espionaje y ahora los invitaba a

comer con él. Debía de ser una trampa: sin duda algo relacionado con la plata de los costales. Era probable que sus hombres los arrestaran y los convirtieran en esclavos. ¿Y qué había sucedido con Simeón?

Aterrados, abordaron al sirviente de José y le contaron todo sobre la plata que habían encontrado.

—No se nos ocurre cómo llegó ahí, señor —dijeron—. Es un completo misterio para nosotros.

—No se preocupen —contestó el sirviente—, su Dios debe haberla puesto ahí. Parece cuidar muy bien de ustedes. La última vez yo recibí el dinero que pagaron. No hubo problema alguno. Ahora traeré a Simeón. Está a salvo.

Aliviados pero sorprendidos al mismo tiempo, los hermanos se reunieron con Simeón. Luego todos fueron a la casa de José, le hicieron reverencias y le ofrecieron el obsequio que habían traído desde Canaán.

—¿Su padre está bien? —preguntó tranquilamente José.

—Su vasallo, nuestro padre, está muy bien, gracias por preguntarlo, señor —y de nuevo hicieron una reverencia.

José miró a Benjamín. Era obvio que él tampoco lo reconocía.

—¿Y este es su hermano menor? —sondeó—. ¡Dios te bendiga! —dijo a Benjamín. Sintió un nudo en la garganta y se apresuró a su habitación para romper en llanto.

Finalmente dejó de llorar, se lavó la cara y regresó con ellos.

—Comamos juntos —dijo.

¿Qué diablos estaba pasando? Los hermanos no podían entenderlo. Nunca habían estado en un banquete así en toda su vida y a Benjamín le sirvieron cinco veces más que al resto de ellos.

José todavía no podía decirles quién era. No había olvidado el foso en Dotán, donde sus hermanos lo habían arrojado hacía tantos años cuando él había ido en su búsqueda. Aún tenía otra prueba que imponerles para ver si realmente se arrepentían de lo que habían hecho, y para saber si habían cambiado o no.

Antes de que sus hermanos partieran de nuevo hacia Canaán con sus nuevas provisiones, José ordenó a su sirviente que pusiera un hermoso cáliz, una de sus posesiones más valiosas, dentro del saco de grano que correspondía a Benjamín.

Esta vez los hermanos apenas habían salido de la ciudad cuando el sirviente los alcanzó junto con un grupo de los hombres de José.

—¿Así es como le pagan a mi amo? —gritó el sirviente—. Les dio un gran festín y uno de ustedes ha robado su precioso cáliz.

—¡Nunca haríamos algo así! —exclamaron—, revisa nuestros costales y compruébalo. Si lo encuentras en el saco de cualquiera de nosotros, toma a quien lo haya robado y mátalo, y el resto de nosotros seremos esclavos de tu amo.

El sirviente empezó con el costal de Rubén, por ser el mayor. Ahí no estaba. Así que revisó el siguiente y el siguiente. En ninguno estaba. Solo quedaba uno, el de Benjamín. El sirviente lo desató. Sacó el cáliz y lo sostuvo en alto para que todos lo vieran.

—Conque nunca harían algo así, ¿no? —gritó.

Los hermanos temblaban de miedo. Muy agitados dieron vuelta a su recua, y el sirviente y sus hombres los escoltaron hasta la casa de José. Se lanzaron al piso ante sus pies.

—¿Qué creían estar haciendo al robar mi hermoso cáliz? —les preguntó José.

—¿Qué podemos decir? —dijo Judá—, no nos creerás si te decimos que somos inocentes. Es cierto, somos culpables, aunque solo Dios conoce el verdadero crimen que cometimos. Señor, tómanos a todos como tus esclavos.

—No —replicó José—, eso no sería correcto. Solamente me quedaré con quien robó mi cáliz. Los demás pueden regresar en paz con su padre.

Judá dio un paso al frente.

—Señor, nuestro padre es un hombre muy viejo —expresó—. Cuando estábamos por regresar a Egipto nos dijo: *Mi querida esposa Raquel tuvo dos hijos. Un león destrozó a uno de ellos y nunca vi su cadáver. ¡Ahora quieren llevarse de mi lado al otro! Si no regresan a salvo a Benjamín, moriré de pena.* Así que como verá usted, señor, si Benjamín muere, eso causará la muerte de mi padre. Y será mi culpa, porque yo prometí cuidar del chico hasta que regresáramos. Déjeme asumir la culpa. Permita que Benjamín regrese a casa con los demás. Yo permaneceré aquí y seré su esclavo. No puedo regresar a casa sin Benjamín. Eso mataría a mi padre, no podría soportarlo, señor.

José ya no pudo refrenarse más.

—Déjenme a solas con estos pastores —dijo a su sirviente y a sus hombres. Cuando salieron de la habitación rompió en llanto—. Soy José —les dijo—. ¿En verdad mi padre sigue vivo?

Los hermanos se le quedaron viendo fijamente. No podían creer lo que escucharon.

—Acérquense —dijo José—, soy José, su hermano, aquel al que vendieron como esclavo. Dios hizo un gran bien con todo el mal que ustedes me hicieron. Dios me ayudó a salvar de la hambruna a incontables personas, incluidos ustedes y toda nuestra familia. Dios me trajo aquí para salvar de la inanición a todo el mundo. ¡Véanme ahora: soy el segundo hombre más poderoso de Egipto! ¿Pueden ver esta cadena de oro? El faraón mismo me la otorgó. Vayan a casa y cuenten a mi padre sobre lo que me ha pasado y tráiganlo con ustedes hasta Egipto, junto con sus esposas y sus hijos y sus animales. Aún deberán pasar cinco años más de esta espantosa hambruna. Aquí estarán seguros y podrán estar cerca unos de otros. Cuenten todo a mi padre y tráiganlo a Egipto en cuanto puedan.

Entonces se arrojó a abrazar a su hermano Benjamín y ambos derramaron muchas lágrimas. José abrazó uno a uno a sus hermanos y todos lloraron.

Tenían muchas cosas que contarse.

La reunión

Los HERMANOS DE JOSÉ se apresuraron a regresar a Canaán. En cuanto llegaron a casa, rápidamente fueron a la tienda de Jacob.

—¡José está vivo! —gritaron al unísono—. ¡No está muerto! Y también es virrey de Egipto, es el segundo hombre más poderoso después del faraón.

El corazón de Jacob se quedó frío. No les creyó. Así que le contaron toda la historia y lo llevaron fuera de la tienda.

—¡Mira todas estas carretas! —exclamaron—. José nos las regaló por órdenes del faraón para llevarte a ti y a nuestras esposas e hijos a Egipto.

Jacob vio las carretas y todos los regalos que les había dado José. Sus ojos fueron abriéndose cada vez más por el asombro.

—Mi hijo *está* vivo —dijo—. ¡Después de todos estos años! Debo verlo de nuevo antes de morir.

En corto tiempo Jacob y toda su familia viajaron de Canaán a Egipto para quedarse a vivir ahí. Cuando se acercaron al sitio donde vivía José, Judá se adelantó para decirle que estaban por llegar.

José salió en una hermosa cuadriga para reunirse con su padre. Cuando lo vio a distancia, descendió del carro y corrió para lanzarse a abrazarlo con lágrimas en los ojos.

—Puedo morir feliz —expresó Jacob—, ahora que sé que estás vivo y he visto de nuevo tu rostro.

De este modo, la familia que Dios había elegido se asentó en las mejores tierras de Egipto, bajo la protección del faraón.

3
MOISÉS Y LA MONTAÑA DE DIOS

El primer capítulo de este libro incluyó historias tomadas del libro del Génesis acerca de los inicios del mundo y habla de cómo Dios hizo que todo fuera muy bello y muy bueno, pero también nos narra que los seres humanos echaron a perder todo por su violencia y su orgullo. El segundo capítulo trató sobre el plan de Dios para elegir un pueblo que trabajara con Él para corregir al mundo. Pero las historias que se cuentan en ese capítulo no nos hablan de un pueblo, sino solo de una familia: Abraham y Sara, su hijo Isaac y su esposa Rebeca, los hijos de Isaac y Rebeca: Jacob y Esaú, y después sobre los hijos de Jacob, en especial José. Estos son los ancestros del pueblo de Israel, que se consideraban a sí mismos como el pueblo de Dios.

Las historias sobre la creación del mundo y sobre Abraham, Sara y su familia forman la primera parte de una gran narración que abarca los primeros libros de la Biblia. En este capítulo proseguiremos con la siguiente fase. La familia de Abraham y Sara se convierte en un gran pueblo. ¡Ha nacido el pueblo de Dios! El problema está en que habita en el sitio incorrecto. Dios había dicho a Abraham que su pueblo viviría en la tierra de Canaán y que esa tierra sería suya. Les dijo que ahí tendrían su libertad y no estarían bajo el yugo de otra nación que no conociera a Dios. Sin embargo, al principio de este capítulo encontramos que el pueblo de Dios no vive en Canaán, sino en Egipto, y tampoco son libres; ahora son esclavos de un rey cruel al que se conoce como el faraón.

¿Cómo logrará Dios sacar a su pueblo de Egipto? ¿Cómo les enseñará la manera de vivir en su Tierra? ¿Cómo les dará el conocimiento y la sabiduría que deben poseer para que puedan trabajar a su lado, compartir su *visión del mundo y hacerle compañía? Las historias de este capítulo, que se tomaron en su mayoría del Éxodo, responden a estas preguntas.*

Cuando el pueblo de Israel puso por escrito la historia de sus ancestros, Abraham, Sara y sus descendientes, no los convirtieron en héroes grandiosos y poderosos que llevaban a cabo proezas fantásticas, ni siquiera los describieron como especialmente buenos. Al hablar sobre sus propios inicios como pueblo no cambiaron el tono de la narración. Así que si lees lo que se cuenta en este capítulo, no encontrarás que el pueblo de Dios haya sido particularmente valiente o bueno. Sin embargo, lo primero que descubrirás son historias sobre algunas mujeres muy valientes y luego encontrarás a un individuo que se transformó en un verdadero héroe, uno de los más grandes de la Biblia: Moisés. Una de las narraciones sobre Moisés nos cuenta que Dios habló directamente con él, como quien habla con un amigo. En los primeros libros de la Biblia no verás a nadie más que haya estado tan cerca de Dios como Moisés.

Las osadas parteras y el faraón

EN LOS TIEMPOS DE JOSÉ, cuando la hambruna dominó a toda la tierra, Jacob y su enorme familia llegaron a vivir a Egipto. En ese sitio nacieron tantos niños que después de poco tiempo ya no eran una familia, sino un pueblo. ¡Israel, el pueblo de Dios, se había formado!

El problema era que ese pueblo estaba en el sitio incorrecto. Dios no los quería en Egipto. Quería que vivieran en Canaán, que se encontraba más al norte. Hacía mucho tiempo que había dejado más que claro ese tema cuando habló con Abraham.

El rey de Egipto, el faraón, también creía que los israelitas estaban en el sitio incorrecto. Habían transcurrido muchos años desde que José salvara a Egipto y al resto del mundo de la terrible hambruna. Este faraón nunca había oído de José y era un hombre muy diferente en comparación con el faraón de José. Aquel rey había sido sabio, generoso y justo; este no era ninguna de esas cosas.

Se enteró sobre el pueblo de Israel y sobre la rapidez con que estaban aumentando en número.

—¡Hay más israelitas que egipcios en este país! —gritó—. Si no tenemos cuidado, cuando haya una guerra se unirán a nuestros enemigos y pelearán contra nosotros.

Por supuesto que eso era incorrecto. Los egipcios superaban mucho más a los israelitas en cuanto a cantidad y además eran un pueblo fuerte y poderoso. Sin embargo, la mente del faraón se llenó de temor y pronto ese temor se convirtió en odio, y el odio se transformó en crueldad.

Convirtió en esclavos a los israelitas y los hacía trabajar mañana, tarde y noche: hombres, mujeres y niños construían las ciudades para el faraón. Intentaba destruirlos, pero mientras más cruel era, más hijos parecían tener. Así que los servidores del faraón les exigían cada vez más, hasta que el faraón pensó que ya no podrían soportar más.

Estaba equivocado. Su plan no funcionó y debía hacer alguna otra cosa. Lo que se le ocurrió después fue algo realmente horrible, una de las peores cosas que alguien pudiera intentar.

Había dos parteras que trabajaban en los campamentos de esclavos ayudando a traer al mundo a sus bebés. El faraón odiaba a los bebés israelitas, en especial a los varones. Pensaba que algún día se convertirían en soldados —soldados israelitas— y lucharían contra él. Mandó llamar a las dos parteras para que se presentaran ante él. Sus nombres eran Sifra y Púa. El faraón las convocó ante su presencia, y cuando este faraón hacía un llamado, nadie se atrevía a desobedecer.

—¿Para qué quiere *vernos*? —dijo Púa—. No hemos hecho nada malo, ¿verdad?

—Debe ser algo grave si quiere vernos personalmente —agregó Sifra.

Así que acudieron ante el faraón, mirando al piso frente a sus pies y esperando que no pudiera escuchar el ruido que hacían sus temblorosas rodillas.

El faraón no tenía gran cosa que decir. No usó sus nombres y ni siquiera las saludó.

—Cuando ayuden a cualquiera de las mujeres israelitas a tener un hijo, vean si es un varón. En ese caso mátenlo. Si es una niña, déjenla vivir.

Eso fue todo. Dio media vuelta y salió, mientras dos esclavos sacaban a toda prisa de palacio a Sifra y Púa. Contuvieron sus lágrimas hasta que estuvieron seguras fuera del palacio. Lloraban al pensar que debían matar a los bebés y también lloraban de rabia. ¡Matar niños y además recién nacidos! ¡Eran *parteras*! Su trabajo era ayudar a vivir a los bebés, no a matarlos. Esa era la razón por la que Dios las había puesto en la tierra y tenían más respeto por Dios que por ese espantoso faraón.

Así que no hicieron caso al faraón. Simplemente siguieron con su trabajo y las mujeres israelitas continuaron teniendo montones de hermosos bebés varones, al igual que bellas hijas.

Pero el faraón puso espías en los campamentos de esclavos. Hizo llamar de nuevo a Sifra y Púa a su palacio.

—¿Por qué no han obedecido mis órdenes? —rugió—. Les dije que mataran a los bebés si eran varones. ¡Los han dejado vivir! Díganme por qué no han matado a ninguno. ¿Por qué no lo han hecho?

Sifra miró a Púa y le guiñó un ojo. Esta vez sus piernas ya no temblaban y tampoco las de Púa. Ya no tenían miedo al faraón.

—Pues bien, su Divina y Real Majestad —comenzó Sifra—. La situación es la siguiente. Estas mujeres israelitas son como animales. ¿No te parece, Púa?

—Ya lo creo —concordó Púa—, como animales. Tienen a sus bebés tan rápido, que no podemos llegar a tiempo. ¿No es así, Sifra?

—Nunca llegamos —dijo Sifra—. Alguien viene a decirnos que una señora está teniendo un bebé y corremos lo más rápido posible. ¿Verdad, Púa?

—Dios mío, siempre corremos *tan rápido* —exclamó Púa—. Pero siempre llegamos tarde.

—Siempre es muy tarde —agregó Sifra—. Cuando llegamos alguien sale y nos dice: *Ya tuvo al bebé*. Y lo único que podemos decirle es: ¡*Qué fastidio*!, y nos vamos. ¿Cierto, Púa?

—Qué fastidio —repitió Púa, y tosió para ocultar una risita.

El faraón frunció el ceño. No sabía gran cosa acerca de los bebés. Tampoco sabía mucho sobre las mujeres o sobre las parteras y, ciertamente, no les había tomado la medida a Sifra y Púa. Así que pensó que seguramente le estaban diciendo la verdad, y las dejó ir.

Cuando salieron del palacio se rieron con tanta fuerza que a las dos les dio hipo y tuvieron que darse golpecitos en la espalda, lo cual solo sirvió para que se rieran todavía más y les diera más hipo.

El faraón se dio por vencido con la idea de utilizar a las parteras para llevar a cabo sus planes. Los bebés israelitas siguieron naciendo en un ambiente seguro y Dios estaba muy orgulloso de Sifra y Púa. Se aseguró de que tuvieran familias propias y se les considerara como grandes heroínas entre los israelitas.

Si tan solo ese fuera el final de la historia, pero el faraón estaba demasiado loco y era muy cruel. Si las parteras no podían hacer el trabajo sucio, entonces su propio pueblo, los egipcios, tendrían que hacerlo en nombre de su rey. Emitió una orden: «Tomen a todo niño varón nacido de una mujer israelita —decía el edicto— y láncenlo al río Nilo».

La madre y la hermana de Moisés: mujeres valerosas
🌱

LOS ISRAELITAS vivían como esclavos en Egipto, bajo el dominio de un cruel faraón que quería que ahogaran en el río Nilo a todos sus varones recién nacidos.

Un día, una de las mujeres israelitas, que se llamaba Jocabed, tuvo un bebé. Era un varón. Ella y su familia estaban llenas de alegría y miedo al mismo tiempo. Era un precioso bebé, con grandes ojos color castaño y una mata de pelo negro y rebelde que cubría su cabeza. ¿Qué pasaría si los egipcios lo descubrían? Exploraban constantemente el campamento de esclavos buscando a los niños. Cada vez que los encontraban, los arrancaban de los brazos de sus madres y los arrojaban al Nilo.

Jocabed y Miriam, la hermana mayor del bebé, lo mantuvieron dentro de su casa durante tres meses. Cada vez que los egipcios venían, ocultaban al niño y rezaban para que no empezara a llorar. Se salieron con la suya una y otra vez, pero Jocabed sabía que eso no duraría por mucho tiempo. Tarde o temprano las descubrirían. Se le ocurrió una medida desesperada, no estaba segura de que funcionara, pero era lo mejor que le venía a la mente. Si los egipcios querían que se arrojara a los bebés al Nilo, entonces pondría ahí a su propio hijo. Solo que no lo lanzaría a las aguas, le construiría una pequeña arca, como la de Noé, pero mucho más pequeña y sin animales.

Construyó un arca con tiras de los papiros que crecían junto al Nilo y la hizo resistente al agua. Una mañana muy temprano, antes de que hubiera nadie afuera, alimentó al bebé, lo colocó dentro del arca y lo llevó hasta el río. Con cuidado ocultó la pequeña barca entre los juncos. Miriam se sentó a poca distancia en la orilla del río para observar qué sucedía con el bebé. Cuando tuviera hambre y empezara a llorar, correría a informarle a su madre.

Luego de unas cuantas horas, Miriam escuchó que el bebé empezaba a llorar. Se levantó y estaba a punto de correr a casa, cuando vio que la hija del faraón llegaba al río para bañarse. Estaba con sus esclavas. ¡*Oh, no*!, se dijo Miriam a sí misma, *por favor, Dios, ¡no permitas que lo vean*! Se escondió detrás de una palmera y observó. La princesa se fue acercando poco a poco y llegó al lugar donde flotaba la pequeña arca.

—¡Válgame Dios! —dijo—. ¿Qué demonios es esto?

Una de sus esclavas fue hasta la canasta flotante y la sacó del agua. La princesa abrió la tapa y miró al interior.

El corazón de Miriam latía con fuerza. La hija de ese cruel faraón había encontrado a su hermanito. Seguramente en cualquier momento la princesa lo tomaría de los tobillos y lo lanzaría al río. Sin duda obedecería la orden de su padre y además disfrutaría hacerlo. A menos que pensara que el bebé era egipcio.

—¡Caramba! —exclamó la princesa—. ¡Es un varón y llora pidiendo a su madre! Es uno de los niños israelitas.

Miriam escuchó esas palabras y perdió toda esperanza. La princesa se había dado cuenta de inmediato que era un bebé israelita. Apenas pudo tolerar cuando vio que la princesa lo sacaba de su canasta. ¡Pero, esperen! ¿Qué estaba haciendo? ¡Lo estaba meciendo! Estaba limpiándole las lágrimas de los mejillas y lo mecía de un lado a otro para tranquilizarlo. Miriam no podía creer lo que veían sus ojos.

De pronto le vino una idea a la mente. Era una locura, incluso peor que la del arca, pero quizá funcionaría. Se deslizó desde atrás de la palmera y se acercó a la princesa.

—¡Qué hermoso bebé! —dijo—, su papá y su mamá deben haberlo abandonado. Me imagino que usted necesitará de alguien que lo alimente y cuide de él. ¿Desea que vaya a traer a una de las israelitas para que lo cuide?

La princesa le hacía cosquillas al bebé en el vientre.

—Qué buena idea —dijo.

Miriam corrió lo más rápido que pudo. La princesa estaba sonriendo.

—¿Qué estoy haciendo? —comentó a una de sus esclavas—. Al aceptar que traigan una nodriza para el niño, acabo de adoptarlo como si fuera mi propio hijo. Y además es un bebé israelita. ¡Pero es tan adorable! No puedo dejarlo aquí para que muera. ¿Qué *dirá* mi padre? —su rostro cambió, y de pronto pareció atemorizada—. El faraón nunca debe enterarse de esto —dijo a una de sus esclavas—. ¿Me entienden? —la mujer asintió con la cabeza—. Bien. Cuando esa niña regrese con alguien que amamante al niño, volveremos a mis habitaciones en el palacio, donde mi padre no lo encuentre. Será nuestro secreto, ¿verdad, chiquilín? — besó al niño y lo puso contra su mejilla. Sonrió de nuevo a sus esclavas—. Creo que mi baño tendrá que esperar hasta mañana.

Justo en ese momento regresó Miriam, trayendo consigo a su madre, Jocabed. Hizo una reverencia a la princesa y le dijo:

—Esta mujer está dispuesta a cuidar del niño.

Jocabed hizo también una reverencia y la princesa puso al bebé en sus brazos.

—Debes venir a palacio y cuidar de este niño por mí —ordenó—. Por supuesto que te pagaré un sueldo adecuado. Estarás de acuerdo en que es un niño encantador.

Jocabed no podía creerlo y entre lágrimas sonrió a la princesa.

—Sí —le dijo—, es un niño encantador.

Así que el bebé creció justo dentro del palacio del faraón. Su propia madre cuidó de él y recibió también un salario por hacerlo. La princesa le puso por nombre *Moisés*. Sus esclavas mantuvieron el secreto porque también amaban al pequeño, así que el faraón nunca lo descubrió.

Moisés se encuentra con Dios en el desierto

MOISÉS CRECIÓ como príncipe en Egipto. La hija del faraón lo había adoptado, pero su propia madre, Jocabed, lo crió desde pequeño. Jocabed le contó que no era egipcio sino israelita y le enseñó todas las viejas historias de su pueblo. Moisés estaba a salvo en el palacio, pero Jocabed le explicó que el resto de los israelitas vivían como esclavos y pasaban por una época terrible. El faraón intentaba quebrantarlos al hacerlos trabajar en exceso. Mucha de la gente del faraón era tan cruel como él.

Cuando Moisés finalmente salió de palacio, en poco tiempo se metió en problemas.

Un día vio que un guardia egipcio daba fuertes golpes a un esclavo israelita con un palo. Moisés miró alrededor y no había nadie más, así que saltó sobre el guardia, lo mató y enterró su cuerpo en la arena.

Se corrió la noticia de lo que había hecho, y alguien le contó al faraón. Era momento de que Moisés dejara Egipto.

Huyó hacia el oriente, al desierto de Sinaí. Ahí se asentó y se casó con una mujer llamada Séfora, y tuvieron un hijo al que llamaron Gersón. Reuel era el padre de Séfora y Moisés se dedicó a cuidar de sus ovejas y cabras.

Pero Dios seguía oyendo el clamor de su pueblo pidiendo ayuda porque los egipcios los hacían trabajar hasta agotarlos y los azotaban hasta matarlos. Dios siempre tuvo un oído agudo para escuchar los sufrimientos de su pueblo y despreciaba la tiranía, la crueldad y el abuso. Recordaba lo que había prometido hacía tantos años a Abraham, Isaac y Jacob. Dijo que los bendeciría y transformaría a sus descendientes en una gran nación, y que vivirían y prosperarían en una tierra que sería suya. Miraba a su gente, que se esforzaba bajo los calientes rayos del sol. Tenía que hacer algo. Necesitaba de alguien que le ayudara a llevar a cabo un nuevo plan.

Moisés estaba como todos los días cuidando de las ovejas y cabras de Reuel. Ese día se le dificultaba encontrar pastura y condujo a sus animales cada vez más lejos de casa hasta un lugar muy remoto y llegó a la montaña sagrada de Dios, el monte Sinaí. Moisés pensó que era simplemente otra montaña. Por todo el desierto había muchas de ellas. Sin embargo, había un manantial de agua fresca y el pasto era bueno. Empezó a tocar música con una flauta y los animales se pusieron a pastar.

De pronto se detuvo. La flauta cayó de su mano. ¡Qué cosa más extraña! No muy lejos de él, un arbusto empezó a arder. El fuego en su interior parecía danzar y tenía todos los colores del arcoíris. No despedía humo ni ceniza. ¡El fuego no estaba quemando el arbusto, ni siquiera lo chamuscaba ni hacía que sus hojas se curvaran o se quebrara ninguna de sus ramas! De hecho, el arbusto parecía avivarse con el fuego y brillaba y resplandecía con sus llamas. Era la cosa más hermosa que Moisés hubiese visto alguna vez. Tenía que investigar y comenzó a caminar hacia él.

—¡Moisés! ¡Moisés! —se escuchó una voz que venía del arbusto.

—Aquí estoy —susurró.

—¡No te acerques más! —prosiguió la voz—. Quítate las sandalias porque estás pisando terreno sagrado. Soy Dios, el Dios de tus ancestros, el Dios de Abraham, Isaac y Jacob.

Moisés se detuvo asombrado. Ahora que estaba más cerca del arbusto, el fuego ya no parecía tan hermoso. Era como un horno y ahí, en medio de este, podía ver a los israelitas en Egipto. Cerró los ojos. Cuando se atrevió a mirar de nuevo, las llamas habían cambiado de forma y observó el ardiente dolor y amor de Dios. No podía tolerar verlo más. Ocultó su rostro debajo de su manto.

De nuevo se escuchó la voz de Dios desde el arbusto.

—He visto a mi pueblo en Egipto y también lo he escuchado. He visto quebrarse sus espaldas y las cicatrices que les han dejado los golpes. He escuchado sus llantos de angustia y sus gemidos de dolor a altas horas de la noche. He venido a rescatarlos y llevarlos a la tierra que les prometí, una tierra llena de leche y miel. Necesito tu ayuda. Te enviaré a Egipto, con el faraón, para sacar a mi pueblo de ese país.

Moisés dejó caer el manto de su rostro. No podía enfrentarse al faraón, pero sí podía enfrentarse a Dios. *Tenía* que enfrentarse a Dios y decirle que le era imposible regresar.

—No puedo —protestó—, es absurdo, ¿por qué yo?

—Tendrás que ser tú —dijo Dios.

—Todo eso me parece muy bien —dijo Moisés—, pero… —su voz se fue apagando. Intentaba con desesperación pensar en una excusa—. Mira —dijo finalmente—, supongamos que regreso a Egipto y digo a los israelitas que me has enviado, y ellos preguntan cuál es tu nombre. ¿Qué debo decirles?

—Diles que me llamo *Estaré ahí porque estaré ahí* —replicó Dios—. Diles: *Estaré ahí me envió con ustedes.*

¡*Ese no es un nombre*!, pensó Moisés.

Pero Dios continuó con un largo discurso sobre cómo iba a rescatar a su pueblo y que el faraón se negaría a dejarlos libres, y de cómo habría gran cantidad de problemas, pero que al final los israelitas escaparían e irían a vivir a su propia tierra, una tierra donde manaba la leche y la miel. Moisés apenas le ponía atención. Estaba demasiado preocupado tratando de encontrar alguna excusa. Estaba seguro de que si regresaba a Egipto lo matarían.

—Pero los israelitas no me creerán cuando les diga que te he visto —señaló.

—Te ayudaré a convencerlos —contestó Dios.

—No soy bueno para hablar en público. ¡Soy un total fracaso para eso!

—Entonces te ayudaré a mejorar.

—¡Por favor, Dios, por favor! ¡Envía a otro!

Las llamas del arbusto crecieron hasta el cielo. Dios había perdido la paciencia. No aceptaría más excusas.

—Tienes un hermano que se llama Aarón —dijo—. Él te ayudará. De hecho ya viene en camino para encontrarse contigo. Podrán regresar juntos a Egipto. Debemos sacar a mi pueblo de ahí y necesito tu ayuda. Esa es la verdad y no habrá más discusión.

Eso era todo. Moisés tendría que dejar el pastoreo y regresar a Egipto.

Dios y el faraón

CUANDO MOISÉS REGRESÓ a Egipto, descubrió que en el trono había un nuevo faraón. No era mejor que el anterior. Este faraón seguía llevando a la muerte a los esclavos israelitas.

Moisés y Aarón se presentaron ante él.

—Así ha dicho el Señor, Dios de Israel —declararon solemnemente—: ¡*Deja ir a mi pueblo! Deseo que vayan al desierto a hacer un gran festejo dedicado a mí.*

—¿Quién es este don nadie al que llaman Dios, el Señor? —comentó el faraón en tono de burla—. Nunca he oído de él. Les mostraré quién manda en Egipto. ¡Fuera de mi vista!

En los campamentos de prisioneros los israelitas fabricaban ladrillos para el faraón. Tenían que hacer una determinada cantidad de ladrillos diariamente, pero eran demasiados y el trabajo los estaba matando. Antes, cuando menos, los tratantes de esclavos les daban la paja que requerían para hacer su labor. Ahora el faraón había ordenado que los israelitas recolectaran su propia paja, pero que de todas maneras fabricaran el mismo número de ladrillos.

—¡Con eso les bastará! —gruñó—. Eso los quebrantará por completo, ya verán si no.

Los esclavistas habían puesto a algunos israelitas a cargo del trabajo para que se aseguraran de que cada día se produjera la cantidad adecuada de ladrillos. Pero los trabajadores no podían llenar la cuota cuando también debían recolectar la paja para fabricar los ladrillos. Los mayorales israelitas cargaron con la culpa y como resultado recibieron tremendas golpizas. Se dirigieron temblorosos al palacio del faraón para quejarse.

—¡Son unos perezosos; todo su pueblo es de holgazanes! —gritó el faraón—. ¡Digan a su gente que siga con su trabajo o que se atengan a las consecuencias!

Los mayorales se encontraron con Moisés y Aarón fuera del palacio.

—¡Buena la han hecho! —exclamaron—. Ahora el faraón hizo que las cosas sean diez veces peores y no podemos hacer nada para resolverlo.

Moisés se sintió completamente indefenso. ¿Qué podía hacer? Estaba amargado, enojado y tenía miedo. Volvió sus ojos al cielo y oró:

—Dios, ¿por qué has causado tal desgracia sobre tu pueblo? Desde que regresé a Egipto para enfrentar al faraón en tu nombre, lo único que ha provocado a tu pueblo es más desgracia. ¡Y tú no has hecho nada para rescatar a tu gente!

—Nunca rompo mis promesas —respondió tranquilamente Dios—. Salvaré a mi pueblo del faraón. Prometo que lo haré. Pero tendrá que pasar un tiempo. Necesito mostrarle primero quién manda en Egipto.

Y de ese modo comenzó una larga y terrible lucha entre Dios y el faraón. Este último se aferraba a su poder con todas sus fuerzas. Su país estaba arruinado, igual que había acontecido antes del Diluvio. Pero no le importaba, por lo menos no al principio, hasta que empezó a sufrir él mismo. Luego tuvo miedo y accedió a dejar ir a los israelitas. Sin embargo, en cuanto empezaron a mejorar de nuevo las cosas, volvió a ser tan necio como siempre y se desdijo de su promesa. Sus consejeros religiosos le dijeron que su lucha era contra un dios y tendría que retroceder, pero no hizo caso. Sus oficiales políticos le rogaron liberar a los israelitas.

—¿No se da cuenta? —dijeron—. ¡Egipto está completamente en ruinas!

Pero los ignoró. Estaba solo en su lucha contra Dios, y no cedería ni un paso.

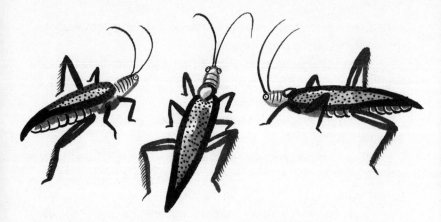

Todos lo abandonaron. Su propio pueblo sufría de manera terrible. Los animales y plantas del país estaban destruidos; la tierra, el agua y el aire estaban contaminados. El agua se transformó en sangre, el día se convirtió en noche, granizos del tamaño de melones destruyeron plantas y árboles, y la tierra se llenó de ranas, jejenes, moscas, langostas y enfermedades. Parecía que en Egipto se estuviera destruyendo toda la creación. Sin embargo, el faraón no se daba por vencido; seguía negándose a liberar a los israelitas y seguía pensando que era más grande que Dios.

Así continuaron las cosas hasta que una terrible noche murió su primogénito. Moisés había dicho a los israelitas que se aprestaran a abandonar Egipto.

—Finalmente escaparemos esta noche —les informó—. Pero primero cada familia debe tomar un cordero de sus rebaños para matarlo y comerlo. Acompañen esa comida con hierbas amargas para recordar cuán amarga ha sido su vida en Egipto. Y marquen las puertas de sus casas con parte de la sangre del cordero.

Esa noche no murió nadie de quienes vivían en las casas que tenían esa marca, aunque en todas las familias egipcias murió el hijo primogénito. No solo el hijo del faraón y no solo el hijo del mercader rico, sino también el de la esclava que molía los granos, el hijo del prisionero que estaba en la cárcel. Sus animales también perdieron sus corderos y cabritos.

Por toda esa tierra se escuchó un terrible gemido. Egipto estaba arruinado y ahora también estaba hundido en la pena.

El faraón convocó a Moisés y Aarón por última vez.

—¡Saca a tu pueblo de aquí! —clamó—. Vayan a adorar a su precioso Dios. Vayan y tengan su festival. Ya han hecho suficiente daño.

Dios divide el mar

¡POR FIN LOS israelitas iban en camino! No conocían otra vida que la de esclavos, pero ahora el cruel faraón los había dejado libres. Viajaron lo más rápido posible hacia la frontera de Egipto, con sus hombres, mujeres y niños, al igual que todos sus animales, y llegaron a orillas del mar Rojo. Pronto estarían a salvo en su propia tierra, la tierra que Dios había prometido a sus ancestros, más allá del alcance del faraón.

Luego escucharon un extraño sonido a la distancia. Volvieron la vista y miraron en la dirección de donde venían. Al principio no alcanzaban a ver nada por la nube de polvo, pero luego se dieron cuenta de que era el faraón en su cuadriga, con todos sus aurigas y soldados de infantería. ¡Venían tras ellos!

El faraón otra vez había cambiado de opinión. Perdió a su propio hijo, pero le resultaba todavía más terrible perder su poder. Gobernado por la pena había dicho a Moisés y Aarón que sacaran a los israelitas de Egipto, pero ahora que ya se iban, no podía tolerar liberarlos. No podía soportar que lo derrotaran. De una vez por todas, mostraría a esa gente y a su Dios quién mandaba en Egipto. Él, el gran faraón de Egipto, les enseñaría quién gobernaba realmente al mundo. Sus soldados los harían trizas. Los israelitas estaban atrapados entre el ejército del faraón y el mar Rojo. No tenían dónde ocultarse ni hacia dónde correr.

—¿Qué has hecho? —gritaron los israelitas a Moisés—. ¡Nos trajiste aquí a morir! Estaríamos mejor si hubiéramos permanecido en Egipto como esclavos. No seremos libres, estaremos muertos.

—No teman —exclamó Moisés—, manténganse firmes. Esta será la última batalla entre el faraón y Dios. Esperen a ver lo que Dios hará. Estarán a salvo.

Existían antiguas historias que narraban que, durante la creación del mundo, Dios había luchado contra las oscuras fuerzas del caos, había matado al enorme dragón del mar, había dividido las aguas para formar la tierra firme y había derrotado al caos para llevar el orden y la belleza al mundo.

—No teman —repitió Moisés—, nuestro Dios es el creador del mundo, no el faraón. Ocurrirá de nuevo lo mismo que durante la creación del mundo. Un nuevo mundo, una nueva libertad, un nuevo orden. ¡Observen!

Alzó los brazos sobre el mar y lo dividió en dos. El agua se agrupó a derecha e izquierda y en medio había tierra firme.

—Una nueva creación —murmuró.

El ruido del ejército egipcio se hacía cada vez más intenso.

—¡Vamos! —gritó—, debemos llegar al otro lado de estas aguas del caos antes de que nos alcance el antiguo dragón que representa el faraón. ¡De prisa!

La gente dudó. La franja de tierra firme se veía muy angosta y las paredes de agua a cada lado eran tan altas. ¿Podrían cruzar al otro lado? Entonces los alaridos del faraón y los gritos de sus soldados llegaron más cerca, y los israelitas recordaron las golpizas y las matanzas. Se apresuraron a cruzar.

A cada instante las paredes de agua parecían estar a punto de romper contra ellos. Detrás venía el faraón azotando con su látigo a sus caballos. Él y sus hombres se lanzaron a la senda entre las aguas.

—¡Los alcanzaremos en un instante! —exclamó el faraón.

Pero cuando los soldados se habían alejado de la costa, las ruedas de sus carros empezaron a atascarse en el lodo. Entonces sus caballos tropezaron y cayeron, y los soldados de infantería quedaron atrapados entre el montón de ruedas de cuadrigas y las patas de los caballos. Entraron en pánico.

—¡Es Dios contra quien estamos peleando! —gimieron los soldados.

—¡Emprendan la retirada! —ordenó el faraón.

Intentaron regresar, pero no tuvieron éxito. Se tropezaron unos con otros y terminaron en un caótico montón de cuerpos.

Mientras tanto, los israelitas prosiguieron adelante, caminando a ratos, corriendo a veces, y arrastrando lo mejor que podían a los animales. Las madres cargaban a sus bebés en brazos. Los niños pequeños iban montados sobre los hombros de sus padres. Llevaban a sus viejos y enfermos sobre camillas improvisadas o sobre la espalda de alguien. De alguna manera todos lograron llegar a la otra orilla. No perdieron a nadie ni dejaron a un solo animal en el camino. Podían escuchar los gritos de los egipcios desde la mitad del mar. Ya no eran gritos de enojo o violencia, sino de terror. Por encima de todo ese ruido, escucharon la voz del faraón que daba un último aullido:

—¡Este es mi mundo, mi tierra, mi mar! —gritó—. ¡Soy quien manda aquí!

Moisés levantó su brazo sobre el mar. De inmediato las paredes de agua se precipitaron y desapareció la franja de tierra. La superficie del mar resplandeció lisa y tranquila, y se hizo un profundo silencio.

La montaña de Dios

MOISÉS CONDUJO A SU PUEBLO a través del desierto de Sinaí hacia la montaña de Dios, la montaña sagrada donde hacía largo tiempo había encontrado a Dios entre las llamas de la zarza ardiente.

Ningún miembro de su pueblo había conocido antes la libertad. Habían nacido como esclavos. Sus padres y abuelos también lo habían sido, igual que cualquiera de sus antepasados que pudieran recordar. Estaban acostumbrados a que les dieran órdenes. No se les permitía tener ideas propias ni tomar decisiones. Tampoco entendían cómo sobrevivir en el desierto y no tenían ningún conocimiento de ese ambiente salvaje específico. No tenían idea de dónde estaban los oasis o los pozos o manantiales, o de cómo encontrar comida.

Se quejaron durante todo el recorrido. Decían que morirían de sed, así que Dios hizo que un manantial de aguas amargas se convirtiera en agua dulce que pudieran beber y en otro sitio hizo que el agua brotara de una piedra. Dijeron que no tenían nada que comer y morirían de hambre, así que Dios les dio un alimento que parecía venir directo del cielo, se llamaba *maná*, y eran una especie de obleas delgadas y hojaldradas que parecían hechas con miel.

Eran como niños a los que es necesario enseñar. Al igual que los niños, necesitaban aprender a ser independientes, a hacer sus propios planes y a tomar sus propias decisiones. ¿Qué mejor maestro podían tener que Dios? Por ese motivo Moisés los llevó al monte Sinaí, a la montaña sagrada de Dios.

Establecieron su campamento a los pies de la montaña.

Cuando llegó el amanecer del tercer día, se escucharon extraños truenos sobrenaturales acompañados de relámpagos que causaron un incendio y humo. Una densa niebla cubrió la cima de la montaña y la gente escuchó un sonido interminable, como la nota de una trompeta hecha con un cuerno de cordero. El sonido se iba haciendo cada vez más fuerte y toda la montaña comenzó a sacudirse con violencia. Moisés empezó a subir por sus escarpadas pendientes y desapareció entre la niebla. La gente esperó su regreso al pie de la montaña. Finalmente pudieron observar que venía hacia ellos.

—Les traigo diez mandatos de Dios —dijo—. Estas son sus enseñanzas para ustedes, para que puedan aprender cómo de-

ben comportarse como su pueblo en estas tierras. Son Diez Mandamientos y lo que significan:

Yo soy el Señor, su Dios.
Los traje de Egipto
para librarlos de su vida de esclavitud.

Deben ser leales conmigo.
Yo seré su Dios
y ustedes serán mi pueblo.
No deben crear ninguna imagen de mí.
Yo estoy más allá de su imaginación.
No deben adorar objetos de madera y piedra,
porque la madera y la piedra no piensan ni sienten,
ni escuchan o hablan, como hago Yo.
Otras naciones poderosas
tendrán palacios más grandes y templos más hermosos,
les dirán que sus costumbres son mejores
y que sus dioses son verdaderos.
No sigan sus costumbres
porque si son como ellos,
¿cómo podrán recordarme
o por qué los elegiría Yo?

No me traigan deshonra
ni arrastren mi nombre por el lodo,
o hagan que la gente crea que no valgo nada
o peor que eso,
que soy un tirano como el faraón.

Recuerden el séptimo día
y respétenlo como día sagrado.
Ese día su familia no debe trabajar
ni tampoco sus hijos
ni sus siervos
ni los extranjeros que vivan entre ustedes

ni sus animales.
Recuerden, ustedes fueron esclavos en Egipto
y los hicieron trabajar todos los días de la semana
hasta causarles la muerte.
Así no debe ser entre ustedes.
Son un pueblo libre
y deben vivir en libertad
y dar libertad a todos.
Incluso yo descansé en el séptimo día.
Y deseo que compartan mi reposo.

Honren a sus padres y madres.
Merecen una mejor vida que la que conocieron en Egipto.
Devuélvanles su dignidad.

No deben matar a nadie.

Maridos y esposas deben ser fieles el uno al otro.
No cometerán adulterio.
Deben tratarse entre sí con respeto
porque ya no son esclavos.

No deben robar.
No deben llevar a nadie a la pobreza.
No deben hacer que nadie parezca un tonto,
ni robarle su libertad o su dignidad.

No deben difundir habladurías
o falsos rumores sobre otra persona.
No deben contar mentiras para causarle problemas a otro.

No deben tener el deseo de poseer cada vez más cosas.
No deben querer lo que tiene su vecino o su amigo.
No deben causar que otra persona se vuelva pobre
a cambio de que ustedes sean ricos.
Deben dejar que todos vivan en libertad y con honra.

—Estos —prosiguió Moisés— son los Diez Mandamientos de Dios. Si los aprenden bien y viven de acuerdo a ellos, entonces serán el pueblo de Dios, y Él será su Dios.

Más enseñanzas de la montaña de Dios

DIOS TENÍA MUCHO MÁS que enseñarle a su pueblo. Quería que de nuevo pusieran al mundo en orden, como había sido en el principio. Moisés trajo de la montaña todas las enseñanzas de Dios. Los padres las enseñaron a sus hijos y estos, a su vez, aprendieron a repetir estas máximas que llegaban a cientos.

Si se pierde un buey o un asno de tu enemigo, y tú lo encuentras, regrésalo con su dueño.

Si ves que un asno se ha desplomado por su carga, y esa carga le pertenece a alguien que te odia y a quien odias, entonces no debes darle la espalda y dejarlo solo. Debes ayudarle a descargar el asno y levantar al animal.

Cuando siegues tu campo, no debes cortar la cosecha hasta el borde: deja un trozo para la gente que no tiene una tierra propia. Y si dejas caer tallos de grano mientras los transportas, déjalos para los pobres y para quienes no tienen nada. Lo mismo harás con tu viñedo. Deja algunas uvas para los pobres y para quienes no tienen nada propio que cosechar. No dejes desnudas las vides.

Cuando construyas una casa con un techo plano, coloca un muro alrededor del techo para evitar que alguien caiga.

Asegúrate de que todos puedan participar en las fiestas religiosas. Entonces harás grandes festines con mucho vino. Asegúrate de que tus esclavos también participen, al igual que los niños y los viejos que no tienen quien los cuide, y cualquier extranjero. Alguna vez fuiste esclavo en Egipto. Nunca deben tratar a los demás como los egipcios los trataron a ustedes.

No debes ser cruel o injusto con los inmigrantes que vivan entre ustedes. Sabes lo que se siente ser inmigrante. Alguna vez ustedes fueron inmigrantes en Egipto.

Ama a tu prójimo como a ti mismo.

Ama a Dios con todo tu corazón, con toda tu alma y con todas tus fuerzas.

El becerro de oro

NADIE EXCEPTO MOISÉS tenía permitido reunirse con Dios en la cima del monte Sinaí. Excepto en una sola ocasión, cuando unos cuantos de los demás lo acompañaron, siempre subía solo.

Sin embargo, Dios no quería permanecer por arriba de su pueblo, fuera de la vista entre la niebla y más allá de su alcance. Deseaba estar entre ellos, justo en medio del campamento. Los israelitas vivían en tiendas y lo que era suficiente para ellos, también bastaba para Dios. Le dijo a su gente que le fabricaran una tienda con pieles de cabra y carnero teñidas de rojo, con cortinas tejidas del pelo de las cabras. Se le llamaba el Tabernáculo o Tienda de la Reunión. Dios solía reunirse ahí con Moisés y conversaba frente a frente con él, como cuando se charla con un amigo.

Pero Dios tenía ideas acerca de una tienda más espléndida para conmemorar la victoria en el mar Rojo y su unión con el pueblo en el monte Sinaí, y que llevarían con ellos cuando viajaran tierra adentro. Sería una señal de que Él viajaba con ellos adondequiera que fueran. La tienda sería un lugar donde todo estaría en perfecto orden, donde todo sería muy bueno y muy bello, como era el mundo cuando lo creó inicialmente. La gente había llevado consigo gran cantidad de tesoros egipcios cuando atravesaron el mar; Dios le decía a Moisés que instara al pueblo a regalar parte del tesoro para hacer que la tienda se viera hermosa y reluciente. Dentro estaría el arca de la alianza, un hermoso arcón de madera, cubierto de oro, que contendría las dos tablas de piedra donde estaban los Diez Mandamientos de Dios. En esa hermosa tienda, además del arca, Dios se reuniría con su gente y ellos podrían reunirse con Él. El cielo estaría en la tierra y podrían llevar un trozo del paraíso por donde fueran.

Esa era la maravillosa idea de Dios y convocó a Moisés a la cima de su montaña sagrada para darle instrucciones precisas.

Moisés se fue por largo tiempo. Pasó tanto tiempo que su gente se hartó. Al final lo dieron por perdido y también abandonaron a Dios. Se reunieron en una gran multitud frente a la tienda de Aarón, el hermano de Moisés, y exigieron verlo.

—¡Haznos un dios! —dijeron—. ¡Un dios que podamos ver y tocar, un dios que nos conduzca a nuestra propia tierra! En cuanto a Moisés, no sabemos qué sucedió con él.

—Denme los pendientes de oro que trajeron de Egipto —respondió Aarón—. Los derretiré y veremos qué puedo hacer con ellos.

Había tantas joyas que Aarón tenía suficiente oro como para hacer la imagen de un becerro. Los israelitas habían escuchado historias sobre otros pueblos que esculpían estatuas de toros o de becerros, y creyeron que esas naciones los idolatraban como imágenes de su dios.

—¡Maravilloso! —exclamaron al ver lo que Aarón había hecho—. Este debe ser el dios que nos trajo desde la tierra de Egipto.

—Mañana —dijo Aarón— haremos un gran festival y llamaremos Señor Dios al becerro.

Al día siguiente el pueblo se reunió temprano para la fiesta. Comieron y bebieron y estaban muy alegres.

Al tope de la montaña, en medio de la extraña niebla donde Dios se encontraba, Moisés no podía ver ni oír nada de lo que estaba sucediendo abajo. Pero Dios sí podía.

—¡Rápido, desciende de la montaña! —indicó a Moisés—. ¡La gente ha echado todo a perder! Tienen un becerro de oro y lo están adorando y diciendo: «Este es el dios que nos sacó de Egipto».

Dios estaba muy decepcionado. ¡Después de todo lo que había hecho por su pueblo! Cuando Moisés bajó de la montaña llevando los Diez Mandamientos, todos dijeron que serían leales a Dios. *Todo lo que Dios ha dicho, eso haremos*, habían afirmado, y ahora veneraban a un becerro. Y para fabricarlo utilizaron parte del oro que Dios había querido para su nueva tienda.

La tristeza de Dios se transformó en enojo.

—He tenido suficiente de este pueblo —dijo a Moisés—. Empezaré todo de nuevo contigo. Haré un nuevo pueblo con *tus* descendientes.

Moisés intentó cambiar el parecer de Dios y aminorar su enojo.

—No puedes hacer eso —insistió—. No después de salvarlos del mar y traerlos hasta aquí. ¿Qué dirán los egipcios? ¡Que ayudaste a tu pueblo a escapar tan solo para poder librarte de ellos en el desierto! ¿Y qué hay de las promesas que hiciste a Abraham, Isaac y Jacob? Prometiste que *sus* descendientes se convertirían en una gran nación. No puedes romper el hilo de la historia de Abraham y Sara, de Isaac y Jacob, de José y de Egipto y de los faraones y del cruce del mar. No puedes olvidarte de ellos y permitir que se los lleve el viento del desierto. Debes mantener tu palabra, Dios… o no puedes ser Dios.

Dios cedió. No empezaría todo de nuevo con Moisés.

Sin embargo, cuando Moisés llegó al pie de la montaña y vio que su gente bailaba alrededor del becerro de oro, su propio enojo se encendió. Llevaba las dos tablas de piedra donde estaban inscritas las palabras de Dios. Elevó las tablas sobre su cabeza y las lanzó contra el suelo, haciéndolas pedazos. Luego tomó el becerro que los israelitas habían esculpido, lo derritió, lo convirtió en polvo y mezcló ese polvo con agua que hizo beber a la gente. Y pensó: *¡Aquí tienen su precioso oro! Lo único que sacarán de él es un dolor de estómago y nada más.*

—¿Qué creías estar haciendo? —preguntó a su hermano Aarón.

—No te enfades —respondió Aarón—, ya sabes cómo es la gente. No sabían dónde estabas y me pidieron un dios que los condujera. De modo que tomé su oro, lo eché al horno y salió ese becerro.

—Han hecho una cosa terrible —dijo Moisés al pueblo—. Hicieron algo muy malo. Regresaré con Dios para empezar todo de nuevo.

Nuevos inicios

LA MONTAÑA ERA muy escarpada. Los cuervos del desierto extendían sus alas, se elevaban en el cálido aire y recorrían sus pendientes con total facilidad, aunque para Moisés era un difícil ascenso. La niebla que ocultaba a Dios seguía cubriendo la cima. Antes la niebla le había parecido extrañamente cálida. Pero esta vez, luego de que el pueblo hiciera el becerro de oro y bailara alrededor de él, proclamándolo como su dios, a Moisés le parecía que la cima estaba helada.

Se dirigió a Dios:

—¿Puedes tolerar seguir viviendo con este pueblo? —le dijo en voz muy baja—. Si no puedes, entonces borra mi historia de tu libro. Haz como si nunca hubiera vivido.

—No castigo a los inocentes —replicó Dios—, y tú eres inocente. Seguiré adelante con este pueblo y dispondré la tierra para ellos. Pero ya no les haré compañía.

—¡Pero eso querrá decir que ya no seremos tu pueblo! —dijo Moisés—. Te necesitamos *con* nosotros, justo en medio de nosotros, para poder ser tu pueblo. Sé que han hecho algo terrible, pero la misericordia puede obrar milagros y el perdón consigue lo imposible. Todas las cosas son posibles para Ti, Dios, que eres mi amigo.

Se hizo el silencio y el aire se volvió un poco más cálido.

—Está bien —dijo Dios—. Viviré con ellos. Iré con mi pueblo.

Moisés quería asegurarse. Debía haber un nuevo inicio. Las tablas de piedra con las palabras de Dios yacían destrozadas en el piso. Ahora nadie podía leerlas. ¿Y qué pasaría con la nueva tienda, ese pequeño trozo de cielo sobre la tierra? La última vez, cuando Dios entregó los Diez Mandamientos a su pueblo, llegó entre truenos y rayos, con fuego y humo, y en medio de un terremoto con el estruendo de una trompeta de cuerno de carnero. Si querían empezar de nuevo, Dios tendría que venir de nuevo en toda su gloria.

—Dios, muéstrame toda tu gloria —dijo Moisés.

—No puedes verla —respondió Dios—. Moisés, tú y Yo somos amigos, pero debo seguir siendo un misterio, incluso para ti. Después de todo soy Dios, pero te mostraré mi bondad y escucharás mi nombre sagrado. Te esconderé en la grieta de una piedra y cuando pase, te cubriré con mi mano. Verás toda mi bondad, todas las cosas que daré a mi pueblo en la tierra que les prometí, granos y vino, manadas y rebaños, bailarán en las calles y la vida será como estar en un verde jardín. Esa será mi gloria. Pasaré por ahí y me verás mientras me desvanezco en el aire.

El frío desapareció y la niebla se volvió agradable de nuevo. Una distante parvada de blancas cigüeñas voló sobre la montaña, parpadeando sobre el viento cálido como estrellas al girar en el aire. Y entonces Dios mismo pasó, protegiendo a Moisés con su mano en la grieta de una roca.

Después de eso, Dios volvió a dar a Moisés los Diez Mandamientos y éste los llevó a la base de la montaña entre la gente. A fin de cuentas, se haría la nueva Tienda de la Reunión.

Cuando descendió después de estar en presencia de Dios, el rostro de Moisés resplandecía con todo lo que había visto y oído.

Él mismo no se había dado cuenta, pero su piel brillaba con tanta intensidad que la gente apenas podía soportar mirarlo.

La muerte de Moisés

DIOS SALIÓ DE Sinaí con su pueblo. Estuvieron muchos años juntos en el desierto. Al final, todos aquellos que habían cruzado el mar Rojo murieron en el desierto… excepto tres hombres: Josué, Caleb y Moisés mismo. Cuando llegaron a la frontera de la tierra que Dios eligió para ellos, Moisés recordó a quienes habían nacido en el desierto todas las enseñanzas que sus padres habían recibido en Sinaí. Luego les dio su bendición. Ahora estaban listos para cruzar el río Jordán y entrar en la tierra.

Estaban junto a una montaña que se llamaba Nebo.

—Ven a la cima de la montaña —dijo Dios a Moisés—, quiero mostrarte algo.

Así que Moisés subió a la montaña. Ya era muy anciano, pero aún tenía la energía suficiente para el ascenso y su vista era fuerte. Al tope de la montaña podía tener una perspectiva clara de todo el panorama. Miró a través del valle del Jordán y vio la tierra que se había prometido a Abraham hacía tanto tiempo, aquella que la gente casi había perdido cuando hicieron el becerro de oro. Debajo de él, al otro lado del Jordán, estaba el gran oasis de Jericó: un enorme e invitante manchón verde en el caliente paisaje. Pero Moisés podía ver incluso más allá de Jericó. ¡Era como si se le hubiera dado la vista de Dios! Podía ver toda la Tierra de un lado a otro, de norte a sur y hasta el gran mar, el Mediterráneo.

Y ahí, en la cima de la montaña, murió el gran Moisés, el amigo de Dios. El pueblo tendría que cruzar el río sin él.

4
VIVIENDO EN LA TIERRA DE DIOS

La larga historia sobre el pueblo de Dios, el pueblo de Israel, ocupa la primera cuarta parte de la Biblia. La narración comienza con un poema y con la historia de la creación del mundo y de los primeros seres humanos, después prosigue con una maravillosa colección de tradiciones sobre sus ancestros, Abraham y Sara, y sobre sus hijos, nietos y bisnietos. Los primeros dos capítulos de este libro narraron esas partes de la historia.

A continuación, la Biblia nos habla de que el pueblo de Dios terminó como esclavo en Egipto y Dios y su amigo Moisés lo rescataron. Nos cuenta cómo el mar se partió en dos; de un viaje por un desierto seco y pedregoso hasta la montaña sagrada de Dios; de los Diez Mandamientos de Dios y sobre la gran cantidad de otras máximas que Moisés trajo consigo de la montaña; también nos cuenta que la gente le dio la espalda a Dios e hicieron un nuevo dios de oro. Eso causó gran tristeza a Dios, pero de todas formas siguió viajando con su pueblo a través del desierto de Sinaí. Prometió darles una tierra que fuera suya y Dios no puede desdecirse de sus promesas.

Sin embargo tardaron tanto en llegar, que para cuando arribaron al valle del Jordán, que marca los límites de esa tierra, habían muerto todos los que escaparon de Egipto y fueron hasta la montaña de Dios, excepto un pequeño grupo de ellos. Ahora una nueva generación nacida en el desierto era la que formaba el pueblo de Dios. Moisés les entregó las enseñanzas que recibió de Dios en la montaña sagrada. Ese tema se trató en el capítulo tres de este libro.

Ahora el pueblo estaba listo para cruzar el río Jordán y empezar su vida en la Tierra Prometida. Moisés ya no llegaría hasta ahí con ellos. Murió

en la cima de una montaña en el extremo del valle. Pero Josué, quien había
sobrevivido desde que escaparon de Egipto, sería su nuevo líder.

Es en este punto donde reanudamos la historia para el siguiente capítulo
de este libro, con las historias de los libros de Josué, Jueces, Samuel y Reyes.

La caída de Jericó

EL PUEBLO DE DIOS, los israelitas, tuvieron un problema cuando llegaron a la tierra que Dios les había prometido: ese territorio no estaba vacío. Ya había mucha gente que vivía ahí y habitaba el lugar
desde hacía largo tiempo, tanto, que nadie podía recordar desde
cuándo había sido.

Cuando el pueblo de Israel cruzó el río Jordán, lo primero que
vieron fueron las palmeras y los campos de Jericó, así como los
enormes muros de esa ciudad que se elevaban frente a ellos.

Los israelitas ya no se parecían a sus padres, quienes salieron
de Egipto como esclavos temerosos, incapaces de cuidar de sí mismos. Aquellos que cruzaron el Jordán habían nacido en el desierto.
El desierto es un sitio feroz que curtió a estos jóvenes, haciéndolos
tan duros como la piedra. Estaban dispuestos a cualquier cosa.

Tenían un nuevo líder llamado Josué. Moisés lo había entrenado
para esa tarea. Josué envió dos espías a Jericó y cuando volvieron,
le informaron que los habitantes sentían terror ante los israelitas.

Además Dios seguía con ellos, acampado en medio de su gente, en la Tienda de la Reunión, que era un pequeño trozo de cielo
sobre la tierra. En el desierto fabricaron una caja dorada a la que
llamaban El arca de la alianza del Dios de los Ejércitos. La tenían
alojada dentro de la Tienda de la Reunión y contenía los Diez Mandamientos de Dios. Con el arca dentro de su campamento y Dios de
su lado, estaban listos para enfrentar lo que fuera.

Como informaron los espías de Josué, el pueblo de Jericó estaba realmente asustado. Podían ver que los israelitas se iban
agrupando en el otro lado del Jordán, pero nunca habían soñado
que pudieran cruzarlo. El río estaba crecido y sus profundas aguas

corrían con una fuerza torrencial. ¡Pero los israelitas lo cruzaron caminando como si estuvieran en tierra firme! Hacía muchos años, a Jericó llegó la historia de que los israelitas habían caminado por una franja de tierra en medio del mar Rojo cuando escaparon de Egipto. El gran faraón, rey de Egipto, los había perseguido dentro del mar junto con su ejército, pero en el momento en que el último israelita llegó al otro lado del mar, las aguas cayeron sobre los egipcios y todos se ahogaron.

Y ahí estaba este extraño pueblo del desierto, capaz de caminar sobre las aguas, acampado entre su ciudad y el río, en la frontera misma de su territorio.

Los habitantes de Jericó abandonaron sus campos lo más pronto posible y llevaron todos sus animales dentro de los fuertes muros de la ciudad. Cerraron a piedra y lodo sus puertas, atrancándolas con gruesas planchas de madera, y esperaron a que comenzara el asedio.

Era el asedio más extraño que se pueda imaginar. Los israelitas dejaron su campamento y marcharon en larga procesión alrededor de la ciudad. En la columna había muchos soldados armados, pero no hacían nada más que marchar lentamente alrededor de los muros de Jericó. En medio de la procesión había siete sacerdotes vestidos con hermosas túnicas de color dorado y azul, morado y rojo carmesí. Llevaban brillantes turbantes en la cabeza y las cadenas de oro y piedras preciosas que colgaban de sus hombros y pecho resplandecían con el sol. Detrás de los sacerdotes, en el mismo centro del

contingente, había otros hombres que cargaban una caja de oro con ayuda de largas pértigas. La caja era más brillante que el sol. Frente a ella, los sacerdotes hacían sonar siete trompetas hechas con cuernos de carnero.

Eso era todo. ¡Los israelitas dieron la vuelta completa a los muros de la ciudad mientras los sacerdotes tocaban sus trompetas y luego regresaron a su campamento, llevándose con ellos su caja de oro! El pueblo de Jericó no podía entender qué pasaba, pero todavía pensaban que no era seguro dejar la ciudad. De hecho, la procesión les produjo una sensación de mayor intranquilidad. ¿Qué harían a continuación los israelitas?

La respuesta llegó al día siguiente. ¡Hicieron exactamente lo mismo! Y al tercer día y los tres días posteriores. Durante seis días los israelitas se pasearon alrededor de los muros de la ciudad, con su brillante caja de oro cargada con largos postes y los siete sacerdotes tocando sus cuernos de carnero. Y de todas maneras no pasaba nada. No había un ataque y ni siquiera se oían gritos de combate. Solamente la larga procesión en la que los soldados israelitas no decían nada y simplemente veían al frente, y con el continuo sonido de los cuernos de carnero. En cada ocasión daban una vuelta a la ciudad y después regresaban a su campamento junto al río. ¿Qué estaba pasando? Bueno, en caso necesario, los habitantes de Jericó podrían tolerar esto durante semanas e incluso meses. En la ciudad entraba un arroyo que les llevaba agua fresca y tenían almacenados suficientes alimentos.

Entonces llegó el séptimo día. El sol se había ocultado tras las nubes. Esta vez, la procesión empezó antes, al amanecer, e hizo su recorrido siete veces alrededor de la ciudad. Luego se detuvo. El pueblo de Jericó la observaba desde los muros, cuando los israelitas dieron media vuelta para verlos directamente. Se prepararon para un ataque. Sus manos asieron con fuerza sus armas. Alguien que parecía ser el líder de los israelitas giró y dijo algo a la formación de tropas y a los sacerdotes. Era Josué. Los habitantes de Jericó no podían escuchar sus palabras, pero en cuanto terminó de hablar, los sacerdotes hicieron sonar una nota interminable con sus trompetas de cuerno de carnero. No era como el sonido que habían tocado antes. Era igual al ruido que los israelitas habían escuchado una vez en la montaña sagrada de Sinaí, justo antes de que Dios les diera los Diez Mandamientos. No parecía provenir de los sacerdotes o de sus trompetas, sino del mismo cielo. En ese instante, el sol salió de entre las nubes y arrojó un rayo enceguecedor sobre el arca, y los israelitas lanzaron un enorme grito. No era un grito de batalla, sino el clamor de triunfo cuando Dios apareció entre ellos. Hasta entonces se habían mantenido en silencio durante sus procesiones alrededor de la ciudad. Ahora era como si el sonido se hubiera estado acumulando todo ese tiempo en su interior y hubiera explotado en un grito ensordecedor que hiciera temblar la tierra.

No hizo temblar la tierra pero, junto con ese misterioso estallido de las trompetas, hizo añicos los antiguos muros de Jericó. Por miles de años habían soportado tormentas y terremotos, pero no pudieron tolerar ese grito, ni el clamor de los cuernos de carnero, ni la deslumbrante luz del arca. Se derrumbaron como si estuvieran hechos de paja.

Los soldados israelitas subieron entre los escombros, entraron a la ciudad y mataron a cada persona y animal que encontraron a su paso: hombres, mujeres y niños; ancianos, bebés, ganado, ovejas y asnos. Excepto una mujer que se llamaba Rahab y su familia, porque cuando los espías de Josué entraron en la ciudad, Rahab les dio albergue e información y luego les había ayudado a escapar.

Se hizo un terrible silencio que cubrió todo el lugar.

Al principio, cuando todavía no eran un pueblo sino solo una familia, Dios había dicho a su ancestro Abraham que fuera una bendición para todos los que encontrara en su camino. *Recuerda, Abraham, ¡debes ser una bendición!*, había dicho Dios. Los israelitas en Jericó parecían haberlo olvidado por completo.

Eluma, una mujer menospreciada

NO ERA FÁCIL vivir en la Tierra de Dios. No todo se trataba de muros que se derrumban y batallas ganadas sin tener que pelear. Las tribus israelitas no tenían las mejores tierras, ni las ciudades más poderosas. Quienes las tenían eran aquellos que vivían desde antes en el lugar. Y también había amenazas que venían de fuera de la zona, en particular de los filisteos, quienes vivían junto al gran mar.

Muchos años después del tiempo de Josué, los filisteos adquirieron el control de la tierra y mantuvieron su poder en la zona durante una generación. Fue por largo tiempo y para las tribus israelitas pareció durar una eternidad. Los días de Moisés y Josué habían pasado hacía mucho tiempo. Necesitaban un nuevo líder, un nuevo héroe.

Había una pareja israelita que vivía cerca del corazón del territorio filisteo. El esposo se llamaba Manoa y su mujer era Eluma. No tenían hijos. Habían pasado los años y sin embargo no tenían hijos. Su esterilidad era muy dura de soportar, en particular para Eluma. Todas las otras mujeres del pueblo tenían bebés.

Manoa se sentía avergonzado de su esposa porque creía que todo era culpa de ella. Su labor era tener hijos y criarlos, y no lo estaba haciendo. En particular, su obligación era producir un hijo varón, porque si no tenían uno, ¿quién cuidaría de ellos cuando llegaran a la vejez, y qué sucedería con su granja y su familia cuando Manoa muriera? Simplemente todo desaparecería, no quedaría nada. En cualquier caso, eso era lo que él creía.

Eluma se sentía cada vez peor. Su esposo la despreciaba. Ella creía que las otras mujeres también la menospreciaban. Con toda seguridad la misma Eluma tenía muy mala imagen de sí misma. Todos los días, cuando los otros aldeanos oraban a Dios para rogarle que enviara a alguien para librarlos de los filisteos, Eluma rezaba por un hijo.

—Por favor, Dios, por favor, dame un hijo —rezaba—. Tú eres el Dios de la vida. Sin un hijo varón más me valdría estar muerta y también le ocurre lo mismo a Manoa.

Todos los días oraba, pero no llegaba el hijo tan deseado. Siguió rezando, pero sus esperanzas se iban reduciendo a nada y su Dios parecía estar en otro mundo, un universo lejano a ella misma, donde no se podían escuchar sus ruegos ni sentir el dolor que ella sufría.

Hasta que un día su pequeña habitación se inundó de luz. ¡Era la luz de Dios! Y Dios le habló frente a frente. ¡Y qué palabras tan bellas le dijo! Las palabras que había ansiado escuchar desde hacía tantos años, las más extraordinarias de lo que alguna vez esperó oír.

—Tendrás un hijo —le anunció Dios—, un varón. De hecho, ya estás embarazada. Tengo un propósito especial para tu hijo, así que debes cuidar muy bien de ti misma. Cuando tu hijo llegue a ser adulto, empezará a salvar a Israel de los filisteos.

Un hijo. Un varón. ¡Un héroe! Eluma fue a decirle a Manoa. Pensó que él la creería una tonta si le decía que Dios le había hablado, así que le contó que quien le había dado esa noticia era un hombre de Dios. Pero intentó describirlo.

—Parecía como Dios —gimió—. Me dijo que estoy embarazada y me dio instrucciones especiales sobre el niño.

Manoa quería ver con sus propios ojos a este «hombre de Dios». Eluma estaba bastante abrumada con todo el asunto, pero Manoa no se daba cuenta de ello. Ni siquiera se percató de lo complacida que estaba ella con la idea de estar esperando un hijo y tampoco compartió su dicha. Simplemente quería saber qué estaba pasando.

—Perdóname, Dios —rezó—. Este hombre que enviaste, ¿podrías enviarlo de nuevo? Quiero conocerlo y escucharlo yo mismo.

Dios atendió a la oración de Manoa, pero en vez de aparecerse ante él, volvió a presentarse a Eluma cuando estaba sola en los campos. Eluma corrió de inmediato a buscar a Manoa.

—¡Ese «hombre» que vino el otro día —gimió—, se me ha aparecido de nuevo!

Manoa estaba furioso. No era correcto que ningún hombre se encontrara con su esposa y menos sin su permiso y sin que él estuviera presente. ¿Quién era ese hombre y cuáles eran sus pretensiones?

—¡Llévame de inmediato con ese dichoso hombre! —vociferó.

Así que Manoa caminó dando grandes zancadas detrás de su esposa hasta donde Dios estaba esperando. Cegado por los celos y la suspicacia, Manoa no vio de quién se trataba. Dios estaba frente a él, pero no pudo reconocerlo. Ni siquiera se mostró educado.

—¿Eres el hombre que habló con esta mujer que está aquí? —preguntó de manera tosca—. Supongo que lo que dices es cierto y que tiene un hijo en el vientre. ¿Cuáles son las instrucciones sobre cómo debemos criarlo?

—Ya se lo he dicho a «esta mujer», como tú mismo la llamas —respondió Dios—. Ella sabe qué debe hacer.

¡Esto es intolerable!, pensó Manoa, *este desconocido tiene la desfachatez de hablarme como si mi esposa fuera más importante que yo. Tendré que ponerlo en orden y averiguar qué se traen entre manos los dos. Tengo una idea. Si lo invito a cenar, tendré oportunidad de observarlo de cerca y de hacerle algunas preguntas incómodas.* Manoa carraspeó e hizo su mayor esfuerzo por sonar amable.

—Por favor, quédate un rato y cena con nosotros —le dijo—, mi esposa nos preparará una deliciosa y tierna cabra guisada.

Los ojos de Dios brillaron. Le hizo un guiño a Eluma y respondió:

—Creo que sería más apropiado hacer un sacrificio ante Dios, para demostrarle tu agradecimiento por la promesa de un hijo.

Manoa empezó a cuestionarse quién era este desconocido.

—¿Cómo te llamas? —preguntó.

—Mi nombre está más allá de las palabras —contestó Dios.

Ese debió haber sido el punto final del asunto. Debió haber hecho que Manoa se diera cuenta de con quién hablaba, pero no fue así. Al menos hizo lo que el «hombre» le había sugerido y preparó el sacrificio.

El fuego sacrificial bailaba y resplandecía con todos los colores del arcoíris. De pronto Manoa y Eluma vieron como si el misterioso desconocido se prendiera en llamas: brillaba con la resplandeciente gloria de Dios. Luego las llamas se alzaron hasta el cielo y el desconocido desapareció.

Finalmente Manoa se dio cuenta de quién era ese extraño hombre. Por supuesto que Eluma lo había sabido desde el principio.

—¡Moriremos! —gritaba Manoa—. ¡Hemos visto a Dios!

—¿Cómo crees que moriremos? —respondió Eluma—. ¡Claro que no moriremos! Vamos a tener un hijo. ¡Vamos a tener un hijo!

Y así fue. Cuando su hijo nació, Eluma le puso por nombre *Sansón*.

Ana, una mujer sin un hijo

CUANDO SANSÓN CRECIÓ, rompió el yugo que tenían los filisteos sobre la Tierra de Dios, cuando menos por un tiempo, pero no habría de ser el hombre que llevara a cabo el mayor plan de Dios. Dios quería que todas las familias de la Tierra recibieran bendiciones a través de los descendientes de Abraham. Sansón no era el tipo de hombre para ese trabajo. Dios necesitaba de un líder diferente, de alguien que entendiera sus planes y viera las cosas como Él.

¡A veces parecía como si Dios eligiera el camino más difícil! Quería un nuevo gran líder para su pueblo y eligió a Ana para que fuera su madre. Pero Ana no era capaz de tener hijos o pensaba que no podía. Estaba casada con un hombre llamado Elcana. Él tenía otra esposa, Penina. Esta última sí tenía hijos, pero Ana no tenía ninguno.

Todos los años Ana y Elcana, junto con Penina y sus hijos, solían ir como familia a un peregrinaje privado hasta un santuario que estaba en un sitio llamado Silo, ubicado aproximadamente a 24 kilómetros de su pueblo. Iban ahí para adorar a Dios y ofrecerle sacrificios, además de que acostumbraban comer deliciosos alimentos y beber gran cantidad de vino. Debería ser fabuloso, pero para Ana era una pesadilla. Iban a agradecer a Dios por todas sus bendiciones, aunque Dios no la había bendecido con un hijo. Toda la situación hacía que Ana se sintiera inútil y vacía. Y Penina siempre empeoraba las cosas. Se quedaba ahí con sus hijos, que corrían alrededor de ella, y con su bebé más reciente en los brazos, diciéndole a Ana que seguramente Dios la estaba castigando por algo que había hecho mal en el pasado. *Esa es la razón por la que tú no tienes hijos y yo sí*, le decía. Era una idea espantosa que Dios castigara con eso a alguien, pero Ana no podía sacarse la idea de la cabeza. Elcana hacía lo mejor posible, pero en realidad no entendía la situación. A pesar de esto, no puede decirse que la vida de Penina fuera fácil. Tenía a los hijos de Elcana, pero él no la amaba. Solamente amaba a Ana, pero Ana no podía tener hijos.

El momento de las comidas en Silo siempre era difícil, y un año Penina se comportó peor que otras veces y Ana simplemente no pudo soportarlo más. No podía probar bocado. Se sentía totalmente sola y rompió en llanto.

—¿Qué te pasa, Ana? —preguntó Elcana—. Sé que es difícil no tener un hijo, pero no debes permitir que eso arruine las cosas. Y de todos modos, ¿no soy yo más importante para ti que tener diez hijos?

¡Arruinar las cosas!, se dijo Ana con amargura. *¿No te das cuenta de que para mí todo estará arruinado para siempre si no tengo un hijo? No existe posibilidad de que me compenses el hecho de que no tenga hijos. Deberías saberlo. Por supuesto que tú sí tienes hijos, ¿no es cierto? Los hijos de Penina. No parece importarte si yo los tengo o no.*

Pero no dijo en voz alta lo que pensaba. En lugar de eso, se levantó, dejó la mesa y fue a derramar sus penas ante Dios.

Elí, el sacerdote del santuario, estaba sentado junto a la puerta del templo. Silo era un sitio muy importante en aquellos tiempos y Elí era un hombre muy importante. Todos coincidían en ello, incluido el mismo Elí.

Las lágrimas rodaban por el rostro de Ana mientras oraba y no podía dejar de temblar. Hacía su oración en silencio. Sus labios se movían, pero no salía ningún sonido de su boca. Elí la observaba de cerca.

—Dios mío, mi amigo —oraba—. ¡Mírame! ¡Ve mi miseria! Acuérdate de mí, no me olvides. Dame un hijo, un varón, y te lo devolveré. Lo dedicaré a tu servicio durante toda su vida. Ese es mi voto solemne.

Era una oración extraordinaria. Esta mujer deseaba con tanta desesperación un hijo que estaba dispuesta a cederlo a Dios si se lo concedía. Elí ni siquiera se dio cuenta de que la mujer estuviera rezando. Le gritó de un lado al otro del santuario:

—¡Mujer! ¡Estás borracha! Sal de aquí, recupera la compostura, ¡y deja de dar este espectáculo!

Eso hubiera sido suficiente para callar a muchas mujeres y también a muchos hombres, pero Ana tenía un carácter más firme.

—No estoy borracha —protestó—, tan solo estoy muy angustiada. He estado derramando mis penas ante Dios y eso es todo.

Elí se sintió un poco avergonzado.

—Entonces ve en paz —le dijo—. Y que Dios te conceda lo que le has pedido.

Dios se lo concedió. Vio su desgracia y no se olvidó de ella. Al poco tiempo Ana tuvo un hijo al que puso por nombre Samuel.

Cuando Samuel tenía tres años y Ana había dejado de amamantarlo, lo llevó a Silo, junto con un ternero, un poco de harina y vino, como regalos para Dios. Sostuvo la mano de Samuel y lo condujo con Elí.

—¿Te acuerdas de mí? —dijo—. Soy la mujer a la que viste rezando. Oré pidiendo un hijo. ¡Aquí lo tienes! Prometí que si lo concebía, lo dedicaría a Dios. Así que quédate con él. Vivirá en este sitio sagrado y le hará compañía a Dios.

Entonces soltó la mano de Samuel.

De modo que Ana regresó a casa sin su hijo. Todos los años, cuando ella y el resto de la familia visitaban Silo para su peregrinaje anual, llevaban una nueva túnica para vestir a Samuel. Elí daba una bendición a Ana y a Elcana, y les decía:

—Que Dios les conceda muchos más hijos para agradecerles que le hayan dado a Samuel.

Y Dios les dio más hijos. Ana tuvo otros tres varones y dos hijas.

¡Samuel! ¡Samuel!

SILO ERA UN LUGAR SAGRADO. La Tienda de la Reunión estaba ahí junto con el arca de la alianza. Pero los sitios sagrados requieren de hombres y mujeres santos para poder relucir con la santidad de Dios. Los sacerdotes de Silo, Elí y sus hijos, no eran hombres santos. Lo único que interesaba a los hijos de Elí era el beneficio que podían lograr. No tenían respeto por Dios ni por quienes venían a adorarle al santuario, ni tampoco por las mujeres con las que trabajaban. Elí era viejo y había perdido la vista, y cuando regañaba a sus hijos, estos no le hacían caso. Elí mismo se sentía alejado de Dios. La gente que acudía a Silo ya no encontraba a Dios ahí; ya no les hablaba frente a frente, como quien habla con un amigo, como lo había hecho con Moisés. Parecía estar encerrado en un cielo silencioso e invisible.

Sin embargo, las cosas habían empezado a cambiar cuando Ana fue a Silo para encontrarse con Dios y recibió su generosidad. No había visto a Dios, ni había escuchado su voz, porque Elí interrumpió su rezo al pensar que estaba borracha. Pero le había contado sus penas a Dios y Él la había colmado de dicha al darle un hijo. Entonces ella correspondió a la generosidad de Dios. Devolvió a su hijo Samuel con Dios. Samuel estaba en Silo como la prueba viviente de la magnificencia de Dios y de la grandeza de una mujer notable.

Samuel todavía era un niño. Una noche en que dormía dentro del templo, al lado del arca, escuchó dentro de su cabeza una voz que le llamaba:

—¡Samuel! ¡Samuel! —y despertó.

—Aquí estoy —dijo, y pensó que era Elí quien le hablaba, así que corrió a averiguar qué necesitaba Elí—. Aquí estoy —volvió a decir—, ¿me llamaste?

—No te llamé —dijo Elí—. Regresa a dormir.

Entonces Samuel regresó a su cama.

—¡Samuel! —escuchó de nuevo la voz.

Volvió a levantarse y acudió con Elí.

—Aquí estoy, me llamaste.

—No te llamé, hijo mío —dijo Elí—. Vuelve a dormir.

—¡Samuel! —se escuchó por tercera vez la voz, que tenía un tono insistente, de urgencia.

Por tercera ocasión Samuel se levantó y fue con Elí.

—Aquí estoy —volvió a decir—, me llamaste, sé que lo hiciste.

De pronto Elí se dio cuenta de lo que sucedía. ¡La extraña voz tenía que ser la voz de Dios! Entonces indicó a Samuel:

—Regresa a dormir y si escuchas la voz de nuevo, responde: *Habla, Señor, tu siervo te escucha.*

Samuel regresó a su lecho y Dios llegó y se acercó a él.

—¡Samuel! ¡Samuel!

—Habla, tu siervo te escucha —respondió Samuel y pensó: *Válgame, se me olvidó decir Señor.* Estaba por decir la frase de manera correcta cuando Dios comenzó de nuevo a hablarle.

—Estoy a punto de hacer algo extraordinario en Israel —continuó Dios—. La noticia de lo que sucederá hará que retumben los oídos de todo el que la escuche. Elí y sus hijos son los hombres más poderosos de Israel, pero les quitaré su poder. Sus hijos son hombres malvados y Elí es demasiado débil para detenerlos. La gente que acude a Silo debería encontrar mi generosidad y lo único que halla es la codicia de los hijos de Elí. Necesito de alguien que tome su lugar, alguien que provenga de mi generosidad y que la conozca. Te necesito a ti. Debes hablarles de mí.

De nuevo la noche quedó en silencio. Lo único que podía escucharse era el distante ladrido de un zorro. El pequeño se quedó recostado sobre su cama, incapaz de decir palabra, con los ojos muy abiertos. Esa noche no pudo volver a dormir.

A la mañana siguiente se levantó como siempre y abrió las puertas de la casa de Dios para dejar entrar el sol. ¿Qué podría decirle a Elí? Esperaba no tener que decirle nada. Luego escuchó una voz que le llamaba.

—¡Samuel, hijo mío! —reconoció de inmediato la voz. Era Elí.

—Aquí estoy —respondió y acudió con él.

—¿Qué te dijo Dios anoche? —preguntó Elí—. Dímelo todo.

Samuel contó todo lo que Dios le había dicho. Temblaba al hablar, pensando que Elí estaría furioso.

Cuando terminó, todo quedó en silencio. Elí no se enojó, en vez de ello se levantó y se dirigió tranquilamente a su silla a la entrada del templo. Observó el sol mientras salía por encima de las colinas al este.

—Es el Señor —dijo en voz baja—. Es Dios. Y hay que dejarle hacer lo que mejor le parezca.

El rey Saúl

DIOS APARECIÓ POR PRIMERA VEZ ante Samuel cuando era un niño. Después de eso habló con él muchas veces. Cuando Samuel creció, la gente se enteró de las cosas que estaba haciendo en Silo y acudían a consultarle. Si no podían escuchar ellos mismos a Dios, entonces irían con Samuel y él les diría lo que Dios estaba diciendo. Samuel podía ver las cosas a través de los ojos de Dios, sabía cómo pensaba.

Mientras tanto, los filisteos siguieron siendo sus enemigos y las tribus israelitas les tenían mucho miedo. Con Samuel como su líder, a veces podían mantener a raya a los filisteos. Sin embargo, en otras ocasiones los filisteos atacaban sus ciudades y pueblos y les causaban gran sufrimiento. Además Samuel se estaba haciendo viejo. Todos sabían que no duraría para siempre, y entonces, ¿qué pasaría? Sus hijos eran unos bribones que no eran mejores de lo que habían sido los hijos de Elí. ¿Podría encontrar Dios otro líder como Samuel? El pueblo no lo sabía, así que decidieron hacer sus propios planes.

—Danos un rey —dijeron a Samuel—. Todas las demás naciones tienen reyes. ¿Cómo podríamos ser una nación si no tenemos un rey?

—Pero Dios es su rey —respondió Samuel—. Eso es lo que nos hace diferentes de otras naciones.

—No, queremos ser como los demás —respondió la gente—. ¡Danos un rey!

—Un rey se quedará con las mejores tierras y con sus mejores esclavos y animales —protestó Samuel—. Tendrán que darle una décima parte de sus cosechas y de su vino y aceite de oliva. Tendrán que pelear en sus guerras y cultivar sus campos y cocinar sus comidas y hornear su pan. Cada vez querrá más, los volverá pobres y él se hará rico. No les permitirá vivir con libertad y con honra. Todos se volverán sus esclavos.

—Queremos un rey —gritó la gente—. Queremos un gran rey que nos gobierne, como las demás naciones. Queremos un rey que luche nuestras batallas.

De modo que tuvieron un rey y así es como sucedieron las cosas. Cis era un hombre rico que tenía un hijo llamado Saúl, quien aún era muy joven. No había empezado a crecerle la barba, pero era muy alto. Ya tenía más estatura que nadie más en esas tierras y también era muy gallardo.

Un día, algunos de los asnos de Cis se perdieron, y entonces le dijo a Saúl:

—Llévate a uno de los sirvientes y ve a encontrar esos asnos y tráelos de regreso.

De modo que Saúl eligió a su sirviente favorito y ambos chicos pusieron un poco de comida en sus morrales, se llevaron unos cuantos odres con agua y salieron en búsqueda de los asnos. Llevaban casi tres días buscándolos, pero todavía no podían encontrar rastro de ellos. Al final Saúl empezó a inquietarse.

—Será mejor que regresemos a casa —dijo a su amigo— o mi padre empezará a preocuparse por nosotros.

El joven sirviente señaló hacia un pueblo que estaba en una colina cercana.

—En ese pueblo hay un hombre de Dios —dijo—. Vayamos a buscarlo. Él podrá decirnos dónde están los asnos.

—Pero no tenemos nada que darle —replicó Saúl—. Tendremos que darle un regalo y no nos queda nada. Toda nuestra comida se acabó y no tenemos dinero.

—Claro que tenemos —dijo triunfante el joven sirviente—.

¡Mira! —buscó al fondo de su bolsa y sacó un pequeño montón de plata.

—¡Excelente! —gritó Saúl gustoso—. ¡Vayamos!

Mientras ascendían por el camino hacia las puertas de la ciudad, se encontraron con algunas chicas que caminaban hacia ellos llevando vasijas sobre la cabeza. Salían del pueblo para ir al pozo a recoger agua.

—¿Está el hombre de Dios en el pueblo? —preguntaron los muchachos.

—Sí —respondieron las jóvenes—. Llegan ustedes en el momento preciso. Habrá una gran fiesta y el hombre de Dios bendecirá la comida antes de que todos empiecen a comer. Si se apresuran, podrán encontrarlo.

Los chicos corrieron por el camino. Mientras atravesaban las puertas se toparon con el hombre de Dios. No era otro que el mismo Samuel. Los niños nunca lo habían conocido y no sabían quién era.

Ahora bien, el día anterior Samuel había escuchado que Dios le hablaba al oído.

—Mañana —le había dicho Dios— te enviaré un joven al que debes ungir como rey de mi pueblo de Israel. No puedo soportar el sufrimiento que está pasando mi gente a manos de los filisteos. He escuchado sus llantos de terror, sus gritos de pena, sus gemidos en la oscuridad de la noche. Este joven ayudará a salvarlos y les devolverá su libertad.

Al momento en que Samuel vio a Saúl a la entrada de la ciudad, Dios le susurró:

—Este es el joven del que te hablé. Será el rey de mi pueblo.

Por supuesto, Saúl no escuchó nada. Tan solo estaba interesado en devolver los asnos con su padre y regresar a casa.

—Disculpe —dijo a Samuel—, ¿sabe cómo se llega a la casa del hombre de Dios?

—Yo soy el hombre de Dios —respondió Samuel—. Ven conmigo y acompáñame en la gran fiesta. No te preocupes de los asnos. Tu padre ya los encontró. Tenemos cosas más importantes en qué pensar que los asnos. Eres el hombre que ha estado esperando el pueblo de Israel.

Saúl estaba contento de enterarse de lo que había pasado con los asnos, pero no podía entender de qué hablaba Samuel.

—¿A qué se refiere? —preguntó—. Mi tribu es la más pequeña de las tribus de Israel y mi familia es la más humilde de todas las familias de mi tribu. ¡Somos unos pobres diablos!

Samuel no dijo nada, y condujo a los dos niños al aposento donde se daría la fiesta. Las personas más importantes del pueblo estaban ahí, pero Samuel dio a Saúl y a su sirviente los asientos de honor. Luego ordenó al cocinero que sirviera a Saúl las mejores piezas de carne. Los ojos de Saúl se abrieron como platos cuando vio lo que pusieron frente a él. ¡Era algo digno de un rey!

¿Qué estaba pasando? Saúl no podía entenderlo. Nunca lo habían tratado de este modo. Y cuando llegó la hora de dormir, se colocaron camas especialmente para él y su amigo sobre el techo de la casa. Hacía mucho calor por las noches y el techo era el sitio más fresco para dormir. Era un lugar reservado para los huéspedes distinguidos.

—¿De qué se trata todo esto? —dijo Saúl a su amigo antes de ir a dormir.

—No tengo ni la menor idea —respondió su amigo—. ¡Pero no tengo queja alguna!

A la mañana siguiente, en el momento en que el sol salía por detrás de las colinas, Samuel llamó a Saúl y a su compañero de viaje.

—¡Levántense! —gritó—, es momento de partir.

Bajaron por las escaleras hasta la calle, donde encontraron a Samuel esperándolos. Empezaron a caminar juntos, pero cuando se acercaban a las puertas del pueblo, Samuel dijo a Saúl:

—Di a tu sirviente que siga adelante y te espere. Tengo algo muy importante que decirte.

El amigo de Saúl siguió caminando hasta que había dado vuelta en una esquina. Entonces Samuel sacó de su morral un frasco con aceite de oliva. Era un aceite sagrado muy especial. Estiró su mano y derramó el aceite sobre la cabeza de Saúl. Con voz solemne declaró:

—Dios te ha ungido rey sobre su pueblo. Reinarás sobre el pueblo de Dios y lo salvarás de sus enemigos.

Y así fue como Israel consiguió un rey.

David, el niño pastor

LA SITUACIÓN NO SALIÓ según el plan. Saúl hizo su mejor esfuerzo, sin embargo ese esfuerzo nunca le pareció suficientemente bueno a Samuel. Saúl creció hasta convertirse en un valiente guerrero, pero de alguna manera fue incapaz de arreglar las cosas. Y también los filisteos seguían perturbando a la gente. Al final, Dios quiso empezar otra vez. Decidió que encontraría otro rey para su pueblo, alguien que realmente compartiera su punto de vista.

—Quiero que vayas a un pequeño pueblo que se llama Belén —dijo Dios a Samuel—. Lleva un poco de aceite bendito, encuentra a un hombre que se llama Isaí y pide ver a sus hijos. He elegido a uno de ellos para que sea rey de Israel. Te indicaré cuál es y tú lo ungirás.

—¡Pero no puedo hacer eso! —protestó Samuel—. Si unjo con aceite a uno de los hijos de este hombre, habrá dos reyes en Israel al mismo tiempo y eso sería demasiado. ¡Saúl me matará!

—Simplemente haz lo que te digo —respondió Dios—. Ve a ese pueblo y diles que vas a ofrecer algún sacrificio o algo por el estilo.

—Pero… —insistió Samuel.

—Nada de peros —replicó Dios.

De modo que Samuel fue a Belén. Al acercarse al pueblo, la gente que trabajaba en los campos lo vio de inmediato. Lo primero que notaron fueron sus elegantes ropajes. Se miraron unos a otros asombrados.

—Nunca viene alguien tan elegante a visitarnos —se dijeron.

Luego una de las mujeres lo reconoció:

—¡Es Samuel! —gritó—. ¿A qué ha venido? ¿Qué hemos hecho? Solamente queremos que nos dejen en paz con nuestro trabajo.

Los ancianos del pueblo temblaban de miedo cuando se acercaron a Samuel.

—Señor, ¿viene usted en son de paz? —le preguntaron.

—En paz —respondió Samuel—. He venido a ofrecer sacrificio a Dios. Quiero que todos acudan al sacrificio. Ah, por cierto, ¿en este pueblo hay alguien llamado Isaí?

Uno de los hombres tosió nerviosamente.

—Soy yo, mi señor —dijo.

—Ven al sacrificio y asegúrate de traer contigo a todos tus hijos varones —añadió Samuel.

Los hombres seguían sintiéndose intranquilos, pero hicieron lo que les pidió. Todo el pueblo se reunió para la celebración.

Isaí y sus hijos varones acudieron. Samuel pidió que le presentara a sus hijos, uno por uno. El mayor, Eliab, se acercó primero. Era alto y bien parecido, con toda la imagen de un rey. *Debe ser este*, pensó Samuel.

—No, no es él —le susurró Dios—. Yo no juzgo a la gente por su aspecto. Lo que me interesa es lo que está en su interior.

Isaí presentó a su segundo hijo.

—No —susurró Dios a Samuel—. Tampoco este.

Y así fue presentando Isaí a su tercer hijo, luego al cuarto y al quinto, al sexto y al séptimo. ¡Siete hijos! En aquellos días se pensaba que siete hijos varones era la cantidad perfecta de hijos.

—Ninguno de estos —afirmó Dios.

Samuel estaba confundido. Se dirigió a Isaí con su voz más solemne:

—Dios no ha elegido a ninguno de estos. ¿Tienes más hijos varones?

¿Qué sucede?, pensó Isaí. *¿Qué quiere decir con eso de que Dios no ha elegido a ninguno? ¿Elegirlos para qué? Creía que simplemente haríamos un sacrificio.* Pero no se atrevió a decir nada de esto a Samuel.

—¿Que si tengo más hijos? —respondió—. Bueno, pues sí, señor, tengo uno más. Pero no creo que le interese. Es el más joven de ellos, apenas un muchacho. Ahora está en los campos cuidando de las ovejas.

—Ve a traerlo —ordenó Samuel.

Entonces Isaí envió a Eliab a traer al chico. Él, junto con el resto de sus hijos, brincaban de un pie al otro y se mordían las uñas. ¿De qué se trataba el asunto? ¿Y dónde estaba Eliab? Se había ido desde hacía mucho. Samuel simplemente se quedó ahí, de pie, vestido con su elegante ropa y sin decir nada, mirando en la dirección hacia donde Eliab se había ido. Era como para erizar la piel.

A la larga vieron venir a Eliab que regresaba, casi corriendo, junto con su hermano menor. Isaí presentó al niño con Samuel:

—Este es mi hijo menor, señor. Como le dije, es tan solo un chico. Lo siento, señor, se lo había advertido.

—¡Este es! —anunció Dios a Samuel—. Saca el óleo bendito, derrámalo sobre su cabeza y úngelo como rey de Israel.

Y eso fue precisamente lo que hizo Samuel. Isaí y sus hijos mayores no podían dar crédito a lo que veían. Tampoco el resto del pueblo. Luego Samuel se fue a casa.

Nadie se atrevió a decirle a Saúl lo que había pasado. Así que únicamente Samuel y el pueblo de Belén sabían que ¡ahora había *dos* reyes en Israel!

David y Goliat

EL PASTORCITO DAVID se quedó pensando. Samuel lo había ungido como rey de Israel, pero él seguía cuidando de las ovejas. Su familia guardó silencio de lo sucedido, al igual que todos los demás habitantes de Belén, el pueblo donde vivían. El rey Saúl y los israelitas que estaban fuera de Belén no estaban enterados de nada. Era como si nada hubiera pasado, excepto que ahora sus hermanos envidiaban a David. No podían entender por qué Samuel no había elegido a uno de ellos.

Los israelitas habían elegido a Saúl como su rey para que los liberara de sus enemigos los filisteos, pero Saúl no estaba logrando su cometido y no se conseguía la paz. Un día, el ejército filisteo marchó hacia un río en un sitio conocido como valle de Ela, para pelear una batalla con los israelitas. Montaron su campamento a un lado del lecho del río, mientras que el ejército israelita ocupaba la otra ribera. Era verano y el lecho del río estaba totalmente seco.

Los ejércitos marcaron sus líneas de combate, lanzando sus gritos de batalla y dispuestos uno frente al otro a través del valle. Saúl esperó a que los filisteos hicieran el primer avance. No tuvo que esperar mucho tiempo. Un hombre a quien conocían como Goliat, que estaba entre los soldados filisteos, dio un paso al frente. Ambos ejércitos se quedaron en silencio. Goliat era enorme, medía más de dos metros y era muy ancho de espaldas; cubría su cabeza con un casco de bronce reluciente y llevaba una gruesa cota de malla, así como grebas de bronce que protegían sus piernas por debajo de la rodilla. Portaba una espada, una pica y una lanza gruesa. Los israelitas nunca habían visto a nadie igual. Descendió pavoneándose por la colina con un escudero al frente. Se detuvo, plantó firmemente los pies sobre el suelo y pasó la mirada de un lado al otro sobre la línea de las tropas israelitas. Blandió su espada y su lanza ante ellos, y gritó:

—¿A qué han venido? ¡Véanme bien, soy un filisteo! Y ahora vean a su rey Saúl. —Lanzó una risotada que más parecía un rugido cruel y burlón y denotaba que era un hombre que siempre se salía con la suya y gozaba con aterrar, herir y matar a otros—. Muy bien —prosiguió—, si quieren pelea, la tendrán. Elijan a un hombre que venga y luche conmigo. Él y yo decidiremos la batalla. Si logra matarme, ustedes ganan. Pero si yo lo mato, nosotros ganamos y su pueblo se volverá nuestro esclavo.

El valle quedó en silencio. Saúl y los israelitas estaban aterrorizados. No tenían a nadie que pudiera luchar con un hombre como ese. Se movieron con nerviosismo y parpadeando por causa del potente sol. Entonces se volvieron sobre sus pasos y corrieron a sus tiendas.

Goliat volvió riendo a las filas de los filisteos y todo su ejército comenzó también a reír. Todo el valle se estremeció con sus burlas.

Los tres hermanos mayores de David pertenecían al ejército israelita. Pensaban que David era demasiado joven para ir a pelear. Aún estaba en casa, a unos veinte kilómetros de distancia hacia el este, cuidando de las ovejas.

Día tras día, cada mañana y tarde, Goliat salía de entre los soldados filisteos y gritaba su desafío a los israelitas. Y día tras día sucedía lo mismo. Ninguno de los que estaban en el campo israelita se atrevía a dar un paso al frente, así que Goliat soltaba esa terrible risotada y regresaba a su campamento, mientras todos los filisteos le hacían coro con sus burlas. Los israelitas se sentían cada vez más indefensos y aterrorizados ante Goliat, quien lo sabía y le encantaba.

Mientras tanto, en Belén, Isaí esperaba que sus hijos retornaran del campo de batalla. Pasaban las semanas y aún no volvían.

Alguien le contó que los dos ejércitos seguían acampados uno frente al otro, pero no le hablaron sobre Goliat.

Se dio cuenta de que era probable que sus hijos ya no tuvieran comida suficiente.

—Ve a llevarles estos granos y estas hogazas de pan a tus tres hermanos —dijo a David—. Y lleva también estos quesos para sus oficiales. Averigua cómo están, y cuando regreses, trae algo que me demuestre que están con bien. Haz lo que te pido lo más pronto posible.

Cuando David llegó al campamento, ambos ejércitos estaban tomando sus posiciones como lo hacían a diario. Dejó la comida con el encargado de las provisiones y fue a buscar a sus hermanos. Acababa de saludarlos cuando Goliat salió de las filas de los filisteos y gritó su desafío usual. David giró hacia él. Escuchó lo que decía y también oyó su risa, al igual que los gritos burlones de los filisteos cuando los soldados israelitas huían hacia sus tiendas.

—¿Has visto a ese hombre? —dijeron a David algunos de los soldados—. Saúl dará grandes riquezas y a su hija en matrimonio a cualquiera que logre matarlo. El hombre que logre vencerlo será un gran héroe.

—¿Quién se piensa que es ese filisteo? —comentó David—. ¡Nosotros somos el pueblo de Dios! No solo está tratando de hacer que ustedes parezcan unos tontos y cobardes. Intenta hacer que el Dios viviente también parezca tonto y cobarde. ¡Escuchen a esos filisteos! ¡Creen que nuestro Dios no *vale nada*!

Su hermano Eliab escuchó lo que decía.

—¿Y *tú* quién te *crees*? —gritó—. ¡Tan solo eres un niño! Esto es asunto de mayores. Regresa a casa, cuida de las ovejas y deja la guerra para nosotros.

Pero Saúl oyó lo que David estaba diciendo y envió a buscarlo.

—Iré en su nombre a luchar contra ese filisteo —dijo David.

—No puedes —respondió Saúl. Cuando menos tenía un voluntario, pero con toda certeza era demasiado joven—. Eres solo un chico —afirmó—. Ese filisteo es un guerrero experimentado.

—Pero yo también soy un guerrero —declaró David—. Allá en mi pueblo he salvado a nuestras ovejas de las fauces de leones y osos. Si Dios me puede ayudar a matar un león o un oso, entonces puede ayudarme a lidiar con ese filisteo. Ese estúpido matón piensa que nuestro Dios no vale nada. ¡Yo creo lo contrario!

Saúl dudó, pero miró con más cuidado a David. Entonces dijo:

—Muy bien. ¡Ve a pelear con él y que Dios te acompañe! Ten, toma esta armadura para protegerte.

David se vistió con ella. Nunca antes se había puesto una armadura. ¡Apenas podía caminar! Era rápido y ágil como una gacela, pero esa armadura le hacía sentirse pesado e incómodo, como un viejo camello cargado.

Así que se la quitó y fue a encontrarse con Goliat, vestido únicamente con su túnica de pastor, con su morral de pastor y con su vara de pastor… y con una honda. Los israelitas, con el corazón en la boca, lo vieron dirigirse hacia el gigante. Cuando llegó al fondo del lecho del río, donde la lluvia había alisado las piedras, se inclinó, eligió cinco piedras de buen tamaño y las metió en su morral.

Goliat bajó pavoneándose desde las filas del ejército filisteo junto con su escudero para enfrentarse a David. Goliat no podía dar crédito. Después de todo este tiempo, ¿esto era lo mejor que podían hacer los israelitas? ¡Era solo un muchacho! Sin armadura ni defensas. (Goliat no vio la honda.) ¡Esto era un insulto! Él, el gran Goliat, merecía luchar contra su principal campeón y le enviaban a un niño pastor que llevaba un bastón.

—¿Crees que soy un perro y me darás de golpes con un bastón? ¡Acércate —gruñó— y serás el desayuno para los leones y los buitres!

—Piensas que nadie puede tocarte con tu gran espada, tu pica y tu lanza —gritó David—, pero yo tengo al Dios viviente conmigo, ese Dios que tú crees que no vale nada. No sabes contra quién te enfrentas, Goliat. Sí, en poco tiempo los leones y los buitres tendrán suficiente comida, ¡pero no seré yo!

Goliat estaba furioso. ¡Cómo se atrevía este chico a hablarle de tal modo! Dio un gran alarido y empezó a marchar cubierto con su armadura. David se lanzó hacia él, tomó una de las piedras de su morral, la puso en su honda, giró la honda lo más rápido que pudo y lanzó la piedra. Goliat no vio venir la piedra, pero sintió un dolor repentino y agudo por arriba de la rodilla. Se tropezó y cayó de cara. Su armadura era tan pesada que no le permitía moverse. Se quedó ahí, con el rostro contra la tierra y sintiendo que la rodilla le estallaba por el dolor, mientras que su escudero huía de regreso a la colina donde estaban los demás soldados filisteos. David corrió hacia Goliat. El casco de Goliat se había caído cuando se derrumbó sobre el suelo, pero su espada todavía colgaba a un costado. David se paró sobre el gigantesco hombre, sacó la enorme espada de la vaina, la elevó sobre su cabeza y la encajó con todas sus fuerzas en el cuello de Goliat.

Había ganado la batalla.

La huida de David

DESPUÉS DE QUE DAVID DERROTÓ A GOLIAT, las cosas salieron extraordinariamente bien para él. Se volvió un héroe nacional, un comandante en el ejército de Saúl, miembro de la corte y el mejor amigo del hijo de Saúl, Jonatán. Al poco tiempo también se casó con Mical, la hija de Saúl. Más que otra cosa, David era el hombre que sabía lo que le importaba a Dios. En tanto Saúl no podía hacer nada bien, David no podía hacer nada mal.

Sin embargo eso se convirtió en la raíz del problema: Saúl se puso celoso de David. Todavía no se había enterado de la unción en Belén, pero sabía cuán popular era David. Así que resolvió deshacerse de él.

Un día, los celos de Saúl se convirtieron en rabia. David estaba tocando la lira y de pronto, sin advertencia, Saúl atacó desde un rincón y le arrojó una lanza, tratando de clavarlo contra la pared. David se hizo a un lado y la lanza chocó contra el muro. David salió corriendo de la habitación y del palacio.

Terminó ocultándose con algunos de sus amigos soldados en las cuevas del desierto y Saúl fue a buscarlo con su ejército para darle caza.

Un día David y sus hombres estaban en una cueva frente al mar Muerto. Se habían metido hasta el fondo de la cueva, donde estaba oscuro como boca de lobo, y se mantenían en profundo silencio. ¡Saúl venía en camino! Podían escuchar a sus hombres que marchaban por la senda junto a la costa; eran tres mil soldados.

Cuando los soldados de Saúl se acercaron, las cabras montesas empezaron a corretear sobre las rocas. Sus patas lanzaban pequeñas piedras que caían hasta la boca de la cueva. David y sus hombres casi se morían de miedo. Pudieron escuchar que alguien subía precipitadamente hacia la cueva. Se apiñaron en la oscuridad todavía más al fondo.

En la entrada apareció una figura, era un hombre inusualmente alto. ¡Era Saúl! ¿Qué estaba haciendo? Estaba solo. No miró al interior, sino que giró hacia la entrada y se acuclilló. ¡Había entrado a orinar!

Los hombres de David no podían creerlo.

—¡Es tu oportunidad! —susurraron a David—. ¡Lo tienes en tus manos!

David se arrastró hacia él, espada en mano. Llegó detrás de Saúl y sin hacer ningún ruido, cortó una esquina de la túnica de Saúl. Luego regresó con sus hombres.

Saúl se levantó, salió de la cueva y descendió hasta el camino.

—No debería haber hecho eso —dijo David a sus hombres—. Saúl es el rey ungido al que Dios seleccionó especialmente para conducir a su pueblo, Israel. Debería haberlo dejado tranquilo.

En el momento en que Saúl estaba a punto de avanzar por el camino con sus soldados, David fue hasta la entrada de la cueva y se quedó parado ahí con los ojos entrecerrados por el brillante sol.

—¡Mi señor rey! —gritó.

Saúl y sus hombres giraron hacia la voz y lo vieron. Saúl dio un paso al frente y David hizo una reverencia hasta el suelo. Luego se levantó, y dijo:

—¿Por qué me persigues como si fuera tu enemigo? ¡Mira lo que tengo en la mano! —y mostró el triángulo de tela que había cortado de la túnica de Saúl—. Pude haberte matado cuando estabas en la cueva. Mis hombres me instaron a matarte, pero no lo hice. Eres el ungido de Israel, a quien Dios eligió para conducir a su gente. No soy tu enemigo. ¡Mira que somos pocos los que estamos aquí! No represento mayor amenaza para ti que un perro muerto, ¡que una de las pulgas de ese perro! Y vienes a perseguirme con tres mil soldados. Que Dios juzgue entre tú y yo y decida cuál de los dos tiene razón.

Saúl apenas podía verlo porque tenía los ojos llenos de lágrimas.

—¿Es tu voz, David, amigo mío? —dijo y no esperó la respuesta. Sabía quién le hablaba—. Eres mejor persona que yo —prosiguió—. Te he hecho daño y me pagas con bien. Que Dios te recompense. —Su vista se aclaró y pudo ver el trozo de su túnica real en la mano de David—. Tú serás el rey de Israel —declaró—. Ahora lo sé. Tú mereces más ser rey que yo.

»¡Media vuelta! —gritó Saúl a sus soldados—. Regresamos a casa.

Pero cuando estuvieron de regreso en su palacio, Saúl volvió a sentir envidia. No podía tolerar la idea de que David se convirtiera en rey. Así que volvió a salir a buscarlo con sus tres mil hombres.

David seguía oculto en el desierto, pero ahora estaba un poco más al este. No confiaba en Saúl, a pesar de lo que le había dicho.

Se enteró de que Saúl había salido a perseguirlo y envió espías para averiguar dónde estaba su campamento. Los espías regresaron y dijeron a David:

—Ven con nosotros. ¡Tenemos algo que mostrarte!

Estaba oscuro, pero conocían muy bien ese sector del desierto. Los espías condujeron a David y a los demás por un camino estrecho hasta la cima de un risco. Se asomaron por el borde. Debajo de ellos se encontraban Saúl y sus hombres, durmiendo a campo abierto en la cálida noche y roncando felizmente. David observó con cuidado para ver si localizaba a Saúl. En ese momento asomó la luna por detrás de una nube. Ahí estaba Saúl, en medio de su ejército, junto con Abner, su principal general, que estaba acostado a su lado. Ambos estaban completamente dormidos.

David se volvió hacia sus hombres.

—Bajaré hasta el campamento —dijo—. ¿Quién me acompaña?

—Yo iré —replicó un hombre que se llamaba Abisai.

David y Abisai se deslizaron por el borde del risco y entraron con sigilo al campamento. Los ronquidos se detuvieron. David y Abisai pasaron con cuidado sobre los cuerpos de los soldados y se escurrieron entre ellos. Todos los hombres dormían profundamente y ninguno despertó.

Poco a poco David y Abisai llegaron hasta la mitad del campamento y se quedaron mirando a Saúl y a Abner. La lanza de Saúl estaba encajada en la tierra, arriba de su cabeza, junto a una jarra con agua.

—Deja que tome la lanza y lo cruce con ella hasta el suelo —susurró Abisai a David.

—No —dijo David en respuesta—, es el ungido de Dios. Dios me hará rey algún día, pero no asumiré yo ese poder y menos tomaré su vida —hizo una pausa y luego sonrió a Abisai—. Aunque puedo llevarme su lanza y su jarra con agua.

David y Abisai salieron de puntitas del campamento y volvieron a ascender hasta la cima del risco.

—Oye, Abner —gritó David—. ¡Despierta, Abner!

Abner se revolvió en sueños y despertó.

—¿Quién me llama? —dijo somnoliento.

—No has estado cuidando muy bien de tu rey, ¿no es así, Abner? ¿Dónde esta la lanza del rey y su jarra con agua, Abner?

Para ese momento Saúl y sus soldados estaban completamente despiertos. Saúl gritó:

—¿Eres tú, David, amigo mío?

—Claro que soy yo —respondió David—. Y aún quiero saber por qué me has echado de la Tierra de Dios. ¿Qué daño te he hecho? No me dejes morir aquí en este desierto.

—No has hecho nada malo —gimió Saúl—. He sido un tonto. Regresa, David, no volveré a hacerte daño.

Pero David seguía sin confiar en él.

—Envía a uno de tus hombres a recoger tu lanza —gritó—. Esta noche te perdoné la vida, porque sé cuán valiosa es. Mi vida también es valiosa. Que Dios me salve y me lleve a buen término.

—Te envío mis bendiciones, David —contestó Saúl—. Harás grandes cosas. Al final tendrás éxito.

David y Betsabé

DAVID NUNCA REGRESÓ a la corte de Saúl y el rey tampoco lo capturó. Al final, Saúl murió en una batalla contra los filisteos. Después de eso hubo una guerra entre quienes apoyaban a la familia de Saúl y aquellos que estaban a favor de David. Estos últimos salieron victoriosos y lo proclamaron rey de Israel. David nombró a Jerusalén como su capital y con gran ceremonia llevó ahí el arca de la alianza. Por último logró derrotar a los filisteos. Pero más importante todavía, Dios le hizo promesas solemnes, como aquellas que una vez hizo a Abraham:

> Te saqué de los pastizales, David,
> de perseguir ovejas,
> para que gobernaras mi pueblo: Israel.
> He estado contigo,
> siempre a tu lado.
> Ahora te volveré famoso
> como los más famosos de la tierra.
> Mi pueblo ha estado amenazado
> desde que llegó a esta, mi tierra.
> Ahora los plantaré firmemente
> y morarán seguros.
> Nunca más los malvados los oprimirán.
> Nunca más temblarán de miedo.
> Les daré un descanso de todos sus enemigos.

Esas fueron las promesas de Dios. Pero Dios necesita que la gente trabaje a la par de Él o sus promesas serán palabras que se llevará el viento. Ahora necesitaba que David mantuviera seguro a su pueblo, que sembrara bondad, verdad y justicia en la tierra, para convertirse realmente en la Tierra de Dios.

David era muy apto para ganar batallas y lograr que sus generales las ganaran en su nombre. Pero no era bueno en todo.

Una tarde de primavera, a punto de anochecer, el ejército del rey David estaba peleando a unos 64 kilómetros de distancia al oriente de la capital, bajo las órdenes de Joab, uno de sus generales. Asediaban una ciudad llamada Rabá. David se había quedado en Jerusalén. Ahora que era rey, lo tenía todo. Empezó como pastorcito en una pequeña villa, siendo el menor de una gran familia donde todos lo ignoraban y pateaban, vivía dedicado a proteger a las ovejas y cabras de los leones y osos; ahora era un rey, con su propio palacio, con esposas y sirvientes y todo un ejército que peleaba sus batallas.

La tarde era calurosa. David fue a tomar una de sus siestas usuales. Durmió por unas horas y luego se levantó, se estiró y salió a caminar por la terraza del palacio. Miró hacia las casas que estaban más allá de los muros del palacio y pudo ver a una mujer que se estaba bañando. Se detuvo a observarla, era muy bella, la deseaba y debía tenerla.

Llamó a uno de sus esclavos.

—¿Quién es esa mujer? —preguntó—. Ve a averiguar quién es.

El esclavo regresó, se inclinó ante él, y le dijo:

—Se llama Betsabé, mi señor, y es esposa de Urías.

—Urías es uno de los soldados dentro de mi ejército, ¿no es así? —comentó David—. Ve a traerme a esa mujer.

El esclavo hizo lo que se le había ordenado y unos cuantos minutos después estaba de regreso, trayendo a rastras a Betsabé. David la tomó y durmió con ella. Después, Betsabé regresó corriendo a su casa.

Pasaron unas semanas. El ejército seguía peleando y David casi había olvidado el asunto con Betsabé. Pero un día, ella envió a uno de sus propios esclavos al palacio para darle un mensaje al rey. Era muy breve. Lo único que decía era: *Estoy embarazada*.

Ese fue un acto muy valiente de Betsabé. No podía saber cómo tomaría el rey la noticia o qué haría al respecto.

David sabía exactamente qué hacer. Debía traer a Urías de regreso a Jerusalén para que volviera a su casa con su esposa. Luego que naciera el bebé, Urías creería que era hijo suyo y todo estaría arreglado.

Así que envió a un mensajero con Joab, para indicarle que Urías debía regresar de inmediato a Jerusalén y presentarse ante el rey en el palacio. Pasaron unos cuantos días y David empezó a ponerse cada vez más nervioso, pero cuando finalmente Urías regresó, no puso en evidencia su nerviosismo.

—¡Amigo mío! —dijo—. ¡Qué bueno es verte! ¿Cómo va la campaña?

Hablaron un poco sobre la guerra. Luego David se levantó, y le dijo:

—Se está haciendo tarde. Ve a tu casa, relájate con tu esposa y pasa un buen rato.

Urías dejó a David y, en cuanto salió, David hizo llamar a un esclavo.

—Sigue a Urías —le ordenó— y dale este soborno — se corrigió—, es decir, este regalo.

Urías no fue a su casa. En vez de ello durmió a la entrada del palacio, junto con los guardias de David.

A la mañana siguiente, uno de los guardias informó este hecho a David, quien convocó de nuevo a Urías a su presencia. Hizo su mejor esfuerzo por ocultar su enojo y con voz amable y tranquila le dijo:

—¿Por qué no fuiste a casa a descansar?

—¿Cómo podría? —respondió Urías—. Mi general Joab y el ejército de su majestad están acampados a la intemperie y llevan consigo el arca de la alianza. ¿Cómo podría irme a casa a comer y beber y a dormir con mi esposa? ¡Juro que nunca podría hacerlo!

David tenía que pensar de nuevo las cosas.

—Permanece hoy en Jerusalén —indicó a Urías— y te enviaré de regreso mañana.

Pero al día siguiente no lo envió al frente de batalla. En lugar de ello, lo invitó a cenar con él en el palacio.

—Sigan dándole vino a Urías —susurró a un esclavo—, quiero emborracharlo.

De todos modos la táctica no funcionó. Aunque David logró emborrachar a Urías, éste no se fue a casa. Borracho o no, no tenía intención de hacerlo. Se durmió de nuevo en el mismo sitio, con los guardias del palacio. De nuevo, uno de ellos informó al rey al día siguiente.

—Muy bien —se dijo David—, si este hombre no quiere cooperar, me libraré de él.

Escribió una carta a Joab, el comandante de su ejército. Cuando Urías iba saliendo de Jerusalén para regresar al campo de batalla, David le dio la carta y le indicó:

—Lleva esto a Joab.

Urías no se hubiera atrevido a abrir una carta dirigida a su comandante y lacrada con el propio sello del rey. Le llevó un par de días llegar al campamento israelita, donde entregó la carta a Joab.

Joab lo despachó y abrió la carta.

Decía la misiva: *En el siguiente ataque a Rabá, pon a Urías al frente, donde la pelea sea más feroz. Luego, cuando estén en la peor parte de la batalla, ordena a los soldados que retrocedan y lo dejen solo. Quiero que el enemigo lo mate.*

Joab hizo lo que el rey le había ordenado y el plan funcionó. Varios oficiales murieron y entre ellos estaba Urías.

Joab envió el informe completo a David.

—Si el rey se enoja por la pérdida de estos hombres —señaló al mensajero—, solo dile que Urías está muerto.

El mensajero regresó a Jerusalén lo más pronto posible. Ingresó al palacio para dar el informe al rey.

—Los hombres de Rabá salieron de la ciudad y nos atacaron, su majestad —le dijo—. Después les hicimos emprender la retirada hasta los muros de la ciudad, pero los arqueros nos dispararon desde ahí, y murieron varios de los oficiales de su majestad. —Hizo una pausa y miró a David directamente a los ojos—. Urías, uno de los oficiales, está muerto.

David lanzó un suspiro.

—Así es la guerra —dijo con tranquilidad—, la gente muere. Di a Joab que no se preocupe por eso. Debe reanudar el ataque contra la ciudad y destruirla.

Betsabé se enteró de la muerte de su esposo. Lo amaba y él la amaba a ella. Ahora estaba muerto. Lloró durante largo tiempo, lamentando su pena.

En cuanto pudo, David la llevó a palacio. Esta vez, sin el estorbo de Urías, pudo conservarla a su lado. Se casó con ella y la puso en su harén. Al pasar los meses nació el bebé y David pudo volver a sonreír. Parecía muy correcto que él, siendo el rey, hiciera su voluntad.

David y Natán

DAVID PENSÓ que se había salido con la suya en cuanto a su plan para robarse a Betsabé, pero Dios estaba bien enterado de lo que había hecho. Dios siempre se pone de parte de la gente que sufre a manos de quienes tienen el poder. Cuando David tomó a Betsabé y durmió con ella, Dios estaba indignado; cuando mataron a su esposo y ella lloró inconsolablemente, Dios también lloró. No podía permitir que David creyera que no había hecho nada malo.

Envió a un amigo suyo llamado Natán para que hablara con el rey. Natán era un profeta, y los profetas hablaban en nombre de Dios. Solían decir: ¡*Así ha dicho el Señor*!, y todo el mundo les prestaba atención sin importar quiénes fueran, incluso los reyes. Los profetas expresaban los pensamientos de Dios, veían las cosas a través de sus ojos y transmitían la palabra de Dios a la gente. No eran servidores del rey; eran siervos de Dios.

De modo que Natán acudió ante David. El rey actuaba como principal juez en el territorio y Natán fingió llevar un caso legal ante él para que tomara una decisión.

—Había dos hombres en un pueblo —explicó al rey—, uno era rico y tenía muchas ovejas y vacas mientras que el otro era sumamente pobre, casi un indigente. Nada más tenía una corderita. Amaba a su pequeña oveja. El animalito había crecido junto con sus hijos y todos la amaban. El hombre tenía la costumbre de darle de su propia comida y bebida. Dormía junto a él; era como una hija para ese hombre. Un día, un viajero vino a quedarse con el hombre rico y este debía encontrar algo especial para dar de comer a su huésped. Tenía una cantidad más que suficiente de animales propios, pero no quería tomar uno de ellos. En lugar de eso, fue y tomó la corderita del pobre y la cocinó.

David explotó llenó de ira.

—¡Por vida de Dios que ese hombre rico merece morir! —protestó—. Debería pagarle cuatro veces al pobre. ¡Hizo algo terrible! Carece por completo de misericordia.

Natán miró directamente al rey, y dijo:

—¡Tú eres ese hombre!

Se hizo un profundo silencio y luego Natán habló de nuevo, de manera tranquila pero con un efecto devastador.

—Así ha dicho el Señor —prosiguió Natán—: *Te he dado todo. Todo lo tienes, incluyendo esposas más que suficientes. Lo único que tenía Urías era a Betsabé, y se la robaste simplemente porque la querías. ¡Has echado todo a perder! Con mi ayuda te elevaste de la nada hasta la cima del poder. Ahora he visto cómo utilizas ese poder. David, este es el principio de tu caída. ¡Lo has destruido todo, y todo estará destruido!*

Dios tenía razón. El hijo de Betsabé murió. Ella tuvo otro hijo al que llamaron Salomón, pero poco después de que nació, la familia de David se desmoronó y luego de unos cuantos años, el país mismo se derrumbó a causa de una violenta guerra civil.

Elías y la competencia en el monte Carmelo

SALOMÓN SUCEDIÓ A su padre, David. Se volvió famoso por su sabiduría, su riqueza y su poder, y por construirle a Dios un hermoso templo en Jerusalén; aunque había otro aspecto en la personalidad de Salomón. Pasó siete años construyéndole una casa a Dios, pero ocupó trece años para construirse su propio palacio y se aseguró de terminarlo primero. Se rodeó de la suntuosidad del poder. Para algunos de los habitantes de esa tierra, aquellos que ya vivían ahí cuando las tribus israelitas llegaron de Egipto, Salomón era casi tan malo como cualquier otro rey. Incluso empezó a convertirse en un tirano de su propio pueblo. También reunió un enorme harén con esposas extranjeras que lo convencieron de adorar a sus propios dioses y construirles templos.

Empezó a olvidarse del Dios que hacía tanto tiempo había traído de Egipto a su pueblo.

Después de su muerte, el reino se dividió en dos y se inició una guerra entre las tribus, una lucha entre hombres que habían olvidado que eran hermanos de sangre. A partir de ello, tanto en el reino del norte, que se llamaba Israel, como en el reino del sur, que se llamaba Judá, no eran los reyes sino los profetas quienes mantenían vivo el rumor de la existencia del Dios de Abraham. En general, a los reyes les importaba más su propio poder que rendirle honores al poder de Dios.

Cien años después de David, el soberano del reino norteño de Israel fue Acab. Ejercía un férreo control sobre su reino, excepto en el caso de un profeta llamado Elías.

Acab tenía una nueva capital, construida por su padre, a la que llamaban Samaria. Se había casado con una mujer de nombre Jezabel, princesa de una ciudad extranjera llamada Tiro, ubicada en la costa del Gran Mar. Uno de los dioses que adoraban en Tiro era Baal. Jezabel quería que también adoraran a Baal en Samaria, así que Acab le construyó un templo en esa ciudad y él y toda su corte le rendían culto. Entonces Jezabel empezó a matar a los profetas del Dios de Abraham.

Elías no tenía miedo de morir, sino de que se destruyera el culto al Dios de Abraham. Temía que la gente olvidara al Dios de sus ancestros, el Dios que les había dado esa tierra; el Dios que estaba del lado de los pobres, los indefensos y los vulnerables. En lugar de ello, adoraban al dios del rey y la reina, el dios de los poderosos y de quienes vivían en elegantes palacios.

De acuerdo a sus adoradores, Baal era el dios de la lluvia y el rayo, que cabalgaba en las nubes y dominaba las tormentas, y que otorgaba fertilidad a la tierra. Elías declaró que habría una terrible sequía.

—Yo sirvo a Dios y no al rey —anunció—. Obedezco al Señor Dios, no al rey. Por vida de Dios, juro que no caerá lluvia en la tierra ni se formará gota de rocío hasta que yo lo diga. Veremos quién es el Dios en esta tierra. Derrotaremos a Baal en su propio terreno. ¡Les mostraremos quién trae la lluvia, quién hace crecer las cosechas y logra que el pasto sea verde!

En seguida Elías dio media vuelta y salió de ahí. Fue a vivir muy lejos de Acab y de su regia ciudad.

Llegó la sequía y dominó todo el territorio durante dos años. Fue una época terrible.

Acab empezó a preocuparse por sus caballos y mulas. Si sus sirvientes no encontraban rápido pastura fresca, los animales morirían. Le preocupaban más sus animales que su pueblo. Sin embargo, algunas de las personas estaban a punto de consumir todas sus reservas. Esa era la verdad y Elías lo sabía, al igual que Dios.

Dios ideó un plan. Terminaría con la sequía y, junto con Elías, demostraría la realidad de las cosas a su pueblo.

—Ve a reunirte con Acab —indicó Dios a Elías.

Así que Elías salió en camino. En ese tiempo, Abdías, quien era uno de los sirvientes de Acab, exploraba el país en busca de pastura para los caballos y mulas del rey. Abdías no seguía la religión de la corte, aún era fiel al Dios de Israel. Cuando Jezabel empezó a matar a los profetas de Dios, Abdías rescató a cien de ellos y los había ocultado en las cuevas de las colinas, con provisiones de alimento y agua.

Durante su búsqueda de pastura, Abdías se topó con Elías.

—Ve a avisar a tu amo que aquí estoy —le dijo Elías.

—¡No puedo hacerlo! —clamó Abdías—. ¡Acab me matará! Te culpa de la sequía y te ha estado dando cacería a diestra y siniestra. No puedes darle órdenes, ¡es el rey! —tomó aire por un momento y luego continuó con sus protestas—. La gente acude a *Acab*. Nadie le dice a *él* que vaya a encontrarse con *ellos*. En todo caso, si regreso con Acab y está de acuerdo en venir, para ese momento ya te habrás ido, me culpará y ese será mi fin. ¿No has escuchado lo que hice con los profetas de Dios, con cien de ellos? Arriesgué mi vida por salvarlos, y ahora quieres que pierda la vida únicamente porque tú, un solo profeta, quiere hacerle una tonta jugarreta al rey.

—Por vida de Dios —rebatió Elías tranquilamente— te juro que hoy me reuniré con Acab en este sitio. Ve a traerlo.

Abdías movió la cabeza de un lado a otro pero hizo lo que le pedía.

A pesar de lo que Abdías había dicho, Acab fue a reunirse con Elías y éste lo esperaba, como había prometido.

—¡Eres la ruina de Israel! —gritó Acab a Elías.

—¡No, tú eres la ruina de Israel! —respondió Elías—. Tú mismo has provocado esta catástrofe sobre el país, tú y Jezabel, cuando afirmaron que es la tierra de Baal y no la tierra del Dios de Abraham, del Señor Dios que liberó a nuestros ancestros de la esclavitud en Egipto. Dios y yo te mostraremos cuál es la realidad de las cosas. Convoca a toda tu gente para que se reúna conmigo en el monte Carmelo y ordena a todos los profetas de Baal que estén presentes.

El monte Carmelo era un alto peñasco que sobresalía por encima del Gran Mar. Era el primer sitio de Israel adonde llegaban las lluvias que venían del mar y en general era exuberante y fresco, y estaba lleno de flores. Pero ahora era un trozo marchito, áspero, severo y desértico, tan seco como el resto de la Tierra Prometida.

El pueblo se agrupó en la montaña. Ahí estaban Acab y los profetas de Baal, pero Jezabel se quedó en el palacio.

—¿Por cuánto tiempo estarán bajo las órdenes de Baal? —gritó Elías al pueblo—. Hoy deben elegir a quién seguirán. Deben decidir quién es el Dios de Israel: Baal o el Señor Dios que los trajo de Egipto.

Hubo silencio. La gente saltaba intranquila de un pie al otro y mantenía la vista fija en el piso.

—¡Sí! —gritó Elías—. ¡Miren al suelo! Vean el desierto en que se ha convertido. Veamos cuál de estos dioses puede hacer que estalle el rayo y logra traer la promesa de la lluvia. Haremos una competencia.

En el monte Carmelo había dos enormes altares circulares de piedra, uno dedicado a Baal, otro al Dios de Abraham, y este no se había utilizado por algún tiempo, estaba descuidado, dañado y cubierto de hierba seca.

Elías prosiguió:

—Sacrificaremos dos bueyes y los pondremos sobre leña, arriba de los altares, pero no prenderemos fuego a la leña: pediremos a nuestros dioses que lo hagan. El dios que logre encender fuego para su sacrificio, será el Dios de Israel. ¿Están de acuerdo?

—Estamos de acuerdo —gritó el pueblo.

Elías había elegido a propósito esos animales como víctimas para el sacrificio. Se conocía a Baal como «el Toro» y en ocasiones se le representaba con una cornamenta. ¡Así que el Dios de Israel se aseguraría de que el fuego destruyera a Baal!

—Ustedes van primero —dijo a los profetas de Baal.

Los cuatrocientos cincuenta profetas de Baal prepararon su altar, colocaron a uno de los bueyes sobre la leña y pidieron a Baal que la encendiera.

—¡Oh, Baal, respóndenos! —clamaron, pero no pasó nada—. ¡Oh, Baal, respóndenos! ¡Oh, Baal, respóndenos! —gritaron. Y nada pasaba. Gritaron durante toda la mañana, bailando una estrambótica danza en la que saltaban por todas partes hasta que el calor del sol de mediodía los quemó… y nada pasaba.

—¡Griten más fuerte! —sugirió Elías—. Quizá su dios está distraído. Quizá salió a algún lado. ¡Quizá fue al baño o está tomando una siesta!

Los profetas gritaron y gritaron cada vez más fuerte, hasta que entraron en tal frenesí que se cortaron con cuchillos y se bañaron en sangre. Siguieron con sus brincos sin que nada sucediera. El sol brillaba en un cielo imperturbable en el que no había nubes ni lluvia.

A la larga, Elías se hartó.

—Ahora es mi turno —anunció—. Acérquense —dijo al pueblo—. Fíjense bien en lo que sucederá.

La gente se adelantó. Observaron que Elías reconstruía el altar derruido del Dios de Israel y cavaba una zanja alrededor. Colocó sobre el altar la leña para el sacrificio, mató al segundo buey, lo cortó en trozos y dispuso los pedazos sobre la leña. Luego ordenó a la gente que llenaran cuatro enormes jarras con agua y la vertiesen sobre el sacrificio y dentro de la zanja. Les ordenó que hicieran esto en tres ocasiones, hasta un total de doce jarras de agua. El buey, la leña, el altar y la tierra que les rodeaba estaban totalmente empapados y la zanja estaba llena hasta el borde.

—¡Toda esa valiosa agua! —se dijeron unos a otros—. ¡Era toda el agua que nos quedaba! ¿A qué está jugando este loco?

Finalmente todo estuvo listo. Elías dio un paso al frente, y oró en voz alta:

¡Oh, Señor Dios, respóndeme!
Respóndeme,
que el pueblo sepa que Tú,
el Señor,
el Dios de Abraham, Isaac y Jacob,
eres realmente el Dios de Israel.
Hazles saber que eres el verdadero Dios de los rayos,
quien cabalga sobre las nubes y domina las tormentas,
quien trae la vida a esta Tierra y a todos los que la habitan.

De inmediato cayó un rayo desde el cielo despejado. Envolvió en una llamarada al buey, a la leña, incluso las piedras del altar y la tierra empapada que los rodeaba, y alcanzó hasta el agua

que estaba en la zanja. Todo desapareció. No quedaba nada, excepto por una extraña luz sobrenatural que resplandecía y bailaba. No había olor a quemado, solo el aroma del cielo. El pueblo se hincó, inclinando el rostro hasta el suelo en señal de alabanza.

—¡El Señor, el Dios de Abraham, él es Dios! —gimieron—. El Señor, ¡él es Dios!

—Entonces debemos liberar la Tierra de estos despreciables profetas de Baal —gritó Elías—. ¡Háganlos prisioneros!

El pueblo los apresó, los arrastraron hasta el lecho de un río seco debajo del risco y ahí los mataron.

Entre el profundo silencio posterior, se escuchó la voz de Elías:

—Puedo oír el retumbar de un trueno distante.

Junto con uno de sus sirvientes, Elías fue hasta donde había estado el altar, justo debajo de la cima del risco, para esperar la tormenta, y se acuclilló en el piso con la cabeza entre las rodillas.

—¿Puedes verla venir? —preguntó a su siervo.

—No —respondió éste.

Cinco veces más subió el sirviente hasta la cima, y cinco veces regresó diciendo que el cielo estaba despejado.

Luego, después del séptimo viaje, bajó corriendo.

—¡Hay una nubecita hacia el oeste! —gritó—. No más grande que la mano de una persona.

—Será mejor que le digamos al rey que baje de la montaña antes de que su carruaje se atasque en el lodo —comentó Elías.

La nube creció y creció hasta cubrir el cielo. Se fue volviendo cada vez más negra y llena de truenos. Cayó un rayo y después la lluvia empezó a caer a cántaros.

Había terminado la sequía. El Señor, el Dios de Abraham, había traído de nuevo la vida a la Tierra y a todos sus habitantes: plantas, animales y gente. A todos, excepto a los profetas de Baal, cuya sangre volvió rojo el torrente de agua que empezó a correr por el río junto al monte Carmelo.

La huida de Elías

ACAB CONTÓ A JEZABEL lo que había sucedido en el monte Carmelo. Esto es, le contó la manera en que Elías se había burlado de los profetas de Baal y que había ordenado que los mataran. No le habló sobre el triunfo del Señor, el Dios de Abraham, sobre Baal en esa gran competencia. No le contó sobre el altar de Dios que Elías había reconstruido, ni sobre el buey que había colocado encima, ni sobre el agua con que cubrió todo. No habló del rayo que Dios envió desde el cielo despejado para devorar todo con el fuego, ni sobre la gente que gritaba: ¡*El Señor, el Dios de Abraham, él es Dios!* Únicamente le contó acerca de la muerte de los profetas de Baal.

Desde un principio Jezabel había pensado que Acab era un estúpido por ir al monte Carmelo, no digamos por llevar con él a los profetas de Baal.

—¡Eres un idiota! —gritó—. Si te hubieras deshecho de ese buscapleitos de Elías cuando tuviste oportunidad, nada de esto hubiera pasado. ¡Cuatrocientos cincuenta profetas, hombres leales, están muertos! ¿Ahora cómo podrás hablar con Baal? Deja este asunto en mis manos. En cuanto a Elías, ya me ocuparé de él, ¡ya verás si no lo hago!

De inmediato envió un emisario a buscar a Elías.

—Te traigo un mensaje de su majestad, la reina —dijo el mensajero. Carraspeó para aclararse la garganta, y con su tono más solemne de heraldo de la reina prosiguió—: *Juro*. Bueno —añadió de prisa—, eso es lo que dice el mensaje. Me entiendes que no es que yo jure ni nada, sino que quien jura es su majestad, la reina —tosió y reanudó su discurso con un tono oficial—. ¡*Juro por el gran dios Baal que para mañana estarás tan muerto como los profetas del monte Carmelo!*

Sacudió la cabeza en actitud despectiva, dio media vuelta y se fue.

Elías quedó paralizado. ¡Si Jezabel te amenazaba de muerte, seguramente morirías! Tendría que irse de inmediato, alejarse lo más pronto posible de Jezabel y de su núcleo de poder. Tendría que ir a otro lugar, al núcleo de poder de Dios.

Se llevó consigo a un sirviente. Salieron en ese mismo instante y viajaron varios días, siempre hacia el sur, hasta llegar a Beerseba, un pueblo en las orillas del desierto. Ahí Elías se despidió de su sirviente porque continuaría solo su camino.

Viajó un día entero hasta un yermo. Era la misma parte del desierto donde hacía largo tiempo una esclava egipcia llamada Agar había ido con su hijo Ismael. Elías conocía bien esa vieja historia. Agar fue esclava de Sara, la esposa de Abraham. Al deambular por el desierto con su hijo, Agar había perdido toda esperanza de encontrar comida y agua, colocó a su hijo bajo la sombra de un arbusto y se sentó lejos de él, incapaz de presenciar su muerte. También para Elías parecía ser que el desierto era un sitio ideal para la muerte: riguroso, implacable, silencioso e inclemente. Su soledad le dejó sin ánimos. Se sentó bajo un arbusto y rezó para que se le concediera la muerte.

—¡Basta! —gimió—. Mi Señor Dios, toma mi vida. No valgo más que mis ancestros que llegaron al desierto desde Egipto, y te he fallado de manera vergonzosa.

Agar no se preocupaba de su propia seguridad, en lo único que pensaba era en su hijo. Pero Elías no podía pensar en nadie más que en sí mismo. Sentía pena de su propia persona y también estaba decepcionado. Tenía una misión que llevar a cabo y ahora no lo lograría.

Sin embargo, Dios había encontrado a Agar y a su hijo en ese desierto y les había demostrado cómo derrotar la cruel hambre y sed. Del mismo modo, Dios encontró a Elías. Sabía muy bien hacia dónde se dirigía. Lo tocó amorosamente en el hombro mientras el profeta dormitaba.

—Levántate y come —dijo Dios—, es hora de desayunar.

Asombrado, Elías se sentó y miró alrededor. ¡Ahí *estaba* el desayuno! Un pastel y un cántaro con agua. Comió y bebió un poco, pero la desesperación que le inducía el desierto era demasiado fuerte para él. No tenía energía para continuar. Moriría bajo ese arbusto.

Por segunda vez Dios lo despertó.

—¡Levántate y come! —repitió Dios—, o tu viaje será demasiado para ti.

Elías comió y bebió un poco más y desapareció su pesimismo. Recordó por qué había venido a este desierto.

Viajó hasta llegar al monte Sinaí, la montaña sagrada más allá del desierto, un sitio más lejano de lo que podemos imaginar. Sinaí era el lugar donde Dios se había reunido con su pueblo después de sacarlo de Egipto y donde se les había aparecido entre extraños truenos y rayos sobrenaturales, entre fuego y humo, y con el largo e intenso sonido del cuerno de carnero. Era el lugar donde Dios había hablado directamente con Moisés, el sitio en el que había ocultado a Moisés en la grieta de una piedra y había pasado junto a él, cubierto de la gloria de su bondad. Era el lugar donde Dios se había sentido tan herido por la deslealtad de su gente, cuando construyeron un becerro de oro y habían empezado a rendirle culto como su dios. El Señor había amenazado con comenzar todo de nuevo con Moisés y formar un nuevo pueblo a partir de sus descendientes. Cuando Elías llegó a la montaña, empezó a ascender por sus pendientes y luego se ocultó en la misma grieta en la piedra, en el mismo sitio donde Dios había pasado junto a Moisés. Esperó a que Dios se le apareciera como había ocurrido con Moisés. Esperó a que Dios le hablara frente a frente, como quien habla con un amigo, como había hablado alguna vez con Moisés y que hiciera alguna declaración solemne, de esas que sacuden los mismos cimientos de la tierra.

Escuchó una tranquila voz que le decía:

—¿Qué haces aquí, Elías?

¡Era la voz de Dios! Elías la reconoció de inmediato. No obstante, lo que preguntaba la voz era un poco decepcionante. Elías no había esperado que le preguntara eso. Sin embargo, si Dios quería saber la razón por la que estaba ahí, se lo diría.

—He sido uno de tus máximos defensores, Señor, Dios de las Alturas —dijo Elías entre lágrimas—. Pero soy el último que queda. Todo tu pueblo te ha dado la espalda. Han derribado tus altares y han pasado por la espada a tus profetas. Soy el único que te sigue fiel y ahora se han propuesto quitarme también la vida.

Pensó Elías: *Eso debería bastar, sé que estoy exagerando un poco, pero quiero recordarle a Dios todo el asunto del becerro de oro que lo puso tan furioso en esta misma montaña y le hizo jurar que comenzaría de nuevo con Moisés. Entonces Moisés detuvo su mano. Pero ahora no es Moisés quien está aquí, estoy yo y Dios puede reiniciar todo conmigo.*

—Sal de esa cueva —demandó de nuevo la voz, esta vez en un tono más fuerte. Pero entonces un repentino y poderoso viento azotó la montaña. Parecía tener la suficiente fuerza como para desmoronarla, y Elías se ocultó en la cueva.

Dios no estaba en la tormenta.

Entonces un terremoto sacudió la montaña como si fuera un guiñapo y hundió todavía más a Elías dentro de la profundidad de la piedra.

Dios no estaba en el terremoto.

Luego vino un fuego abrasador.

Dios no estaba en el fuego.

La tormenta, el terremoto y el incendio no eran más que una demostración carente de valor y ahora habían desaparecido. Agachado en el fondo de la cueva, Elías seguía esperando.

De pronto una total quietud invadió la montaña y se escuchó un extraño, suave y tranquilo sonido que susurraba como un eco distante del cielo.

Elías conocía ese sonido. Era el sonido de Dios. Ahora Dios hablaría frente a frente con él, como lo había hecho con Moisés. Entró en la cueva, esa grieta en la piedra por donde Dios había pasado junto a Moisés, y se detuvo en la entrada. Como le había ocurrido a Moisés con la zarza ardiente, Elías ocultó su rostro con su manto y esperó.

Dios no se apareció ante él, pero por segunda vez en la montaña, Elías escuchó su voz.

—¿Qué haces aquí, Elías? —dijo Dios.

Bueno, esto *sí* que era decepcionante. ¿Dios no lo había escuchado la primera vez? Sería mejor que le dijera de nuevo la razón, pero a mayor volumen.

—He sido uno de tus máximos defensores, Señor, Dios de las Alturas —gritó—, pero soy el último que queda. Todo tu pueblo te ha dado la espalda. Han derribado tus altares y han pasado por la espada a tus profetas. Soy el único que te sigue siendo fiel y ahora se han propuesto quitarme también la vida.

Había llegado el momento de que Dios dijera las cosas francamente. Si Elías pensaba que empezaría un nuevo pueblo con él, el pueblo de Elías en lugar del pueblo de Abraham, sería mejor que lo pensara dos veces. Dios le habló de manera directa.

—Todavía te falta trabajo por hacer, Elías. No voy a darme por vencido con mi pueblo simplemente por Acab y Jezabel. No puedes escapar del mundo que han creado con su poder horrendo y lleno de intrigas. Quiero que vuelvas a ser mi profeta y que estés ahí, en medio de la situación, que digas lo que pienso y te asegures de que escuchen mis palabras.

Eso era todo, pero fue suficiente. Bastó para que Elías entrara en razón y se convirtiera de nuevo en un profeta de Dios. Y fue así que se dirigió de frente hacia el peligro.

Elías, Acab y el viñedo

EL REY ACAB TENÍA dos palacios: uno estaba en su nueva capital, Samaria, y el otro más al norte, en Jezreel. Junto al palacio de Jezreel había un antiguo viñedo, lo trabajaba un hombre llamado Nabot. La familia de Nabot había laborado en ese trozo de tierra desde hacía años, incluso siglos. No eran sus dueños. Como el resto de la tierra, el viñedo pertenecía a Dios. Esa era su creencia. Era la Tierra de Dios y cuando los israelitas se habían asentado ahí, Él les había asignado una porción para cada una de las tribus. La familia de Nabot había recibido la parcela que ahora se encontraba junto a los muros del palacio de Acab. En vista de que Nabot no era el dueño, no podía venderla. Tenía que seguir formando parte de la herencia familiar que se pasaba de generación en generación, hasta el fin de los tiempos.

Pero a Acab no le importaban esas creencias, en tanto que su esposa Jezabel, que venía de Tiro, un mundo muy diferente, donde reyes y reinas hacían lo que querían, no podía ni siquiera entenderlas.

Acab quería ese viñedo. Se propuso obtenerlo y un día abordó a Nabot.

—Quiero tu viñedo —le dijo—, está junto a mi palacio y quiero hacer en él un sembradío de verduras. Te lo cambiaré por un mejor viñedo o, si prefieres, te pagaré buen dinero por él. No puedo ser más justo.

—No puedes quedarte con él —respondió Nabot—. ¡Dios prohíbe que me deshaga de la herencia de mi familia! Mis ancestros vinieron de Egipto y Dios regaló a sus hijos este viñedo cuando llegaron a la Tierra Prometida con Josué. No me pertenece como para venderla, y de todos modos, la tierra es de Dios, no es tuya. Si crees que eres su dueño, estás equivocado.

Acab regresó enfurruñado a Samaria. Se recostó en su cama, volteó el rostro hacia la pared y se negó a comer.

—¿Qué te sucede? —le preguntó Jezabel.

—Quiero conseguir ese viñedo en Jezreel, el que pertenece a Nabot. Solo lo quiero para el palacio, pero no quiere dármelo. Le hice una oferta muy generosa, pero se negó rotundamente a venderlo.

—¡Por el amor de Dios! —chilló Jezabel—. ¡Tú eres el *rey*! Puedes tener lo que quieras. ¿Cómo se atreve Nabot a negártelo? ¿Quién se cree que es? En cualquier caso, deja de sentirte tan triste; yo te conseguiré ese viñedo.

Jezabel dictó unas cartas que parecían provenir directamente del rey, pues llevaban el sello real. Las dio a un mensajero para que las llevara a Jezreel y las entregara a los ancianos y nobles del pueblo. Ella conocía a esos hombres de Jezreel. No desafiarían al rey, como lo hacía Nabot. Harían cualquier cosa que Acab les ordenara.

Esto es lo que decían las cartas:

Proclamen un ayuno solemne. Hagan correr la voz de que está a punto de suceder una terrible catástrofe en el pueblo debido a que alguien ha hecho algo malo y por tal razón se está ordenando el ayuno. Luego convoquen a una asamblea con todos los hombres del pueblo. Sienten a Nabot en el lugar de honor, donde todos puedan verlo, y consigan dos hombres que estén dispuestos a mentir. Indíquenles que hagan falsas acusaciones contra Nabot. Deben decir en su cara, en voz alta para que todos escuchen, que ha maldecido a Dios y al rey. Luego saquen a Nabot de la ciudad y apedréenlo hasta matarlo.

Jezabel sabía que eso funcionaría y así fue. Todo salió de acuerdo a sus planes; hicieron el ayuno, la asamblea, dieron el asiento de honor para Nabot, lo acusaron, juzgaron y, finalmente, lo sacaron a rastras fuera de los muros de la ciudad y lo apedrearon. Los ancianos y nobles enviaron una carta a Jezabel en Samaria, dándole la noticia que deseaba. El mensaje simplemente decía: *Su majestad, sin duda estará complacida de saber que Nabot ha muerto apedreado.*

La reina leyó la carta y de inmediato fue a informar al rey.

—Te dije que arreglaría el asunto, ¿no es cierto? Pues bien, ya lo hice. El viñedo de Nabot es tuyo. El tipo ha muerto. Se lo merecía por haber desafiado los deseos del rey. Ahora ya puedes dejar de enfurruñarte. Ve a Jezreel, toma posesión de la tierra, arranca las vides y planta tus queridas verduras.

Jezabel no le contó a Acab cómo había logrado su cometido y él no se lo preguntó.

Pero Dios estaba bien enterado de lo que Jezabel había hecho. Así que envió a su amigo, el profeta Elías, a Jezreel.

Acab estaba paseándose por el viñedo cuando llegó Elías.

El rey se paró en seco. No le agradaba Elías, ya le había causado gran cantidad de problemas.

—Así que mi viejo enemigo me rastreó de nuevo —dijo burlón Acab.

—Claro que te encontré —respondió Elías—, ¡y también Dios! *No matarás.* Eso es lo que dice uno de los Diez Mandamientos de Dios. *No desearás las cosas de tu vecino. Todos deben vivir con libertad y honra.* Ese es otro mandamiento. *No dirás mentiras para lograr que otra persona tenga problemas.* Ese es un tercer mandamiento. Dios no permitirá tu clase de tiranía en su tierra, Acab, ni la tiranía de tu reina. ¡Tú y Jezabel se han metido en graves problemas!

Antes de ocurrir esto, cuando Jezabel había amenazado con matarlo, Elías huyó para salvar su vida y viajó muy al sur, hasta el monte Sinaí. Había olvidado lo que significaba ser un profeta del Dios de Abraham. Ahora había entrado en razón. De nuevo era un profeta y no había nada que ningún rey o reina pudieran hacer.

Acab nunca plantó sus verduras en el viñedo de Nabot.

5
EL PUEBLO DE DIOS EN PELIGRO

Más de setecientos años antes de que naciera Jesús de Nazaret, los dos pequeños reinos de Israel y Judá, donde vivía el pueblo de Dios, cayeron bajo el dominio de Asiria. Los asirios provenían de un reino en el noreste, en un área junto al río Tigris. Eran grandes comerciantes y crearon edificaciones y obras de arte maravillosas, pero también poseían uno de los ejércitos más fuertes e implacables. Acabaron con el reino de Israel, en tanto que el pequeño reino de Judá, que estaba más al sur, apenas sobrevivió casi de milagro.

Las primeras partes de este capítulo datan de la época cuando los asirios empezaban a convertirse en una amenaza; vienen de un profeta que se llamaba Amós, cuyas palabras se encuentran en la Biblia dentro del libro de Amós. Este profeta intenta ver a la gente del pueblo de Israel a través de los ojos de Dios. Puede verlos como son en realidad. Observa la codicia de los ricos y el sufrimiento de los pobres. Les dice que si no cambian su modo de ser, les ocurrirá una desgracia. Amós era un buen poeta y este capítulo incluye algunos de sus versos, al igual que una historia sobre su confrontación con un sacerdote que se llamaba Amasías.

Otro profeta que también era poeta fue Oseas. Sus poesías, que se pueden encontrar en el libro de Oseas, se escribieron apenas unos cuantos años después del libro de Amós, luego de que los asirios habían invadido el reino de Israel y causaron un terrible sufrimiento sobre su gente. Oseas es la primera persona en la Biblia que habla del amor de Dios y este capítulo incluye su poema más importante acerca de ese tema, uno de los versos más bellos de toda la Biblia.

Cien años después de que los asirios destruyeron el reino de Israel, tocó el turno a Judá. Esta vez los invasores no eran asirios, sino babilonios. Babilonia dominó al imperio asirio y fue tan implacable como lo había sido Asiria. Algunos de los habitantes de Jerusalén, la capital de Judá, creían que la ciudad estaba a salvo, pues se le consideraba la Ciudad de Dios y pensaban que nadie la capturaría jamás. En la Biblia se encuentran algunos versos, o canciones, que expresan esa creencia y en este capítulo leerás parte de dos de estos, que provienen del libro de Salmos. No sabemos quién los escribió, ni exactamente cuán viejos son, pero se compusieron para cantarse en el templo de Jerusalén.

Sin embargo, no todos estaban de acuerdo con esos salmos. El profeta Jeremías vivía en Jerusalén en la época en que el ejército babilonio invadió el país. El pueblo esperaba que Dios lo salvara. Jeremías dijo que era demasiado tarde e instó a la gente a rendirse. No es sorpresa que esta actitud lo haya metido en problemas. Junto con algunos de los poemas de Jeremías, también encontrarás en este capítulo la historia acerca de cuando lo metieron en un foso con intención de dejarlo morir ahí, y también te contaremos cómo escapó. Estos poemas y la historia provienen del libro de Jeremías.

Jeremías pronosticó la caída y destrucción de Jerusalén. Muchas personas murieron y a muchas más las llevaron prisioneras al exilio a cientos de kilómetros hasta Babilonia. Los babilonios tomaron su ganado, ovejas y cabras, y destruyeron sus cultivos, de modo que la gente que quedó atrás en Judá casi no tenía nada que comer. Este capítulo incluye otro de los salmos, que narra la destrucción de Jerusalén, además de algunos poemas que he tomado del libro de Lamentaciones, donde se relata el sufrimiento del pueblo de Judá después de esa invasión. A veces, al libro de Lamentaciones se le conoce como Lamentaciones de Jeremías, pero de hecho no sabemos quién lo escribió. Es posible que hayan sido mujeres quienes escribieron algunas partes o quizá todo este libro.

Entre los exiliados que fueron a Babilonia había dos profetas que tuvieron hermosos sueños sobre cómo Dios conduciría a su pueblo de regreso a la Tierra Prometida y pondría en orden la situación. El primero de ellos era un gran poeta, pero no conocemos su nombre. Estos versos se encuentran en el libro del profeta Isaías, pero es evidente que él no los escribió. Isaías vivió en Jerusalén en la época de los asirios y estos poemas se escribieron en Babilonia en una época que transcurrió de ciento cincuenta a doscientos

años después. Este capítulo incluye dos de esos poemas. El otro profeta exi-
liado del que hablamos en este capítulo fue Ezequiel. Había sido sacerdote
en Jerusalén cuando llegaron los babilonios. Años después, ya en el exilio,
tuvo algunas asombrosas visiones de la forma en que Dios restablecería a
su pueblo y convertiría a su tierra en el jardín de las delicias.

Sin embargo, los sueños de esos grandes profetas del exilio no se con-
virtieron en realidad. A la larga, algunos de los exiliados regresaron a su
tierra, pero no fue en una marcha triunfal como la que había descrito el
primero de los profetas, ni la tierra se convirtió en el jardín de las delicias.
En vez de ello, la mayor parte estaba en ruinas. No obstante, se construyó
un nuevo templo en Jerusalén y finalmente, bajo las órdenes de un hombre
que se llamaba Nehemías, también se reconstruyeron los muros de la ciu-
dad. Nos enteraremos de parte de la historia de Nehemías de acuerdo con
su propio relato, que se encuentra en el libro que lleva su nombre.

Luego del exilio fue cuando al pueblo de Dios se le empezó a conocer
como los judíos. Todavía no habían logrado su libertad. Los persas conquis-
taron a los babilonios y el pequeño país de los judíos se convirtió en parte
del imperio persa. Posteriormente los persas cayeron bajo el dominio de los
griegos y de su emperador Alejandro Magno, y casi ciento setenta años
antes del nacimiento de Jesús, un rey griego intentó borrar de la tierra el
culto a Dios y destruir el modo de vida de su pueblo. Criticar a un rey era
demasiado peligroso, pero un valiente judío escribió un libro sobre él, donde
se incluyen viejas historias sobre algunos de los terribles reyes de Babilonia.
Ese libro de la Biblia es el libro de Daniel. Sus dos historias más famosas
concluyen este capítulo.

Que la justicia de Dios corra como el agua

Cien años después del tiempo de Elías, otro profeta llamado
Amós llegó al norteño reino de Israel. Amós provenía de un
pequeño lugar que se conocía como Tecoa, a unos cuantos
kilómetros al sur de Jerusalén, en el reino de Judá.

En esa época, el rey de Israel era Jeroboam. El país estaba
atravesando por un periodo de dificultades y, de vez en cuando,

los soldados enemigos invadían parte de su territorio. En el reino también había personas que deseaban el trono de Jeroboam y conspiraban en su contra.

Pero quienes pasaban por más dificultades eran los campesinos. Sus familias habían trabajado en las granjas desde que tenían memoria, desde los tiempos en que Dios había dado la Tierra a las tribus israelitas, cuando cruzaron el Jordán con Josué. Pero cada vez eran más pobres. Los ricos que vivían en las ciudades compraban sus tierras y cada año demandaban parte de sus cosechas como pago de renta. Cuando los cultivos fracasaban, en época de sequía o por plagas de langostas o enfermedad de las plantas, los campesinos no tenían una cosecha suficiente como para pagar y tener alimento suficiente para vivir. Entonces debían vender a sus esposas e hijos, incluso se vendían a sí mismos como esclavos. Se convertían en esclavos de los hombres que ahora eran propietarios de sus tierras. A menudo los trataban como basura. Si llevaban su caso a los tribunales de las ciudades, también ahí los ricos tenían el control y los campesinos no podían lograr nada.

A algunos de ellos los expulsaban de su tierra y tenían que sobrevivir lo mejor posible en las ciudades. Pero ahí la vida era todavía más ardua. Los mercaderes que les vendían los granos para hacer su pan utilizaban básculas arregladas, de modo que no recibían la cantidad correcta de producto a cambio de su dinero, y con frecuencia los precios eran exorbitantes, a veces por semillas que apenas eran un poco más que polvo.

Amós vio todo esto y ardió en cólera.

Un otoño, Amós llegó al antiguo santuario de Betel. Era un lugar santo porque hacía largo tiempo Jacob, uno de los ancestros del pueblo de Israel, había encontrado ahí a Dios. Los hombres en Israel estaban reunidos para un importante festival religioso. Duraría una semana y habría mucha comida y bebida, al igual que rezos, cantos y sacrificios. Dios estaría con ellos, como lo había estado cuando sus ancestros llegaron de Egipto, y se les uniría para derrotar a todos sus enemigos. Cuando menos eso es lo que estos hombres creían o esperaban.

Amós los observó comer y beber y pensó en las familias del campo que no tenían alimento suficiente. Escuchó las oraciones del festival y los cantos especiales que entonaban y recordó la pobreza desesperada que sufría la gente en las ciudades.

—¡Tan solo escúchalos! —dijo en voz baja a Dios—. No les importan en absoluto los pobres. No piensan en ellos ni por un minuto. *Tú* sí te preocupas por ellos. Tú siempre te ocupas de ellos. ¿Cómo puedo hablar con la verdad, Dios? ¿Cómo puedo lograr que se percaten de la situación?

Amós se quedó callado y luego le llegó una idea. Empezaría diciéndole a su público las cosas que quería oír y después, cuando lo tuviera de su parte, le diría lo que realmente quería decir. Les diría lo que Dios tenía en mente.

Empezó a predicar y la gente fue rodeándolo para escucharlo.

—Así ha dicho Dios:
El pueblo de Damasco se está buscando un problema.
Invadieron parte de Israel
más allá del mar de Galilea,
y sembraron a su gente como semilla dentro de la tierra.
Su salvajismo los llevará a la ruina
y su violencia los conducirá a la destrucción.

El pueblo lo aclamó. ¡Este era la clase de mensajes que les gustaba oír! Durante siglos, no solo en Israel, sino también en Egipto y Mesopotamia, los profetas maldecían a los enemigos de la nación. Verbalizaban los temores y el odio de un país. Los profetas eran hombres santos que expresaban palabras santas, llenas del poder del dios en cuyo nombre hablaban. Esa era la creencia de la gente. Y, siguiendo la tradición, Amós denunciaba a Damasco por invadir a Galaad. ¡Fabuloso! Amós continuó con su prédica.

—Así ha dicho el Señor:
El pueblo de Gaza se está buscando problemas.

Arrasaron con los pueblos en Israel y Judá
y se llevaron a su gente
para venderla como esclavos en los mercados de Edom.
Su conducta despiadada será su perdición
y su crueldad será la causa de su caída.

Los gritos de júbilo aumentaron de tono y la gente empezó a bailar,
cantando y aplaudiendo. Luego guardaron silencio cuando Amós
retomó su discurso.

Denunció a otros cinco de sus enemigos.

—Este profeta es como un león —declararon— que merodea
nuestras fronteras y acaba con nuestros enemigos como si fueran
cabras o corderos enfermos, haciéndolos pedazos con sus palabras. ¡Maravilloso!

Pero luego Amós pidió otra vez su silencio.

—Así ha dicho el Señor:
¡Tu pueblo de *Israel* se está buscando un problema!
Porque han vendido como esclavos a los pobres,
robándoles su libertad y su honra,
cuando no les debían más que baratijas,
como el pago por un par de sandalias.
¡Han pisado sus cabezas hundiéndolas en el polvo!

¡Han abolido la justicia y la han suplantado con el cohecho!
¡Cuando los desdichados y las víctimas del abuso
acuden a los tribunales para encontrar la justicia de Dios,
se les hace a un lado y se les niega cualquier indulgencia!

Les encanta vender sus granos,
y no pueden esperar a venderlos.
¡Porque sus balanzas están arregladas!
Los pobres no obtienen aquello por lo que están pagando
y el grano que les venden es apenas mejor que lo que se
barre del suelo.

¡Llevan a la muerte a hombres y mujeres
al hacerlos trabajar en exceso en sus campos
y también lo hacen con los niños,
mientras que ustedes se recuestan cómodamente
en lechos incrustados con marfil,
y se tumban en suaves sillones!
¡Ustedes deleitan su paladar con corderos
y terneros que los pobres han criado,
pero ellos no tienen nada que comer;
beben litros de vino que ellos han producido,
pero que nunca pueden probar!

Y aquí están ustedes, en Betel, la casa de su Dios,
acostados junto a los altares,
envueltos en los cálidos mantos de los pobres,
mientras ellos tiemblan en el frío de la noche.

¿No se dan cuenta de la ruina
que han traído a la Tierra de Dios?
¿No ven la ruina que les espera
si no enmiendan su camino?

Que la justicia corra como el agua,
como el torrente que ruge sobre el lecho del río
cuando la lluvia de Dios ha caído desde las colinas.
Que la rectitud fluya como un arroyo que nunca cesa,
y que incluso en el calor del verano
lleva la vida al desierto.

Si siguen oprimiendo, acosando
y amenazando con desprecio,
entonces este festival no será más que una farsa
y estarán escupiendo el rostro de Dios.
Su codicia les conducirá a la ruina,
su falta de misericordia será el motivo de su caída.
¡Su tierra caerá frente a los invasores
y los llevarán como corderos al exilio!

El pueblo no se puso a bailar después de estas palabras, ni cantaron o aplaudieron. Escucharon a Amós en profundo silencio.

Amasías, el sacerdote encargado del santuario, escuchó todo lo que Amós había dicho. ¡Tendrían que hacer algo con este alborotador! Entonces envió un mensaje al rey Jeroboam: *Amós está conspirando contra ti*, decía la carta, *te denuncia frente a todo el pueblo. Está diciendo cosas terribles. La tierra misma no puede soportar las palabras que ha pronunciado.*

¡*Eso le hará entrar en razón!*, pensó para sí. Pero no esperó la respuesta del rey. Quería que Amós se fuera de inmediato, antes de que pudiera decir algo más.

—¡Regresa a Judá y dedícate a predicar allá! —le ordenó—. No te atrevas a volver a Betel. Este es el santuario del rey, y aquí no queremos que nadie hable contra él y contra su país.

—¡No tenía idea! —respondió—. ¡Y yo que pensaba que era la Tierra de Dios y el santuario de Dios! —se acercó un poco más a Amasías—. Mira —continuó—, no acepto órdenes de ti. Tienes profetas aquí que están en la nómina de Jeroboam, págales para que digan lo que él quiera oír y que obedezcan tus órdenes. Entiéndeme, Amasías, yo no soy uno de esos profetas. Dios me ordenó venir aquí. Dios me mostró la verdad de esta tierra. Dios me dio las palabras que habría de decir. ¿Cómo podría no decirlas? Le debo lealtad a Dios y no a ti ni al rey. Te voy a decir una cosa, Amasías, cuando invadan esta tierra, tu familia estará entre las primeras en sufrir las consecuencias. Y cuando se lleven a la gente arrastrando al exilio, tú estarás entre ellos y morirás en suelo extranjero, lejos de este santuario que tanto aprecias.

No pasaron muchos años después de eso, cuando llegó la invasión. Los asirios, que eran la nación más poderosa y cruel de todas en esa parte del mundo, dominaron al reino de Israel y llevaron a sus líderes al exilio. Nunca se volvió a tener noticias de Amasías.

Pero algunos recordaban las frases del profeta Amós, las pusieron por escrito y las mantuvieron a salvo.

Oseas y el amor de Dios

Un poco después de Amós, en el norteño reino de Israel, hace cerca de dos mil setecientos cincuenta años, también hubo un profeta llamado Oseas. Era un maravilloso poeta que escribió una bella obra acerca del amor de Dios.

En esa época Israel sufría terriblemente a causa de los asirios. Habían invadido el reino y convertido la mayor parte de su territorio en provincias de su imperio, llevándose a Asiria a muchos de los líderes junto con gran cantidad de habitantes y con la mayoría de los tesoros del país. Solo quedó en pie la ciudad fortificada de Samaria y los pueblos y villas en las colinas que la rodeaban. ¿Dónde conseguiría ayuda el rey de Israel? Algunas personas creían que podría obtenerla de Egipto y del ejército del faraón. Oseas pensaba que causaría un desastre buscar ayuda en Egipto: enfurecería a los asirios, quienes regresarían a destruir el resto del reino. Algunos creían que se podrían salvar si oraban a los antiguos dioses de esa tierra, dioses a los que se había alabado desde hacía siglos, mucho antes de que vinieran de Egipto las tribus de Israel. Oseas pensaba que su única esperanza era volver la vista a Dios, quien los había rescatado de Egipto y les había concedido esa tierra.

UN DÍA, OSEAS estaba rezando a Dios, se mantenía muy quieto y silencioso. De pronto supo con todo su ser cuánto amaba Dios a su pueblo y cuánto lo habían lastimado. A su mente llegaron palabras que parecían venir de Dios mismo. Era como si pudiera escuchar la voz de Dios.

Esto es lo que Oseas oyó decir a Dios:

Cuando Israel era un niño,
lo amé.
Y de Egipto traje a mi hijo,
ahora pide ayuda
a las potencias que lo esclavizaron.
Vacila buscando ya sea a Egipto,
pidiendo entre lágrimas que vengan a su rescate,
o bien a Asiria,
jurando su lealtad
y entregándole su riqueza.

Y hace sacrificios ante dioses que no son tales,
y reza a dioses que no tienen interés en su destino.

Pero yo fui quien cuidó de él en el desierto,
fui yo quien lo cargó en brazos cuando estaba cansado.
¡Pero ni siquiera reconoce quién soy!

Fui como padre, como una madre para él,
¡fui su granjero y lo traté como si fuera mi vaca favorita!
Retiré de su cuello el yugo,
quité de su boca la coyunda;
lo alejé del esfuerzo y sudor del arado
y lo conduje a frescas pasturas,
donde pudiera comer a su antojo.
¡Tal amor y delicadeza le mostré!

No conseguirá ayuda de Egipto;
Asiria será su rey.
La espada devorará sus ciudades
y consumirá sus pueblos.

Soy el único que puede ayudarle,
mas no piensa qué hacer
ni encuentra la fortaleza de corregirse.

¡Míralo!
¡Cuán miserable, cuán indefenso se ha vuelto!

¿Cómo podría dejarte solo, Israel?
¿Cómo entregarte al enemigo,
abandonarte a tu destrucción?
No puedo hacerlo.
Mi corazón da un vuelco de horror.
La compasión me abruma.
¡Te amo tanto!

No dejaré escapar mi enojo,
porque Dios soy, y no hombre;
soy el más Santo en medio de ti,
el Dios de toda la creación,
que ha venido a habitar entre tu pueblo.

¡Jerusalén nunca caerá en manos enemigas!

Los asirios destruyeron el reino de Israel y tampoco dejaron
en paz a la gente en el sureño reino de Judá. Capturaron
muchos de sus pueblos y robaron gran parte de sus tesoros.
Sin embargo, no capturaron Jerusalén. La asediaron, pero
no pudieron invadirla. Algunos creían que Jerusalén nunca
caería en manos enemigas. Entonaron antiguos cantos en el
templo que había construido el rey Salomón, y eran de este
estilo:

DIOS ES NUESTRO REFUGIO, nuestra fortaleza.
Con Dios podemos estar seguros cuando lleguen las
dificultades.

Las alas de Dios nos cubren contra el penetrante
frío de la noche,
contra la punzante lluvia y el azote de la tormenta
o el ardiente calor del sol.

Dios es como un ave que cuida a sus crías
y las abriga entre sus alas,
junto al calor de su cuerpo,
junto al fuerte latido de su corazón,
donde podemos guardarnos de todo mal.

No temeremos,
aunque el mundo pueda inclinarse y girar
sobre su eje
y las montañas se derrumben al mar.

Jerusalén es la Ciudad de Dios,
donde cielo y tierra se unen.
Con Dios en su centro,

¡nunca temblarán sus cimientos!
Un arroyo trae vida a la ciudad
con aguas que no tienen fin.
Es un don de Dios,
con agua que brota del suelo,
que viene de ocultos ríos del Edén.

¡Dios está con nosotros!
¡Dios lucha con nosotros!
¡El Dios de Abraham, de Isaac, de Jacob,
sigue a nuestro lado!
¡Es nuestro refugio, nuestro baluarte!

Sal de Jerusalén
y recorre sus muros.
¡Mira su fortaleza!
¡Mira sus muchas torres!
¡Tan fuertes, bellas, majestuosas y llenas de gloria
como Dios mismo!

Dios es nuestro Dios por siempre jamás.
Dios nunca nos abandonará.
Siempre tendremos la protección de Dios.

Jeremías habla con la verdad

El pueblo de Jerusalén entonaba estos bellos cánticos en el templo, y siglo y medio después de Amós, otro profeta llamado Jeremías intentó hacer que el pueblo enfrentara algunas verdades incómodas.

Para la época de Jeremías, el imperio asirio había caído. Ahora los babilonios eran la amenaza, sitiaron dos veces la ciudad de Jerusalén. La primera vez el asedio duró tres o cuatro meses y, diez años después, el ataque se extendió por dieciocho meses.

En medio de estos dos sitios, el ejército de Babilonia se fue para enfrentar la amenaza que representaban los egipcios que venían del sur. La gente dio un gran suspiro de alivio, pero Jeremías sabía que regresarían. Sabía que Jerusalén caería en manos de sus enemigos. Mucho antes intentó decirle a la gente los errores que cometían y cuánto le desagradaba esto a Dios. Pensaban que Dios estaba de su parte, pero Jeremías creía que habían rechazado a Dios y lo habían obligado a alejarse. Esto es lo que les dijo:

—Así ha dicho Dios:
Pueblo de Jerusalén,
eres cual esposa para mí,
y yo soy tu marido.
Recuerdo que alguna vez me amaste,
cuando primero nos desposamos.

Te traje de Egipto
y te conduje cuando cruzaste el horror del yermo.
Te llevé a través de un erial,
por oscuros desfiladeros
donde nadie habitaba,
donde nadie cruzaba.
Te traje a una buena tierra,
una tierra especial,
tierra de abundancia,
con plenitud de frutos, como el Edén.

¡Mas ve cómo lo has echado a perder!
¡Observa cómo me has olvidado!
Ya no me recibes con gusto.
Me abandonaste en el yermo,
en un erial de oscuros desfiladeros.

Has abandonado la verdad
y perseguido la falsedad.

He sido como un perenne arroyo
que te llevaba agua fresca en el calor,
agua fresca aun en la sequía.
He sido fuente perenne de vida para ti,
pero me abandonaste
y perseguiste al falso dios Baal.
Con el sudor de tu frente
has cavado profundos pozos en la roca
para guardar el agua,
pero sin cubrir sus grietas
toda el agua se ha filtrado
sin dejar más que lodo.
Así es tu preciado Baal,
como un foso resquebrajado y pestilente
que no contiene agua
ni otorga vida.

Pero el rey y el pueblo no se dieron por enterados. Había otros profetas que les anunciaban lo que querían oír. *Dios los protegerá de cualquier daño*, les decían. *Recuerden los antiguos cantos*, afirmaban. *Jerusalén nunca caerá en manos enemigas*, declaraban. Jeremías sabía que tendría que hacer algo espectacular para comunicar su mensaje.

Un día compró una vasija de barro con el cuello estrecho que habitualmente se usaba para contener agua. Reunió a varios de los sacerdotes del templo y a algunos de los líderes del pueblo.

—Vengan conmigo —les dijo—, quiero mostrarles algo.

Los condujo por una de las puertas de la ciudad hacia el exterior de los muros y los llevó hasta el fondo de un pequeño valle. Llevaba la vasija en las manos. De pronto se detuvo y los hombres lo rodearon. Colocó la vasija en el suelo y miró a sus acompañantes. Luego, con una mano tomó la jarra por el cuello, la elevó sobre su cabeza y la azotó contra el suelo. Se rompió en mil pedazos. Entonces declaró con voz firme:

—Así ha dicho Dios:
Como esta vasija
se destrozará esta ciudad y su gente,
hechos pedazos a manos de los babilonios,
fragmentados más allá de cualquier restitución.

Llegó el momento en que nadie dentro de Jerusalén podía salir de los muros de la ciudad, y nadie podía entrar para ayudarlos o llevarles comida. Los babilonios sitiaron la ciudad por segunda ocasión y su ejército estaba acampado afuera de las murallas. El rey y su pueblo estaban desesperados y ansiaban que Dios viniera a salvarlos, pero Jeremías sabía que era demasiado tarde. Según creía, Dios estaba ahora de parte del enemigo. El único remedio que le quedaba al rey era la rendición. Entonces Jeremías declaró:

—Así ha dicho el Señor:
Vean, ante ustedes está la opción de vivir
y la opción de morir.
Aquellos que permanezcan dentro de la ciudad morirán,
bien por la espada, por la hambruna o por la enfermedad.
Quienes salgan
y se rindan a los babilonios,
cuando menos sobrevivirán.

Yo, su Dios, no vivo más en esta ciudad.
No se me recibe aquí con agrado.
Me han echado de la ciudad
hacia el campo enemigo.
Si tan solo tú,
oh, rey de Judá,

y ustedes, buena gente del palacio,
hubiesen cuidado de los débiles y heridos,
de los inmigrantes que no cuentan con ningún poder,
de los niños y mujeres que no tienen quien los cuide.
Si tan solo hubieran hecho de esta ciudad un lugar de justicia,
donde todos vivieran con libertad y honra,
entonces se hubieran salvado.

Pero ahora es demasiado tarde.
Esta bella ciudad
que tanto orgullo les causa,
estará destruida y arrasada por el fuego.
Ya la han arruinado
y pronto no será más que un montón de escombros.

No es sorpresa que algunos de los habitantes de Jerusalén pensaran que las palabras de Jeremías eran intolerablemente duras. Tres de los funcionarios más poderosos del palacio lo escucharon predicar y fueron con Sedequías, el rey.

—¡Ese hombre es un traidor! —vociferaron—. Está diciéndole a la gente que se rinda a los babilonios. No podemos tolerar palabras como esas. Necesitamos alentar a la gente a luchar y Jeremías les dice que se rindan. El ánimo de los soldados y del pueblo ya está suficientemente por los suelos. Si Jeremías sigue diciendo esas cosas, destruirá su valor por completo. Tenemos que librarnos de él.

El rey estaba agotado.

—Hagan con él lo que quieran —contestó.

Así que los funcionarios arrestaron a Jeremías y lo arrojaron a un pozo. Dentro no quedaba agua porque la habían extraído toda, lo único que quedaba al fondo era fango, un lodo espeso. Jeremías se hundió en él. No podía escalar porque el foso era demasiado profundo. También estaba oscuro y frío y el hedor era insoportable. No tenía agua ni comida. Los subalternos lo dejaron ahí para que muriera.

Pero Jeremías tenía algunos amigos en el palacio. Uno de ellos era un etíope llamado Ebed-melec. Fue con el rey Sedequías a decirle lo que habían hecho sus oficiales.

—¡Jeremías es un profeta! —dijo Ebed-melec al rey—. Está aquí para decir lo que Dios piensa, para ver las cosas a través de los ojos de Dios y transmitir a la gente la palabra de Dios. ¡Tenemos que escucharlo! Tus funcionarios han hecho algo terrible. Ese hombre morirá de hambre en ese pozo nauseabundo.

Sedequías lo miró y le dijo con voz débil:

—Lleva tres hombres contigo y sácalo de ahí.

Ebed-melec corrió a llamar a tres de sus amigos y juntos fueron al pozo con trapos y ropa vieja y un poco de cuerda. Ataron la ropa y los trapos a la cuerda y la bajaron hasta Jeremías.

—Coloca la ropa y los trapos alrededor de tus axilas para que la cuerda no te corte —le gritaron desde arriba—. ¡Luego envuélvete con la cuerda bajo los brazos y sostente de ella! Te sacaremos.

Jeremías se salvó del foso pero el rey lo mantuvo bajo arresto. Y el asedio prosiguió.

La caída de Jerusalén

Dos veces los babilonios sitiaron Jerusalén y dos veces la capturaron.

En la primera ocasión, el rey —que se llamaba Joacim—, su familia, los funcionarios del palacio y sus oficiales se entregaron a los babilonios, que los llevaron al exilio en Babilonia junto con muchos otros de los habitantes de Jerusalén y del resto del reino.

La segunda vez fue mucho peor. El sitio duró más tiempo. La gente había almacenado cuidadosamente alimentos de sobra antes de que iniciara el cerco, pero todo se terminó y al final no les quedaba nada. El nuevo rey, Sedequías, envió a buscar a Jeremías. Se reunieron en secreto en una de las entradas del templo.

—¡NECESITO TU AYUDA! —dijo Sedequías a Jeremías—. Como verás, la situación es desesperada, no sé qué hacer para remediarla. Quiero que me aconsejes.

—Si te doy un consejo no lo tomarás en cuenta. No te gustará lo que tengo que decir y me matarás por considerarme un traidor.

—Te prometo que no te condenaré a muerte —respondió Sedequías—. Sé que algunos quieren librarse de ti, pero no te entregaré a ellos. Lo juro.

Jeremías se detuvo un momento a pensar y luego habló:

—Así dice Dios, el Señor: Si te rindes a los babilonios salvarás tu vida, no destruirán la ciudad y tus hijos estarán seguros. Sin embargo, si no te rindes, entonces el ejército babilonio capturará la ciudad y la incendiará y tú no podrás escapar.

—Pero si me rindo, mi propio pueblo creerá que los he traicionado. ¡Querrán matarme!

—Dios quiere que te rindas —afirmó Jeremías—. Obedece a Dios y te salvarás. De lo contrario el desastre arrasará contigo y con la ciudad.

—No le hables a nadie de esta conversación —dijo Sedequías—, si lo haces, morirás.

Jeremías mantuvo el secreto pero Sedequías no siguió su consejo. *Así ha dicho Dios*, habían sido las palabras de Jeremías, pero Sedequías no se dio por enterado.

Una oscura noche en que no había luna y un fuerte viento azotaba la ciudad provocando el ruido suficiente para ahogar el sonido de la huida, varios de los soldados de Sedequías se le acercaron con un plan.

—Su majestad —dijeron—, ya no queda más comida en la ciudad y el agua de las cisternas se ha agotado. Si permanecemos aquí moriremos. Usted mismo morirá. Pero tenemos un plan. Podemos hacer un pequeño orificio en los muros, en un sitio donde los soldados babilonios no nos vean. No nos escucharán tampoco gracias al rugido del viento. Podemos ir al desierto y dirigirnos a Jericó y más adelante. Llegaremos antes de que se den cuenta de que nos hemos ido.

Este es un mejor plan que el de Jeremías, pensó para sí Sedequías. Tomó su espada y dijo:

—¡Vayamos!

Sus soldados hicieron un boquete en la pared y por ahí se escurrieron junto con Sedequías y los hijos de éste. Había un gran huerto junto a los muros y pudieron deslizarse rápidamente entre los árboles. Pasaron el campamento de los babilonios y emprendieron el camino hacia el desierto.

Conocían bien las colinas del desierto y los oscuros y secos lechos de sus ríos. Pensaron que nadie los había visto escapar, pero estaban equivocados. Al acercarse a Jericó, cuando el sol empezaba a asomar al otro lado del mar Muerto, escucharon el sonido de los soldados de Babilonia que venían tras ellos. Apresuraron la marcha, pero no habían comido bien durante varias semanas y sentían las piernas débiles.

El general babilonio gritó a sus tropas:

—Capturen al rey y a sus hijos. ¡Los quiero vivos!

Los soldados de Sedequías escucharon la orden y se dispersaron en todas direcciones, dejando solos al rey y a sus hijos.

Pronto los babilonios les dieron alcance.

—Los llevaremos ante el rey de Babilonia —les informó el comandante.

El rey de Babilonia vivía en un sitio que se llamaba Ribla, casi a 500 kilómetros hacia el norte. Cuando llegaron ahí, los soldados arrojaron a Sedequías y a sus hijos a los pies de su rey.

—¡Véanme! —gritó el rey a Sedequías—. Les mostraré qué sucede cuando no se rinden ante mí. —Se volvió hacia sus soldados—. Maten a los hijos de este hombre y luego déjenlo ciego —ordenó—. Encadénenlo y llévenlo a Babilonia.

Ahora Jerusalén no tenía un rey ni soldados para defenderse. Los babilonios penetraron los muros e invadieron la ciudad. El templo permaneció en pie, brillando bajo el sol. Los soldados irrumpieron en él y lo despojaron de todos sus tesoros. Se llevaron todas las vasijas sagradas, todo el oro, la plata y el bronce. Luego le prendieron fuego. También quemaron el palacio del rey y todas las demás mansiones de la ciudad. Al final demolieron los muros de la ciudad y dejaron a Jerusalén en ruinas.

Torturaron y ejecutaron a algunos de los sacerdotes del templo y funcionarios de palacio. En cuanto al resto de la población, a la mayoría la llevaron al exilio. Empezaron el largo viaje a Babilonia, bajo el resguardo de soldados armados. Muchas de las personas cargaron sus pertenencias en carretas arrastradas por bueyes, en tanto que las mujeres y niños viajaban sobre el equipaje. Pero la mayoría de los adultos tuvieron que caminar con costales colgados sobre sus espaldas en los que llevaban algunas de sus posesiones y provisiones para el viaje. Los niños pequeños viajaban sobre los hombros de sus padres, en tanto que los mayores caminaban a su lado. No todos lograron terminar el trayecto.

Un puñado de gente permaneció en la Tierra Prometida, pero también enfrentaron dificultades. Los campos estaban arrasados y vacíos.

Otros escaparon hacia Egipto, llevando a Jeremías con ellos, a pesar de que el profeta no deseaba ir. Egipto era el país donde el pueblo de Israel había nacido. Ahora algunos iban de regreso al sitio donde habían iniciado. ¿Este sería el final?

Tristes cantos de lamento

El templo y el resto de la ciudad de Jerusalén estaban destruidos, pero la gente que ahí vivía no dejaba de orar a Dios. Seguían reuniéndose en el sitio donde se había erigido el templo. Los soldados de Babilonia lo habían hecho pedazos, pero no le habían quitado su naturaleza santa, porque para los habitantes de Jerusalén seguía siendo el lugar donde esperaban encontrar a su Dios. Todavía era el lugar donde podían exponer sus penas ante Dios, mostrarle su dolor y expresar su enojo y su desconcierto.

Algunos poetas (cuyos nombres desconocemos) crearon nuevas canciones que entonaban a Dios, hermosos cantos que, sin embargo, estaban llenos de intensa angustia.

—Hablaremos a Dios como Moisés lo hizo en el monte Sinaí —solían decir—. Moisés era amigo de Dios. Expuso la pena de su corazón ante Dios y no le ocultó nada. Bueno, nosotros también somos amigos de Dios. No le ocultaremos nada. No fingiremos que la situación es mejor de lo que es. Mostraremos a Dios nuestros verdaderos sentimientos y le contaremos nuestra desgracia. Si somos francos con él, entonces él podrá serlo con nosotros.

Estos son los cantos que entonaban:

¿POR QUÉ, OH DIOS, pareces tan enojado?
Somos tu rebaño, Tú eres nuestro pastor.
Así ha sido desde el principio.
Entonces, ¿por qué, dinos por qué parece
que nos has abandonado,
dejándonos a merced de los animales salvajes
para que nos destrocen y den por muertos?
¿Por qué, Señor, por qué?

Recuerda a tu pueblo.
Recuerda también tu templo, tu morada.
Recorre sus ruinas.
¡Ve lo que han hecho los enemigos!
Todo lo han pisoteado, vociferando y gritando.
Lo han hecho pedazos,
desgarrando sus grabados
y arrasándolo con fuego.

Han izado sus estandartes
y los emblemas de sus dioses
en el mismo sitio que de antaño
se fijó para tu presencia.
Te han desafiado.

Te han insultado.
Te han deshonrado.

¿Por cuánto tiempo, dinos, Dios,
continuarán sus agravios?
¿Por qué te refrenas,
quedándote ahí sin hacer nada?

¡Dios! ¡Tú eres el creador del mundo!
¡Recuerda cómo formaste todo
desde un oscuro cúmulo de agua!
Piensa cómo separaste una cosa de otra
y pusiste todo en su sitio.
Recuerda cómo venciste a las oscuras fuerzas del caos.
Fuiste tú el creador del sol y de la luna.
El día es tuyo y también es tuya la noche.
Primavera y verano fueron tu creación.

Empero estos enemigos, estos bufones,
han arrastrado tu nombre por el lodo,
te han tratado como basura,
te han avergonzado, como si nada valieras.
Recuérdalo.
Recuerda también a tu pueblo.
Somos como una paloma
aprisionada en el suelo

y rodeada de leones.
No nos olvides.
No nos olvides.

Los soldados babilonios no solo habían destruido la ciudad, también arrasaron con la campiña que la rodeaba.

Para el tiempo de la captura de Jerusalén, se habían acabado todos los suministros dentro de sus muros. En cuanto pudieron, los habitantes de la ciudad salieron a los campos para encontrar comida. Lloraron ante lo que sus ojos veían. Sus manadas y rebaños habían desaparecido y los soldados babilonios habían tomado todas las cosechas para alimentarse o bien las habían pisoteado o quemado. No quedaba nada que comer. Caminaron a la siguiente cima de las colinas y bajaron a otro valle. Era lo mismo, no quedaba más que devastación. El ejército de Babilonia había regresado a su país, pero ahora había llegado un nuevo enemigo: la hambruna.

La ciudad misma parecía tan vacía, pero tan llena de consternación. Muchos habían desaparecido, ya fuera porque los mataron los soldados babilonios o porque los llevaron a Babilonia. Ya no quedaba ningún niño que jugara en las calles. El templo estaba destruido y los viejos sacerdotes y profetas habían abandonado la ciudad sin dejarles algún mensaje de consuelo.

Así que los poetas escribieron más lamentaciones. Llenaron estos cantos con su angustia, pero también cantaron al amor y a la misericordia de Dios. Sabían que ahora Dios era el único que podría salvarlos.

¡Cuán solitaria quedó la ciudad!
que una vez llena estuvo de gente,
que una vez tuvo renombre,
que una vez fue princesa.
Ahora ha quedado como viuda
que no tiene quien la cuide.
Ahora es como esclava
que se esfuerza entre esclavos.

Amargo es su llanto durante las noches,
sus mejillas de lágrimas se bañan.
No hay consuelo de nadie.
Todos sus amigos la han traicionado.

Los caminos que van a la ciudad
y que antes se llenaban de peregrinos
en viaje hacia sus fiestas,
ahora están vacíos,
sin peregrinos por venir.
Los caminos mismos lloran su soledad.

Las puertas de la ciudad,
que alguna vez fueron punto de reunión
y de charla de los asuntos del día,
están ahora en ruinas.

Sus gobernantes fueron como ciervos,
que vagaban por el desierto
sin encontrar pastura,
perdiendo toda su fuerza y
muy débiles para evadir a sus cazadores.
Sus sacerdotes gimen en la desesperación.
Sus profetas no reciben visiones de Dios.
Ya nadie toca música
ni hay bailes en sus calles.
Sus hijos se han ido,
arrebatados como cautivos.
Ha desaparecido toda su gloria.

—¡Señor, Oh Señor Dios! —clama la ciudad—,
¡mira qué inútil me he vuelto!
¡Vean mi agonía todos los que por mí cruzan!
¡Esto es obra de Dios!
Ha prendido fuego a mis huesos.
Me ha obstruido, me ha atrapado,

me ha humillado con aflicción infinita.
Ha puesto sobre mis hombros el yugo
que destrozó mi espalda.
Por tales cosas sollozo
sin consuelo de nadie.
Mis hijos están desolados.
El enemigo ha triunfado.

Sé que la razón está con Dios.
Ignoré sus consejos y seguí mi propio camino.
¡Pero vean, pueblos de la Tierra,
sean testigos de mi dolor!
Mis pequeños, hijos e hijas,
llevados al cautiverio.
Mira, Señor Dios,
¡ve sobre quiénes has hecho esto!

Pero esto he de recordar,
en esto hallaré esperanza:
el perpetuo amor de Dios es infinito,
el lazo entre nosotros es muy fuerte,
su compasión y misericordia no tienen fin,
y se renuevan otra vez cada mañana.
¡Tu fidelidad, oh Dios, es grande!

Sueños del hogar

Los exiliados en Babilonia estaban a miles de kilómetros
de casa. Se sentían también a miles de kilómetros de Dios,
pensaban que se había olvidado de ellos, que los había
abandonado y ya no le importaban en absoluto.

En sí misma, Babilonia era una ciudad espléndida. En
comparación con ella, Jerusalén era un simple pueblo. En el
centro de Babilonia corría una calle larga, recta y amplia que era

una enorme vía para las procesiones. En tiempos de festividades, el rey recorría esa vía sobre su caballo y por ahí desfilaban las imágenes de los dioses babilónicos, hechos con oro y plata relucientes. Cuando el rey de Babilonia regresó de destruir a Jerusalén, él y sus dioses recorrieron esa avenida mientras los habitantes de la ciudad aplaudían y lanzaban vivas. La avenida era un símbolo del poder de Babilonia; un recordatorio de la gloria de sus reyes y del abrumador poder de sus dioses. Cuando menos así era como lo percibían los babilonios y querían que los exiliados de Jerusalén pensaran lo mismo.

ENTRE LOS EXILIADOS se encontraba un profeta de Jerusalén, un gran poeta que veía las cosas en forma diferente. Un día, sentado bajo unos árboles, miraba los muros de Babilonia desde el otro lado del gran río Éufrates. Un gigantesco puente cruzaba el río y en el extremo más lejano se encontraba un hermoso portal cubierto de ladrillos vidriados que brillaban bajo el sol. La enorme avenida cruzaba por esa entrada. El poeta recordó que por esa calle habían llevado arrastrando a la gente de Judá y Jerusalén detrás del rey de Babilonia y de sus dioses cuando los llevaron al exilio. Cerró los ojos y rezó.

A su mente llegó una visión: la imagen de otra avenida mucho más larga que aquella de Babilonia, un camino espléndido que llegaba hasta Jerusalén. Y por ese camino iban los exiliados. ¡Se dirigían a casa! ¡Y Dios encabezaba la procesión!

Escribió un poema que declamaría para sus compañeros del exilio:

Dios habla en el cielo entre los dioses,
entre los miembros de un concilio divino.
Se dirige a las potencias celestiales diciendo:
—Consuelen a mi pueblo.
Háblenle de mi amor,
díganle que suficiente ha sufrido,
soportando más de lo merecido.

Una voz resuena en el concilio:
—Preparen una calzada triunfal para Dios, el Señor.
¡Eleven los valles, allanen las colinas!
¡Liberen el camino de piedras y rocas,
llenen cada hueco y cada fosa!
Que la calzada sea recta,
que cruce la distancia del desierto,
recta por el antiguo yermo,
¡que vaya a Judá, que vaya a Jerusalén!
¡Entonces se revelará la gloria de Dios
para que el mundo la vea!
Dios ha hablado.

Retumba una segunda voz:
—¡Has de anunciarlo, profeta! —declara.
—¿Pero qué anunciaré? —respondo—.
El pueblo es como flores silvestres
llevadas lejos por el candente viento del desierto,
sus pétalos desfallecidos,
sus hojas marchitas.
El pueblo se ha marchitado por la ira de Dios.
—La flor silvestre podrá desfallecer y marchitarse
—responde la voz—,
pero la palabra y el amor y las promesas de Dios permane-
cen por siempre.
Una tercera voz irrumpe con más intensidad,
llamando desde el cielo a Jerusalén:
—¡Despierta, despierta, Jerusalén!

Escala hasta la cima de una alta montaña.
Mira al yermo y observa.
Eleva tu voz y grita con todas tus fuerzas,
elévala sin temor;
apela a las ciudades de Judá y diles:
¡Este es tu Dios!
Ve que marcha por la calzada.
Ha recuperado a su gente.
Mira cómo lo siguen en procesión triunfal.
Nuestro Dios es el pastor,
que lleva su rebaño a casa,
con los corderos en brazos,
conduciendo con calma a las ovejas recién paridas.
¡Despierta, Jerusalén!
Mira al yermo y observa.

El poeta-profeta compuso muchos hermosos versos para alentar a su gente y librarlos de su desesperanza. Otro día en que oraba, se descubrió pensando en la gente que había permanecido en Jerusalén. Sabía lo que debían estar sintiendo; sabía lo atónitos que estarían cuando Dios regresara con los exiliados. Dios había sido como un esposo para ellos. Seguramente pensaban que los había abandonado justo en el momento que más lo necesitaban, pero pronto regresaría y los reuniría otra vez entre sus brazos.

El profeta compuso otro poema que recitó a los exiliados, donde mostraba a Jerusalén como una mujer y se expresaba de ella del siguiente modo:

¡Canta, mujer estéril!
¡Échate a cantar!
Tú que no tienes hijos,
tú que tanto los has ansiado
y no encuentras fin para tu anhelo,
¡grita de dicha!
Porque como la antigua Ana,

que soportó muchos años infructuosos
y toleró la burla de Penina,
tendrás más hijos de los que puedes soñar.
Porque del exilio vendrán tus hijos
y tal será su número,
que habrás de ampliar tus tiendas,
deberás extender sus cortinajes
y alargar sus cuerdas
para dar cabida a todos.

No temas.
Has sentido el abandono, la humillación, la vergüenza,
como viuda sin nadie que la cuide.
Pero olvidarás toda tu pena
porque tu Creador,
el Dios que te erigió,
es tu esposo.
El más Santo de Israel,
el Dios de toda la tierra,
es tu redentor.
Ha de convertir tu desdicha en máxima dicha.

Eres como esposa abandonada,
llena de pena y quebrantada,
como mujer a la que desechó el marido.

Dios penetra en tu silencio
y escuchas su voz de nuevo:
Por un momento te olvidé,
pero ahora con gran misericordia
te envuelvo entre mis brazos.
Un instante mi enojo se interpuso entre nosotros,
pero ahora con amor perpetuo
tendré compasión de ti.
¡Nuestro lazo es demasiado fuerte!

Recuerda a Noé, Jerusalén.
Recuerda que luego del gran Diluvio prometí
nunca más destruir la tierra.
Ahora así te prometo,
no mostraré más mi ira hacia ti.
Quizá las montañas se esfumen
y las colinas se desvanezcan,
pero mi amor por ti no desaparecerá,
nunca palidecerá mi promesa de cuidar de ti
y darte paz.
Soy el Señor, tu Dios, quien te ama;
no puedo ocultar mi compasión por ti.

Un valle lleno de huesos y un nuevo Jardín del Edén

Entre los desterrados en Babilonia había un profeta llamado Ezequiel, quien trabajó como sacerdote en el templo cuando vivía en Jerusalén. Los babilonios sitiaron Jerusalén en dos ocasiones y después del primer ataque se llevaron a Ezequiel a Babilonia. Más de diez años después, a esos cautivos les llegó la noticia del segundo sitio y se enteraron de la captura y destrucción final de la ciudad y el templo. Su desesperación era absoluta, habían perdido toda ilusión y no tenían nada que esperar para el futuro.

Ezequiel mismo estaba destrozado con la noticia, pero no le sorprendió. Ya había tenido una visión donde Dios salía del templo, abandonando a Jerusalén y dirigiéndose a Babilonia. Dios mismo había sido obligado al destierro, no a causa de los soldados babilonios, sino por obra de su propia gente; no le habían sido fieles, no lo habían amado como debieron hacerlo. En el propio templo de Dios se había adorado a otros dioses. Debía destruirse el templo a fin de construir otro en su lugar. Era necesario arrasar con Jerusalén para que se pudiera erigir una nueva ciudad, con Dios en su centro. Eso era lo que creía Ezequiel.

Así que cuando llegó la noticia del resultado del segundo ataque, Ezequiel no perdió la esperanza. Ahora todo podría empezar de nuevo. Dios daría vida nueva a su pueblo.

UN DÍA algunos de los exiliados se acercaron a Ezequiel para averiguar si tenía algo nuevo que decirles. Se sentaron ante él, con la mirada fija en el piso. Su aspecto era tan cansado y tan abatido; sus ojos tenían una mirada vacía y apenas podían hablar.

—¿Qué esperanza nos queda ahora? —preguntó uno de ellos.

—Les diré —respondió Ezequiel—. Permítanme contarles la nueva visión que he tenido.

»Sentí la mano de Dios sobre mí —prosiguió—. Dios me elevó, me sacó de mi casa y me puso en un amplio valle. Estaba lleno de huesos. Yacían dispersos por todo el terreno. Era como si un gran ejército hubiese muerto ahí hace muchos años. Nadie había enterrado los cadáveres. Los animales salvajes habían devorado los cuerpos y los buitres limpiado de carne los huesos. Así que lo único que podía ver eran huesos, huesos secos empalidecidos por el sol. Carecían por completo de vida y lo único que me rodeaba era la muerte. Con toda seguridad no había ninguna oportunidad de vida, tan solo montones de huesos. Dios me condujo entre ellos, desde un extremo del valle hasta el otro. Ahí había miles y miles y miles de esos huesos secos, apilados.

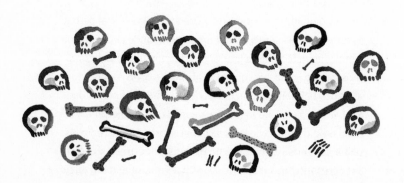

»Dios me dijo: —¿Pueden estos huesos volver a la vida?

»—Oh, Señor Dios —respondí—, solamente tú lo sabes.

»Luego me dijo: —Profetiza para estos huesos, Ezequiel. Diles: *Oh, huesos secos, escuchen la palabra de Dios. Así ha dicho Dios: Vean que les traeré el soplo de vida y vivirán. De nuevo los cubriré de carne y daré el soplo de vida a cada uno y vivirán. Luego sabrán que yo soy el Dios, el Señor.*

»Así que profeticé como me había ordenado y, mientras lo hacía, de pronto oí un sonido traqueteante que se escuchaba por todo el valle. ¡Los huesos se estaban uniendo de nuevo! Luego se cubrieron de carne, pero todavía no respiraban. Yacían en el suelo, fila tras fila de cadáveres sin vida, hasta donde mi vista alcanzaba.

»Dios me habló de nuevo: —Profetiza el soplo de vida. Diles: *Así ha dicho Dios, ven de los cuatro vientos, oh soplo de vida, cubre a estos caídos, para que vivan.*

»Profeticé como me dijo y el soplo de vida llegó de los cuatro puntos cardinales, como cuatro vientos que giraban y bailaban sobre el suelo del valle. Entró en los cadáveres y estos empezaron a respirar. Luego, lentamente y con rigidez, se pusieron en pie, ¡una gran multitud de personas!

»Y Dios me dijo: —Estos huesos secos son el pueblo de Israel. La gente dice que todas sus esperanzas se han ido y que más les valdría estar muertos y enterrados. Que no son más que montones de huesos secos. Que están alejados, enterrados en la oscura desesperación del exilio, como cadáveres en sus tumbas.

»Así que profetiza para el pueblo, Ezequiel, y diles: *Así ha dicho Dios: Yo mismo abriré estas tumbas en las que están y los sacaré de su oscuridad. Los pondré de nuevo en pie y los traeré de regreso a la tierra de Israel. ¡Les infundiré mi espíritu y mi soplo de vida y vivirán una vez más! Los pondré de regreso en su propio suelo y les daré descanso. Entonces sabrán que yo, el Señor Dios, cumplo con mis promesas. ¡Lo que he dicho, eso haré!*».

Otro día Ezequiel habló de nuevo con los desterrados.

—He tenido una visión de la nueva Jerusalén —declaró— y de un nuevo templo. Regresaremos allá uno de estos días y reconstruiremos la ciudad. Erigiremos un nuevo templo en el corazón de la ciudad y Dios mismo regresará del exilio para morar ahí una vez más. No será como el viejo templo o como la vieja ciudad. Estaban corruptos y era necesario destruirlos. Dios nos dará un nuevo espíritu y seremos de nuevo su pueblo y él será nuestro Dios. La tierra recobrará la vida. ¿Recuerdan el mar Muerto? Nada puede vivir en sus aguas y sus costas están desoladas. Escúchenme bien, cuando Dios regrese a Jerusalén y a su nuevo templo, ¡el mar Muerto y el desierto que lo rodea serán como el Jardín del Edén! Déjenme que les diga lo que vi en mi visión.

»Vi la gloria de Dios que llegaba a Jerusalén desde oriente. Se escuchaba un ruido como el que producen las enormes cascadas y toda la tierra brillaba con la luz de Dios. Esa presencia reluciente, brillante y rugiente como cascada, que era Dios, llegó hasta la ciudad, se acercó al templo y luego entró en él. ¡Todo el templo se llenó con la gloria de Dios! Escuchen mis palabras, Jerusalén tendrá un nuevo nombre. Se le llamará *El Señor Dios está ahí.*

»Un guía del cielo me llevó a la entrada del templo. Del interior brotaba un arroyo de agua que venía del corazón de la presencia de Dios. Apenas era un hilo de agua, pero mi guía me condujo hacia el oriente, cruzando las colinas del desierto, y vi que el agua llegaba hasta mis tobillos. Luego me llevó más lejos y el agua llegaba a mis rodillas. Luego subió hasta mi cintura y ya era tan profunda como para nadar. En este momento ya era un enorme río, demasiado ancho como para cruzarlo.

»El guía y yo regresamos y pude ver que los árboles crecían en las riberas del río. ¡El desierto se había convertido en un jardín!

»Entonces el guía me dijo: —¿Puedes ver esto? Adondequiera que vaya, el río lleva la vida. Fluye hacia el Mar de la Muerte, y cuando llegue ahí, ¡lo transformará en el Mar de la Vida! Las aguas del mar se volverán dulces y estarán rebosantes de peces. La gente irá a sus orillas a pescar. Será el lugar donde vivirá el martín pescador y donde se lanzarán las redes. En las orillas del río crecerá todo tipo de árboles que darán fruta fresca todos los meses del año. Sus hojas no se marchitarán, ni caerá su fruta. Esa fruta dará una provisión eterna de alimento y sus hojas servirán para curar las enfermedades. ¡Será como el Jardín del Edén!

Los exiliados, que habían perdido toda esperanza del futuro, miraron asombrados a Ezequiel. Después de esto, podían tener otra vez sueños de ilusión. Habían sentido que Dios los había abandonado, pero ahora lo sentían muy cercano.

Reconstrucción de Jerusalén

Los babilonios dejaron en ruinas a Jerusalén y su templo, y se llevaron al exilio a muchos de sus pobladores. Pero mientras los desterrados vivían en Babilonia, a cientos de kilómetros de casa, en esa parte del mundo estaba surgiendo un nuevo imperio. Su rey se llamaba Ciro. En poco tiempo su imperio se extendió desde el mar Mediterráneo en Turquía hasta tierras tan lejanas como el noroeste de India. Llegó el día en que Ciro entró en Babilonia, y la gente de la ciudad vitoreaba y bailaba. Incluso los babilonios habían tenido suficiente de su propio rey. El imperio babilonio desapareció y su lugar lo ocupó el imperio persa. En Babilonia, Ciro se autoproclamó «rey del mundo, rey de los cuatro rincones de la tierra».

Al año siguiente, el rey Ciro decretó solemnemente que permitiría que los exiliados de Jerusalén regresaran a casa si así lo deseaban. Les ordenó reconstruir el templo y hacer de nuevo de la ciudad un lugar santo. Los babilonios habían saqueado el templo cuando capturaron Jerusalén, llevándose todas las vasijas sagradas a Babilonia para colocarlas en los templos de sus propios dioses. Ciro les ordenó devolverlas a los desterrados para que las llevaran con ellos en su viaje de regreso. Pero el arca de la alianza, esa antigua caja de oro que contenía los Diez Mandamientos de Dios y que en algún tiempo estuvo en la parte más sagrada del templo, había desaparecido y nunca más se volvió a saber de ella.

Un año después de su regreso, los exiliados pusieron los cimientos del nuevo templo. ¡Ese fue un gran día! Los sacerdotes portaban sus mantos especiales. Hicieron sonar trompetas de plata, tocaron címbalos de bronce y cantaron salmos sagrados, y toda la gente emitió un enorme grito para dar la bienvenida a Dios. La mayoría gritaba de dicha, aunque para algunos de los viejos, las ceremonias trajeron a su mente recuerdos dolorosos. Habían sobrevivido durante todo el exilio y podían recordar muy bien la época de su niñez en Jerusalén. Su mente regresaba al viejo templo cuyo oro relucía bajo el sol antes de la llegada de los babilonios. Recordaban los tiempos espantosos del sitio de la ciudad y lo que hicieron los soldados enemigos cuando la capturaron. Pensaban en todos sus amigos y familiares que habían perdido la vida. Casi podían escuchar de nuevo el ruido de los soldados que tiraban los muros de la ciudad, despedazaban el templo y lo incendiaban. Miraban los cimientos del nuevo templo y se les formaba un nudo en la garganta. No podían acompañar a los demás en sus gritos ni compartir su alegría, sino que lloraban con grandes gemidos, con lágrimas y sollozos llenos de dolor.

La reconstrucción del templo no fue fácil, pero finalmente se terminó. Sin embargo, Jerusalén todavía no tenía una muralla que la rodeara y mantuviera a salvo. Muchos de sus edificios estaban destruidos o vacíos. No era siquiera la capital de esa parte del imperio persa, y algunos de los poderosos habitantes de las regiones circundantes tampoco querían que Jerusalén volviera a ser fuerte. Pensaron que, si se reconstruía, perderían algo de su propio poder. Los sacerdotes y otros líderes en Jerusalén no supieron qué hacer, hasta el día en que un hombre llamado Hanani tuvo una idea.

Hanani tenía un hermano de nombre Nehemías, quien era un hombre importante en la corte del gran rey de Persia. Nehemías era jefe de los coperos del rey y su tarea era probar el vino del monarca y proteger las habitaciones reales. La mayoría de la gente no podía ni acercarse al rey, pero Nehemías sí podía hacerlo. Lo atendía todos los días. Hanani pensó que si hablaba con Nehemías, quizá él persuadiría al rey de ayudarles.

Así que Hanani y varios de sus amigos de Jerusalén viajaron hasta Susa, la ciudad donde el rey tenía su palacio de invierno, para ver a Nehemías. Mantuvieron en estricto secreto el motivo de su viaje, temerosos de que los hombres que dominaban las regiones por donde tenían que pasar los detuvieran, o incluso los mataran, si se enteraban de sus propósitos.

En el libro de la Biblia que lleva el título de Nehemías, él mismo nos narra la historia de lo que pasó después.

UN DÍA, MIENTRAS TRABAJABA en el palacio del gran rey, algunos hombres llegaron de un largo viaje para verme. ¡Entre ellos estaba mi hermano Hanani!

—¡Qué bueno es verlos! —exclamé—. Pero ¿por qué han viajado cientos de kilómetros para verme? ¿Y por qué se ven tan tristes? ¿Cómo está la situación en Judá? ¿Y Jerusalén? ¿Cómo se ve nuestra vieja ciudad?

Entonces me contaron todo: los muros derribados, los portales destruidos, la vergüenza y el dolor de todo eso. Estaba abrumado con la pena y oré fervientemente a Dios:

Oh, Dios,
tú eres el Dios de los cielos,
tú eres el Dios del amor perdurable,
del amor inquebrantable.
Presta oídos, Dios,
y escucha mi oración.
Abre tus ojos y contempla mi pena.
Observa el dolor y la vergüenza de tu pueblo,
la humillación de tu ciudad santa,
las ruinas que rodean tu templo.
Concédeme éxito hoy
cuando acuda con el rey.
Colma al rey con tu bondad,

que me demuestre un poco de misericordia
y escuche mi petición.

Así que ese día, mientras el rey se sentaba a cenar, como de costumbre le llevé su vino. Me miró y dijo:

—Nehemías, ¿por qué tienes esa cara tan triste? En general eres un hombre alegre.

—Oh, rey —respondí—. ¡Que tenga vida para siempre! La ciudad de mis ancestros se encuentra en ruinas, sus portales destruidos por el fuego. Esa es la razón para mi triste aspecto.

—¿Qué deseas que yo haga? —preguntó el rey.

—Si es voluntad de su majestad, y si encuentro su favor, envíeme a Judá, a la ciudad de mis ancestros, para que pueda reconstruirla.

La reina estaba sentada junto al rey. Ella y yo siempre tuvimos buena comunicación. Miré hacia donde ella estaba. Se inclinó y dijo algo en secreto al rey. Él se volvió hacia mí, y preguntó:

—¿Por cuánto tiempo te irás?

Mi corazón dio un vuelco. ¡Estaba de acuerdo con mis planes! Le di una idea del tiempo necesario, y luego le pregunté:

—Si place a su majestad, ¿podría darme algunas cartas que lleve a los gobernadores de las regiones por donde debo viajar, y a los gobernadores de la zona que rodea la ciudad de mis ancestros, para que sepan que tengo su apoyo? ¿Y podría darme una carta que pueda llevar a quien está a cargo de los bosques reales, para que me dé la madera para construir los nuevos portales?

—Te daré las cartas que necesitas —respondió el rey— y ordenaré que algunos de los oficiales de mi ejército y parte de mi caballería te acompañen, para asegurarnos de que llegues a salvo.

Quise aplaudir y bailar de dicha, pero esa no era la conducta apropiada frente a un rey. De modo que, en lugar de ello, hice una reverencia y le agradecí de todo corazón. También agradecí a Dios, porque me había bendecido y su amor me había mantenido firme ese día.

Así que Hanani, sus amigos y yo partimos a Jerusalén con los soldados y la caballería real, y con las cartas del rey, que portaban su sello, bien guardadas en mi bolsa. Cuando llegamos a las regiones cercanas a Judá, los gobernadores no estaban nada contentos de vernos. No querían que se reconstruyera Jerusalén, pero cuando leyeron las cartas del rey y vieron la cantidad de soldados que venían con nosotros, se dieron cuenta de que nada podían hacer. Entonces nos dejaron seguir nuestro viaje y finalmente llegamos a Jerusalén.

Quería inspeccionar todo el perímetro de los muros para ver qué tan mal estaban las cosas y cuánto trabajo tendríamos que hacer, pero no quería que todo el mundo se enterara. Así que una noche me levanté en silencio, tomé a unos cuantos hombres y salimos de la ciudad.

Viramos a la izquierda y seguimos el antiguo perímetro de la muralla, cabalgando bajo la luz de las estrellas y de la media luna. Las pezuñas de los asnos tocaban con suavidad el polvoso suelo. Se escuchó el sonido de un búho a la distancia y otro respondió más cerca; lo pudimos ver destacándose contra el cielo en la parte más alta de la pared destruida, con su enorme cabeza que se balanceaba de un lado a otro y con su intensa mirada fija en nosotros.

Cuando llegamos al escarpado valle en el extremo oriental de la ciudad, ya no pudimos seguir adelante. Los antiguos terraplenes donde alguna vez crecieron los olivos se habían derrumbado y las piedras de sus muros habían caído hasta el valle, bloqueando por completo el paso. Entonces descendí de mi asno y subí por la cuesta lo mejor que pude. A mitad del camino me sorprendió una jauría de chacales que buscaban alimento en la oscuridad. Me vieron por un momento, con ojos brillantes bajo la luz de la luna, y luego se dieron vuelta y corrieron. Seguí escalando hasta llegar al sitio donde había estado la gran muralla de la ciudad. Casi no quedaba nada. Lo único que podía ver eran montones de piedras cubiertos con matorrales de espinas, cardos y ortigas. Me deslicé con gran dificultad hasta abajo y subí de nuevo en mi cabalgadura. Hice una indicación con la mano a los hombres que me acompañaban y encaminamos los animales hacia la ciudad justo en el momento en que la aurora empezaba a salir por el oriente.

Había mucho que hacer y no teníamos tiempo que perder. Llamé a una reunión a los jefes de las familias en la región de Judá, junto con los sacerdotes del templo y los funcionarios del gobierno de la ciudad.

—Miren alrededor —les dije—. Esta ciudad, que una vez fue tan hermosa, sigue en ruinas. Es una desgracia. Es nuestro hogar espiritual y alguna vez fue nuestra capital. ¡Y véanla ahora!

»¡Pero les traigo buenas nuevas! La mano de Dios me ha bendecido. Tengo las cartas del rey que está en Susa, en las que me indica que reconstruya la ciudad y me concede suficiente madera de sus bosques reales para hacer nuevos portales.

Todos los que me escuchaban estaban asombrados.

—¡Empecemos a construir de inmediato! —exclamaron.

A nuestros enemigos de las regiones cercanas no les agradó nada lo que estábamos planeando. Su líder era el gobernador de Samaria, la región al norte de Judá. Su nombre era Sanbalat.

—¿Qué es lo que pretenden hacer? —dijeron él y sus amigos—. ¿Se preparan para rebelarse contra el gran rey?

—Dios nos concederá el éxito —repliqué—, y él es el Dios del cielo y de toda la tierra. Somos sus siervos, sus amigos, y empezaremos a construir, les guste o no. No hay nada que puedan hacer para detenernos.

Así que empezamos. Llegaron grupos de hombres que comenzaron a construir fuertes portales de madera, mientras otros iniciaron los trabajos en los muros. Algunas mujeres también pudieron venir y ayudar.

En varios sitios nada más era necesario reconstruir los muros hasta la altura adecuada; pero en el lado norte de la ciudad y también en el lado sur, donde había visto a los chacales, tuvimos que despejar los escombros y empezar desde la base.

Los hombres de Sanbalat le informaron que habíamos iniciado la reconstrucción, y aunque se puso furioso, no pensó que tendríamos éxito.

—¿Qué están haciendo esos judíos enclenques? —comentó a sus soldados y a sus amigos—. ¿Cómo pueden construir muros fuertes con montones de escombros? Cuando los babilonios incendiaron la ciudad, las piedras de los muros también se quemaron. Se caerán a pedazos cuando intenten utilizarlas de nuevo.

—Sí —dijo uno de sus amigos—, los muros que están construyendo serán tan débiles que cuando una zorra suba hasta el tope, se vendrán abajo —y rió a carcajadas.

Sin embargo, cuando vieron el progreso que estábamos logrando, dejaron de reír y enfurecieron de nuevo. ¡Alrededor de la ciudad las murallas alcanzaban ya la mitad de su altura! Habíamos rellenado los huecos y pronto terminaríamos con todo el perímetro. Entonces Sanbalat convocó a los líderes de todas las regiones alrededor de Judá, y les dijo:

—Debemos unir nuestros ejércitos y marchar contra Jerusalén e impedir que la reconstruyan. Si Jerusalén es fuerte, entonces nosotros seremos débiles. Si Jerusalén permanece en ruinas, nosotros podremos conservar el poder.

La situación no parecía muy favorable para nosotros. Teníamos enemigos al norte, al sur, al este y al oeste, pero yo había ordenado que todos los varones de Judá que tuvieran capacidad de portar armas vinieran en nuestro auxilio. En algunos sitios era posible vigilar la ciudad desde terreno alto; los espías de Sanbalat podrían ver desde ahí al interior de los muros. Así que en esas áreas de la ciudad agrupé a la mayor cantidad posible de gente, armados con espadas, lanzas y arcos y flechas. Quería que nuestros enemigos pensaran que teníamos un enorme ejército que protegía a toda la ciudad.

—¡No teman! —les dije—. ¡Recuerden que Dios está con nosotros y es bastante más poderoso que Sanbalat! Luchen por sus familias, por sus hijos e hijas, por sus esposas, por sus hogares.

Mi plan pareció funcionar. El ataque que esperábamos de Sanbalat nunca llegó. Pero no podíamos ser demasiado precavidos. Hasta terminar por completo los muros y los portales, estábamos en una posición muy vulnerable. Por tanto, de ese momento en adelante, la mitad de la gente trabajaba en la reconstrucción, mientras que la otra mitad permanecía de guardia con las armas en la mano. Incluso los albañiles estaban armados. Aquellos que llevaban las piedras de menor tamaño sobre sus hombros, o canastas de escombro sobre sus cabezas, las mantenían en equilibrio con una mano y sostenían el arma en la otra; cada uno de los que colocaban las piedras o fijaban la estructura de madera, tenían una espada colgada al cinto. Coloqué trompeteros a diversas distancias a lo largo de los muros, listos para dar la voz de alarma.

—Si escuchan sonar las trompetas —indiqué a los líderes del pueblo—, ustedes y su gente deben venir corriendo de inmediato. Eso significará que viene un ataque.

Trabajamos desde la salida del sol hasta que salían las estrellas. La gente de otros pueblos y villas de Judá no regresaban a casa por la noche. Permanecían dentro de la ciudad, en caso de que nuestros enemigos nos atacaran luego de oscurecer. Mientras algunos mantenían guardia, los demás dormíamos vestidos con la ropa de trabajo y con las armas a un costado.

Después de solo cincuenta y dos días, habíamos terminado los muros y los portones. Nuestros enemigos se sorprendieron de que trabajáramos con tanta rapidez. De hecho, estaban asombrados de que lo hubiésemos logrado. *Deben haber tenido la ayuda de Dios, se decían.*

Tenían razón.

Ahora la ciudad santa de Dios estaba segura y era fuerte. El pueblo sagrado de Dios podía vivir con seguridad una vez más, reunido alrededor del templo sagrado de Dios.

Daniel: *Dios entre las llamas*

Gracias a Nehemías se reconstruyó la ciudad de Jerusalén y volvió a ser fuerte. Sin embargo, no pudo continuar a salvo para siempre. Alejandro Magno conquistó al imperio persa, y de ahí en adelante toda la zona del Mediterráneo oriental quedó bajo la influencia de la cultura griega. Las ciudades se construyeron siguiendo el modelo griego. Eso significó que Grecia llevaría su idioma, sus ideas, sus maneras de pensar, su religión, su vestimenta, sus deportes y sus formas de gobierno a toda esa parte del mundo.

En la antigua ciudad santa de Jerusalén los judíos se mantuvieron fieles a sus viejas costumbres, pero entonces llegó al poder un rey griego que se llamaba Antíoco, quien deseaba que Jerusalén fuera como las demás ciudades griegas de su imperio. Cuando el pueblo de esa ciudad se rebeló, lo castigó con severidad. Sus soldados ejecutaron a muchos de ellos y a otros se los llevaron como esclavos. Quemaron partes de la ciudad y derribaron sus muros. Eso ya era desgracia suficiente, pero después la situación iba a empeorar. Antíoco emitió un decreto: volvió ilegal que los judíos practicaran su religión, que realizaran sus antiguas celebraciones o que siquiera poseyeran una copia de sus escritos sagrados. También hizo el intento por convertir el tabernáculo en un templo griego, donde se celebraría su propio cumpleaños y se adoraría al dios griego llamado Zeus.

Algunos judíos obedecieron sus deseos, otros se rebelaron y decidieron formar un ejército para luchar contra ese rey. Otros incluso dijeron que no deberían luchar, pero exhortaron al pueblo a seguir firmes y adherirse a sus costumbres judías, permaneciendo fieles a Dios y confiando en que Él los rescataría.

Alguien o quizá varias personas en este tercer grupo son los autores del libro de Daniel. Es el último libro que se escribió del Antiguo Testamento.

Para los judíos de ese tiempo era muy difícil confiar en Dios. Antíoco parecía ser tan poderoso, que a veces Dios parecía muy pequeño, incapaz de hacer algo para ayudarles. De tal modo que el autor o los autores del libro de Daniel escribieron ese texto para alentar a sus compatriotas judíos a seguir fieles a sus creencias. Conocían algunas historias maravillosas sobre grandes héroes del pasado que también habían enfrentado la persecución. Sus antepasados les habían transmitido estas historias durante cien o doscientos años antes de la llegada de Antíoco. El autor o los autores del libro de Daniel pensaron que se adecuaban perfectamente a su propia situación y eran justo lo que habían estado buscando. Fue así que volvieron a narrar varias de estas tradiciones en la primera parte del libro, de las cuales aquí incluimos dos.

Estas historias nos hablan de un héroe que se llamaba Daniel y de sus tres amigos: Sadrac, Mesac y Abed-nego. Según las narraciones, a estos cuatro judíos los llevaron cautivos de Jerusalén a Babilonia en la época del exilio, cuatrocientos años antes de Antíoco. Provenían de familias ricas y poderosas y el rey de Babilonia, que se llamaba Nabucodonosor, quería que recibieran educación dentro de su corte para que pudieran ayudarle a manejar su imperio. Le causaron tal impresión que los colocó en algunos de los puestos de mayor poder en esas tierras. Hasta este momento todo iba muy bien, pero entonces las cosas se pusieron muy feas.

EL REY NABUCODONOSOR, el gran rey de Babilonia, rey de reyes y señor de señores, gobernante del mundo y de todo lo que en él había, estaba nervioso. Gran cantidad de quienes manejaban su imperio eran extranjeros, personas a las que habían deportado a Babilonia, como Daniel y Sadrac, Mesac y Abed-nego. ¿Seguirían fieles al rey? ¿Harían las cosas como él las deseaba o tratarían de sacar ventaja? Quiso el rey ponerlos a prueba para estar seguro.

Ordenó entonces que se esculpiera una estatua. Cuando estuvo terminada era gigantesca, pues medía treinta metros de altura. Se colocó sobre la polvorienta llanura, con su cabeza dorada que brillaba bajo el sol. La cabeza se asemejaba mucho a la de Nabucodonosor.

Ordenó a sus funcionarios —todos sus gobernadores, consejeros, tesoreros, jueces y delegados— que se reunieran junto a la efigie. Daniel no estaba, pero Sadrac, Mesac y Abed-nego se presentaron. A un lado estaba una orquesta con los músicos del rey; había cornetas, flautas, liras, salterios (un tipo especial de lira), arpas y tambores, y también otros instrumentos.

Uno de los heraldos del rey gritó con fuerte voz:

—Escuchen todos los reunidos aquí —empezó—. ¡Presten atención! Por orden del rey, cuando suene la corneta, la flauta, la lira, el salterio, el arpa, el tambor y toda la orquesta, deben caer de rodillas y adorar a esta magnífica estatua que ha hecho el rey

Nabucodonosor, rey de reyes y señor de señores, gobernante del mundo y de todo lo que en él habita. Si no obedecen las órdenes de su majestad, si no caen de rodillas y adoran a la estatua, estarán en graves dificultades; en el mayor problema de sus vidas. De hecho, irán a dar dentro de un ardiente horno que su majestad ya tiene encendido; ¡se les arrojará a ese horno, justo en medio de las llamas, de inmediato, en ese mismo instante y sin demora!

El heraldo se volvió hacia la orquesta y asintió con la cabeza. Los músicos comenzaron. La música era solemne, majestuosa e imponente; música diseñada para arrodillarse, doblar la espalda y colocar la frente contra el suelo. De inmediato toda la gente se postró ante la estatua, excepto Sadrac, Mesac y Abed-nego, que permanecieron erguidos. ¿Cómo podrían inclinarse ante la estatua de Nabucodonosor y seguir siendo judíos? ¿Cómo podrían hacerlo y seguir leales a Dios? Su Dios era más grande que cualquier efigie. Su Dios era mucho más grande que Nabucodonosor. ¿Quién se creía que era? Siguieron de pie, con la cabeza en alto.

Por supuesto que se destacaban entre la multitud. Los babilonios lo notaron de inmediato. Odiaban a esos judíos. ¿Quiénes se creían? Después de todo eran extranjeros, de un estúpido y pequeño país llamado Judá. No merecían el poder que les había otorgado el rey. Tal poder les daba el derecho de dar órdenes a los babilonios y no debería ser así. ¡Ahora tenían oportunidad de deshacerse de ellos! Fueron con Nabucodonosor, que estaba sentado sobre su gran trono, se inclinaron ante él, y acusaron:

—¡Su magnífica y muy grande majestad, que se le conceda vivir por siempre! Oh, gran rey, usted ha dado la orden de que cuando la orquesta empezara a tocar, las cornetas, las flautas, las liras, los salterios, las arpas, los tambores y toda la orquesta, todos debían hincarse y adorar su estatua dorada. Como usted mismo dijo, su majestad, si alguien no lo hace, se le arrojará a un horno ardiente. Bueno, señor nuestro, esos tres judíos a los que ha encargado la gran provincia de Babilonia: Sadrac, Mesac y Abed-nego, no se han hincado, han permanecido erguidos, no le han obedecido, señor. Se han negado a servir a sus dioses o adorar su estatua. Pensamos que debería estar enterado.

Nabucodonosor estaba muy enojado. Ordenó que de inmediato llevaran ante él a Sadrac, Mesac y Abed-nego.

—¿Es verdad? —demandó—. Les daré una última oportunidad. Si están listos para caer de rodillas y adorar mi estatua en cuanto la orquesta empiece a tocar, entonces todo estará bien, los liberaré de inmediato porque soy un hombre amable y generoso. Pero si no se inclinan, se les arrojará a un horno lleno de fuego ardiente. Y entonces ¿qué dios podrá salvarlos de mi poder?

Los tres amigos miraron al rey a los ojos.

—Su real majestad —dijeron—, no tratamos de defendernos. Sabemos bien que no hemos obedecido sus órdenes. Estamos listos a asumir las consecuencias. Si nuestro Dios, aquel al que servimos, puede defendernos de las llamas y librarnos de sus manos, oh gran rey, entonces así lo hará. Pero si no puede rescatarnos, de todos modos nos negamos a servir a sus dioses o adorar la estatua que usted ha mandado erigir.

El rostro de Nabucodonosor se puso morado y se retorció de rabia.

—¡Aviven las llamas del horno! —gritó—. Quiero que esté siete veces más caliente de lo normal.

Cuando estuvo listo, miró hacia donde estaban parados algunos de sus soldados, sus hombres más fuertes, y les ordenó:

—¡Ustedes, que están ahí! ¡Aten con cuerdas a estos judíos y láncenlos dentro del horno!

Los soldados obedecieron: el horno estaba tan caliente cuando abrieron su puerta y levantaron del piso a los tres judíos para lanzarlos dentro, que se incendiaron y murieron. Sadrac, Mesac y Abed-nego, que estaban atados fuertemente con cuerdas, cayeron justo al centro de las llamas.

Todos se quedaron callados. El único sonido era el rugido del horno.

Entonces Nabucodonosor se asomó hacia el fuego y su expresión cambió. Lo que vio le causó asombro. Con un salto se levantó del trono.

—¿Qué no lanzamos al fuego a tres hombres atados con cuerdas? —preguntó.

—Sí, su majestad —respondieron sus consejeros.

—¡Pero dentro veo *cuatro* figuras —exclamó—, caminan entre las llamas, desatados, ilesos, intactos! ¡Y el cuarto parece como un dios!

Estaba en lo cierto. Dios se había reunido con sus amigos dentro del horno.

Con gran cuidado el rey se acercó a la entrada de horno y gritó hacia las llamas:

—Sadrac, Mesac y Abed-nego, siervos del Más Alto Dios, ¡acérquense!

Los tres hombres obedecieron y salieron del fuego. Todos los rodearon, asombrados. ¡El fuego no los había tocado en absoluto! Ni siquiera tenían el pelo quemado. Su ropa estaba intacta. No olían a quemado.

—¡Bendito el Dios de Sadrac, Mesac y Abed-nego! —declaró el rey—. Arriesgaron sus vidas por seguir leales a su Dios, y él los ha salvado. Por ello decreto solemnemente que cualquier persona que diga algo en contra del Dios de Sadrac, Mesac y Abed-nego, será despedazada, miembro por miembro, y su casa se demolerá. No existe otro dios que pueda venir al rescate como lo ha hecho su Dios.

Era un decreto espantoso. Nabucodonosor seguía siendo un tirano. Seguía pensando que podía ordenarle a su gente lo que tenía que pensar, lo que debía creer y a cuál dios debía adorar. Todavía quería administrar el castigo más terrible a cualquiera que lo desobedeciera. No había derivado gran aprendizaje de haber visto a Dios entre las llamas.

Pero Sadrac, Mesac y Abed-nego seguían siendo judíos fieles y amigos de Dios. Junto con su Dios habían enfrentado el fuego y habían sobrevivido. Habían aprendido mucho sobre su Dios.

Daniel en la guarida de los leones

DARÍO, EL NUEVO EMPERADOR, LLEGÓ AL PODER. Daniel, el judío, estaba en su corte. Darío no era como Nabucodonosor, era un hombre justo y Daniel se llevaba muy bien con él. Darío tenía un enorme imperio, mucho más grande de lo que había sido en tiempos de Nabucodonosor. Sentía como si gobernara todo el planeta.

Dividió su imperio en ciento veinte provincias y nombró gobernadores, o sátrapas, para cada provincia, para que las controlaran en su nombre. Por encima de los sátrapas estaban tres presidentes. Uno de ellos era Daniel, que era tan bueno para su trabajo que Darío empezó a pensar en dejarlo a cargo de todo su imperio. Esa idea no complació nada a los demás sátrapas. Querían que los dejaran en paz para gobernar sus provincias como ellos quisieran. No deseaban que otra persona les dijera lo que debían hacer o que informara al rey sobre lo que ellos hacían. Además Daniel era judío, lo cual empeoraba en mucho la situación, y los otros dos presidentes tampoco lo querían. El rey amenazaba con situarlo en un puesto superior al suyo. ¿Pero cómo podrían librarse de él? Darío lo tenía en tan alta estima. Tendrían que atraparlo en algo y también ponerle una trampa al rey.

Los sátrapas y los dos presidentes se reunieron para urdir un plan. Pasaron largo tiempo rascándose la cabeza para encontrar ideas, pero el problema era que Daniel hacía muy bien su trabajo. Hacía todo lo que el rey le pedía y trataba a todos con justicia; no aceptaba sobornos, no usaba su poder para llenarse los bolsillos y también protegía a los pobres. Todos lo consideraban como un hombre sabio y bueno. Si acudían con el rey para presentarle alguna acusación inventada, Darío sencillamente no les creería. Saldrían de ahí con una severa reprimenda o algo peor, por decir mentiras. ¿Qué podrían hacer? Hablaron de ello durante largas horas y no les llegó ninguna idea. Al final se quedaron callados. No se les ocurría absolutamente nada.

Entonces uno de ellos gritó:

—¡Ya lo tengo! Daniel es judío, ¿no es cierto? Y reza todos los días, tres veces al día, a su Dios judío. Lo he visto. Pues bien, si logramos que Darío apruebe una ley que declare ilegal que alguien rece a cualquiera que no sea el rey mismo, tan solo por un tiempo, digamos treinta días, pondremos a Daniel entre la espada y la pared. Nunca obedecerá una ley como esta, y entonces lo atraparemos en el acto de rezarle a su Dios. ¡Le diremos al rey y tendrá que cortarle la cabeza!

—O lo arrojará a la guarida de los leones —dijo otro.

—¡Estupendo! —exclamaron al unísono—. A la guarida de los leones. ¡Eso debería ser su fin! Vayamos de inmediato con el rey. ¡Daniel servirá de desayuno a los leones!

—Oh, rey Darío —dijeron—, gran gobernante de toda la tierra, ¡que tenga vida para toda la eternidad! Nosotros, sus presidentes, sus sátrapas, sus consejeros y funcionarios nos hemos reunido, su majestad, y todos estamos de acuerdo. Queremos sugerirle humildemente que emita un decreto solemne en el que diga que durante los siguientes treinta días cualquiera que rece a un dios o ser humano aparte de usted, se le arrojará a la guarida de los leones. Si así lo desea, su majestad, redactaremos el decreto en su nombre y podrá firmarlo para que nadie lo cambie.

Los sátrapas y los dos presidentes regresaron en dos minutos trayendo el decreto en una escritura real especial que el rey mismo había inventado.

—Firme aquí, su majestad —dijeron.

Darío firmó. Pensó que sería muy agradable que todos le rezaran durante un poco de tiempo. Estaba seguro de que no causaría ningún daño a nadie.

Daniel se enteró de la orden del rey. Todos se enteraron, pero Daniel no hizo caso. Tres veces al día subía a la parte alta de su casa, como siempre lo hacía, y entraba en una habitación que tenía una ventana que miraba al oeste, hacia Jerusalén. Tres veces al día abría la ventana, se arrodillaba frente a ella y rezaba a Dios.

Los sátrapas y los otros dos presidentes lo estuvieron observando durante un tiempo. Sabían exactamente dónde oraba, cuándo lo hacía y a quién dirigía sus oraciones. El día después de que el rey emitió su decreto, se levantaron muy temprano y se escurrieron hasta la casa de Daniel. Sin hacer ningún ruido fueron al lado de la casa que daba al oeste. Podían escuchar los rezos de Daniel. Miraron hacia la ventana abierta y ¡sí!, ahí estaba Daniel de rodillas, rezando a su Dios. Lo tenían a su merced. Estaba atrapado. Se fueron de puntitas y luego, en cuanto estaban a suficiente distancia de la casa, empezaron a correr. Corrieron lo más rápido que pudieron hasta llegar con el rey.

—¡Su majestad! —gritaron con voz entrecortada—. ¡Su majestad! ¿Recuerda el decreto que emitió?

—Por supuesto —afirmó Darío.

—Usted lo firmó, ¿no es cierto, su majestad?

—Lo hice.

—Y los decretos que tienen su firma no se pueden cambiar, ¿no es así?

—Eso es verdad.

—Y usted dijo, su majestad, que durante los siguientes treinta días, cualquiera que orara a un dios o ser humano distinto de usted sería arrojado a la guarida de los leones.

—Eso decreté.

—Pues bien, su majestad, Daniel, el judío de Jerusalén, no ha hecho caso de sus órdenes o de su decreto solemne. ¡Sigue rezando a su Dios tres veces al día! Lo hemos visto con nuestros propios ojos. Y también lo escuchamos.

Darío estaba desconsolado.

—Salgan de aquí —ordenó.

Los sátrapas y los presidentes no esperaban esa reacción; esperaban que el rey emitiera de inmediato una orden de arresto contra Daniel para que lo lanzaran a los leones. Deambularon por el palacio, esperando con impaciencia que el rey hiciera algo.

Darío pasó todo el día tratando de encontrar un modo de salvar a Daniel. No se le ocurría nada. Estaba atrapado por su propio decreto, ¡cautivo de su propio poder!

Por la noche, cuando el sol se había ocultado, los sátrapas y los dos presidentes regresaron.

—Su majestad, no puede cambiar la ley —le dijeron en voz baja—, ha emitido un decreto y ahora no puede dar marcha atrás.

Darío se cubrió la cabeza con las manos.

—Arresten a Daniel —murmuró— y arrójenlo a los leones.

Un poco después fue a ver cómo lanzaban a Daniel a la guarida de los leones.

—Que tu Dios te proteja —dijo en voz baja, más para sí mismo que para Daniel.

La guarida era un profundo foso. Los hombres de Darío deslizaron una enorme piedra sobre la entrada para que no tuviera vía de escape. Darío mismo marcó el borde de la piedra con su sello real y con los sellos de sus funcionarios. Si alguien rompía los sellos y movía la roca, lo condenarían a muerte.

El rey volvió a su palacio con un gran peso en el corazón. Sus siervos le trajeron la cena, pero no pudo comer nada. Tampoco pudo dormir esa noche.

En cuanto despuntó el alba al día siguiente, se apresuró a la guarida.

—Daniel, Daniel —gritó—, ¿tu Dios ha podido salvarte?

Cubrió su rostro con las manos, sin la esperanza de oír algo, excepto por los ronroneos satisfechos de los leones.

—Oh, rey, ¡que se le conceda vivir por siempre! —dijo una voz que se escuchaba por debajo de la gran piedra.

¡Era Daniel! El rey no podía dar crédito a sus oídos.

—Dios envió un ángel para que me hiciera compañía en esta guarida y para mantener cerrado el hocico de los leones —exclamó Daniel.

¡*Era* Daniel! El rey estaba colmado de alegría.

—¡Rápido! —ordenó a sus hombres—, hagan rodar esa piedra y sáquenlo.

Hicieron la piedra a un lado y sacaron a Daniel hasta el exterior. Parecía totalmente ileso. Daniel y el rey se abrazaron.

Sin embargo, Darío no solo estaba lleno de dicha, también estaba furioso. Los sátrapas y los dos presidentes le habían puesto una trampa y lo habían hecho quedar como un tonto. No toleraría eso. Dio otra orden a sus hombres.

—Vayan y arresten a esos canallas, a los que acusaron a Daniel, y ya que estamos en estas, arresten también a sus esposas e hijos. ¡Arrojen a todos a los leones!

Los hombres obedecieron la orden y antes de que los sátrapas, los presidentes y sus esposas e hijos alcanzaran el fondo del foso, los leones los habían despedazado.

Darío escribió otro decreto para todos los pueblos de su gran imperio, decía:

Todos deben temblar de miedo
frente al Dios de Daniel.
Porque es el Dios vivo,
que salva, que libera,
que obra señales y maravillas
tanto en el cielo como en la tierra.

Lo que en realidad quiso decir fue: Todos deberían temblar de miedo ante Daniel y ante mí. Porque Daniel y yo, el gran rey de todo el mundo, podemos salvar y liberar, pero también podemos arrestar y condenar a muerte. ¡Si no hacen lo que les ordenamos, entonces los destruiremos! Al igual que Nabucodonosor antes que él, Darío no había entendido en realidad nada acerca de Dios y su modo de actuar.

6
BELLAS HISTORIAS, BELLOS POEMAS

Este capítulo es diferente a los anteriores. Hasta aquí las historias y poemas que hemos leído han formado parte de una narración más grande o han seguido un solo tema. Ahora tenemos ante nosotros una antología, una pequeña colección de obras que no tienen mucho en común entre sí. Las hemos incluido en El Libro de los Libros *simplemente porque son muy entretenidas.*

La historia de Rut con que inicia este capítulo es una de las más hermosas de la Biblia, y la siguiente narración sobre Jonás es una de las más divertidas, pero también de las más profundas.

Después de Jonás llegamos al libro de Job, que escribió un poeta anónimo que quizá fue el mayor poeta de toda la Biblia. Job tiene algo muy importante que contarnos sobre el mundo en que vivimos, sobre el dolor y la pena que sufre la gente y sobre el tipo de Dios que está detrás de todo ello.

Por último tenemos dos salmos, o cantos sagrados. Para muchos judíos y cristianos de todos los siglos, el libro de los Salmos ha sido uno de los más valiosos de la Biblia. El capítulo cinco presentó unos cuantos salmos, pero no incluyó el más famoso de todos: el Salmo 23. Ese Salmo, junto con otro también muy bello, concluyen de manera idónea este capítulo y nuestra exploración de esta parte de la Biblia (el Antiguo Testamento, como le llaman los cristianos, o Tanaj, que es la denominación que le dan los judíos).

Rut, Noemí y Booz: *el triunfo del amor*

El libro de Rut es una historia corta (las obras incluidas en la Biblia se conocen como «libros», a pesar de que solo tengan una extensión de unas cuantas páginas) que está completa en sí misma. No pertenece a una historia más amplia.

La mayoría de la trama ocurre en el pueblo de Belén. Este lugar es famoso ahora porque ahí nació el rey David y porque también en ese sitio nació Jesús muchos años después. Pero en aquellos tiempos no era famoso en absoluto.

Esta es una historia de amor, del triunfo del amor contra todas las dificultades, y con un final feliz. Nos cuenta que Rut, una mujer extranjera de la tierra de Moab, conoce en Belén a un hombre que se llama Booz y se casa con él. Pero también nos cuenta la notable amistad entre Rut y Noemí, una mujer de Belén. Estos son los personajes principales. Los personajes secundarios de la historia también son mujeres. Eso es poco común en la Biblia y nos hace preguntarnos si el narrador original fue una mujer. Por desgracia desconocemos su nombre.

Tampoco sabemos cuándo se contó por primera vez. Al final menciona al rey David, así que no puede haberse escrito antes de su reinado. La mayoría de los expertos piensan que data de hace mucho tiempo, quizá del siglo VIII o IX, o incluso del siglo X antes de Cristo. Pero en realidad no importa cuándo se escribió, lo que importa es que es muy bella.

EN LOS PRIMEROS TIEMPOS, antes de que los israelitas tuvieran cualquier rey, había una familia que vivía en un pueblo que se llamaba Belén. El padre tenía por nombre Elimelec y la madre era Noemí. Este matrimonio tenía dos hijos: Mahlón y Quelión.

Los ancestros de Elimelec habían vivido en Belén desde tiempo inmemorial, pero había llegado el día en que ya no podían vivir ahí. Había llovido mucho y sus cosechas se habían arruinado. También le había pasado lo mismo a otras personas.

El pueblo sufría de una hambruna que se extendía por toda la región y por toda la tierra.

La mayoría de la gente en Belén apenas tenía suficiente para sobrevivir, pero ese no era el caso de Elimelec y Noemí. El nombre de Belén significa *casa de pan*, pero para este matrimonio y sus hijos, lo que simbolizaba era «casa de la muerte». No tenían opción, tendrían que volverse refugiados en otro sitio. Habrían de ir a un país extranjero, y tendrían que recorrer a pie todo el camino. Cuando llegaran a su destino no podrían comprar su propia tierra, pero quizá alguien les daría trabajo. Podrían ayudar con la siembra y la cosecha en los campos de otra persona. Quizá se asentarían y vivirían ahí, y no morirían de hambre.

De modo que con gran pena dejaron Belén y se dirigieron a Moab, un país al otro lado del mar Muerto. Los moabitas hablaban otro idioma, tenían diferentes costumbres, contaban diferentes historias y adoraban a otros dioses. Pero cuando menos en Moab había comida. La familia se estableció lo mejor que pudo.

La situación no era fácil y pronto se volvió peor: Elimelec murió.

Al menos Noemí contaba con sus dos hijos. Ambos se casaron con mujeres moabitas. Quelión se casó con Orfa, en tanto que Mahlón se casó con una mujer llamada Rut. Vivieron juntos en Moab por casi diez años. Ni Orfa ni Rut tuvieron hijos.

Entonces Mahlón y Quelión murieron.

Para Noemí eso significó que se quedaría en tierra extraña sin un hombre que la protegiera y cuidara de ella, y sin ningún modo de sobrevivir. Tendría que regresar a Belén. La hambruna había terminado y Dios había bendecido al pueblo de Israel con buenas cosechas. Esas noticias le llegaron a Noemí hasta Moab y por lo menos significaban algo bueno. A Noemí no se le ocurría que hubiera ninguna otra cosa buena en su vida.

Así que inició el viaje de regreso al extremo norte del mar Muerto, más allá del sitio donde había estado Jericó, hacia Belén. Orfa y Rut la acompañaron. Caminaron por varios kilómetros sin decir palabra. De pronto Noemí se detuvo.

—Ya no pueden acompañarme más lejos —les dijo—. Regresen a su hogar con sus madres. Fueron buenas esposas para mis hijos y han sido amables conmigo. Espero que Dios nuestro Señor les retribuya lo que han hecho. Espero que les ayude a encontrar nuevos maridos, buenos hombres moabitas.

Se despidió de Orfa y de Rut con un beso y ambas rompieron en llanto.

—Queremos ir contigo —suplicaron.

—No pueden —insistió Noemí. Su voz, su rostro, su cuerpo y su espíritu estaban llenos de amargura—. ¿Por qué vendrían conmigo? —lloró—, no tengo nada que ofrecerles. Regresen con su propia gente. Cásense de nuevo, todavía son jóvenes y yo soy una vieja. No tengo más hijos que darles. Ya no queda esperanza para mí, Dios me ha dado la espalda. Ha hecho que el dulce sabor de la vida tenga un sabor amargo en mi boca.

Orfa y Rut también habían perdido a sus maridos, pero lo único en lo que Noemí podía pensar era en sí misma. Se había hundido demasiado profundamente en su propia desesperación.

—Es mucho peor para mí que para ustedes —concluyó—. Regresen y déjenme que siga mi camino yo sola.

Orfa y Rut rompieron de nuevo en llanto. Pero a pesar de sus lágrimas, Orfa se dio cuenta de que Noemí tenía razón. No creía tener oportunidad de casarse en Belén. Tampoco Rut tendría esa posibilidad. Ambas todavía tenían apenas un poco más de veinte años, pero la mayoría de los hombres se casaban con mujeres más jóvenes que ellas. Además en Belén serían extranjeras. ¿Quién las querría? ¿Cómo sobrevivirían sin hombres que cuidaran de ellas? Noemí tenía razón. Era mucho más sensato que ella y Rut regresaran para ver si sus madres podían encontrarles nuevos maridos.

Así que Orfa le dio un beso de despedida a su suegra y regresó a Moab. Pensó que Rut haría lo mismo.

Pero Rut no quería seguir el camino de la sensatez. Se abrazó con todas sus fuerzas a Noemí y no la dejaba ir.

—¡Mira! —dijo Noemí—, tu concuñada va de regreso con su gente y con sus dioses. Regresa con ella.

—¡No me obligues a dejarte sola! —gimió—.

¡Adonde vayas, iré.

Donde vivas, viviré.

Tu pueblo será mi pueblo

y tu Dios será mi Dios.

Donde mueras, ahí he de morir.

En aquel lugar me sepultarán.

¡Juro con todas mis fuerzas,

juro ante Dios,

el Dios de Israel,

que ni la muerte misma habrá de separarnos!

Noemí se quedó en silencio. Era un bello discurso, uno de los más bellos que jamás haya dicho persona alguna, lleno de lealtad y de amor, sin embargo, aún no tenía la suficiente potencia como para que Noemí saliera de su desesperación. Se dio cuenta de que no podía hacer nada que persuadiera a Rut de regresar a su casa. Su nuera tendría que venir con ella. Entonces se volvió otra vez hacia Belén.

Las dos mujeres caminaron en silencio. Les tomó dos días llegar a Belén. En todo ese tiempo Noemí se mantuvo callada. Solo abrió la boca de nuevo cuando llegaron al pueblo.

Las mujeres de Belén se arremolinaron alrededor de ellas. No podían apartar los ojos de Noemí. ¿*Realmente* era Noemí? Su nombre significaba *encanto*, y ella *había* sido encantadora cuando, junto con su familia, habían salido en dirección a Moab hacía diez años. Pero ahora su apariencia era de dureza y amargura, ni siquiera parecía feliz de llegar a casa. No corrió a reunirse con las demás mujeres o a arrojarse en sus brazos. Ni siquiera hizo el esfuerzo de mirarlas. Simplemente siguió adelante, con la vista fija al frente y con una expresión dura y amarga en los labios.

—¿Realmente eres Noemí? —preguntaron las demás mujeres.

—No me llamen Noemí —gimió—. Ya no soy *encanto*. Llámenme Mara, que quiere decir *amargura*, es el nombre más correcto para mí en este momento. Dios me ha vuelto amarga. Cuando me fui estaba plena, lo tenía todo: un marido y dos buenos hijos. Ahora he vuelto vacía. No tengo a nadie. ¿Por qué me llaman *encanto*? ¡Vean lo que Dios me ha hecho!

He vuelto vacía, había dicho, *no tengo a nadie*. Evidentemente eso no era verdad, tenía a Rut.

De regreso en Belén, Noemí no tenía energía para hacer nada. Sin embargo, Rut se negaba a quedarse sentada y esperar que ambas murieran de hambre. No tenían qué comer. Entonces pensó que debía salir y encontrar algo.

—Están cosechando la cebada —dijo a Noemí—. Iré a los campos y cosecharé algo. Tomaré lo que hayan dejado atrás los segadores. Cuando menos veré si alguien me deja hacerlo.

Noemí estaba sentada en una esquina de la habitación, mirando a la pared.

—Bueno, hazlo —replicó. Su voz carecía de interés.

Rut cruzó la entrada del pueblo y siguió el camino hacia los campos. Era muy temprano por la mañana, pero los hombres ya estaban trabajando y cortaban la cebada madura. Detrás de ellos venían las mujeres que hacían gavillas con los tallos. Rut se acercó al borde de un campo particular y vio a un joven que obviamente estaba encargado de vigilar los trabajos; se le acercó.

—¿Puedo recoger un poco de cebada de los manojos? —dijo con su fuerte acento moabita.

El joven la miró de arriba abajo, la reconoció de inmediato. Era la mujer moabita que había llegado con Noemí. No había ningún otro moabita en Belén.

—Señora, no puede hacer eso sin un permiso especial. No puede tomar nada de los manojos. Le preguntaré al dueño cuando llegue. Hasta entonces tendrá que esperar.

El campo pertenecía a un hombre llamado Booz, quien casualmente era pariente lejano de Noemí. Rut no sabía ninguna de estas dos cosas.

Tuvo que esperar varias horas. Para el momento en que Booz llegó, el sol ya estaba llegando al cenit y el aire era cálido.

Booz saludó a sus trabajadores.

—¡Que Dios esté con ustedes! —dijo en voz alta.

—¡Dios te bendiga! —respondieron los trabajadores.

Entonces Booz vio a Rut. No la conocía porque no era origina-
ria del lugar. Evidentemente era extranjera y Booz se preguntó qué
hacía ahí. Entonces se volvió hacia su capataz y preguntó:

—¿De quién es esposa esta mujer?

—Es esa mujer moabita que regresó con Noemí —fue la respuesta del capataz—. Pidió que le permitiéramos tomar grano de
las gavillas. Le dije que tendría que preguntarte primero. Ha estado parada ahí desde entonces.

Booz volvió a mirar a Rut. Así que esta era la mujer que había
venido desde Moab. Había escuchado de ella. Era sorprendente
que hubiese dejado su hogar así como así, y únicamente por una
anciana cansada y amargada. Se dirigió a ella y le sonrió.

—Por supuesto —le dijo—, toma todo el grano que quieras.
Pero cuídate de los hombres. Algunos de ellos pueden ser áspe-
ros con las mujeres. Mejor quédate cerca de mis mujeres, las que
están atando las gavillas. Síguelas y toma lo que dejen caer. Diré a
los hombres que te dejen en paz. Y si tienes sed, toma una de las
vasijas que están allá y bebe un poco. Los hombres las han llenado
especialmente para eso. Este es un trabajo en el que se sufre mucho calor.

Rut estaba abrumada.

—¿Cómo puede ser tan amable conmigo, señor? —respondió—. No tengo nada que me haga especial y aquí no tengo ningún
derecho. Soy inmigrante, una extranjera.

—Oh, no —dijo Booz—. Eres muy especial. Todos están hablando de ti, sobre lo que hiciste por Noemí cuando murió su esposo. Que dejaste a tu madre y a tu padre y el país donde naciste. Y
que viniste hasta Belén, con personas a las que no conocías. ¡Claro

que sí, eres muy especial! Has venido a encontrar refugio bajo las alas del Señor y Dios de Israel. Pues bien, espero que te recompense con creces.

—Espero seguir complaciéndolo, señor —contestó Rut—. No sabía lo que usted me ha dicho, pero ya no tengo miedo. Me ha hablado con tanta gentileza y ni siquiera soy de sus trabajadores.

Rut trabajó el resto de la mañana cerca de las aldeanas que laboraban con Booz. Luego llegó la hora de la comida del medio día. Rut pensó que se quedaría sin comer, pero Booz la llamó.

—Ven y siéntate con nosotros —indicó—, toma un poco de pan y sumérgelo en el vino.

Rut se acercó hacia donde estaban sentados, llevando consigo el pequeño saco de grano que había cosechado.

—Toma un poco de la cebada tostada —dijo Booz.

¡Cebada tostada! ¡Esa sí que era una delicia y Booz le estaba sirviendo montañas de ella! Tenía más de la que podía comer y también le había dado pan. Tendría suficiente para llevar a casa para Noemí. Envolvió todo en un lienzo y lo puso dentro de su saco.

Se levantó para empezar a cosechar de nuevo, cuando Booz gritó a sus trabajadores:

—Déjenla recolectar entre las gavillas y dejen algo de la cebada en el suelo para que la recoja. Y no se atrevan a reprenderla.

Los hombres levantaron la ceja y se miraron unos a otros. Ningún recolector había recibido antes ese trato. ¿Qué estaba haciendo ese viejo tonto de Booz? ¿Estaba enamorado de esa mujer o qué?

Pero era mejor que obedecieran o quizá no recibirían su paga.

Rut siguió recolectando cebada hasta que llegó la noche. Era un trabajo agotador, pero gracias a la orden que había dado Booz a sus trabajadores, pudo recolectar montones de grano. Al final tenía toda una canasta llena. Era el equivalente de lo que cualquiera de los hombres ganaría normalmente en dos o tres semanas.

Los ojos de Noemí se abrieron como platos cuando vio lo que Rut había traído a casa. Luego Rut desenvolvió el lienzo y sacó el pan y el grano tostado que le habían sobrado. Los ojos de Noemí se abrieron todavía más.

—¿Adónde fuiste a trabajar hoy? —preguntó—. Alguien ha sido sumamente amable contigo. ¡Que Dios lo bendiga, quienquiera que sea!

—Fue Booz —respondió Rut.

—¡Booz! —gritó Noemí—. ¡Que Dios bendiga a ese hombre! Es la respuesta a todas nuestras desgracias. ¡Que Dios lo bendiga! —y pausó—. Escucha, Rut —dijo suavemente—. Este Booz es pariente nuestro, del mismo clan que Elimelec y Mahlón. Es uno de los que pueden redimirnos.

—¿A qué te refieres con «redimirnos»? —inquirió Rut.

—Cuando alguien de tu clan está en problemas, tienes que ayudarle y asegurarte de que esté bien. Nosotras estamos en problemas, ¿no es cierto? No tenemos un hombre que cuide de nosotras, yo soy demasiado vieja para casarme de nuevo y tú eres extranjera. Pero Booz podría…

—*Puedes recolectar en mis campos hasta que terminemos de recoger la cosecha y puedes tomar trigo al igual que cebada* —interrumpió Rut—. Eso fue lo que me dijo Booz. Y también me dijo: *Quédate cerca de los jóvenes* —y lanzó una risita pícara.

—¡Los jóvenes! —dijo Noemí—. ¡Quédate cerca de *las* jóvenes, Rut! No es seguro trabajar con hombres. ¡Nunca sabrás qué traen entre manos! Pero eso de la recolección es bueno.

Rut sonrió. Noemí no había escuchado la risita. No se había dado cuenta de que Rut estaba siendo traviesa. Aunque había otra razón por la que Rut sonreía. Noemí había dejado de mirar a la pared, estaba saliendo de su desesperación. ¿Pero qué quería decir su suegra cuando mencionó que Booz podría ser la respuesta a todos sus problemas? Rut no entendía nada. ¿Y qué estaba a punto de decir Noemí cuando la interrumpió? Ahora deseaba haberla dejado terminar. Podía ver que Noemí estaba pensando; algo estaba planeando. ¿Qué podía ser?

En poco tiempo Rut lo descubrió.

Había terminado la cosecha de cebada y trigo. Los tallos se llevaron a trillar y a separar el grano de la paja. Era una labor agotadora, pero una vez realizada, la cosecha había terminado. El sitio donde se trillaba el grano era un lugar donde había mucha comida y bebida, en particular cuando la mies había sido buena, y ese año había sido particularmente buena. Los montones de grano eran más altos que de costumbre. Luego de terminar la trilla, algunos de los hombres dormían junto al grano para que no fuera robado durante la noche. Booz siempre dormía ahí para proteger la cosecha de sus campos.

Noemí lo sabía y se le ocurrió un plan. Era una medida desesperada, pero era lo único que se le podía ocurrir. Rut había llegado todos los días con gran cantidad de grano y alimento sobrante de la comida del mediodía. Pero eso no duraría para siempre. Necesitaban un hombre en la casa. O más bien, necesitaban que un hombre se casara con Rut y las acogiera a ambas bajo su techo. Entonces estarían protegidas. Rut podría tener un bebé, un varón que tuviera en herencia la tierra que había pertenecido a su familia por tanto tiempo. De ese modo los nombres de Elimelec y de Mahlón, y también el de Quelión, no quedarían en el olvido. La familia seguiría viva.

El plan era muy arriesgado, pero Noemí y Rut eran dos mujeres desesperadas, o en poco tiempo lo estarían si no hacían algo al respecto.

Una tarde, antes de oscurecer, Noemí se dirigió a Rut y le dijo:

—Rut, querida, tengo una idea. Sabes que quiero lo mejor para ti, y se me ha ocurrido cómo podrías conseguirlo. Como te dije, Booz es pariente nuestro, te conté que es miembro del clan de Elimelec. Según me enteré, dormirá toda la noche en la era, donde se trilla la cebada. Esto es lo que debes hacer. Báñate y viste tus mejores ropas, ponte un poco de perfume y, cuando oscurezca, acudes a la era. No dejes que nadie te vea. Espera hasta que todos hayan terminado de comer y beber, y observa el lugar donde dormirá Booz. Deja que pase un poco de tiempo y cuando llegue el momento de que se vayan a dormir, acércate adonde esté acostado, quítate la ropa y recuéstate a sus pies. Cuando despierte, él te dirá qué debes hacer.

Rut entendió lo que Noemí estaba pensando. La única manera en que ella y su suegra lograrían sobrevivir en Belén era si Rut se casaba con Booz. El problema estaba en que Rut era extranjera. Sospechaba que Booz estaba enamorado de ella, pero era un hombre respetable, uno de los hombres más distinguidos del pueblo. No había modo de que se casara con una moabita... a menos, por supuesto, de que lo convencieran de ello. El plan de Noemí podría funcionar, sí que podría.

—Haré lo que me pides —respondió a Noemí.

Nadie la vio dirigirse hacia la era, donde se trilla la cebada. Observó que Booz había terminado de comer junto con los demás hombres y luego se recostó junto a su grano. No pasó mucho tiempo para que se durmiera profundamente. Rut podía escuchar que roncaba. Se acercó caminando con mucho cuidado, se quitó la ropa y se recostó a los pies de él.

Miró las estrellas y esperó. Hacía frío y empezó a tiritar. Temblaba violentamente y por error tocó los pies de Booz. Éste se incorporó de un salto, con los ojos bien abiertos. Pensó que alguien intentaba robar su cosecha. Luego miró a sus pies. ¡Ahí estaba una mujer! No podía distinguirla en la oscuridad.

—¿Quién eres? —preguntó.

—Soy Rut, mi señor —respondió ella—. Tengo frío, cúbrame con su manto. Así podrá redimirnos y será la respuesta para todos nuestros males.

Booz estaba atónito. ¡Le estaba pidiendo que se casara con ella! En aquellos tiempos, si un hombre cubría a una mujer con su manto del modo en que Rut le pedía hacerlo, eso la convertía en su esposa. Era señal de que la protegería como marido. Booz entendió perfectamente lo que Rut le pedía y estaba asombrado, halagado y lleno de dicha al mismo tiempo.

—¡Dios te bendiga! —suspiró—. Esta es la cosa más bella que has hecho. Incluso mejor que toda la bondad que has mostrado hacia Noemí. Me has elegido a *mí* como tu marido. ¡A *mí*! Como te imaginarás estoy un poco asombrado. Más que un poco, si soy franco. Pero nunca has buscado a ninguno de los jóvenes. ¡Me has elegido a *mí*! Somos perfectos el uno para el otro, Rut. Todos los hombres del pueblo te admiran. Tenemos mucho en común tú y yo, porque ellos también me admiran.

»Pero me temo que no es tan simple —prosiguió Booz—. Hay en el pueblo otro hombre, otro miembro del clan de Elimelec, que es un familiar más cercano de ustedes que yo. Es precedente a mí, y tiene derecho a elegir primero. Pero no te preocupes, creo que podré arreglarlo todo cuando llegue la mañana. Mientras tanto, vuelve a vestirte y quédate aquí hasta la mañana. Si el otro hombre no se casa contigo, te prometo que yo lo haré. Lo juro.

Así que Rut se vistió y se recostó a dormir. Justo antes del amanecer, cuando aún estaba oscuro, Booz la despertó con un ligero empujón.

—¡Rápido! —susurró—, el sol saldrá pronto. Debes llegar a casa antes de que nadie te vea. Extiende tu manto.

Volcó algo de grano sobre este, tanto que ella apenas pudo cargarlo. Ataron el manto y Booz lo levantó hasta colocarlo sobre la cabeza de Rut.

Noemí estaba despierta cuando su nuera llegó a casa. No había podido dormir en toda la noche.

—¿Funcionó? —preguntó con ansiedad—. ¿Estás bien? ¿Ya eres la esposa de Booz?

Rut le contó lo sucedido y lo que Booz había dicho sobre el otro pariente.

—Y me dio este regalo para ti —continuó al tiempo que dejaba caer al piso el saco de grano—. Me dijo que no debería regresar a ti con las manos vacías.

Noemí palmoteó de alegría mientras veía la enorme pila de grano.

—Ya verás —le dijo a Rut—, Booz lo resolverá todo. Lo hará esta misma mañana.

Entonces tomó a Rut de las manos y bailaron por toda la habitación hasta que salió el sol y bañó de oro los campos.

Booz salió de la era y subió por el camino hacia la entrada del pueblo. Apenas podía creer que Rut quisiera casarse con él. Al otro lado del portal había una plaza. Los hombres del pueblo tenían que pasar por la plaza de camino a los campos. Este solía ser el sitio donde se encontraban, compartían las noticias unos de otros y realizaban negocios; también era donde podían reunir a los ancianos del lugar, para que decidieran asuntos complicados.

Booz cruzó el portal, se sentó en la plaza y esperó. Todavía era muy temprano, pero en poco tiempo los hombres pasarían por ahí. Uno de los primeros en llegar fue el pariente de Noemí y de Rut que Booz le había mencionado a la joven la noche anterior, un tal señor Perengano.

Booz lo llamó.

—¡Ven por aquí, Perengano! —dijo—. Ven a sentarte, tengo un asunto importante que quiero tratar contigo.

El señor Perengano se sentó junto a él. Pronto empezaron a cruzar por la plaza los demás hombres. Booz llamó a algunos de los ancianos del pueblo, todos ellos hombres que eran jefes de sus familias. También se sentaron a su lado. Al final había diez ancianos reunidos, un número suficiente como para decidir el asunto que Booz quería tratar con ellos. Empezó a explicarles de qué se trataba. Muchos habitantes se detuvieron a escuchar y también tomaron asiento detrás del círculo de ancianos.

Booz se dirigió al señor Perengano.

—Hay una parcela que Elimelec solía cultivar antes de que se fuera a Moab. Ha estado en su familia desde el principio de los tiempos, pero nadie la ha tocado en años. Noemí no puede cuidar de ella, así que está planeando venderla. Ahora bien, no la puede vender a nadie fuera del clan, ¿no es así? Debemos conservarla dentro del clan para perpetuar la memoria de Elimelec y sus hijos. Tú y yo pertenecemos al clan. Pero tú eres mayor que yo. De modo que si estás dispuesto a comprarle la tierra a Noemí, entonces dilo frente a estos ancianos y todos los testigos. Si no quieres comprarla, entonces yo lo haré.

El señor Perengano pensó un momento. Conocía las leyes de la época. Si adquiría la tierra, debía casarse con Noemí. Si Noemí tenía un hijo, el niño heredaría la tierra cuando tuviera edad suficiente. Esa también era la ley. Pero todo eso estaba muy bien, pues Noemí era demasiado vieja para tener hijos, así que se casaría con ella sin asumir ningún riesgo. Tendría un poco más de tierra y sus propios hijos varones la heredarían cuando él muriera.

—Muy bien —respondió—, estoy de acuerdo. Compraré la tierra para conservarla dentro de la familia.

Pero Booz guardaba una sorpresa bajo la manga para el señor Perengano. Tenía una sorpresa para todos.

—¿Te das cuenta —dijo al señor Perengano— de que el día que tengas la tierra también te casarás con Rut, la moabita que es viuda de Mahlón? Él fue el hijo mayor de Elimelec y usualmente hubiese heredado la parcela a la muerte de su padre. Pero evidentemente Mahlón también ha muerto. Así que en caso de comprar la tierra, también tendrás que casarte con su viuda.

¡Oh, no!, pensó para sí el señor Perengano. *¡Esa es la viuda incorrecta! Pensé que tendría que casarme con Noemí, pero Rut es otra cosa. Aún es joven, fácilmente podría tener un hijo y entonces él heredaría la tierra y mis hijos no recibirían nada. Gastaría todo el dinero en esa tierra sin conseguir nada a cambio. Y también estaré obligado a mantener a Rut y a Noemí. No, eso es demasiado, y tampoco es justo para mis hijos. Y otra cosa más: Rut es moabita. Es una extranjera. Es diferente. No significa nada para nosotros.*

Entonces carraspeó y dijo en voz alta:

—He cambiado de opinión; lo siento, pero no puedo comprar la tierra y casarme con Rut. Eso arruinaría la herencia de mis hijos. —Entonces se volvió hacia Booz—. Compra tú la tierra y cásate con Rut. —Se quitó entonces una sandalia y la entregó a Booz, como señal de que habían llegado a un acuerdo.

Booz tomó la sandalia y se dirigió a los ancianos y al resto de los hombres que estaban sentados en la plaza, y dijo solemnemente:

—Hoy han sido testigos de que le compraré su tierra a Noemí y me casaré con Rut. De ese modo mantendré vivo el nombre de Elimelec y también los nombres de Mahlón y Quelión.

—Somos testigos —respondieron los hombres—. ¡Que Dios los bendiga a ti y a Rut! ¡Que Dios les dé muchos hijos!

Y de ese modo concluyó el asunto. El señor Perengano, los ancianos y los demás hombres se fueron a sus trabajos. En cuanto se hubieron ido, Booz fue corriendo a encontrar a Rut y a Noemí. Entró apresuradamente en su casa.

—¡Puedo redimirlas! —gritó—. Puedo mantener su tierra dentro de la familia, Noemí; y Rut, tú y yo podemos casarnos.

Los tres bailaron juntos llenos de dicha. Sus problemas finalmente habían acabado. Noemí ya no sería pobre y tendría un hombre que cuidaría de ella en su vejez. Rut tendría de nuevo un esposo y no sería ya una extranjera en Belén. Y Booz tendría una esposa; una esposa a la que amaría, y que también lo amaría.

Así que Booz y Rut se casaron y Dios les concedió un hijo, un varón. Las mujeres de Belén bailaron y cantaron cuando nació el niño. Recordaron cómo se había comportado Noemí cuando regresó de Moab, cuánta amargura había tenido y cuán vacía se había sentido. Ahora su vejez sería más que plena. En la casa había un bebé que ayudaría a cuidar. Y el bebé crecería para convertirse en un niño, y ese niño se volvería hombre, que luego ayudaría a cuidar de ella en sus últimos años. El niño era en verdad la respuesta a todos los problemas de Noemí. Por supuesto que también lo era Booz, que había venido a rescatarla. Y lo mismo podía decirse de Rut, que había arriesgado todo para venir con ella a Belén. Sin Rut, es probable que Noemí hubiese muerto. El amor de Rut por ella había significado toda la diferencia.

—¡Esa Rut —le decían las mujeres a Noemí— es mayor bendición para ti que siete hijos!

En aquellos tiempos no podía decirse mejor cumplido que ese.

Las mujeres nombraron Obed al hijo de Rut. Cuando creció, Obed tuvo un hijo al que puso por nombre Isaí, y éste tuvo ocho hijos, el menor de los cuales se llamó David, quien habría de convertirse en el rey de Israel. Así que Rut, la moabita, fue la bisabuela del rey David.

Jonás, un enorme pez, una gran ciudad y el perdón de Dios

La historia de Jonás es la historia de un profeta, un barco, algunos marinos extranjeros, una gran tormenta, un gran pez, una gran ciudad, su gente, su rey y sus animales, una planta, un viento ardiente, el sol, una horrible alimaña y Dios. Más que otra cosa, es la historia de un profeta y Dios.

En la Biblia no hay nada que se le parezca. Otras narraciones sobre profetas, como la que vimos en el capítulo cuatro acerca de Elías, o las historias sobre Amós y Jeremías del capítulo cinco, tienden a representarlos como grandes héroes. Son hombres y mujeres valientes, personas que ven la realidad desde la perspectiva de Dios y hablan con la verdad, aunque eso ponga en riesgo sus vidas. Su tarea es desafiar al pueblo de Dios para que viva como pueblo de Dios, que sean leales a Dios y sean justos y rectos en sus tratos entre sí.

Sin embargo, Jonás le dificulta mucho las cosas a Dios. El Señor no le ordenó que hablara con el pueblo de Israel o de Judá, que era lo contrario a lo que se esperaría, sino que se dirigiera a los habitantes de la ciudad extranjera de Nínive. Jonás hizo todo lo posible por evadir el viaje, pero cuando finalmente llegó a Nínive y abrió la boca, aparentemente dijo muy poco, aunque no está claro qué era lo que Dios quería que dijera. En los recuentos de la vida de los grandes profetas como Elías, Amós y Jeremías, se dice que es frecuente que la gente pase por alto sus palabras. No obstante, el pueblo de Nínive aceptó de inmediato las pocas palabras que dijo Jonás. Y cuando Dios perdonó a Nínive, ¡eso simplemente enloqueció a Jonás!

No sabemos nada acerca del autor de la historia, ni sobre cuándo se escribió. A cierto nivel es una narración divertida y en ocasiones hilarante, llena de todo tipo de cosas increíbles e imposibles. Pero al final es una historia sobre el perdón de Dios y qué tan lejos puede llegar. Es breve, pero es uno de los relatos más profundos y desafiantes de la Biblia.

UN DÍA, UN PROFETA que se llamaba Jonás estaba rezando. Mientras oraba, escuchó que Dios le hablaba.

—Levántate —dijo Dios—. Quiero que vayas a Nínive, esa gran ciudad, y anuncies en las calles una advertencia para su gente. Estoy harto de su maldad.

¿Qué podría haber contestado Jonás ante eso? Quizá esto:

—¿Nínive? No puedo ir ahí. ¡Es el sitio más malvado de la tierra! Es la capital de los malvados asirios, ¡el pueblo más terrible de la tierra! ¡Mira lo que hicieron al reino de Israel! Lo hicieron trizas y deportaron a gran cantidad de su gente a otras partes de su imperio. ¿Y sabes qué le hicieron al pequeño reino de Judá? Permíteme que te lo recuerde, Dios. Invadieron y capturaron *cuarenta y seis* de sus ciudades e incontables pueblos, y sitiaron Jerusalén. El rey tuvo que rendirse y entonces los asirios regresaron a Nínive con carretadas de nuestros tesoros. Son implacables y arrogantes, solo han pisoteado a todos los que se interponen en su camino. Si voy a Nínive, no sobreviviré más de cinco minutos. Envía a otra persona. Quizá encuentres a alguien en Belén. Según he oído, hay personas muy agradables en Belén. Mándame a *cualquier* otra parte, Dios, pero no a Nínive, ¡no me envíes a Nínive!

Bueno, si Jonás hubiera dicho eso, Dios habría tenido una conversación adecuada con él y habría calmado sus temores. Pero Jonás no hizo eso, no dijo nada. Jonás se dirigió por la costa del Gran Mar, el Mediterráneo, hasta un puerto que se llamaba Jope, y se subió a un barco que iba a Tarsis. Dios le había dicho que fuera a Nínive; esa ciudad hacia el oriente era el sitio más lejano que Jonás podía imaginarse. Entonces Jonás pensó en ir al oeste, hasta Tarsis, que estaba lo más lejos posible hacia el poniente.

Jonás estaba huyendo de Nínive, pero más que nada, estaba huyendo de Dios. El problema es que resulta bastante difícil evadirse de Dios. Cuando el barco salió del puerto, Jonás imaginó que dejaba atrás a Dios pero, por supuesto, no era así. Se topó con Dios en la forma de una gran tormenta, una tempestad asombrosamente salvaje y feroz.

Los marinos extranjeros que navegaban el barco estaban aterrorizados. La nave crujía de una manera espantosa, seguramente se haría pedazos. Clamaban a sus dioses y arrojaban la carga al mar para aligerar el barco y ayudarle a remontar las olas, pero no les servía de nada.

Jonás vio que las olas se proyectaban sobre el barco y que los marinos corrían por todas partes rezando a sus dioses. Le dio la espalda a todo eso, se fue a la parte más profunda de la bodega, se recostó y entró en un profundo sueño.

—¿Qué crees que estás haciendo? ¡Levántate, idiota!

Era el capitán del barco, que sacudía a Jonás para despertarlo y le gritaba por encima del ruido de las olas que chocaban contra la nave y de los mástiles que se resquebrajaban.

—¡Levántate y reza a tu dios! Quizá nos tome en cuenta y nos salve, para que no muramos todos.

Jonás se dio media vuelta y pegó el rostro contra un lado del barco.

Los marinos estaban al límite de sus capacidades. Esta no era una tormenta común. Estaban seguros de que era obra de los dioses. Sus dioses solían castigar a la gente malvada haciendo que quedaran atrapados en tormentas como esta, así que debía haber alguien en el barco que había hecho algo terrible que había enfurecido a los dioses. Echaron suertes para averiguar quién era. ¡Era Jonás, ese pasajero que estaba en la bodega! Entonces fueron a apresarlo.

—Muy bien, amigo —dijeron—. ¡Dinos qué está pasando! Tú eres el que está causando todo este problema. Eso lo sabemos. Pero dinos para quién trabajas y de dónde vienes. ¿A qué pueblo perteneces?

Jonás se incorporó y se mantuvo estable contra el lado del barco. Estaba parado sobre un rollo de cuerda y miraba desde arriba a los marinos.

—Soy lo que ustedes conocen como un hebreo —anunció con voz firme y orgullosa—. Si así quieren verlo, trabajo para Dios, el verdadero Dios, quien es el Señor del mar y de la tierra.

—Estás huyendo de él, ¿no es cierto? —gritaron los marinos—. ¡Eres un idiota! No puedes huir de Dios. ¿Qué haremos ahora? ¡Dinos tú, que te has atrevido a escabullirte de Dios!

—Arrójenme al mar —dijo Jonás—, entonces la tormenta se calmará.

Suspiró y pensó que si se ahogaba, por lo menos se escaparía de Dios y no tendría que ir a Nínive. Jonás no mencionó estas ideas, pero eso era lo que estaba pensando.

Los marinos eran buenos hombres. No querían que Jonás se ahogara, así que tomaron sus remos e intentaron avanzar hacia la costa, pero no había modo de lograrlo, la tormenta se hacía cada vez peor. En unos cuantos minutos volcaría el barco y entonces todos se ahogarían. No les quedaba remedio. Después de todo, tendrían que arrojar a Jonás por la borda.

—Dios, querido Dios —oraron—. ¡No nos reproches esto! No queremos matarlo, pero Tú has creado esta tormenta y no nos dejas otra opción.

Y diciendo esto, lanzaron a Jonás al mar. El viento cesó de inmediato, las olas se calmaron y una lenta y agradable brisa impulsó al barco.

Los marinos estaban sobrecogidos por el asombro. Volvieron de nuevo sus rezos a Dios y ofrecieron sacrificios para agradecerle por haberlos salvado.

—Y cuando volvamos de nuestro viaje, iremos a tu templo en Jerusalén para ofrecerte más sacrificios, lo prometemos. Gracias, Dios. ¡Muchas gracias!

Jonás se hundió cada vez más en las aguas.

—Adiós, Señor, adiós, Nínive —dijo entre las burbujas.

Pero Dios todavía no había terminado con Jonás. Envió a un enorme pez para que lo devorara. Jonás estuvo en el estómago del pez durante tres días y tres noches.

Para pasar el tiempo, compuso un canto, una especie de canción dirigida a Dios, conocida como salmo. Se supone que los salmos se refieren específicamente a Dios, pero el salmo de Jonás trataba únicamente de sí mismo. Más o menos iba así:

¡Todo es tu culpa, Dios!
Me arrojaste a las profundidades,
al centro mismo del mar,
con olas que azotaban junto a mí.
Me hundí hasta las grandes profundidades
y hasta un lugar más profundo todavía,
donde las algas me envolvieron
como si fueran sudario.
Me hundí tan profundo
que podía ver las montañas sobre mí.
Y luego, cuando las puertas de la muerte
a punto estaban de cerrarse tras de mí,
mandaste a este pez para llevarme.
Cuando mi vida llegaba a su fin,
te recordé, Dios mío.
Y recé,
y mis rezos llegaron a ti,

que plácidamente reposas en el trono de tu santo templo.
Los pueblos que adoran a otros dioses
te han volteado la espalda,
Pero yo, yo no te abandonaré.
He de acudir a tu templo
para ofrecerte sacrificios.
Todo lo que te debo, he de pagarlo.
Eres el único Dios que puede venir al rescate.

El salmo hizo que Dios se sintiera asqueado, estaba centrado únicamente en Jonás. Hizo que el pez también se sintiera asqueado. Dios hizo que el pez vomitara a Jonás en la costa.

Ya veo, pensó Dios para sí mismo, *Jonás irá a Jerusalén a ofrecer sacrificios en mi templo. Claro que no, ¡no irá! Tendrá que ir a Nínive. Hablaré con él una vez más.*

—Levántate —le indicó Dios—. Quiero que vayas a Nínive, esa gran ciudad, y que declares con grandes voces por las calles. Anuncia las palabras que te diré.

Así que Jonás se levantó y esta vez sí fue a Nínive. No tenía caso seguir huyendo.

Era un largo camino de cientos de kilómetros, pero finalmente llegó a la ciudad. Era una ciudad gigantesca. Hubiera necesitado tres días para caminar por toda ella, pero Jonás caminó durante un solo día.

—¡Cuarenta días más —anunció a gritos— y Nínive será destruida!

Y eso fue todo. No anunció: «Esta es la palabra de Dios...», al modo en que generalmente iniciaban sus discursos los profetas. No dijo: «Oigan todos, soy Jonás y soy el profeta de Dios, quien es el Señor del mar y de la tierra». Tampoco declaró: «Dios está harto de su maldad». No hizo ningún llamado a la gente para que corrigiera sus acciones. No les dio ninguna indicación de la misericordia de Dios, ni dijo palabra alguna sobre su perdón y compasión; simplemente dijo: *Cuarenta días y Nínive será destruida.* ¿Eso era en realidad lo que Dios quería que dijera?

Sin importar que eso fuera lo que Dios quería, ¡con toda seguridad tuvo efecto! Esos malvados ninivitas se volvieron de inmediato hacia Dios. El gran rey dejó su trono, hizo a un lado sus vestiduras reales, se cubrió con un cilicio y salió a sentarse en el montón de basura de la ciudad. Envió a sus heraldos para que proclamaran una declaración solemne en todas partes de la ciudad.

—Por decreto del gran rey y de sus consejeros —iniciaba la declaración—: A todos los hombres, mujeres y niños; a todas las vacas, asnos, ovejas y cabras, ¡escuchen esto! Haremos un solemne ayuno. Ninguno comerá o beberá, mordisqueará una hoja o tomará un sorbo de agua. Todos deben cubrirse con cilicio y rogar a Dios con todas sus fuerzas. Deben abandonar sus prácticas malvadas y dejar atrás su violencia. Nunca se sabe, quizá Dios cambie de opinión y ya no esté enojado con nosotros, para que no tengamos que morir.

La gente y los animales hicieron justo lo que se les ordenó, y Dios cambió de opinión. Ya no estaba enojado con ellos. Los perdonó a todos, a cada uno de ellos.

¡Y eso enfureció a Jonás!

—Ya sabía que harías eso, Dios —dijo Jonás—. Cuando me dijiste la primera vez que fuera a Nínive, sabía que los perdonarías. Esa es la razón por la que traté de huir a Tarsis. ¡Eres débil; sí que lo eres, Dios! Eres espantosamente compasivo. Lento para enfurecerte. Tan amable y dispuesto a perdonar a la gente. ¿Acaso has olvidado lo que han hecho estos ninivitas? ¡Merecen que se les destruya! Si no piensas destruirlos, ¡entonces destrúyeme a mí! Prefiero morir a vivir en este mundo débil e indulgente que has creado, donde la gente no recibe su merecido.

—Pero qué barbaridad —replicó Dios—. De verdad estás alterado, ¿no es cierto? ¿Crees que tienes la razón de estar tan enojado?

Jonás ya no quiso responder. Le volvió la espalda a Dios y se fue a sentar al extremo oriental de la ciudad, al otro lado de las murallas, y ahí se construyó un refugio. Estaba resuelto a quedarse hasta que pasaran los cuarenta días. *Cuarenta días más y Nínive será destruida.* Eso es lo que había dicho. Y él era un profeta que tenía el llamado de anunciar la palabra de Dios. *Entonces*, pensó Jonás, *¡vamos a ver si Dios cumple con su palabra!*

El refugio que construyó no era muy bueno y hacía muchísimo calor. Jonás no estaba seguro de poder soportar cuarenta días en ese calor. Entonces Dios hizo que una planta creciera en el curso de una noche. Cuando Jonás despertó por la mañana, se encontró cubierto por un amplio dosel de verdes y frescas hojas. ¡La sombra era deliciosa! El sol se elevó en el cielo, pero Jonás estaba de lo más fresco y cómodo. ¡La dicha lo embargaba! Era maravilloso, simplemente maravilloso, como estar en el Jardín del Edén. Sin embargo, al amanecer del siguiente día, Dios envió un repugnante insecto para que devorara la planta. Las hojas se resecaron y cayeron sobre la cabeza de Jonás. Luego Dios trajo un ardiente viento del este que venía del desierto. El viento barrió con las hojas y el sol cayó de nuevo a plomo sobre Jonás hasta que pensó que le estallaría la cabeza.

—Prefiero morir que estar vivo —gimoteó.

—Pero qué barbaridad —respondió Dios—, de verdad que estás alterado. ¿Crees que tienes razón de estar tan enojado por esa planta?

—Sí —contestó Jonás con voz lastimera—. ¡Estoy suficientemente enojado como para morirme!

—Jonás, viejo amigo —le dijo Dios—, sientes pena por esa planta, aunque no la plantaste en el suelo, ni le diste agua para que creciera. Salió en una noche y murió en un día y, sin embargo, ¡sientes tal pena por ella! Y yo, que he creado este mundo, que he creado a los animales y a la gente que lo habitan, ¿no debería sentir pena por Nínive? ¿No debería llorar por la gente que está detrás de sus muros, por las ciento veinte mil personas de ese lugar? ¡Míralos! Son mi gente, pero son como pequeños niños indefensos que no pueden diferenciar su mano derecha de su mano izquierda. ¿Y qué hay de todos sus animales, de sus vacas y asnos, de sus ovejas y cabras? También son mis animales, yo los creé a todos. ¿No debería tener compasión de ellos?

»Jonás, intentas poner trabas a mi amor, pero no puedes hacerlo. No puedes detenerme, Jonás. No puedes detener la compasión que desborda mi corazón. No puedes poner un alto a mi piedad, mi misericordia y mi perdón. Llegarán a cualquier parte, incluso a los sitios más oscuros del mundo.

El libro de Job: con el puño alzado contra el Cielo

Todos deseamos que la vida sea justa. Queremos que la vida sea lógica. Pero a veces suceden cosas que no podemos entender. A veces pasan cosas buenas que sabemos bien que no merecemos. Y a veces suceden cosas malas que sabemos bien que no merecemos y pueden enfurecernos y entristecernos al mismo tiempo.

El libro de Job habla de algunas cosas terribles que le suceden a un hombre llamado Job. No las merecía y estaba consciente de ello. Cree que todo proviene de Dios, así que también cree que sus congojas seguramente provienen de Dios, pero no puede encontrar la lógica detrás de ello. Es un buen hombre. Según nos cuenta, en su pueblo ha sido como los ojos para el ciego, como los pies para el cojo, un padre para los necesitados. Incluso si sus esclavos alguna vez han puesto quejas en su contra, él ha defendido su causa. Se ha asegurado de que los desconocidos y los extranjeros reciban un trato justo. Le ha puesto un alto a los bravucones. Ha rescatado a los pobres y ha cuidado de los niños que no tienen quien los proteja. Según sus propias palabras, ha sido como refrescante lluvia y como cálido sol. Ha sido como un rey, el más sabio y amante de todos los reyes.

Entonces, ¿qué se trae Dios entre manos como para hacerle algo tan terrible? No es justo, no es correcto, no tiene lógica. Para Job, el mundo parece estar de cabeza. Si este es el tipo de cosas que Dios hace, entonces debe ser un rufián. Eso es lo que su sufrimiento le hace pensar y decir.

Tres amigos viajan desde un lejano lugar para verlo y pasar un tiempo con él. Al principio se mantienen callados, pero cuando Job empieza a despotricar contra Dios, se molestan mucho y salen en defensa de Dios. Le dicen que el Señor siempre es justo, de modo que Job debe haber hecho algo espantoso como para merecer lo que le ha sucedido. Una y otra vez intentan convencerlo, pero Job sabe que están equivocados y va enfureciéndose cada vez más, tanto con ellos como con Dios.

Finalmente, después de una angustiosa y larga espera, Dios se aparece ante Job y le muestra el tipo de Dios que es en realidad. Esa gran visión transforma a Job y le regresa su dignidad. En cuanto a sus amigos, Dios les explica que han estado diciendo tonterías y está sumamente enojado con ellos.

La historia del libro de Job ocurrió en un remoto pasado, durante o incluso antes del tiempo de personas como Abraham y Sara, los ancestros de los judíos. Eso no significa que sea una de las primeras obras en la Biblia. A menudo los escritores colocan estas historias o poemas en el pasado. De hecho, es uno de los libros de la Biblia más difíciles de datar y es posible que se haya escrito en casi cualquier momento entre los siglos VII y II antes de Cristo. Casi podemos estar seguros de que lo escribió un hombre, probablemente alguien muy rico y poderoso, pero no sabemos su nombre, aunque fue uno de los más grandes poetas que los judíos produjeron antes del tiempo de Jesús.

Este libro comienza con una conseja popular que marca el escenario para la poesía que sigue a continuación. Es en esta poesía donde el autor expresa lo que realmente quiere decir.

HABÍA UNA VEZ un buen hombre que se llamaba Job. No era judío, no provenía de la tierra de Israel, sino del país de Uz. Era el jeque más rico de todo el mundo: lo tenía todo. Pero entonces, de la nada, llegó la desgracia; le sucedió una tragedia tras otra. Primero llegaron los saqueadores y se llevaron todos sus bueyes y asnos y mataron a los esclavos que cuidaban de ellos. El mismo día, a sus ovejas y pastores les cayó un rayo durante una terrible tormenta y todos murieron. Entonces vinieron más saqueadores que robaron todos sus camellos y asesinaron a los esclavos que estaban con los animales. Por último le sucedió la peor cosa, un tornado llegó desde el desierto y arrasó con su casa, donde sus diez hijos comían y bebían. El tornado levantó la casa como si fuera un montón de palos y la arrojó contra el suelo. Todos los hijos de Job murieron.

Job lo tenía todo y ahora no le quedaba casi nada. Para empeorar las cosas, sufrió una terrible enfermedad. Todo su cuerpo estaba lleno de llagas ardientes, la comezón era insoportable y lo mantenía despierto durante la noche, haciéndolo llorar del dolor. Nadie podía ofrecerle una cura.

Había perdido todo excepto a su esposa, pero no podía encontrar consuelo en ella. La vida ya no valía la pena. Había perdido sus animales. Sus esclavos se habían ido. Sus hijos murieron, cada uno de ellos. También había perdido su dignidad. Solía ser el líder de su pueblo, aquel a quien todos veían con admiración y todos respetaban. Ahora eso había terminado. Salió del pueblo y se sentó sobre un montón de basura, donde todos tiraban la suciedad y los desperdicios. Se sentó a rascarse las llagas con un trozo de cerámica rota.

Tres amigos suyos fueron a verlo. También eran jeques. Sus amigos habían viajado un largo trecho para decirle cuánto sentían sus pérdidas y para pasar un tiempo con él antes de que muriera. Cuando primero lo vieron sentado en el montón de basura, no lo reconocieron. Luego miraron con más cuidado y vieron que era Job. Lloraban con grandes gemidos y desgarraron sus finos ropajes, se cubrieron la cabeza con cenizas y se sentaron en la tierra junto a él, rodeados del basurero, durante siete días y siete noches sin decir palabra alguna.

Luego Job abrió la boca y gimió:

¡Perezca el día en que nací!
¡Perezca la hora de mi concepción!
En la creación Dios dijo:
¡Que se haga la luz!
Y yo digo: ¡Hágase la oscuridad!
¡Más valiera que esa oscuridad engullera el día que nací!
¡Que esa profunda oscuridad,
esa penumbra del duelo y la muerte vana
se hubieran llevado en sus garras la noche
de mi concepción!
¡Quisiera que por conjuro de magos
ese día fuera yermo, sin dicha,
sin concepción alguna!

¿Por qué no morí al nacer?
¿Por qué no morí en el vientre materno?
Hubiera dormido en calma en la tierra de la muerte;
hubiera alcanzado el reposo con reyes y príncipes;
hubiera estado ahí en paz,
donde los esclavos no oyen más los gritos de los déspotas,
donde grandes o pequeños somos iguales,
donde todos somos libres.

Sus tres amigos estaban asombrados de escuchar tal enojo de labios de Job, y el dolor de sus palabras era más de lo que podían tolerar. Les pareció incluso peor cuando Job empezó a maldecir a Dios.

¿Qué había hecho para merecer todas las cosas terribles que le habían sucedido? ¿Qué había hecho para merecer que todos sus animales y esclavos y que todos sus hijos fueran arrancados de su lado? ¿Qué había hecho para merecer el horrible escozor de sus llagas? Parecía que Job nunca se recuperaría. Moriría ahí, en el pestilente montón de basura del pueblo. ¿Cuál era el plan de Dios?

Job elevó un puño al cielo y gritó:

¡Dios me ha hecho jirones!
Como un león, me ha arrancado cada uno de mis miembros.
Todos se ríen de mí;
me abofetean como insulto.
Dios me ha abandonado,
dejándome presa de su cruel e incesante burla.

Una vez viví en paz.
Luego vino Dios y me destrozó,
me tomó por el cuello y me hizo pedazos.
Me atacó con su ejército,
poniéndome contra la pared,
ordenó a sus arqueros que con saetas me hirieran.
Les dijo que no tuvieran piedad
y me atravesaran hasta dejarme como criba.

Me asedió como a una ciudad
y lanzó contra mí sus arietes,
hasta derrumbar mis paredes
y acabar con mis defensas.
Luego saltó sobre el foso
para destruirme y arrasar con todo.

Las lágrimas apenas me permiten ver.
Me he consumido hasta volverme una sombra.

Entonces sus amigos respondieron:

—¡Qué terrible forma de hablar de Dios! No puedes culpar a Dios. Somos nosotros, los humanos, quienes merecemos la culpa. Dios recompensa a los buenos y castiga a los malos. Nosotros somos la causa de nuestras desdichas. Es así de simple, Job.

—Dios intenta enseñarte algo —dijo el primero—. Todo esto no es más que la disciplina de Dios. Es como un padre para ti, y tú eres su hijo. Ejerce su disciplina contigo para que tu bondad se vuelva fuerte como el hierro.

—Tus hijos deben haber pecado —añadió el segundo—. Esa es la razón para su muerte. No puede haber otra causa.

—¡Cómo te atreves a hablar con tanta certeza del misterio de Dios! —clamó el tercero—. ¿Crees que conoces todos los secretos del cielo? Eres un torpe y un malvado. Vuelve tus ojos a Dios, confiesa tus pecados y entonces nada temerás. Tu sufrimiento será como el agua que se ha derramado y desaparece.

Lo único que consiguió eso fue enfurecer todavía más a Job.

—¿Por cuánto tiempo me atormentarán? —respondió—. ¿Por cuánto tiempo querrán aplastarme con sus palabras?

A sus amigos realmente ya no les importaba Job. Su única preocupación eran sus creencias. Ya no se percataban de Job ni veían su dolor. Se mantenían aferrados a sus libros sagrados y solamente veían las palabras escritas en ellos. Sus libros decían que todo provenía de Dios, así que el sufrimiento de Job también debería venir de Dios. Por supuesto que eso era también lo que el mismo Job pensaba. Sus libros decían que Dios era justo y equitativo. Job también creía eso cuando todo estaba bien. Sus textos sagrados decían que Dios recompensaba a los buenos y castigaba a los malos y Job alguna vez estuvo convencido de que eso era verdad. Así que la conclusión de sus amigos era que Job estaba recibiendo un castigo, de modo que entonces debía ser malo. Y eso era algo en lo que Job no estaba de acuerdo. Sabía que era inocente; sabía que no merecía todo lo que le había pasado, todo lo que había tenido que atravesar. ¡No merecía nada de eso, ni un suspiro, ni un ápice de ello!

Sus amigos se aferraron a sus libros y Job se aferró a su enojo y a sus acusaciones contra Dios. Al final, los amigos se sintieron muy angustiados, y de nuevo habló el primero:

—¿Según tú, eras muy bueno? —le gritó—. Te diré lo que eras. Creías que la razón pertenece al poderoso. No tenías compasión por los pobres y los dejabas desnudos, temblando en el glacial frío de la noche. Cuando las mujeres no tenían quien las cuidara y apelaban a ti pidiendo tu ayuda, las echabas con las manos vacías. Y a los huérfanos, los niños que no tenían nada, les quebrabas los brazos. ¡Así eras de inhumano!

Nada de esto era cierto, pero el amigo pensó que la única manera de defender a Dios era atacando a Job e inventando mentiras sobre él. De hecho creía las mentiras que había inventado. Pero Job no las creía ni por un instante.

—¡No mires solamente hacia mí! —gimió Job—.
¡Mira todo lo demás!
Observa el sufrimiento y la injusticia de este mundo.
Dios recorre el mundo como un monstruo devastador,
como un salvaje tirano sin piedad en el corazón.
Envía la sequía y las inundaciones,
sacude las ciudades hasta hacerlas pedazos,
nos arroja en mazmorras de desesperación.

¡Si azota la peste y miles fallecen,
Dios ríe con placer!
¡Si el malvado llega al poder,
Dios ciega a los jueces
para que no vean el ruego del pobre
o los cadáveres que yacen en las calles!

Si no creen mis palabras,
pregunten a los animales y a las aves,
hablen con los peces del mar,
vuelvan los ojos a la tierra misma.
Todos ellos conocen la crueldad de
Dios.
Saben que acecha en cada campo,
en cada ola,
en cada centímetro de tierra,
en cada suspiro del elevado viento.

¡Si tan solo Dios respondiera!, pensó Job. Sin embargo, más allá de sus acusaciones y de las crueles palabras de sus amigos, únicamente había silencio. Era como si Dios no escuchara, como si no le importara. ¡Si tan solo Dios apareciera para responder a los cargos de Job en su contra! Pero el tribunal de Job estaba vacío excepto por él y sus tres amigos, que se habían convertido en sus acusadores. *Muy bien*, pensó, *tendré que proseguir con el caso sin la presencia de Dios.*

Pronunció un largo juramento de inocencia y presentó un testimonio formal, por escrito y firmado. Lo colocó junto al montón de acusaciones contra Dios, y se dijo a sí mismo: *Dios, los seres humanos haríamos un mejor trabajo que tú para cuidar de este mundo.* Entonces se puso a esperar, pensó: *¿Se aparecería Dios? Es probable que no, tal vez primero me muera; incluso si llega a venir, ¿qué esperanza puedo tener? Torcerá las cosas al modo que le convenga. ¿Qué esperanza puedo tener de justicia, cuando aquel al que acuso es también el juez?*

De pronto, en el momento que Job había perdido toda esperanza, un poderoso ruido llenó sus oídos. Se acercaba cada vez más. Era como un torbellino que corría por el desierto. Pareció tomar a Job y elevarlo por encima del suelo.

—¡Prepárate, Job! —dijo una voz—. Quiero ver si sigues mostrándote tan valiente. Quiero enseñarte el mundo en que vives, el mundo en que Yo trabajo. Ven, amigo mío, dame tu mano.

Job reconoció la voz de inmediato. Era la voz de Dios, la voz que había esperado escuchar por tan largo tiempo. Pero esta no era la voz de un tirano implacable, era dulce y curiosa, llena de alegría y de risa.

El salvaje torbellino que era Dios llevó a Job por todo el mundo, hasta los mismos cimientos de la tierra, a los manantiales del mar, al sitio donde moran la luz y la oscuridad, a donde se almacena la nieve y a las puertas de la muerte. Dios lo regresó al tiempo en que se creó el mundo.

—¡Mira! —exclamó Dios—. ¡Mira!

Job vio que Dios ponía los cimientos de la tierra y tiraba un cordel sobre ellos, para asegurarse de que estuvieran nivelados y que todo estuviera en orden. Escuchó que las estrellas de la mañana lloraban de dicha y que todos los hijos de Dios lanzaban un grito de triunfo.

Vio las aguas del antiguo mar que salían del seno de Dios. Observó que Dios las envolvía entre nubes y las acostaba a dormir, vio que el mar crecía como un niño y oyó cuando Dios dijo a las olas dónde debían jugar y dónde no debían hacerlo.

Pudo ver a Dios que daba órdenes al amanecer como si fuera un sirviente.

—Toma de los bordes a la tierra como si fuera un lienzo

—ordenó Dios a la aurora— y sacude a los malvados que están sobre ella. ¡Tú y yo acabaremos con la penumbra de sus maldades!

Y luego Job vio que eran tiempos de guerra y que los hombres luchaban unos con otros y esparcían los cadáveres por toda la tierra, así que Dios fue adonde se reservaba la nieve. Observó cuando Dios levantaba enormes montones de nieve y los arrojaba sobre los ejércitos que batallaban. —Eso deberá contener sus peleas por un tiempo —explicó Dios. Desde lo más alto del torbellino, Job vio que Dios cavaba zanjas desde los ríos del cielo para llevar agua al desierto y para que las flores crecieran en el terreno seco.

Vio que Dios desataba los cordeles de las estrellas y las dejaba pastar en los campos de la noche. Dios contaba las nubes e inclinaba los cántaros del cielo para que lloviera.

Pudo ver a los cachorros de león que se agazapaban en sus madrigueras y se ocultaban en los matorrales, esperando el alimento. Y Dios fue de cacería para llenarles el estómago y calmar su hambre.

Dios alimentaba a las crías de los cuervos, metiendo su pico en sus escandalosas gargantas. Dios cuidaba de las cabras en los peñascos agrestes y de la venada preñada que vaga por las colinas desérticas. Job se dio cuenta de que la ayudaba a parir, quedándose a su lado como si fuera una partera, ocultos ambos en el desierto y lejos de la vista humana y de los cuidados del hombre.

¡Pudo ver que Dios dejaba libre al asno salvaje para que deambulara a placer por el desierto y que reía con la habilidad del avestruz para derrotar en su carrera a caballo y jinete!

¡Cuán orgulloso estaba Dios del caballo de guerra, que

se lanza a la batalla y devora el terreno, con la resplandeciente lanza y la aljaba golpeteando su flanco! Job pudo ver al águila migratoria, que se alza y desliza hacia el sur con sus grandes alas, guiada por Dios en su recorrido. Vio que Dios cuidaba del buitre y daba abrigo a su nido sobre el afilado arrecife, adonde ningún ser humano se atreve a escalar.

—¿Lo ves? —dijo Dios— ¿Lo ves? ¿Cómo podrían los seres humanos cuidar de todos ellos? ¿Cómo podrían encargarse de la tierra entera? No soy el monstruo que tú pensabas, amigo Job. No arraso y llevo conmigo el caos adondequiera que vaya. Pregunta a los animales y aves, habla con los peces del mar, inquiere a la tierra misma. ¡Conocen mi compasión y alegría que se regocija en cada campo, en cada ola, en cada centímetro de tierra y en cada aliento del elevado aire!

Job estaba abrumado. Por supuesto que Dios tenía razón. Los seres humanos no podían cuidar del mundo como Dios lo hacía. Eran demasiado pequeños para esa labor. No tenían la suficiente imaginación, ni la creatividad ni la compasión. Y Dios no era un monstruo, sino lo contrario. Y sin embargo, Dios le había mostrado un mundo que no era su mundo. El montón de cenizas del pueblo era un lugar muy diferente. ¿Dónde estaban ahí los cuidados, el deleite y la risa de Dios? Eso era lo que Job realmente quería preguntar, pero en vez de ello respondió la pregunta de Dios.

—¡Soy tan pequeño!

¿Cómo podría responderte?
Cubro mi boca con mis manos.
Una vez hablé,
pero ahora no puedo responder.
Dos veces he hablado,
pero ahora no tengo más que añadir.

Dios miró a Job. Vio lo que sus ojos decían y supo la pregunta que había querido hacerle. Una vez más tomó su mano y se llevó a Job en el torbellino.

—Tengo algo más que mostrarte, Job —declaró—. Es aterrador, pero cuidaré de ti. ¡Mantente firme!

El torbellino los precipitó a través del desierto y los llevó junto a un gigantesco río. Dios todavía tenía a Job tomado de la mano. De pronto lo sujetó con más fuerza.

—¡Allá! —dijo Dios—. ¡Mira!

Job dirigió la vista hacia donde Dios estaba señalando. Un ser, que a primera vista parecía como un hipopótamo, se revolcaba en aguas someras y algo que parecía como un enorme cocodrilo dormía en la cenagosa orilla. Sin embargo, estas no eran bestias comunes, no temían a nada ni a nadie. Incluso Dios apenas se atrevía a acercarse a ellas. El cocodrilo lanzaba fuego y el humo salía de sus narices. Parecían invencibles, más allá del control de nadie.

—Estas son la Gran Bestia y el Dragón —afirmó Dios—. Son las fuerzas oscuras que amenazan el orden de mi mundo y desafían mis cuidados. Cuando se enfurecen, los dioses se aterran e incluso Yo tengo dificultades para amansarlos. Ellos son los que causan todo el sufrimiento, el caos y la injusticia en el mundo. Querido amigo, has estado viviendo bajo su sombra por demasiado tiempo.

—Aléjame de aquí —dijo Job—, he visto suficiente.

El torbellino lo elevó por última vez y lo regresó a su pueblo.

Job había visto la verdad. Había escuchado los gritos de dicha de las estrellas de la mañana. Había olido el aliento del Dragón. Más que nada, había visto a Dios, ¡y también lo había escuchado!

—Antes de que llegara tu torbellino, decía insensateces

—apuntó Job—. Hablé de cosas que están más allá de mi entendimiento. ¡Todas esas acusaciones y esas palabras de enojo! Renuncio a ellas y retiro mis cargos. Te he escuchado, Dios mío, con mis propios oídos. Ahora mis ojos te han visto y dejaré el polvo y las cenizas en el pasado.

Luego de decir esto, Job se levantó del montón de basura. Ya no sentía el escozor en la piel. Se desempolvó la ropa y se levantó por completo. Había encontrado una nueva humildad y también había encontrado una nueva dignidad. Dios le había hecho un gran honor. Lo había vuelto a crear. Era momento de recuperar su sitio dentro en la comunidad.

—Estoy muy enojado con ustedes tres —dijo Dios a los amigos de Job—. ¿Qué pensaban estar haciendo cuando le dijeron a Job todas esas cosas amenazantes? Cuando Job estaba enojado conmigo, habló desde el corazón. Acudió a mí sin dobleces. No fingía. Ustedes hablaron con base en sus libros. Intentaron obligar a Job a doblegarse a su modo de pensar y a su modo de hablar y creer. Intentaron someterlo. Pues bien, no tuvieron éxito. Job tiene más bondad y sabiduría de la que jamás han imaginado ustedes. Vayan y ofrezcan sacrificios y pidan a Job que rece por ustedes.

Los amigos hicieron lo que Dios les había ordenado. Y Job oró por ellos, a pesar de todas las cosas crueles que le habían dicho.

Luego Job regresó a casa.

Cantos de luz

El Antiguo Testamento, o *Tanaj*, contiene una colección de poemas que se conoce como libro de los Salmos. Los poemas eran cantos benditos u oraciones que se escribieron durante muchos siglos, desde la época de los reyes de Jerusalén hasta el exilio en Babilonia, e incluso por un gran periodo después de eso.

Algunos se escribieron para ocasiones importantes para la nación, como la coronación o la boda de un rey, para los festivales anuales de peregrinaje o para cuando ocurría un desastre en el país. Otros parecen ser originalmente obra de familias o individuos que los utilizaban para sus propios rezos.

Los salmos son muy espontáneos en su modo de dirigirse a Dios, al igual que el resto de las oraciones en el Antiguo Testamento. Algunos son cantos felices, en los que se elevan alabanzas a Dios hasta los cielos. Otros están llenos de pena y desconcierto, y muestran enojo ante Dios y lo acusan de no hacer algo para ayudar. Sin importar cuáles puedan ser nuestros sentimientos, en alguno de los salmos podremos encontrarlos expresados. Por ello, no es sorpresa que a lo largo de los siglos hayan desempeñado un papel tan importante en las celebraciones religiosas de judíos y cristianos.

Algunos de los salmos tienen instrucciones, como: *Al músico principal: según El Ciervo de la Mañana* o *Al músico principal: según Lirios.* Presumiblemente, en esos casos, el músico principal era la persona que dirigía la música en el acto de alabanza y *El Ciervo de la Mañana* y *Lirios* eran las melodías. Por desgracia, la partitura no ha sobrevivido y nunca sabremos cómo eran las tonadas.

Los títulos de muchos de los salmos también mencionan individuos específicos. Uno dice que es *Una Oración de Moisés* y gran cantidad de ellos se introducen con las palabras *Salmo de David.* Eso ha causado que muchas personas crean que el mismo rey David fue quien escribió los salmos. Sin embargo, los títulos se añadieron después de que los salmos se compusieron inicialmente y no siempre puede confiarse en esas anotaciones. A veces es claro que no son correctas. Es posible que David, o los poetas de su corte, hayan escrito algunos de los salmos, pero no podemos estar seguros.

Al final no es tan importante quién haya escrito algún salmo específico y para cuál ocasión; lo importante es que a lo largo de tantísimos siglos han ayudado a una cantidad incontable de personas, en todo tipo de situaciones, a ser más sinceras con Dios y a sentirse más cercanas a Él.

El más famoso de todos estos cantos es el Salmo 23. Está escrito por o para aquellos que han sufrido a manos de gente que quizá los ha amedrentado, ha abusado de ellos, los ha atacado o ha contado mentiras sobre ellos. Podemos saberlo porque cerca del final menciona a sus «enemigos». El poema también deja en claro que esos enemigos no han logrado vencerlos. Los enemigos siguen alrededor, pero ya no representan una amenaza. Esto es porque Dios protege a los suyos, como el pastor que cuida de su rebaño, y porque en su templo, donde han venido a buscar ayuda, se sienten como si Dios los recibiera como huéspedes de honor o incluso les sirviera en su mesa como si fuera un sirviente; los trata como reyes y reinas. A mitad de la canción hablan directamente con Dios. Este salmo va así:

EL SEÑOR es mi pastor;
nada me falta,
satisface todas mis necesidades.
Me conduce por secas colinas
hasta frondosas praderas,
donde podré comer a mi antojo,
acostarme y reposar.
Cuando el sol es intenso y me siento agotado,
me lleva hasta las aguas tranquilas y suaves,
donde puedo beber y apagar mi sed.
Me devuelve la fuerza y la vida.
Me lleva por los caminos correctos,
los caminos donde todo está bien.
Así es como Dios me muestra sus cuidados.
¡Este es el tipo de Dios que Él es!
Aunque me encuentre en el valle de las sombras de la muerte,
en el fondo del desfiladero más profundo y oscuro,

donde no puede llegar el sol,
donde leones y osos podrían atacarme,
incluso ahí no tengo miedo.
Porque tú, mi Dios, estás conmigo,
con tu vara y tu cayado de pastor
que me hacen sentir seguro y a salvo,
más allá de todo peligro.

Preparas una mesa frente a mí.
Tú, Dios de toda la tierra,
y me atiendes como si fueras mi sirviente.
Unges mi cabeza con aceite
y me cubres con el dulce aroma celestial,
y mi piel y mi pelo fulguran y brillan.
Me tratas, Dios mío, como a un rey o una reina.
Viertes delicioso vino en mi copa hasta derramarla.
¡Y todo esto lo haces frente a mis enemigos!
Ahora no podrán tocarme.

De cierto sé que la bondad y el amor de Dios
estarán conmigo por todos los días de mi vida.
He de regresar una y otra vez a este sitio
donde viviré por el resto de mis días.

El segundo es el Salmo 121, que es un canto de peregrinos que entonaban aquellos que se dirigían a Jerusalén para participar en los festivales del templo. Quizá lo cantaban mientras se preparaban para regresar a sus hogares. Miraban a las colinas del desierto que rodean a la ciudad y pensaban en todos los sitios que tendrían que atravesar en su recorrido. El viaje sería largo y también peligroso. *¿Regresaremos a salvo a nuestras casas?*, se preguntan al inicio del salmo. Y luego recuerdan la protección que Dios les concederá. *Sí, lo haremos*, se responden, *porque Dios nos protegerá*. En ese momento uno de los sacerdotes del templo añade sus propias palabras a lo que los pastores han dicho. El resto del salmo son las palabras del sacerdote, que representan una bendición de despedida que deben llevar consigo a sus hogares, un recordatorio del momento que pasaron en Jerusalén.

Elevo mis ojos a las colinas
y pienso en los peligros que ahí se ocultan.
¿De dónde vendrá la ayuda?
La ayuda vendrá del Señor Dios,
el Dios creador del cielo y de la tierra.

Las colinas y sus caminos están en sus manos.
No te dejará tropezar o caer.
Es tu protector;
aquel que nunca duerme.
El Dios que protege al pueblo de Israel
nunca duerme, nunca reposa.
Día y noche hace guardia por ti
para tenerte a salvo.
El Señor Dios es tu protector;
es la sombra contra el candente sol,
siempre a tu lado para guardarte.
El caliente sol no te asolará de día,
ni las fuerzas oscuras de la noche podrán atacarte.
Dios, el Señor, te protegerá de todo desastre,
cuidará de tu propia vida.
El Señor Dios te protegerá cuando vayas
y cuando regreses,
dondequiera que vayas
sin importar lo que hagas,
ahora y siempre.

INTRODUCCIÓN AL NUEVO TESTAMENTO

Hasta aquí El Libro de los Libros ha narrado las historias y poemas que provienen de lo que los judíos conocen como el Tanaj y los cristianos llamamos Antiguo Testamento. Para los judíos, el Tanaj conforma las Sagradas Escrituras. Son su Biblia. Para los cristianos, el Antiguo Testamento forma la mayor parte de su Biblia, pero también existe una segunda parte, que se conoce como el Nuevo Testamento. Los capítulos restantes de El Libro de los Libros tratarán ese tema.

Los libros del Nuevo Testamento se refieren a Jesús, a quien los cristianos también llaman Cristo. Jesús era judío y sus primeros discípulos también lo eran. No hizo nada que sugiriera su deseo de fundar una nueva religión; había nacido como judío y murió como judío. Al principio sus discípulos permanecieron dentro de los límites de la fe judía, aunque aquellos que no eran de esa religión pronto empezaron a unírseles.

Los discípulos de Jesús creían que él les había mostrado lo que significaba ser un judío. Creían que les había mostrado lo que significaba ser humano; más que otra cosa, creían que les había mostrado a Dios.

Era tan importante para ellos, que escribieron su historia. Consideraron que era una continuación del Antiguo Testamento, o Tanaj. Habían empezado a leer el Tanaj con nuevos ojos. Cuando pensaban en Jesús, todo les parecía lógico, como si estuvieran leyéndolo por primera vez de manera adecuada. Era como si él hubiera cumplido con todas las cosas buenas que esos libros habían prometido.

Su historia sobre Jesús no pretendía narrar todo acerca de él. No era una biografía, un recuento cuidadoso de toda su vida. Nunca dijeron cómo era su aspecto o qué tan alto o delgado o gordo era. Casi toda su historia trata sobre el último año de su vida y, en particular, sobre lo que sucedió después de su muerte. Querían demostrar lo que había significado la vida de Jesús, declarar qué tan importante fue y alentar a sus discípulos a mantenerse fieles a él, aunque hubiera muchas personas que se le opusieran. Esa es la historia que se presenta en el Nuevo Testamento.

Pero no parece haber una sola versión. En realidad la narración se repite cuatro veces, en lo que conocemos como los cuatro Evangelios: Mateo, Marcos, Lucas y Juan. Los cristianos consideramos a los Evangelios como los libros más importantes de toda la Biblia, y los próximos cuatro capítulos se dedicarán a ellos. A veces, en el caso de Mateo, Marcos o Lucas, tenemos que descubrir por nosotros mismos lo que estaban tratando de decir acerca de Jesús. Este libro añade su propio punto de vista para tratar de mejorar la comprensión. Sin embargo, en su propio Evangelio, Juan tiende a decirnos las cosas directamente como quiere que las entendamos.

Lucas añadió un segundo tomo a su Evangelio, que se conoce con el título de Hechos. Continúa la historia de lo que sucedió después de la muerte de Jesús y nos dice cómo creció con rapidez el número de sus discípulos, y cómo se fundaron las comunidades cristianas en las ciudades del Mediterráneo oriental. Hechos trata principalmente de dos discípulos de Jesús: Pedro, que estuvo con él durante toda su vida, y Pablo, que tuvo una visión de Jesús unos cuantos años después de que muriera. El capítulo once de El Libro de los Libros cubrirá lo que se refiere a Hechos.

Casi toda la Biblia hasta el final de Hechos son poemas o narraciones. Pero la mayor parte del Nuevo Testamento después de Hechos se refiere a una serie de cartas. Las primeras las escribió Pablo, pero no las dirigió a su familia o amigos personales, sino a las iglesias. Estas nuevas comunidades cristianas se esforzaban por resolver qué significaba la fe cristiana, qué debían creer y qué debían hacer. Nuestro último capítulo ofrecerá un breve conjunto de algunos de los mejores pasajes de las cartas de Pablo, al igual que dos fragmentos del último libro de la Biblia: El Apocalipsis, el cual contiene visiones sobre el tiempo en que el reino de Dios estará completo y todas las cosas habrán regresado al camino correcto.

7
EL NUEVO COMIENZO: NACIMIENTO DE JESÚS

Cada uno de los Evangelios del Nuevo Testamento es diferente de los demás. El Evangelio de Marcos fue el que se escribió primero, probablemente a finales de los años sesenta del primer siglo después de Cristo. Mateo y Lucas utilizaron a Marcos como la principal fuente, de modo que gran parte de los tres Evangelios es similar. Pero con frecuencia Mateo y Lucas cambiaron un poco el texto de Marcos y también narraron historias que no aparecían en ese primer Evangelio, al igual que muchas de las enseñanzas de Jesús, que Marcos no conocía o que, cuando menos, no incluyó. El último Evangelio fue el de Juan y probablemente se escribió cerca del final del primer siglo después de Cristo o poco después de iniciar el siglo II, y es factible que Juan no conociera los otros tres Evangelios. En algunos sentidos es muy diferente de los demás. Por ejemplo, consideró que la parte realmente importante de la vida de Jesús tuvo una duración de tres años, no solo uno, y el estilo de las enseñanzas de Jesús tampoco es igual que en los otros Evangelios. Asimismo se concentró en el final de la vida de Jesús y ocupa gran cantidad de espacio narrando lo que ocurrió cuando él murió y lo que sucedió después. Y, como los otros, intenta responder las siguientes preguntas: ¿Quién fue Jesús? ¿Quién es Jesús? ¿Qué significa su vida? y ¿cuál es su importancia?

Si hubiera espacio, sería mejor contar la historia de Marcos acerca de Jesús, luego la historia que narró Mateo, después la de Lucas y al final la de Juan, pero eso haría que este libro fuera demasiado grande. Así que contaremos la historia solamente una vez, recogiendo fragmentos de cada uno de los cuatro Evangelios.

Al menos podemos iniciar con el recuento de Mateo acerca del nacimiento de Jesús y luego daremos la versión de Lucas. Como verán, son bastante diferentes entre sí. (*Los Evangelios de Marcos y Juan no incluyen ninguna historia sobre su nacimiento. Sus primeras narraciones hablan de él cuando ya era un adulto y cerca del final de su vida*).

Las historias de Mateo y Lucas sobre el nacimiento de Jesús se encuentran entre las más famosas de la Biblia y los cristianos hablan de ellas cada año durante Navidad.

La desgracia se convierte en la máxima gracia
Mateo

EN UN PUEBLO que se llama Belén, a unos cuantos kilómetros de Jerusalén, vivía una joven pareja formada por María y José. Aunque apenas era una población pequeña, Belén era famosa entre los judíos. Fue ahí donde Rut, Noemí y Booz vivieron alguna vez y también ahí nació el rey David. Casualmente, José era descendiente de David.

María y José estaban comprometidos en matrimonio. En aquellos tiempos, cuando las parejas se casaban, debían atravesar por dos etapas y dos ceremonias, y el compromiso matrimonial era la primera de estas. María tenía doce años cuando se convirtió en prometida de José y eso significaba que sería su esposa y él su marido, aunque ella siguiera viviendo con sus propios padres. Poco después se celebraría la ceremonia de matrimonio y entonces ella iría a vivir con José.

Pero antes de que eso sucediera, María quedó embarazada. El niño no era hijo de José y tanto él como María lo sabían.

José estaba desconsolado. Era un desastre, una terrible desgracia para María, para su madre y padre, y para el resto de su familia; al igual que para José, sus padres y su familia entera. Ahora María y él no podían llevar a cabo su matrimonio. La acusaría públicamente de adulterio. Así quizá José podría salvar su propia reputación. Después de todo, María lo había hecho quedar como un tonto y él mismo se sentía como un ingenuo. Ella le había causado una pena terrible y apenas podía tolerar el dolor. Si hacía público el asunto, cuando menos podría recuperar parte de su orgullo, porque todos sabrían que era culpa de María.

Eso es lo primero que atravesó por la mente de José, pero era un buen hombre y amaba a María. No quería exponerla a tal vergüenza pública. Decidió que se divorciaría de ella sin hacer alharaca. Regresaría la dote que le había dado su suegro. No consumarían su matrimonio. María se quedaría en casa de sus padres y tendría que explicar cómo había tenido al bebé, pero ese sería su problema y el de su familia. No había nada que él pudiera hacer al respecto.

José se fue a la cama y lloró hasta quedarse dormido.

La noche era muy oscura, las espesas nubes cubrían Belén y la luna y las estrellas estaban ocultas. Sin embargo, en mitad del momento más oscuro, el dormitorio de José se llenó de la luz del cielo. Había un ángel en su alcoba; ¡el cielo había bajado a la tierra! ¡Y el cielo también hablaba!

—José, hijo de David —dijo el ángel—, ¡no temas! El espíritu de Dios ha transformado la desgracia en la mayor de las gracias. ¡Es un milagro! El hijo en el vientre de María, el niño que tú pensabas que arruinaría sus vidas, salvará a tu pueblo de todo daño, de todo lo que lo separa de Dios. Cuando este niño haya crecido, todas las antiguas esperanzas de tu pueblo alcanzarán satisfacción. ¡*Dios está con nosotros*!, gritará la gente. ¡Dios está con nosotros!, José, ese niño llegará más allá de tus sueños más maravillosos y más allá de la dicha más asombrosa de María. Sí, María tendrá un hijo y deberán ponerle por nombre Jesús, porque Jesús significa *Salvador*. El que salva. Lleva a cabo tu matrimonio, lleva a María a vivir contigo y sé un padre para su hijo. ¡No temas! No existe causa para el temor.

José despertó con la cabeza llena aún de la luz angelical. Hizo lo que el ángel le había dicho. Consumó su matrimonio con María y vivieron juntos en su casa de Belén.

María tuvo a su hijo. Fue un varón, justo como el ángel había anunciado. José le puso por nombre Jesús, exactamente como el ángel le ordenó.

Regalos dignos de un rey
Mateo

En tiempos de Jesús, la tierra de los judíos era un territorio ocupado. Formaba parte del imperio romano. El hombre que gobernaba esas tierras se llamaba Herodes. Ni siquiera era totalmente judío y era amigo de los romanos. Los romanos lo habían declarado «Rey de los Judíos». Muchos judíos ansiaban que alguien lograra que su país fuera libre de nuevo, alguien que restaurara su orgullo y no fuera amigo de los romanos, sino amigo de Dios. Algunos de ellos esperaban la llegada de alguien que fuera un rey como David. Llamaban *el Mesías* a esa persona esperada. Mesías significa *Ungido* o *Rey*.

Cuando Jesús llegó a adulto, sus discípulos afirmaban que era el Mesías. Pero en la historia de Mateo acerca de Jesús, apenas unas cuantas personas aparte de María y José reconocieron quién era desde el instante en que nació. No eran judíos, no adoraban al Dios de los judíos y no seguían las enseñanzas ni las costumbres judías. Vivían a cientos de

kilómetros de Belén, en un país que se encontraba muy lejos al oriente y que se llamaba Persia. Sin embargo, viajaron por un largo trecho hasta llegar al pueblo de María y José solamente para ver a Jesús, para rendirle honores y llevarle presentes.

Mateo les llama *magos*. Los magos eran hombres inteligentes que sabían descifrar los mensajes de las estrellas, sabios que podían interpretar los sueños y ver el futuro. Muchas personas creían que tenían poderes mágicos.

Un día, Herodes estaba en su palacio de Jerusalén sintiéndose muy aburrido y preguntándose qué podía hacer, cuando un esclavo entró en la habitación con un mensaje para él. El esclavo hizo una reverencia y anunció:

—Su majestad —tosió discretamente—, debo informarle, mi señor, sus agentes están afuera. Tienen importantes cosas que decirle, mi señor.

El resto de Jerusalén estaba bien enterado. Los magos habían recorrido las calles haciendo la misma pregunta a todos los que encontraban: *¿Dónde está el niño que ha nacido como rey de los judíos?* La gente los miraba con asombro.

—Vimos una estrella que se elevaba en el cielo nocturno allá en Persia —comentaban los magos—. Nos tomó un poco de tiempo descubrir qué significaba, pero decidimos seguirla y aquí estamos.

—Hemos viajado de noche siguiendo la luz de la estrella —decía uno de ellos.

—Sin saber adónde nos llevaría después —añadía el otro.

—Nos trajo a Jerusalén, pero no sabemos adónde dirigirnos ahora —explicaba el tercero.

Sus palabras aterrorizaban a la gente de Jerusalén.

—¿Rey de los judíos? —se decían unos a otros—. ¿Un niño que nació rey de los judíos? A Herodes no le va a gustar. Herodes es el rey de los judíos y no está pensando en retirarse. Dos reyes de los judíos son demasiados. Si los magos están en lo correcto, y en general así es, estamos en problemas y diríamos que en graves problemas.

Herodes tenía agentes secretos que recorrían las calles de la ciudad. Uno de ellos escuchó lo que el pueblo comentaba. Otro se topó con los magos y ellos mismos le preguntaron, sin percatarse de quién era.

Los agentes fueron de inmediato al palacio. En ese momento esperaban impacientemente al otro lado de la puerta de Herodes.

—Diles que entren —ordenó Herodes a su esclavo.

Ingresaron en la habitación y le contaron al rey todo lo que habían oído. Ahora era el turno de Herodes para estar asustado. Los magos eran personas a quienes debía tomarse en serio. Lo que habían dicho seguramente era verdad. *¿De modo que por ahí hay otro rey de los judíos?*, se dijo Herodes, *¡debe haber nacido el Mesías!*

Cuando sus agentes concluyeron su informe, Herodes les dijo con gran tranquilidad:

—Esperen afuera hasta que les pida que vuelvan conmigo.

Luego envió a otros esclavos a las calles de la ciudad para que convocaran a los principales sacerdotes y expertos religiosos, que se llamaban escribas, para que acudieran de inmediato a su palacio. Veinte minutos después estaban reunidos frente a él.

Herodes fue directamente al meollo del asunto:

—Cuando llegue el Mesías —preguntó—, ¿dónde nacerá?

Los sacerdotes y escribas estaban sin aliento, los esclavos los habían traído corriendo todo el camino. Pero no era una pregunta difícil. Un profeta llamado Miqueas ya había dado la respuesta hacía siglos.

—Belén —respondieron. Mientras intentaban recuperar el aliento, comenzaron a recitar el pasaje relevante del libro de Miqueas.

—Gracias, gracias —contestó Herodes con rapidez—. Ahora pueden irse. Me han dicho lo que quería saber. Cuando salgan, envíen a los dos hombres que esperan al otro lado de la puerta. Díganles que deseo verlos.

Los agentes secretos entraron.

—¡Vayan a buscar a esos magos —ordenó Herodes— y háganlos venir lo más rápido posible! ¡Apresúrense!

No tuvo que esperar mucho.

—Qué agradable de su parte haber recorrido todo ese camino para verme —dijo Herodes a los magos en el momento en que llegaron.

—No hemos venido a verte —replicaron—. Vinimos a ver al niño que ha nacido rey de los judíos. Hemos estado siguiendo a su estrella.

Herodes sonrió.

—Por supuesto, por supuesto —dijo con su tono más adulador—. Fue un desliz de mi parte y por ello me disculpo. Ahora cuéntenme sobre su estrella, bueno, sobre la estrella de *ese niño*.

Los magos contaron a Herodes todo lo que sabían. Luego Herodes les dijo a los magos lo que él sabía.

—Encontrarán al niño en Belén —afirmó—. No está muy lejos de aquí; está a cerca de diez kilómetros. Enviaré a un esclavo para que les conduzca por el camino correcto. Cuando encuentren al niño, regresen a avisarme. Entonces podré ir a inclinarme ante él —y de nuevo les dio su sonrisa más lisonjera.

Los magos se dispusieron a recorrer la última parte de su viaje. El sol se había puesto y cuando vieron hacia el frente, ahí estaba la extraña estrella que brillaba sobre la mitad del camino.

Al llegar a Belén no tuvieron que preguntar a nadie dónde estaba el niño. Había una casa justo al lado de las murallas del pueblo y la estrella parecía fija exactamente arriba de ella. Era la casa de José. Una asombrosa sensación de dicha los invadió.

Sus camellos se detuvieron y se inclinaron hasta doblar las rodillas. Los magos descendieron de sus monturas y cuidadosamente desempacaron varias cosas que llevaban en sus alforjas. Con sus regalos en las manos, entraron en silencio a la casa.

En cuanto vieron a María y a su bebé, se arrodillaron en el piso. No era un elegante palacio, pero eso no importaba. María tampoco era una princesa, tan solo era una chica campesina, pero eso no representaba diferencia alguna. El bebé parecía un niño común, pero los magos sabían que no lo era. Eran sabios y veían cosas que los demás no podían ver. El niño estaba rodeado de un aire celestial. Aún era un bebé recién nacido. No podía hablar, caminar o sonreír. Pero estar con él era como estar en presencia de Dios. Se postraron ante él y le presentaron sus regalos: oro, incienso y mirra. Eran presentes poco comunes y costosos, regalos dignos de un rey, obsequios de amor hacia un Dios.

Esa misma noche los magos tuvieron un sueño. Llegó como una advertencia que les anunciaba que no debían volver con Herodes. El sueño les mostró qué tipo de hombre era en realidad Herodes. Así que regresaron a Persia por un camino distinto, evitando por completo Jerusalén.

Después de que partieron los magos, fue José quien tuvo un sueño. El ángel que antes se le había aparecido cuando María estaba embarazada, regresó de nuevo a visitarlo.

—¡Rápido! —dijo el ángel—, no hay tiempo que perder. Toma a Jesús y a María y huye a Egipto. ¡Apresúrate! Herodes quiere buscar al niño en Belén para matarlo. Permanezcan en Egipto hasta que te avise que es seguro el regreso.

De este modo, María, José y Jesús se convirtieron en refugiados. Viajaron al sur, hacia Egipto. Fue un viaje difícil, agotador y lleno de temor. Muchos bebés murieron en esos días. Ya era bastante difícil cuidar de ellos cuando las cosas estaban bien y con toda certeza esta no era la mejor de las épocas. María y José se preguntaron cómo podrían sobrevivir en Egipto.

Pero la situación fue mucho peor para las otras madres y padres de Belén y para sus recién nacidos.

Cuando los magos no regresaron con Herodes, el rey se puso furioso.

—Enviaré a mis soldados a Belén a matar al mal llamado rey de los judíos —gritó—. Ahora no sé cuál es el bebé. ¡Tendré que matar a todos los bebés de ese pueblo! Tendré que matar a cada uno de los niños que tengan dos años o menos, solo para estar seguro.

De modo que envió a sus soldados al pueblo y estos buscaron en cada casa. Fue una matanza terrible. Los llantos de las madres y padres llenaban todo el lugar. Herodes estaba parado en el balcón de una de las habitaciones de su palacio en Jerusalén y le pareció que podía escucharlos, incluso desde ahí. Eso lo hizo sonreír. *Ahora estoy a salvo*, se dijo.

Pero poco después Herodes murió.

Por tercera vez el ángel se apareció a José, esta vez en Egipto, y le dijo que ya era seguro volver a casa. Aliviados, se aprestaron a viajar de nuevo, pero cuando llegaron a la frontera del país se enteraron de que el hijo de Herodes, Arquelao, estaba reinando en lugar de su padre. La gente decía que Arquelao era tan malo como su padre o quizá peor. José y María no se atrevieron a regresar a Belén. En vez de ello, viajaron más al norte, más allá del mar de Galilea, a un pueblo que se llama Nazaret. Ese lugar era un pueblo diminuto donde solamente vivían unos cuantos cientos de personas. No era famoso, la mayoría de la gente en el país ni siquiera sabía de su existencia. Ahí podrían desaparecer y Arquelao nunca los encontraría. En todo caso, su dominio no llegaba tan al norte.

Y de este modo, en la región conocida como Galilea, en el pequeño y desconocido pueblo de Nazaret, fue donde Jesús creció. José no tenía tierras de cultivo, así que se ganaba la vida como podía, trabajando como carpintero. En aquellos tiempos no había gente más pobre que los carpinteros.

María se encuentra con un ángel
Lucas

Lucas también nos cuenta cómo nació Jesús en Belén, pero en su versión María y José venían de Nazaret y regresarían ahí después del nacimiento de Jesús. En su Evangelio, el ángel no se presenta con José sino con María, y los primeros en visitarlos luego del nacimiento de Jesús no fueron los magos extranjeros, sino los pastores judíos de las colinas que rodeaban Belén. Herodes tampoco forma parte de la historia de Lucas. No habla de soldados ni de bebés asesinados, y María, José y Jesús no tienen que huir a Egipto. La narración de Mateo acerca del nacimiento de Jesús es bastante sombría. Cierto, Jesús trae la luz de Dios a este mundo, pero su nacimiento está rodeado de temor, amenazas de desdichas, asesinatos y huidas. Las historias de Lucas están llenas de dicha y esperanza, incluso más de lo que pensamos. Cuando María y José llegaron a Belén no se enfrentaron con el rechazo del hospedero ni los mandaron a un sucio establo; ese es un error común al interpretar las palabras de Lucas. En vez de ello, los familiares de José les brindaron su cálida hospitalidad.

El Evangelio de Lucas contiene otra tradición sobre algo que hizo Jesús cuando tenía doce años. En los Evangelios es la única historia de la vida de Jesús que trata sobre su infancia, y la hemos incluido aquí.

Un día Dios envió a un ángel a Nazaret. El ángel se llamaba Gabriel y sabía exactamente a cuál casa debía ir.

María estaba sola en casa de sus padres. Estaba comprometida en matrimonio con José, pero aún no se había celebrado la ceremonia, de modo que seguía viviendo con su madre y con su padre. Ansiaba que llegara el día en que ella y José vivieran juntos. Su familia también estaba complacida con el matrimonio, porque José era descendiente del rey David.

De pronto la casa se convirtió en un sitio sagrado. ¡El cielo bajó a la tierra y su habitación se llenó con la presencia de un ángel!

—¡Te saludo! —dijo Gabriel a María—. Eres muy especial para Dios y estás cubierta de gracia de pies a cabeza. Dios está contigo.

María no estaba esperando ver a un ángel ni tampoco podía suponer lo que le había dicho. Estaba asombrada, incluso alarmada. ¿A qué se refería?

El ángel vio su temor.

—No temas, María, Dios te ha dado algo muy especial que debes hacer. Muy pronto concebirás un hijo en tu vientre. Tendrás a un varón y lo llamarás Jesús. Será un gran hombre. Se le llamará Hijo del Altísimo y Dios le concederá el trono de David. Será el rey de los judíos para siempre. Su reino no tendrá fin.

María apenas escuchó lo que el ángel le decía. Después de que terminó de decir las palabras: *Muy pronto concebirás un hijo*, su mente empezó a dar vueltas.

—¿Cómo puede ser? —gimió—. ¡Soy virgen y José y yo todavía no vivimos juntos!

—El Espíritu Santo te protegerá y te rodeará del poder de Dios —respondió el ángel—. El Espíritu te llenará de gracia y santificará a tu hijo. Se le conocerá como el Hijo de Dios. ¿Te acuerdas de tu prima Elisabet, la que no ha tenido hijos? Ella y su marido han intentado tener hijos durante años, ¿no es cierto? Pues bien, Dios ha retirado la desdicha que tu prima sentía, toda su desesperanza, toda la culpa que la perseguía. Elisabet está esperando un bebé, ya tiene seis meses de embarazo. ¡Ahora puedes ver lo que Dios es capaz de lograr!

¡Elisabet esperaba un hijo! María no podía creerlo.

—Entonces seré la sierva de Dios —dijo al ángel—. Que se haga en mí como tú dices.

La sierva de Dios, ¡eso es lo que había dicho! A Abraham se le conocía como el siervo de Dios. También a Moisés, al rey David y a los profetas. Lo mismo se puede decir de Ana, la madre de Samuel. Abraham, Moisés, Ana, David, los profetas, ¡y ahora María de Nazaret! Se sentía la mujer más orgullosa de la tierra. Era miembro de la familia de Dios. Adonde fuera Dios, ahí lo seguiría.

Gabriel observó su gozo y sonrió. Luego se fue y María se quedó sola de nuevo en su casa.

El cántico de María
Lucas

POCO DESPUÉS DE QUE GABRIEL SE APARECIÓ ante ella, María viajó al sur, a un pueblo sobre las colinas de Judea donde vivía su prima Elisabet. Para ese momento María ya estaba embarazada.

Las dos mujeres se abrazaron y el niño en el vientre de Elisabet pareció saltar de gusto.

—¡Así que tú también estás esperando un hijo! —exclamó Elisabet—. Y también sé quién será tu hijo. El Espíritu de Dios me lo ha mostrado. Todos le llamarán Señor. Qué bien. ¡Al fin estoy esperando un hijo y ahora sucede esto! ¡Ahora tú tendrás este niño especial!

Las mujeres rieron y María empezó a cantar:

¡Dios es grande!
Es mi salvador
y mi cálido deleite.
Porque ha venido a redimirme
y sacándome de la nada,
me colocó en un pedestal
y me elevó a los cielos.

Así es como obra Dios.
Pone al mundo de cabeza.
Altos y poderosos se dispersan a los cuatro vientos
y pobres y débiles se elevan a las alturas.

Los ricos quedan vacíos
mientras los hambrientos se sacian con manjares.

Así es como Dios ha sido
desde los tiempos de Abraham,
cuando recibió la promesa divina.
Esta es la misericordia que hemos conocido siempre.
La fortaleza de Dios transforma las cosas
y libera a los oprimidos.
Desde ahora y para siempre
todos han de recordarme
y me llamarán bendita de Dios.
Dios es grande, ¡Dios es grande!

María permaneció con Elisabet por tres meses y luego volvió a su hogar en Nazaret. Poco tiempo después, Elisabet tuvo un varón al que llamó Juan. Su esposo estuvo de acuerdo en que ese debía ser su nombre porque un ángel de Dios le dijo cómo debían llamar al niño, incluso antes de que lo concibieran.

Un día Jesús y Juan se encontrarían en el río Jordán.

El nacimiento de Jesús
Lucas

MUY LEJOS DE NAZARET, al otro lado del Mediterráneo, en la gran ciudad de Roma, el emperador Augusto decidió realizar un censo de todo el imperio. Eso significaba que todos deberían de acudir con las autoridades romanas para inscribir sus nombres en una lista oficial.

—¿Adónde debemos ir? —preguntó María a José. Aunque solamente estaban comprometidos en matrimonio, ya contaban como marido y mujer, y tendrían que registrarse juntos.

—A Belén —respondió José.

—¡A Belén! —exclamó María—. ¿Por qué debemos ir a Belén?

—De ahí proviene originalmente mi familia, antes de que nos mudáramos a Galilea. Los romanos dicen que debemos regresar al lugar de donde vinimos originalmente.

—¿Tan solo para poner los nombres en una lista?

—Sí.

—¡Eso es ridículo! —protestó María—. ¡Belén está a mucha distancia! Tendremos que caminar todo el trayecto y ya casi tengo nueve meses de embarazo. Cualquier día podría nacer el niño. ¿Qué pasará si llega mientras vamos en camino? —y rompió en llanto.

No había nada que José pudiese decir, nada que pudiese hacer, más que abrazarla hasta que dejara de llorar.

Así que se pusieron en marcha. Caminaron 137 kilómetros hasta Belén. Finalmente llegaron y recibieron la cálida hospitalidad del lugar. José todavía tenía familiares en el pueblo y una de las familias los recibió en su casa. La casa estaba llena de gente y ya se había asignado la habitación de huéspedes a otros visitantes, y los animales estaban en uno de los extremos de la habitación principal. Pero cuando María entró en trabajo de parto, las mujeres de la familia se aseguraron de que el niño naciera en condiciones apropiadas. Lo envolvieron en lienzos y lo acostaron en un pesebre, que era el mejor sitio para colocarlo.

En los campos que rodeaban el pueblo, había un grupo de pastores que cuidaban de sus rebaños para protegerlos de los ladrones o del ataque de leones u osos que pudieran acercarse. Los pastores estaban reunidos alrededor de una fogata y charlaban y reían, cuando de pronto la luz de la fogata se integró a una luz todavía más brillante que alcanzaba hasta el cielo, una luz que resplandecía con la gloria de Dios. En medio de la luz se encontraba de pie un ángel. Los pastores estaban sobrecogidos por el asombro.

—No teman —dijo el ángel—, soy portador de muy buenas noticias, noticias de la gran dicha para todo su pueblo. Esta noche ha nacido un Salvador, el Mesías, ¡el Señor mismo! Si acuden a Belén podrán verlo. Lo encontrarán arropado y durmiendo en un pesebre.

En cuanto el ángel terminó de hablar, el cielo, los campos y colinas que los rodeaban parecieron estar llenos de ángeles que bailaban y alababan a Dios con cánticos que decían:

> ¡Gloria a Dios en las alturas
> y paz en la tierra para todos aquellos
> en quienes se ha vertido la gracia de Dios!

Se hizo el silencio y solo se escuchaba el crepitar de las llamas y el balido de las ovejas y cabras.

—¡Vayamos a Belén! —gritaron los pastores.

Corrieron todo el camino. Para llegar al pueblo debían subir por una pendiente, pero no les importó porque estaban muy emocionados. No les tomó mucho tiempo encontrar lo que estaban buscando. ¡En Belén solamente había un recién nacido que estuviera recostado en un pesebre!

Encontraron a María y a José y también encontraron al bebé. Cuando se hincaron para mirar el rostro de Jesús, fue como mirar el rostro de Dios.

Todos estaban asombrados. Luego los pastores regresaron con sus rebaños y durante todo el camino entonaron el cántico de los ángeles.

María conservó en un rincón de su corazón el recuerdo de la visita de los pastores. Nunca lo olvidaría.

El verdadero hogar de Jesús
Lucas

MARÍA Y JOSÉ eran judíos devotos. Cuando Jesús era todavía un bebé, antes de que regresaran a Nazaret, lo llevaron al templo en Jerusalén, que estaba a unos cuantos kilómetros de Belén.

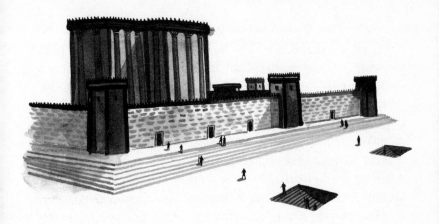

Doce años después Jesús regresó a Jerusalén.

Todos los años María y José realizaban un peregrinaje desde Nazaret hasta Jerusalén para el gran festival de la Pascua. Cuando Jesús cumplió doce años lo llevaron con ellos.

La ciudad estaba colmada de peregrinos y muchos habían viajado un largo camino. En el festival recordaban sus inicios como pueblo y celebraban el momento en que Dios los salvó del yugo del terrible faraón de Egipto y los llevó a salvo al otro lado del mar Rojo. Esa fue la época en que dejaron de ser esclavos y lograron la libertad y la dignidad, además de una tierra propia.

María ya le había enseñado a Jesús la historia de la salida de sus ancestros de Egipto. Ahora el niño se encontraba entre las miles y miles de personas que también hacían memoria de esa historia; todos la escuchaban de nuevo y todos tenían los mismos sueños de libertad y discutían cómo podrían vivir como amigos de Dios en esa tierra.

Jesús sentía fascinación por todo esto y quería aprender más. Había muchas preguntas que deseaba hacer y en el templo había sabios a los que quería escuchar. Ellos podrían responder sus preguntas.

Así que cuando el festival llegó a su fin y José y María se aprestaron a iniciar el regreso a Galilea, Jesús se quedó en Jerusalén.

El problema fue que no se los informó. Pensaron que estaría caminando con algunos de sus parientes y amigos. Ya habían viajado todo un día cuando se dieron cuenta de que Jesús no iba con ellos. No durmieron ni un minuto durante esa noche. Al día siguiente, en cuanto salió el sol, María y José emprendieron el regreso a Jerusalén. Para cuando llegaron había oscurecido y tenían pocas probabilidades de localizar al niño en la oscuridad. Después de otra noche de insomnio, al día siguiente lo encontraron finalmente en el templo. Estaba sentado con la mayor calma del mundo, escuchando a los maestros judíos. Los maestros hablaban de Dios y de cómo debería vivir la gente, y discutían los detalles de la gran historia de su pueblo. Todos ellos estaban sorprendidos con las preguntas que Jesús les había estado haciendo y con las respuestas que daba a las preguntas que los sabios mismos le hacían.

Cuando lo vieron, María y José se apresuraron hacia él.

—Jesús, ¿qué has estado haciendo? —dijo María—. ¡Tu padre y yo nos hemos estado muriendo de preocupación! ¿Cómo pudiste hacernos esto?

Jesús se volvió hacia ellos y respondió:

—¿Por qué me buscaban? ¿No saben que es aquí donde pertenezco? Esta es la casa de Dios. Dios es mi padre y yo soy su Hijo. Aquí es donde debo estar.

María y José no entendieron lo que les decía. Jesús debería estar con ellos en su casa en Nazaret. Eso era lo único que sabían de cierto.

Jesús obedeció lo que se le ordenó y dejó Jerusalén junto con sus padres. Sus familiares y amigos los habían estado esperando, así que se reunieron con ellos y caminaron de regreso a Galilea.

María tenía otro recuerdo que debía guardar con gran cuidado en un rincón de su corazón. Un día entendería las cosas.

8
¿QUIÉN FUE JESÚS?

Si deseamos comprender cómo se relató la historia de Jesús en los Evangelios, tenemos que adelantarnos al tiempo posterior a su muerte. Poco después de que Jesús murió, sus amigos tuvieron algunas experiencias extraordinarias. En varias ocasiones sintieron que Jesús estaba tan cerca de ellos como lo había estado durante su vida. Era como si estuviera en la misma habitación, como si pudieran escuchar su voz e incluso pudieran tocarlo y compartir los alimentos con él, como lo habían hecho con tanta frecuencia en el pasado. Dijeron que había regresado de la muerte. Pero había otra cosa que hacía que sus experiencias fueran todavía más notables. No era como si Jesús hubiese sido una especie de fantasma o simplemente hubiese vuelto a la vida. En ese momento, encontrarse con él era como encontrarse con Dios. Cuando sentían que Jesús estaba en la misma habitación con ellos o sentado a su lado en los márgenes del mar de Galilea, era como si Dios mismo estuviese ahí y se sentara junto a ellos.

Estas experiencias provocaron un cambio en los amigos de Jesús y ocasionaron que sus vidas tomaran una nueva dirección. Su idea de Dios era nueva y su entendimiento acerca de Jesús había cambiado también de modo radical. Rememoraron su vida y la vieron bajo una nueva luz. De pronto se percataron de lo que significaba todo eso. Se dieron cuenta de que Jesús no era un simple campesino de Nazaret que había contado historias maravillosas y había sanado a la gente de sus problemas y enfermedades. Jesús había traído a Dios a la tierra y ahora sus discípulos se daban cuenta de ello. Jesús mismo había hablado extensamente sobre el reino de Dios. Y ahora sus apóstoles se percataban de que había traído ese reino a la tierra y había *dado a Dios la libertad de demostrar lo que era capaz de hacer. A donde quiera que Jesús fuera, derrotaba a las oscuras fuerzas del mal, permitiendo que prevalecieran la luz y el amor de Dios.*

Casi con toda certeza ninguno de los autores de los cuatro Evangelios conoció a Jesús cuando estaba vivo, pero sí lo conocieron cuando regresó de entre los muertos. También sabían cómo se sentía estar cerca de él y estaban convencidos de que les había mostrado a Dios. Todos eran miembros de las comunidades cristianas, donde cada semana se narraban muchas historias sobre Jesús. En sus Evangelios, volvieron a referir algunos de estos recuentos o escribieron sus propias historias para expresar las asombrosas verdades que habían descubierto. Aunque cada uno de los cuatro Evangelios es diferente de los otros tres, comparten el mismo propósito apremiante.

El capítulo anterior de El Libro de Libros trató sobre el nacimiento y la infancia de Jesús. Abarcó solamente los Evangelios de Mateo y Lucas, porque son los únicos que incluyen narraciones acerca del inicio de la vida de Jesús. Este capítulo se ocupa de la última parte de la vida de Cristo; la época cuando salió de la oscuridad de Nazaret y empezó a recorrer los pueblos de Galilea y a formar un grupo de discípulos. Cada uno de los cuatro Evangelios trata sobre ese periodo y en el presente capítulo volveremos a contar las historias que aparecen en todos ellos. A veces hablaremos de una sola historia que se encuentra en tres de los Evangelios o en los cuatro; a veces la narración provendrá de uno solo de los Evangelios. Al principio de cada historia especificaremos en cuál o cuáles Evangelios se puede encontrar el original, y en las referencias al final del libro indicamos cuál Evangelio fue la principal fuente que se utilizó para recontar la historia.

Juan bautiza a Jesús
Mateo, Marcos y Lucas

EN EL DESIERTO, en el valle del río Jordán, lejos de Jerusalén y del templo, lejos de los centros de poder, se le veía a Juan, el hijo de Elisabet. Ya era un adulto y la gente lo conocía por el nombre de Juan el Bautista, o Juan, el que bautiza. Multitud de personas acudían a escuchar sus palabras y a recibir el bautismo en el río Jordán.

—Es momento de que el pueblo de Dios comience de nuevo —les decía Juan—. Ha llegado la hora de un nuevo comienzo, el tiempo en que aquellos que le han dado la espalda a Dios se vuelvan y lo enfrenten. Entonces serán testigos de su perdón. Es el tiempo de un nuevo Israel; un pueblo que ya no seguirá su propio camino, sino que seguirá el camino de Dios.

La gente venía desde Jerusalén y de todos los pueblos y villas de Judea para escuchar a Juan. Vestía una piel de camello que ataba a su cintura con un cinturón de cuero. Así es como solían vestir los profetas. El pueblo sabía esto por las antiguas historias, en particular aquellas sobre Elías. Juan comía saltamontes y miel silvestre, el alimento del desierto, para recordarle a la gente la época en que sus ancestros habían huido de Egipto y se habían encontrado con Dios en medio del desierto de Sinaí. Quería que recordaran que sus antepasados habían atravesado las aguas del mar Rojo cuando escapaban del cruel faraón y de sus soldados de Egipto, y cómo después habían cruzado el río Jordán para entrar a la tierra que Dios les había prometido. Por esas razones los bautizaba en el Jordán y hundía sus cabezas dentro del agua. Levantaba de nuevo sus cabezas hacia la luz del sol, como un símbolo de que ya estaban listos para reclamar la nueva libertad del pueblo de Dios.

¿Pero quién los conduciría?

—¿Serás nuestro líder? —preguntaba la gente.

—No, yo no lo seré —respondía Juan—. Hay otro que está por venir y que es más poderoso que yo. No soy digno ni siquiera de hincarme a sus pies para desatar las correas de sus sandalias. He vertido el agua del Jordán sobre sus cabezas, ¡pero él verterá sobre ustedes el Espíritu de Dios! Todos serán reyes y reinas en la hermosa tierra de Dios.

Un día, Jesús se acercó hasta donde Juan estaba bautizando. Había venido de Nazaret en Galilea y se unió a la fila de personas que esperaban en la ribera del río. Finalmente le tocó el turno. Juan hundió su cabeza bajo las aguas. Por un momento, la creación entera sostuvo el aliento. Entonces la cabeza de Jesús brotó de nuevo a la superficie y rompió la calma de las aguas.

Jesús regresó a la orilla del río y, mientras lo hacía, pareció como si los cielos se abrieran. ¡Dios había salido de su retiro! ¡Dios había regresado para recorrer la tierra, como alguna vez lo había hecho en los caminos de Edén! El espíritu de Dios voló como un ave hacia Jesús y se escuchó una voz salida de los cielos:

—Tú eres mi Hijo, aquel al que amo. Eres mi gozo. En ti encuentro complacencia.

Esa era la voz de Dios.

Una lectura en la sinagoga
Mateo, Marcos y Lucas

EL SABBAT ERA el día sagrado de los judíos y cada vez que Jesús se encontraba en Nazaret, acudía a la sinagoga con los demás pobladores.

Un sabbat, el rabino principal de la sinagoga le pidió que leyera de uno de los libros de los antiguos profetas judíos, y después disertara sobre el pasaje.

La ceremonia religiosa comenzó. Todos entonaron un salmo y recitaron las palabras antiguas y sagradas que sus madres les habían enseñado cuando eran niños: *Amarás a Dios con todo tu corazón, con toda tu alma y con todas tus fuerzas.* Después procedieron con las oraciones y con las lecturas de los libros de Abraham y Moisés. Luego llegó el momento de la lectura del libro de uno de los profetas. Jesús se levantó de su asiento y subió al estrado en medio del templo. El pergamino ya estaba en el atril; era el pergamino de Isaías. Jesús lo desenrolló hasta llegar al pasaje que deseaba leer.

—El espíritu de Dios está sobre mí —leyó—. Me ha ungido para traer buenas nuevas a los pobres. Me ha enviado a proclamar la liberación de los sometidos, libertad para quienes están atrapados en sus deudas, para decir a los ciegos que vean de nuevo, para dar libertad y honra a quienes se han derrumbado por obra de la desgracia y la opresión, a proclamar que ha llegado la hora de recibir la generosidad de Dios.

Enrolló el pergamino, lo entregó a un asistente y tomó asiento. La sinagoga estaba en silencio ante la manera en que había leído esas palabras. Todos las habían escuchado antes, pero nadie las había leído así. Todas las miradas estaban fijas en él.

—Hoy —prosiguió Jesús—, en este mismo sitio, en esta humilde sinagoga, las palabras de Isaías han encontrado significado. Se han vuelto realidad en este pequeño pueblo nuestro. Yo soy de quien Isaías estaba hablando.

—¡Pero no puedes serlo! —gritaron—. Eres el hijo de José. Te conocemos. Nunca pasa nada en Nazaret. Nadie importante ha vivido aquí alguna vez. No seas ridículo.

Jesús sacudió la cabeza con tristeza.

—Ningún profeta recibe aceptación en su propia tierra. No podré lograr nada en este lugar. Su mente está cerrada; tendré que encontrar a los pobres en alguna otra parte. Hay muchos pobres aquí, muchos de ustedes se han derrumbado ante la desgracia o la opresión. Sé con lo que tienen que enfrentarse. Vivo aquí y también he tenido que enfrentar esas cosas yo mismo. Pero no me dejarán ayudarles. Tendré que ir a otra parte.

El alboroto se generalizó en la sinagoga. La gente gritaba e increpaba.

—¿Así que no somos suficiente para ti, Jesús? ¿Te consideras un profeta? ¡Piénsalo dos veces, hijo de José! ¡Recuerda a quién perteneces!

En poco tiempo se habían convertido en una turba violenta y sacaron a Jesús de la sinagoga y del pueblo. Casi lo arrojaron por un precipicio.

La ceremonia del sabbat debería haber terminado con estas antiguas y sagradas palabras de bendición:

> Que Dios te bendiga y te guarde.
> Que Dios haga resplandecer su rostro sobre ti y te otorgue
> la gracia.
> Que Dios te muestre su rostro y te conceda la paz.

La gente debería haber vuelto a casa con estas palabras resonando en sus oídos, pero era demasiado tarde. El servicio religioso había terminado. El desconcierto, la violencia y el temor habían conducido a que terminara abruptamente. Nunca se dijo la bendición.

Pedro, Santiago y Juan
Los cuatro Evangelios

En todos los Evangelios, Pedro representa un importante papel como uno de los amigos más cercanos de Jesús, y en las narraciones de Marcos, Mateo y Lucas, dos hermanos: Santiago y Juan, forman con Pedro el primer círculo entre los discípulos de Jesús. Comparten varias experiencias con él que nadie más compartió y tuvieron varias oportunidades de observar la verdad más profunda acerca de Jesús y sobre quién era.

Cada uno de los Evangelios narra su propia historia sobre cómo fue que Pedro, Santiago y Juan se convirtieron en discípulos de Jesús. Lucas es diferente del resto y tiene la descripción más vívida de las cuatro. Esa es la que contaremos aquí.

EL PUEBLO DE NAZARET expulsó a Jesús, pero no sucedió lo mismo en todas partes. En otros sitios la gente se arremolinaba para verlo y escuchar sus palabras.

Un día Jesús estaba de pie en la orilla del mar de Galilea, contando algunas de sus historias. Cerca se encontraban algunos pescadores. Sus barcas estaban ancladas en la costa y los pescadores al lado de estas en el agua somera, lavando sus redes. Uno de ellos era un hombre al que Jesús ya había conocido, su nombre era Pedro y tenía una casa en Capernaúm, un pequeño pueblo en la orilla norte del mar. La suegra de Pedro había estado enferma de fiebre y el pescador le había pedido a Jesús que la sanara. Ahora Pedro se encontraba limpiando sus redes y escuchando a Jesús mientras trabajaba. Dos de los amigos de Pedro también escuchaban, eran Santiago y Juan. También eran pescadores y, como Pedro, se ocupaban de lavar sus redes. El sol matutino relumbraba sobre las aguas y un martín pescador planeaba a unos cuantos metros de la costa, cuando de pronto dobló las alas y se lanzó a atrapar un pez.

Mientras Jesús continuaba con su narración, fueron acercándose cada vez más personas para escucharlo. Los que se encontraban en las últimas filas apenas podían oírlo y empujaban a los otros con la esperanza de acercarse. La multitud avanzaba a trompicones hacia el mar y estuvieron a punto de causar que Jesús perdiera el equilibrio y cayera al agua. Jesús detuvo su discurso y miró alrededor. Vio las barcas y a los pescadores y de inmediato reconoció a Pedro.

Entonces le gritó:

—Pedro, ¿puedo usar tu barca? ¡Si no me cuido, la multitud me empujará al mar!

—Por supuesto —respondió Pedro.

—¿Podrías alejarla un poco de la orilla?

—Claro.

Jesús se subió a la barca y Pedro, Santiago y Juan lanzaron las redes y llevaron los botes un poco más hacia el interior del mar. Las barcas se mecían tranquilamente en el agua mientras Jesús seguía impartiendo sus enseñanzas a la gente. Su voz reverberaba contra la superficie e incluso aquellos que estaban al fondo de la multitud podían oír lo que estaba diciendo.

Finalmente terminó de hablar y la gente volvió a sus actividades.

Jesús se sentó en la barca.

—Vayamos un poco más lejos, a las aguas profundas —dijo a Pedro—, y lancen sus redes para pescar.

—Los peces deben haberse ido a otra parte del mar —contestó Pedro—, estuvimos pescando aquí toda la noche y no atrapamos nada. —Entonces hizo una pausa y sus miradas se encontraron—. Muy bien —continuó Pedro—, vamos a dar otra oportunidad.

Izaron la vela y llevaron la barca a las aguas profundas. Los cordeles de las redes brillaban con el sol cuando las lanzaron al agua, y al tocar la superficie hicieron un suave ruido sibilante. De inmediato el agua dentro del círculo de redes comenzó a agitarse. Los hombres dirigieron la mirada a babor y observaron un enorme cardumen atrapado dentro de ellas.

Comenzaron a tirar de las redes hacia los costados de la barca, pero estaban tan llenas de peces que parecía que fueran a romperse.

Pedro hizo señas a otros pescadores que estaban en la costa para que fueran a ayudarlos. Trajeron otra barca y entre todos pudieron recoger las redes. La pesca era gigantesca y en el bote de Pedro no había suficiente espacio para colocarla. Tuvieron que poner la mitad en la otra barca, pero a pesar de ello cargaban con tanto peso que estuvieron a punto de hundirse.

Pedro se sentía bastante abrumado. En sus tiempos había tenido buenas pescas, pero nada como esto. Miró a Jesús. Había sido testigo de cómo había sanado a su suegra; lo había escuchado contar sus historias a las multitudes. Pero este hombre no era un simple sanador y maestro; era más que eso. Pedro se arrodilló frente a él. Era casi como si Dios estuviera sentado ahí en su barca. Estaba convencido de que no era suficientemente bueno como para estar con Jesús y así lo expresó. Santiago y Juan sentían lo mismo.

—No hay nada que temer —dijo Jesús—. Vengan conmigo y ayúdenme con mi labor. Quiero que de ahora en adelante sean pescadores de personas y no de peces. Este trabajo es demasiado para hacerlo yo solo.

Pedro se incorporó y devolvieron las barcas a la costa, atracaron y desembarcaron su carga.

Santiago, Juan y Pedro siempre habían pescado en ese mar. Sus padres lo habían hecho antes que ellos y también sus abuelos y bisabuelos, desde ahí hasta donde su familia tenía memoria. La pesca era su negocio, su oficio. Jesús les estaba pidiendo que dejaran todo atrás, que abandonaran sus barcas, sus redes, sus amigos, su pueblo y sus familias: todo su modo de vida. Les pedía que abandonaran el mundo que conocían para ir a otro que estaba completamente oculto para ellos. ¿Qué les pasaría si decidían seguir a Jesús? No tenían idea.

Sin embargo, fueron con él. No podían olvidar la sensación que les había llenado de asombro en el mar cuando pescaron todos esos peces. Este hombre era capaz de mostrarles a Dios. En realidad ya lo había hecho. Le harían compañía sin importar lo que pudiese suceder.

—Sí, Jesús —dijeron—, te seguiremos.

Fotina: la mujer en el pozo
Juan

En esta historia, Jesús y algunos de sus amigos viajaban al norte de Judea en dirección a Galilea, y tuvieron que atravesar una región conocida como Samaria. (Alguna vez Judea se llamó Judá y era la región donde estaban Jerusalén y Belén.)

Con frecuencia Jesús hubiera evitado cruzar por Samaria, porque los judíos y los samaritanos no se llevaban bien. La hostilidad entre ellos databa de largo tiempo, más de setecientos años, desde el tiempo en que los asirios habían convertido a Samaria en parte de su imperio. Habían deportado a muchos de los habitantes locales y llevaron ahí a muchos extranjeros para que manejaran el país y trabajaran en las granjas. Esos extranjeros trajeron consigo muchas de sus costumbres y creencias, al igual que sus propios dioses. Después de eso, muchos de los judíos del sur pensaban que la gente de Samaria no eran verdaderos judíos. Para empeorar las cosas, doscientos cincuenta años después, cuando los babilonios destruyeron Jerusalén y Nehemías había regresado a reconstruir sus muros, los samaritanos habían intentado detenerlo. No obstante, para el tiempo en que vivió Jesús, judíos y samaritanos se odiaban todavía con más encono. Los samaritanos habían construido su propio templo en un sitio que se llamaba monte Gerizim y pretendían que rivalizara con el templo de Jerusalén;

más de cien años antes de que naciera Jesús, los soldados judíos habían atacado y destruido el templo de Gerizim. Desde entonces ocurrieron múltiples incidentes desagradables y ambas partes perdieron a mucha gente en los conflictos.

Por tanto es de sorprender que en esta historia del Evangelio de Juan escuchemos que Jesús y sus amigos cruzaron Samaria para llegar a Galilea en el norte. Llegaron a una pequeña población cerca del monte Gerizim. El pozo de Jacob se encuentra ahí; cuando menos todos lo llaman el pozo de Jacob. Según una antigua historia, que era una creencia popular en esa comunidad, Jacob mismo cavó ese pozo. Las mujeres del pueblo iban ahí todos los días a recoger agua. La narración de Juan nos cuenta que Jesús conoció en ese pozo a una mujer cuando ella fue a sacar agua. Juan no nos da su nombre, simplemente la llama *una mujer de Samaria*. Posteriormente algunos cristianos la llamarían Fotina. Es bueno que las personas de las historias tengan un nombre, así que nosotros también la llamaremos Fotina.

ERA MEDIODÍA y hacía mucho calor; no había una sola nube en el cielo. Los amigos de Jesús habían ido al pueblo a comprar comida. Jesús se sentó junto al pozo de Jacob, de frente a la entrada del pueblo. A esa hora no había mucha gente alrededor, pero Jesús vio a una mujer que atravesaba los portones, sobre la cabeza llevaba una enorme vasija de agua y sostenía un balde en una de sus manos. Era obvio que se dirigía al pozo para sacar agua.

El nombre de la mujer era Fotina. La joven pudo ver que había un hombre sentado al borde del pozo. ¿Qué querría? Pensó que sería mejor no decir palabra. No era correcto que una mujer hablara con un desconocido.

—Por favor, dame de beber —le pidió Jesús. Fotina apenas estaba bajando su balde al pozo.

¡Este hombre es un judío!, pensó Fotina, *me doy cuenta por su modo de hablar. Sé lo que dicen los judíos acerca de nosotros, los samaritanos, y en especial sobre las mujeres de Samaria. Nos llaman parásitos*

asquerosos. ¿Qué cree que hace pidiéndome de beber? Quisiera que me dejara en paz.

Jesús la miraba. La mujer tendría que darle una respuesta.

—Eres judío —le dijo en voz alta—, ¿qué crees estar haciendo al pedirme de beber a mí, una samaritana, una sucia mujer samaritana, con su asqueroso balde samaritano?

—Si supieras cuán generoso es Dios y quién soy yo —respondió Jesús—, serías tú la que me pediría de beber y yo te daría agua de vida, como un arroyo fresco al que no tendrías que ir todos los días a sacar agua.

—¡No digas tonterías! —replicó Fotina mientras sacaba el balde—. ¿Cómo podrías darme de beber? No tienes un balde y el pozo es muy profundo. ¿Y dónde esta esa agua de vida que dices tener? ¿Eres mejor hombre que nuestro ancestro Jacob que cavó este pozo?

El balde ya estaba arriba del pozo y el agua se desbordaba.

—Aquellos que beban de esta agua —declaró Jesús—, volverán a tener sed. Pero quienes beban del agua que yo les dé, nunca más tendrán sed. Será como un manantial de agua fresca que brota dentro de ellos, como agua del Jardín del Edén. Les traerá la verdadera vida, la vida del cielo, la vida de Dios. ¡Aquellos que beban el agua que yo les dé, tendrán la verdadera vida de Dios!

Por primera vez Fotina miró bien a Jesús. Lo que decía iba en serio. No podía entender todo lo que salía de su boca, pero sonaba maravilloso.

—Por favor, señor, dame un poco de esa agua —respondió—. Entonces no tendré que agotarme yendo y viniendo para cargar el agua.

Jesús la miró directamente a los ojos. La mujer comenzaba a entender.

—Ve a traer a tu marido —le dijo suavemente.

—No tengo marido —respondió Fotina.

—Muy cierto —indicó Jesús—. Tienes cinco maridos y el hombre con quien vives ahora no está casado contigo. Has dicho la verdad.

Fotina estaba asombrada. ¡Ese hombre parecía saberlo todo de ella!

—Mi señor —dijo Fotina—, puedo darme cuenta de que eres un hombre santo, un verdadero profeta. Dime, hay una cosa que quiero saber, es importante. Los samaritanos adoramos a Dios en esta montaña sagrada, el monte Gerizim, pero ustedes los judíos dicen que se debe adorar a Dios en Jerusalén. ¿Tú que piensas de eso?

—Está por llegar el momento —respondió Jesús— en que no adorarás a nuestro padre Dios en esta montaña ni en Jerusalén. En vez de ello, lo adorarás cubierta de su Espíritu y su Verdad.

—Estos son asuntos muy profundos —añadió Fotina—. Sé que está por venir un Mesías. Cuando llegue, él nos hablará así.

—Yo soy el Mesías —afirmó Jesús—. Es el Mesías quien te habla en este momento.

Justo entonces, los amigos de Jesús atravesaron las puertas del pueblo. Pudieron ver que Jesús estaba sentado al borde del pozo, ¡y había una mujer con él! Estaban platicando y, según podían ver, ¡estaban totalmente enfrascados en la conversación! ¿Qué pretendía Jesús al hablar así con una mujer? Todos sabían que no se podía hablar en público con las mujeres y menos con mujeres a las que no se conocía.

De pronto, cuando se acercaban al pozo, la mujer se levantó y pasó corriendo a su lado. ¿Qué estaba pasando? Se miraron unos a otros con sorpresa y sacudieron la cabeza, pero no dijeron nada a Jesús.

Fotina corrió apresuradamente al pueblo.

—¡Vengan a ver! —gritó—. ¡Vengan a ver! Hay un hombre junto al pozo. Me dijo todo lo que he hecho en la vida. ¡Creo que debe ser el Mesías!

¿El Mesías? ¿*Ahora*? ¿Afuera del pueblo? ¿Junto al pozo? La gente corrió y cruzó los portones junto con Fotina. Muchos empezaron de inmediato a creer que Jesús era el Mesías, simplemente porque Fotina lo había dicho y por la forma en que lo había dicho. Entonces lo vieron con sus propios ojos. Fotina tenía razón. Rogaron a Jesús que permaneciera con ellos y así lo hizo durante dos días completos. Entonces mucha, pero mucha gente creyó en él.

Cuando finalmente Jesús y sus amigos se marcharon, la gente dijo a Fotina:

—Tenías razón, ese hombre es el Salvador del mundo. Qué bonito que se haya quedado en nuestro pequeño pueblo, aquí en Samaria.

Así que Fotina, la mujer samaritana, fue la primera persona en lograr que mucha gente al mismo tiempo creyera en Jesús.

Vencedor de fuerzas oscuras
Mateo, Marcos y Lucas

Para entender de manera adecuada esta historia debemos volvernos al Antiguo Testamento o *Tanaj* o, más bien, a las historias y poemas que eran incluso más antiguos y que los judíos escucharon cuando se asentaron en esas tierras. Aquellos cuentos y poemas hablaban de una batalla entre los dioses y el mar. El mar era fiero y peligroso, podía enojarse y lanzar enormes olas contra la costa, se llevaba a las pequeñas barcas volcándolas para ahogar a todos sus tripulantes. Era como un enorme monstruo, como las fuerzas oscuras del mal y del caos que amenazaban con derrocar a la creación. Las antiguas historias y poemas hablaban de cómo los dioses habían derrotado a esas fuerzas oscuras y habían calmado su furia. En el *Tanaj*, los judíos mismos hablaban de que Dios había pisoteado las olas o que había podido controlar sus tormentosas marejadas.

Marcos, Mateo y Lucas tenían todo esto en mente cuando escribieron su descripción de la vez en que Jesús y sus amigos navegaron por el mar de Galilea. Este mar no es particularmente grande. En general es un sitio tranquilo y hermoso, con cormoranes y garzas que sobrevuelan su superficie y martines pescadores que se hunden en sus aguas para pescar. Pero en ocasiones las tormentas se desatan de improviso y el mar se convierte en un sitio peligroso y temible. La historia de Marcos, Mateo y Lucas trata sobre una de esas ocasiones, solo que la tormenta no es una tempestad común.

Jesús estaba de pie en la costa del mar de Galilea junto con sus amigos. Todo estaba en calma. Pronto se ocultaría el sol detrás de las colinas en el lado occidental del mar y su dorada luz cubriría todo el paisaje. Varios de los amigos de Jesús, como Pedro, Santiago y Juan, eran pescadores y tenían ahí sus barcas.

—Vayamos al otro lado en uno de sus botes —dijo Jesús.

Todos subieron a la barca y Pedro, Santiago y Juan izaron la vela. No había una gran distancia hacia la otra orilla, solo unos cuantos kilómetros, pero la barca parecía muy pequeña en medio de las aguas.

De pronto, las fuerzas oscuras espiaron el bote y vieron que Jesús dormía sobre un cojín en la parte posterior.

—¡Ya lo tenemos! —gritaron.

Bajaron en tropel desde las colinas y al mismo tiempo dejaron caer desde todos los costados una terrible tormenta. Azotaron el agua hasta formar enormes olas y las enviaron a chocar contra el barco. Los amigos de Jesús habían estado en muchas tormentas en ese mar, pero nunca presenciaron una tan espantosa como esta. Empezaron a sacar el agua de manera frenética, pero no tenían éxito.

Iban a hundirse, ¡y Jesús estaba dormido! ¿Cómo era posible que permaneciera dormido en esa tormenta? Los vientos rugían como lobos enloquecidos, las olas azotaban destrozando todo lo que estaba a su paso y la barca se agitaba de un lado al otro como un caballo al que picaran cientos de moscas. Parecía que el mundo estuviera a punto de derrumbarse, ¡y Jesús seguía durmiendo como un recién nacido!

—¡Despierta, Jesús! —gritaron—. ¡Despierta! ¡Nos hundimos! ¡Nos ahogaremos! ¿No te importa lo que nos pase? ¡Despierta!

Jesús abrió los ojos. Una ola del tamaño de una montaña se dirigía hacia el barco, se curvaba en las alturas, lista para estrellarse contra ellos y partir la barca en dos. Jesús se puso de pie de un salto, y gritó:

—¡Detente! ¡Tranquilízate! ¡Guarda silencio!

De inmediato la ola se dobló sobre sí misma y desapareció, y todo el mar entró en total calma. La barca tembló levemente, se estabilizó y reanudó su curso.

¡Las fuerzas oscuras sufrieron una derrota! Regresaron a su cubil y se ocultaron en la esquina más oscura. Un día lo atraparían. Un día.

Jesús se dirigió entonces a sus amigos:

—¿Por qué estaban tan temerosos? —declaró—. ¿Qué no saben quién soy yo?

De pronto sus amigos se sintieron abrumados por el asombro. Se miraron unos a otros. ¿Quién *era* Jesús? ¿Quién era que incluso los vientos y las olas le obedecían?

Un loco entre las tumbas
Mateo, Marcos y Lucas

En cada uno de estos tres Evangelios, la siguiente historia
aparece justo después de aquella que trata sobre la ocasión en
que Jesús calmó la tormenta.

CUANDO FINALMENTE JESÚS y sus amigos llegaron al otro lado del mar de Galilea, casi había oscurecido. Ahora se encontraban en territorio de los gentiles. Habían dejado por un momento la tierra de los judíos. Sin embargo, el dominio romano de esta zona de Palestina era igual de poderoso. De vez en cuando, la gente de un pueblo u otro intentaba salirse de su influencia, pero los romanos siempre fueron muy fuertes como para que lograran escapar. Los romanos los masacraban, robaban y quemaban sus casas, y arrasaban con sus cosechas. No parecía haber escapatoria.

Algunos huían hacia la locura.

Cerca del sitio donde Jesús y sus amigos atracaron había un cementerio. En cuanto Jesús bajó de la barca se le abalanzó un loco. El pobre hombre vivía entre las tumbas y deambulaba por las colinas que rodeaban el mar. Día y noche aullaba como una manada de lobos y se golpeaba con piedras, tenía aterrorizados a los habitantes locales. Habían intentado sujetarlo, incluso trataron de encadenarlo y ponerle grilletes, pero su misma locura lo hacía demasiado fuerte para ellos. Rompió las cadenas y los grilletes como si fueran de paja.

Desde lejos había visto a Jesús. Bailó y chilló durante la terrible tormenta y luego observó con extraño temor cuando Jesús se puso de pie sobre la barca, enfrentó la ola y le extrajo toda su fuerza. El loco corrió hacia la playa para encontrarse con él.

Jesús se mantuvo tranquilo y lo llamó.

El hombre se postró ante él en la arena, como si estuviera adorándolo.

—¡Aléjate de mí! —gritó—. ¿Qué quieres de mí? Sé quién eres. ¡Eres el hijo del Altísimo! Te conozco. Déjame en paz. ¡Déjame en paz!

—¿Cuál es tu nombre? —le preguntó Jesús.

—¡Legión! —respondió el loco—. Soy muchos hombres. Soy toda una legión de hombres, militares, soldados. Soldados romanos que marchan con el clamor de sus armaduras y el resplandor de sus espadas, que asesinan y queman, y que lloran, gimen y mueren. Ese soy yo. Soy una legión de soldados romanos, ¡eso es lo que soy!

—¡Entonces te expulsaré y libraré a esta tierra de tu temible opresión! —increpó Jesús.

—No lo hagas —respondió Legión—. ¡No hagas eso! Los romanos hacemos cosas terribles cuando intentan expulsarnos. Cosas terribles. Las he visto. ¡Las he visto! Mi propio pueblo… mi familia… mi esposa… mis hijos… —su voz se fue desvaneciendo.

Pero Jesús había dado una orden.

—¡Legión de soldados, salgan de él! —vociferó—. ¡Salgan, salgan en este instante! ¡Marchen! Son como un montón de reclutas recién llegados. ¿Llaman marchar a eso que hacen? Caminan como un montón de cerdos. Vamos… ¡A LA CARGA!

Las negras aguas del mar de Galilea devoraron la legión de soldados que estaba dentro del loco y se hundieron hasta las profundidades, como alguna vez se habían ahogado los soldados del faraón en el mar Rojo.

El hombre ya no estaba loco.

Sin embargo, la gente de la región estaba muy asustada. Sabían lo que significaba todo eso, o al menos creían saberlo. Si Jesús se enfrentara con los romanos e intentara arrojar a sus ejércitos al mar, entonces ellos mismos tendrían problemas. No les agradaban los alborotadores.

—Regresa a tu barca —gimieron—, navega a través del mar y déjanos en paz.

Jesús se volvió y empezó a subir al bote. El hombre al que había sanado corrió hacia él.

—Déjame ir contigo —le dijo.

—No, amigo mío —respondió Jesús—. Ahora debes ir a casa. De nuevo debes volver a vivir entre tu gente, ahí es donde perteneces. Debes contar a tus amigos lo que ha sucedido este día, diles que has encontrado la libertad y la misericordia de Dios.

La barca empezó a alejarse de la costa.

—Adiós, amigo mío —gritó Jesús.

El hombre dio media vuelta y se fue a casa.

Saciar a los hambrientos
Los cuatro Evangelios

El niño de la historia solamente aparece en la versión de Juan,
pero en esa narración no se le da un nombre. Le llamaremos
Natán.

NAZARET, EL PUEBLO DE origen de Jesús, lo obligó a alejarse. Aquellos que vivían en la misma parte del país donde vivía el loco al que
había sanado le rogaron que se fuera. Pero había gran cantidad de
gente que acudía a verlo. Tenía algunos discípulos, hombres y mujeres, que eran sus amigos cercanos y lo seguían todo el tiempo,
pero muchos otros caminaban grandes distancias para escuchar
las enseñanzas de Jesús o para llevarle sus problemas, o se acercaban a él con la esperanza de que los liberara de los romanos o de la
pobreza que los aquejaba.

Un día, mientras estaban junto al mar de Galilea, llegaron tantas personas a buscar a Jesús que él y sus discípulos estaban a
punto de desfallecer. No habían tenido tiempo ni de comer.

—Alejémonos en uno de los botes de pesca —dijo Jesús a sus
amigos—. Podremos cruzar el mar hasta un lugar desierto donde
nadie viva. Ahí podremos estar en paz, tomar nuestros alimentos y
descansar un poco.

Ese día sí comieron, pero no fue lo que esperaban. En cuanto a
la tranquilidad y el descanso, eso tuvo que esperar.

Mientras estuvieron en la barca pudieron estar en paz. El agua
era tranquila y dejaron que el bote navegara a la deriva durante
un rato en medio del mar, antes de izar la vela de nuevo y dirigirse
al otro extremo. Pero cuando llegaron a la costa, había una gran
multitud esperándolos; ¡eran cerca de cinco mil personas! La muchedumbre vio adónde se dirigía la barca y corrió por la playa para
llegar primero que ellos.

Jesús observó sus delgados rostros, y vio el temor y el ansia
que se dibujaban en sus ojos. Pensó que eran como ovejas sin un

pastor, que deambulan y tienen que cuidar de sí mismas lo mejor que pueden. No parecían tener a nadie que cuidara de ellos. A los gobernantes de los pueblos y ciudades no les importaban. También era primavera, una temporada particularmente difícil para esas personas. Todavía no había llegado el tiempo de las cosechas y los suministros de alimento que habían guardado durante el invierno ya se estaban agotando.

Jesús empezó a impartir sus enseñanzas. Muchas de las historias que narraba eran de su propia creación. Pero también les hablaba sobre antiguas historias que los judíos habían contado durante más tiempo del que nadie podía recordar: la historia sobre el Jardín del Edén, donde los árboles estaban llenos de deliciosos frutos y los ríos corrían henchidos de agua; y la historia sobre la ocasión en que Dios alimentó a su pueblo en el desierto cuando acababan de huir de Egipto.

Jesús se olvidó de que tanto él como sus amigos necesitaban descanso y un poco de comida. ¡Prosiguió con sus enseñanzas y luego siguió y siguió durante largas horas! Las historias eran maravillosas, pero los estómagos de sus amigos empezaron a quejarse. El sol ya había bajado en el horizonte. Definitivamente había llegado la hora de cenar. La gente tendría que irse y conseguir comida o estarían muertos de hambre. Y si los amigos de Jesús no comían, también estarían muertos de hambre. Decidieron interrumpir el discurso de Jesús.

Esperaron a que llegara al final de una de sus historias e intervinieron antes de que comenzara con la siguiente.

—Discúlpanos —dijeron a Jesús—, pero se está haciendo muy tarde y esta gente no tiene nada que comer. ¡Deben estar muriéndose de hambre! Envíalos a las granjas y pueblos que están más allá de las colinas, donde puedan comprar algo de comer.

—Ustedes denles algo de comer —respondió Jesús.

—¡No digas tonterías! —contestaron los discípulos—. ¿Dónde crees que conseguiremos dinero para comprar suficiente comida para toda esta gente? Son miles de personas. ¡Costaría una fortuna!

—¿Cuánta comida tienen? —indagó Jesús—. Vayan a ver.

Atravesaron entre la multitud preguntando a todos si tenían comida con ellos. No tenían nada en absoluto. Casualmente, cuando estaban a punto de darse por vencidos y regresar con Jesús, encontraron a un niño. Tenía un poco de comida que le había empacado su madre.

—¿Cómo te llamas? —preguntaron.

—Natán —respondió el niño.

—Ven con nosotros, Natán —le dijeron—, y muéstrale a Jesús lo que traes en tu alforja.

El niño se levantó y los siguió entre la muchedumbre.

—Este es Natán —indicaron a Jesús—. Su madre le puso en su alforja cinco hogazas de pan de cebada y dos pescados secos. Es bastante para él, pero difícilmente alcanzará para ti y para nosotros, no digamos para todo el resto de la gente que está aquí.

Jesús no respondió. Solamente le sonrió a Natán, y dijo:

—Gracias, es muy generoso de tu parte.

Entonces indicó a la gente que se sentara en la hierba. Cuando todo el mundo se hubo acomodado, tomó la comida que llevaba Natán, pronunció una bendición sobre ella, rompió los panes en trozos y se los dio a sus amigos, junto con el pescado, para que los repartieran entre la gente.

Sus amigos caminaron de nuevo entre la gente que estaba sentada en el piso, con las espaldas curvadas y los rostros delgados, y los alimentaron a todos, a cada uno de ellos. Nadie se quedó sin comer; todos comieron suficiente hasta saciarse. Al final ya no podían comer y todavía quedaban alimentos de sobra. Los amigos llenaron doce canastas con la comida sobrante. Por primera vez en sus vidas, esas personas habían recibido más alimento del que eran capaces de comer.

Así era la vida al lado de Jesús. Era como estar de regreso en el desierto con Moisés, cuando Dios alimentó a su pueblo y lo mantuvo vivo. Era como estar en el Jardín del Edén. Era como lograr que se cumplieran todas tus esperanzas y se volvieran realidad tus sueños más descabellados.

Esta gente de los pueblos de Galilea estaba acostumbrada a ceder la mejor parte de sus cosechas a los terratenientes ricos de las grandes poblaciones y ciudades. No estaban acostumbrados a que se les diera de comer, y menos de este modo. Ya no eran como ovejas sin pastor. Ahora tenían un líder. Un guía que cuidaría de ellos.

¿Pero adónde los llevaría Jesús?

Un hombre que ve por primera vez
Juan

> En esta historia, Jesús cura a un hombre ciego. Juan no nos dice el nombre, pero le hemos llamado Jonatán.

JESÚS ESTABA CON SUS AMIGOS en Jerusalén. Habían ido a la ciudad para uno de los festivales del templo. Era sabbat y estaban cerca de una cisterna que se llamaba Siloé.

Mientras caminaban, vieron a un hombre que pedía limosna. Era ciego y siempre lo había sido. Por esa razón era limosnero. Era un hombre inteligente, pero nadie le daba empleo porque pensaban que sería inútil para cualquier labor, pues no podía ver. Así que mendigaba en las calles. Era eso o morir de hambre.

Para la gente que pasaba a su lado era alguien que no tenía nombre. A veces lo llamaban de muchas maneras, pero eso era diferente. Su nombre verdadero era Jonatán.

Los amigos de Jesús se detuvieron y miraron al ciego.

—¿Qué hizo este hombre para merecer su ceguera? —preguntaron—. ¿Hizo algo malo o la culpa fue de sus padres?

—No es culpa de nadie —expresó Jesús con firmeza—. De nadie. No merece esto y tampoco lo merecieron sus padres. ¡Pero ahora podemos hacer la brillante obra de Dios! Amigos míos, yo soy la luz del mundo. Por donde yo vaya, la oscuridad se desvanece. Ya lo verán.

Jesús se acercó a Jonatán y se arrodilló frente a él. Escupió en la tierra e hizo una pequeña bola de lodo que esparció sobre los ojos ciegos del hombre.

—Ve a lavarte los ojos en el estanque de Siloé —le dijo.

Jonatán fue hasta la cisterna. No podía ver por dónde iba, pero sabía exactamente cómo llegar. Tenía una extraordinaria memoria para ese tipo de cosas. El lodo en sus ojos estaba empezando a secarse con el calor. Tiraba de la piel alrededor de sus ojos. Estaría más que encantado de lavarse la cara. Cuando llegó al estanque, se inclinó sobre el agua y con grandes puñados se lavó los ojos. El lodo corrió por su rostro. Se inclinó para tomar más agua y quitarse los últimos restos… ¡y pudo ver su propio reflejo! Nunca antes se había visto. Nunca antes había visto cosa alguna. Podía ver. ¡Podía ver!

Cuando llegó a su casa, sus vecinos y la gente que solía verlo mendigando no podían creer lo que veían.

—¡Es Jonatán! —gritaron unos.

—No puede ser —decían otros—, Jonatán es ciego. Este hombre puede ver. Debe ser alguien que se le parece.

—¡Claro que soy yo! —afirmó Jonatán.

—¡Pero puedes ver! —exclamaron—. ¿Qué sucedió?

—Alguien a quien llaman Jesús hizo un poco de lodo, lo untó sobre mis ojos y me dijo que me lavara en la cisterna de Siloé. Así lo hice y heme aquí, ya puedo ver.

—¿Dónde esta ese Jesús? —preguntaron.

—No sé.

No podían entenderlo, así que llevaron a Jonatán con los fariseos, quienes eran expertos religiosos y podrían explicarlo todo.

Contaron la historia a los fariseos, pero estos querían escucharla directamente de labios de Jonatán.

—¿Cómo recuperaste la vista? —le cuestionaron.

—Un hombre puso lodo en mis ojos —dijo Jonatán—, fui y me lavé el lodo de la cara ¡y con ello también me lavé la ceguera!

Los fariseos hicieron un corrillo y se pusieron a discutir.

—Pero es sabbat —dijeron algunos de ellos—. Este mendigo no estaba en peligro de muerte. El hombre que lo curó debería haber esperado hasta mañana o el día siguiente o hasta dentro de tres días. No es correcto trabajar durante el sabbat y ese hombre hizo lodo y lo puso en los ojos del ciego y lo sanó. Eso representa un trabajo y un trabajo realmente intenso. Así que el hombre que hizo esto es un pecador. No tiene respeto por las enseñanzas de Dios.

—¡Un momento! —comentaron otros—. No puedes llamarle pecador a alguien que le ha devuelto la vista a un ciego.

—¿Qué piensas *tú* de ese hombre? —preguntaron a Jonatán.

—Que es un profeta —respondió—. ¡Debe serlo!

Los fariseos seguían insatisfechos. Algunos de ellos empezaron a pensar que el mendigo estaba inventándolo todo y que en realidad nunca había sido ciego. Así que pidieron ver a sus padres.

Cuando estos llegaron, los fariseos señalaron a Jonatán y preguntaron:

—¿Este es su hijo?

—Sí —respondieron.

—¿Nació ciego?

—Con toda certeza. —Las lágrimas corrían por sus rostros porque estaban muy felices.

—En ese caso, ¿cómo es posible que ahora pueda ver?

—No lo sabemos —dijeron—. No sabemos. Pregúntenle, es un adulto y puede responder por sí mismo.

Los fariseos llamaron a Jonatán por segunda vez.

—Esto es cosa seria —declararon—. No queremos que nos digas insensateces. Queremos la verdad y eso es todo. El hombre que hizo esto contigo es un pecador. Necesitas estar consciente de ello.

—No sé si es o no un pecador —contestó Jonatán—, pero lo que sí sé es que era ciego y ahora puedo ver.

—Dinos exactamente qué te hizo —prosiguieron los fariseos—. ¿Cómo lo hizo?

—¡Ya se los he dicho! —exclamó Jonatán—. ¿Por qué quieren que les vuelva a contar la misma historia? ¿También quieren convertirse en sus discípulos?

—¡Tú eres el que se ha convertido en seguidor de ese pecador! —clamaron con enojo—. En cuanto a nosotros, seguimos a Moisés y todo lo que nos ha enseñado. Dios habló frente a frente con Moisés. Eso lo sabemos. En cuanto al fulano que te puso lodo en los ojos, ni siquiera sabemos de dónde viene.

—Vamos por partes —dijo Jonatán—. Esto es extraño. Alguien le abre los ojos a un hombre como yo, un hombre que nació ciego, que nunca antes ha visto, ¿y ustedes no saben de dónde viene? Viene de *Dios*, por supuesto. Debe serlo, de otro modo no hubiese sido capaz de hacer lo que hizo.

—¡¿Cómo te atreves?! —chillaron a coro—. Tú también eres un pecador, siempre lo has sido y siempre lo serás. ¡Cómo te atreves a pararte ahí para decirnos a *nosotros* qué debemos pensar! ¡Qué atrevimiento! ¡Fuera de aquí!

Uno de los vecinos de Jonatán encontró a Jesús y le narró lo que había sucedido, así que de inmediato Jesús fue en búsqueda de Jonatán. Cuando lo encontró, le preguntó:

—¿Crees en el Hijo de Dios?

A Jonatán le pareció que conocía esa voz, ya que evidentemente no había podido ver a Jesús la primera vez. No estaba seguro de quién era ese hombre.

—¿Quién es ese Hijo de Dios? —respondió Jonatán—. Quisiera creer en él.

—¡Estás viéndolo con tus propios ojos! —exclamó Jesús—. Está hablando contigo.

Ahora Jonatán tuvo certeza de quién era.

—¡Creo en ti! —gritó y se puso de rodillas para adorarlo.

—Puedo lograr que los ciegos vean —dijo Jesús a sus amigos—, mientras que aquellos que piensan que pueden ver todo de la manera correcta, como esos fariseos, están ciegos a la verdad cuando yo estoy aquí.

Una mujer y una niña retornan a la vida
Mateo, Marcos y Lucas

> Aparte de Jesús, hay otros tres personajes principales en esta historia: un hombre llamado Jairo, su hija pequeña y una mujer en la multitud. La mujer y la hija de Jairo no tienen nombre en ninguno de los tres Evangelios donde se mencionan estos hechos. A la mujer la llamaremos Miriam y a la hija de Jairo la llamaremos Raquel.

UN DÍA JESÚS y sus amigos navegaban a través del mar de Galilea hacia un pequeño pueblo pesquero. La gente del pueblo vio que se aproximaban, y en cuanto atracaron, una gran multitud se reunió alrededor de Jesús. Entre ellos se encontraba Jairo, un hombre importante del pueblo, uno de los líderes de la sinagoga local. Ayudaba a cuidar del edificio y organizaba los servicios religiosos.

Solo que en ese momento Jairo no se sentía un hombre importante. Estaba enloquecido de preocupación. Su única hija, Raquel, estaba gravemente enferma. En las últimas semanas, Jairo y su esposa habían empezado a platicar sobre la posibilidad de casar a Raquel, pues había cumplido doce años, que era la edad en que las mujeres se comprometían. Sin embargo, ahora parecía como si nunca fuera a casarse y Jairo y su esposa nunca tendrían nietos. El hecho es que Raquel se estaba muriendo. No había nada que pudieran hacer. Su enfermedad había empeorado progresivamente y ahora estaba al borde de la muerte. Cuando alguien le dijo a Jairo que Jesús se dirigía hacia su pueblo, corrió hasta la costa para encontrarlo. No había tiempo que perder. Parecía que a Raquel solamente le quedaban unas cuantas horas de vida.

Jairo avanzó a empujones entre la multitud hasta que llegó con Jesús. Cayó a sus pies y le rogó que fuera con él a su casa para ver a Raquel.

—Por favor —le dijo—, tiene apenas doce años y está muriendo. ¡Por favor ven y pon tus manos sobre ella para sanarla y que pueda vivir!

Jesús se volvió de inmediato y lo siguió. La muchedumbre dificultaba su avance y Jairo quería que corrieran, pero era imposible. La gente empujaba a uno y otro lado para tocar a Jesús.

Había una persona en la multitud que estaba tan desesperada como Jairo. Era una mujer que se llamaba Miriam.

Miriam había estado enferma desde hacía doce años. Alguna vez estuvo casada, pero por muy corto tiempo. Una primavera había presentado la menstruación y nunca se le había vuelto a detener. Sangraba todo el tiempo.

Su esposo se divorció de ella, pues sabía que no podían tener relaciones sexuales mientras continuara el sangrado y eso la haría incapaz de tener hijos. Ni siquiera habían podido compartir el mismo lecho, porque la religión lo prohibía. Así que terminó con el matrimonio.

Miriam quedó sola. No tenía hijos ni alguien que cuidara de ella. Ningún hombre se casaría con ella hasta que sanara.

Había acudido con gran cantidad de médicos, caminando grandes distancias para llegar con algunos de ellos. Cada vez había tenido que pasar por una situación vergonzosa y también fue muy costoso. Los médicos le habían quitado todo lo que tenía. Empezó con un poco de dinero, pero ahora todo se había acabado. Los doctores no pudieron ayudarle. Estaba peor que antes. Por la continua pérdida de sangre se sentía tan débil como una muñeca de trapo.

Cuando se enteró de que Jesús iría al pueblo, ella también se dirigió a la costa. Hizo acopio de la poca energía que le quedaba y caminó a empujones entre la multitud.

Se suponía que ni siquiera podía estar entre gran cantidad de gente, la ley religiosa judía lo prohibía. Tenía permitido salir de su casa, pero debería evitar en lo posible el contacto con los demás. La ley religiosa judía afirmaba que si una mujer en esas condiciones tocaba a alguien lo contaminaba, aunque tan solo hubiese tocado sus ropas. Pero Miriam estaba desesperada. Jesús era su última y su única esperanza. Se abriría camino entre el gentío hasta llegar a él y entonces tocaría únicamente el borde de su manto. En todo caso, ese era su plan y con eso bastaría. Jesús no se daría cuenta, pero ella sí. Jesús era un profeta, un hombre santo, un hombre de Dios. Con tan solo tocar su manto ella sanaría. Entonces podría empezar a vivir de nuevo.

No era fácil acercarse a Jesús. En un espantoso momento de decepción, Miriam creyó que no podría lograrlo. Pero entonces Jesús giró y se acercó hacia ella. Estaba con Jairo, el de la sinagoga, el hombre cuya hija, Raquel, estaba tan enferma. Todos en el pueblo sabían lo que pasaba con Raquel.

Ahora Jesús estaba a unos cuantos metros de distancia. Miriam esperó hasta que pasó a su lado y entonces salió detrás de él y tocó su manto. Una nueva energía inundó todo su cuerpo. Supo de inmediato que la hemorragia paró. De nuevo se sentía como una niña, como la persona que había sido justo antes de casarse.

Empezó a escurrirse lejos de Jesús, pero él se detuvo. Sabía que alguien lo había tocado. Sintió que la fuerza salía de él y por un momento se sintió tan débil como un muñeco de trapo.

—¿Quién tocó mi manto? —dijo mientras veía alrededor para encontrar quién había sido.

Miriam estaba aterrorizada. También se detuvo sin poder moverse. Jesús la había descubierto.

—¿Qué quieres decir con eso de que alguien te tocó? —dijeron a Jesús sus amigos—. Mira toda esta gente alrededor, empujando y atropellándose. No pueden evitar tocarte.

Pero Jesús seguía buscando en la multitud para averiguar quién había drenado toda su fuerza.

Miriam sabía que no podría ocultarse. Temblando se volvió hacia Jesús, se hincó frente a él y le contó todo.

Jesús escuchó con gran cuidado su historia. Le tendió la mano y le ayudó a levantarse.

—Hija —le dijo—, tu fe te ha salvado y te ha sanado. Ahora ve en paz. Goza de plena salud, libre de tu terrible aflicción.

Con esas palabras resonando aún en sus oídos, Miriam se despidió. En cuanto salió de la multitud y tuvo espacio para moverse, se puso a bailar y cantar. Bajó hasta la playa y se salpicó agua en todo el cuerpo. Rió y jugó como una niña. Había estado muerta en vida, ¡pero ahora estaba viva! Ahora podía vivir su vida a plenitud.

Jairo también bailaba de un pie a otro, frenético de impaciencia. ¿Qué hacía Jesús deteniéndose a hablar con esa mujer? Jairo la conocía. En primer lugar, no debería haber estado entre la multitud. ¡Además Raquel estaba al borde de la muerte y Jesús se había detenido a escuchar las quejas de Miriam! ¿En qué estaba pensando?

Alguien tocó a Jairo en un hombro y se acercó a su oído para darle un mensaje.

—Señor, he venido por usted para llevarlo a casa —dijo en un susurro—. Me temo que tengo malas noticias. Su hija ha muerto. Ya no necesita molestar a Jesús.

Jesús escuchó lo que había dicho el mensajero y declaró:

—No temas —comentó a Jairo—. Simplemente cree, como Miriam ha creído.

Jesús despidió a la multitud. No quería que fueran a la casa de Raquel y se asomaran por las ventanas. También dijo adiós a sus amigos. Tan solo se llevó a tres de ellos, Pedro, Santiago y Juan, para que lo acompañaran.

Al llegar a la casa de Jairo escucharon los llantos y gemidos. Las vecinas lloraban la muerte de la niña, y la madre de Raquel se encontraba entre ellas.

—¿Por qué están haciendo tal escándalo? —preguntó Jesús a las dolientes—. La niña no está muerta, está dormida.

Las mujeres rieron. Sabían cuando alguien estaba muerto y Raquel ciertamente lo estaba. La madre de Raquel no rió, solo miró a Jesús entre sus lágrimas, sin entender lo que decía.

Jesús echó a los dolientes. Luego llevó a los padres de Raquel y a sus tres amigos hacia la habitación donde yacía la niña.

Los judíos tenían prohibido tocar el cuerpo de una persona muerta si podían evitarlo. Sus leyes religiosas afirmaban que el cadáver sería impuro durante siete días. Pero de inmediato Jesús tomó la mano de Raquel.

—Levántate, pequeña amiga —dijo suavemente.

Había un completo silencio en la alcoba. Luego se escuchó un nuevo sonido, el sonido de la respiración de Raquel. Lentamente se levantó. Después dio un brinco al suelo, se estiró como un gato y empezó a caminar.

Jesús rió y se volvió hacia la madre y el padre.

—Creo que sería bueno que le dieran algo de comer a Raquel, debe estar hambrienta.

Pedro lo entiende todo; Pedro no entiende nada
Mateo, Marcos y Lucas

Esta historia ocurrió al norte de Palestina, en el país donde vivía Jesús, cerca de una pequeña ciudad llamada Cesarea de Filipo. Durante siglos, la gente pensó que el sitio era sagrado. Había ahí una cueva, cerca de la cual se encontraba un manantial, una de las fuentes del río Jordán. La gente acudía a esa cueva a adorar a uno de sus dioses. No mucho antes de que naciera Jesús, el rey Herodes construyó un templo frente a la cueva y había nombrado al templo en honor del emperador romano Augusto. Las paredes estaban construidas con cubos finamente tallados de piedra caliza y en el interior se recubrieron de hermoso mármol. Era como si Herodes considerara al emperador un dios. De hecho, muchos de los habitantes del imperio romano decían que Augusto era el hijo de un dios y afirmaban que era divino.

Unos años después, Filipo, el hijo de Herodes, llegó a ese sitio y construyó una ciudad, con más templos hermosos. Nombró a la ciudad Cesarea, porque al emperador romano se le había conocido como César Augusto. Herodes ya había construido su propia Cesarea, un gran puerto en la costa de Palestina, así que Filipo llamó a su ciudad Cesarea de Filipo, para que la gente no la confundiera con el puerto.

La diminuta población de Nazaret, donde Jesús se había criado, era muy diferente de Cesarea de Filipo, ahí no había grandes templos. Las casas estaban construidas de piedras recogidas en los campos y colocadas unas sobre otras, con pequeños cantos que se usaban para tapar los espacios. Luego las paredes se cubrían con arcilla o lodo. Los pisos eran de tierra apisonada y los techos se hacían con paja. En Nazaret nadie era

rico y la familia de Jesús estaba entre las más pobres. Jesús era muy distinto de Augusto. Por supuesto que Pedro se dio cuenta de ello, pero no podía evitar imaginarse que algún día…

JESÚS Y SUS AMIGOS estaban al norte de Palestina, en las pendientes de una gran montaña llamada monte de Hermón. Caminaban por una senda y conversaban hasta que llegaron a un risco, y de pronto Jesús se detuvo. Señaló hacia un punto al pie de la montaña, y les dijo:

—Miren, ahí está Cesarea de Filipo.

La blancura de los templos y los grandes edificios públicos de la ciudad resplandecía bajo el sol. Jesús y sus amigos pudieron ver cuál era el templo que Herodes había construido para Augusto. ¡Véanme!, parecía decir la ciudad, ¿no soy un sitio magnífico? ¡Herodes fue un rey tan grande y su hijo Filipo es un gobernante tan bueno! En cuanto al emperador Augusto, era el hijo de un dios. De hecho, *es* un dios. ¡Vengan a adorarlo!

Jesús se quedó parado ahí, con sus ropas de campesino, mirándolo todo. Parecía casi como un mendigo, excepto que no caminaba como tal, ni tenía la voz ni la mirada de un mendigo.

Se volvió hacia sus amigos y preguntó serenamente:

—¿Quién dirían ustedes que soy yo?

—Algunos dirían que eres Juan el Bautista —respondieron—. Otros dirían que eres Elías o uno de los otros profetas, que ha regresado a la vida.

—¿Qué piensan ustedes? —dijo Jesús—. ¿Quién dirían *ustedes* que soy yo?

Pedro se quedó mirando a la ciudad y al templo de Augusto. Levantó la cabeza y vio directamente a Jesús.

—Tú —dijo con solemnidad—, tú eres el Mesías, el Hijo del Dios vivo.

Por supuesto que Pedro había entendido. Por lo menos *sonaba* como si hubiera entendido.

—No deben decirle esto a nadie —respondió Jesús—. Hay algo muy importante que deben entender. Sé que muchos de mis compatriotas judíos buscan a un Mesías que llegue entre grandes fanfarrias, alguien que venga con gran poder y autoridad y arroje a los romanos al mar o se siente en un gran trono en Jerusalén. Pero las grandes fanfarrias no me representan, ni ese tipo de poder ni de autoridad, ni asesinar romanos o sentarme en tronos a dar órdenes a los demás. Eso no es lo que yo deseo. Tampoco es lo que Dios quiere.

»De hecho, he venido a luchar contra la tiranía, pero no lucharé a través de la fuerza, la desafiaré con el sufrimiento. En cuanto lleguemos a Jerusalén, los líderes religiosos me llevarán a juicio, me condenarán y me enviarán a la muerte. Ya los he alterado y les provocaré todavía más enojo antes de que termine. Sin embargo, tres días después de mi muerte, regresaré a este mundo.

Pedro no soportaba escuchar esto. ¡Eso no era en absoluto lo que él había querido implicar cuando dijo que Jesús era el Mesías! Llevó a Jesús a un lado y empezó a discutir con él.

—¡Si pretenden capturarte, entonces no debes ir a Jerusalén! —gritó—. No te metas en problemas. Encuentra otro modo de hacer las cosas.

—Retírate de mi camino—exclamó Jesús—. No estás del lado de Dios. Estás del lado de los hombres que solo quieren tener el poder para sí mismos. ¡Ahora retírate de mi vista! ¡Estás bloqueando mi camino!

La luz de Dios
Mateo, Marcos y Lucas

PEDRO SEGUÍA SIENDO uno de los amigos más cercanos de Jesús, solo que le resultaba demasiado doloroso escucharlo hablar sobre la posibilidad de que lo juzgaran y condenaran a muerte. Un día, junto con Santiago y Juan, vio a Jesús como realmente era.

Jesús llevó a tres de sus amigos hasta la cima de una alta montaña. Fue un ascenso difícil. ¿Para qué escalarían hasta allá? Los amigos no lo sabían. A veces Jesús subía a la montaña a orar. Quizá de eso se trataba.

Cuando llegaron a la cumbre no estaban preparados para lo que sucedería después.

Jesús se transfiguró frente a ellos. Su rostro brilló como el sol y sus vestidos eran de un blanco reluciente.

Esto era lo que Jesús era en realidad, ¡cubierto de toda la gloria de Dios! Era como estar en la cima del monte Sinaí: el sitio donde Dios se había reunido con su pueblo luego de liberarlo de Egipto; el lugar donde se les apareció entre truenos y rayos sobrenaturales, entre el brillante fuego y el humo, y con el interminable sonido del cuerno de carnero. Sinaí era el sitio donde Dios había hablado frente a frente con Moisés, el sitio donde Moisés se había ocultado en la grieta de la roca y Dios había pasado junto a él, vestido con todas las galas de su bondad. Era el lugar donde Dios había hablado en medio de la densa niebla. También era el sitio donde Dios había sufrido tanta pena por la deslealtad de su pueblo.

Y de pronto ahí *estaba* Moisés. Los amigos de Jesús podían verlo claramente. Y también vieron a Elías. Elías mismo había tenido un encuentro con Dios en el monte Sinaí. Los dos profetas estaban ahí, compartiendo este nuevo momento de extraña gloria. ¡Era como vislumbrar el cielo! Alguna vez el rostro de Moisés también brilló con la cegadora luz de Dios, o al menos eso decían las antiguas historias. Así era como ahora brillaba el rostro de Jesús, pero en apariencia no brillaba con una luz tomada o reflejada de Dios. La luz del rostro de Jesús parecía venir de su interior.

Pedro quería que la visión durase para siempre, pero no se le ocurría qué decir.

—Señor —espetó—, si lo deseas, haremos tres refugios para ustedes: uno para ti, otro para Moisés y otro más para Elías. Entonces podrán permanecer en esta montaña, protegidos del frío de la noche y del calor del sol durante el día. —Apenas sabía lo que estaba diciendo.

Mientras hablaba, una densa niebla que brillaba con la luz de la presencia de Dios cubrió la cumbre de la montaña. De esa niebla se escuchó una voz, la voz misma de Dios.

—Este es mi Hijo —anunció Dios—, aquel al que amo. Es mi gozo. En él encuentro complacencia. ¡Escúchenlo!

Cuando oyeron la voz de Dios, los tres amigos quedaron abrumados y cayeron de rodillas, cubriendo sus rostros con sus manos.

Jesús se acercó a ellos y tocó ligeramente a cada uno en el hombro.

—Levántense —exclamó—. No teman.

Pedro, Santiago y Juan miraron en torno suyo. No había nadie más, excepto Jesús que estaba parado junto a ellos, con su aspecto de siempre.

En los ojos de Jesús había un nuevo brillo, pero también una profunda tristeza. Y los amigos seguían atemorizados, aunque Jesús les había dicho que no temieran. Porque en la visión que acababan de tener, ¿la ropa de Jesús no pareció tener una blancura deslumbrante, y no era así como se suponía que se vieran los mártires después de su muerte?

9
JESÚS: NARRADOR Y POETA

Jesús pasó gran parte del final de su corta vida enseñando a sus amigos y discípulos, y a la gente que acudía a escucharlo, acerca de los caminos de Dios. En general no les enseñaba diciéndoles de manera directa qué debían pensar o hacer o cómo deberían comportarse, sino contándoles historias o dándoles proverbios que pudieran recordar. Las historias se conocen como parábolas y los proverbios son como historias en miniatura o como pequeños poemas o versos. Jesús era un brillante narrador y poeta.

Las parábolas y los proverbios tienen el propósito de dar a la gente una mirada de un mundo diferente: el mundo o el reino de Dios. También pretenden ayudar a las personas a observarse a sí mismas y al mundo en que viven, y a ver las cosas desde la perspectiva de Dios.

Para este capítulo nos basaremos principalmente en los Evangelios de Lucas y Mateo, aunque en ocasiones tomaremos también fragmentos de Marcos y Juan. Muchas de las mejores historias o parábolas se encuentran en el Evangelio de Lucas y empezaremos con cuatro de ellas.

La oveja perdida, la moneda perdida y el hijo perdido
Lucas

A menudo no eran las personas religiosas o la gente buena y respetable quienes sentían gran atracción hacia Jesús, sino individuos a los que otros ignoraban o despreciaban debido a que eran pobres o menesterosos, impuros desde la perspectiva de las leyes religiosas judías o que recolectaban impuestos para los romanos. Jesús no solamente recibía a esas personas, también comía con ellos. Los invitaba a comer, se sentaba con ellos y compartía sus alimentos. Tal cosa era inaudita. Jesús trataba a esas personas como amigos, ¡como si fueran sus iguales! Si bien provenía de una familia campesina, insistía en que su propósito era mostrar los caminos de Dios, pero esta no era la manera de hacerlo. Cuando menos eso era lo que pensaban muchos de los líderes religiosos. Por ejemplo, un hombre rico podía dar un festín para los pobres, pero nunca se sentaría a comer con ellos. El comportamiento de Jesús rompía con todas las reglas y para los líderes religiosos esto era profundamente escandaloso. ¿Cómo podía ser un buen judío y comportarse de ese modo?

Un día, varios de los líderes religiosos murmuraban entre sí acerca de cuán sorprendidos estaban de muchas de las personas que acudían a escuchar a Jesús.

—De hecho los invita a comer —dijo uno de ellos— y se sienta en un círculo con ellos y comparten los alimentos.

Jesús lo escuchó al pasar y vio las miradas de horror en sus rostros. Entonces les contó estas tres parábolas:

—Imaginen —dijo Jesús— que un pastor cuida de cien ovejas. El rebaño pertenece a varias familias de su pueblo y un niño y una niña de la comunidad ayudan al pastor con sus labores. Están en las colinas del desierto y han pasado todo el día pastoreando a las ovejas en lugares donde puedan encontrar algo de comer y beber. Al final del día llega el momento de regresar con las ovejas al pueblo. Así que las cuentan para asegurarse de que vienen todas: noventa y seis, noventa y siete, noventa y ocho, noventa y nueve…

»—¿Dónde esta la centésima oveja? —dice el pastor—. Solamente tenemos noventa y nueve.

»¿Qué hará el pastor? Por supuesto, dirá al niño y a la niña que lleven a las noventa y nueve ovejas de regreso al pueblo y que él irá a buscar a la oveja perdida. Ascenderá por las colinas y bajará a los secos lechos del río. Buscará detrás de cada piedra y de cada arbusto. Revisará los bordes de los desfiladeros. Todo el tiempo llamará a la oveja perdida y se pondrá a escuchar, esperando oír su balido. Y si la encuentra, estará muy aliviado y complacido. Seguramente la oveja estará indefensa y tirada en el piso y se negará a ponerse en pie, porque las ovejas perdidas son así. Entonces el pastor la recogerá y se la pondrá sobre los hombros, y la llevará de regreso hasta el redil en el pueblo, para poder guardarla con las demás. Cargar esa pesada oveja será un trabajo difícil y molesto, y habrá anochecido cuando el pastor regrese, pero no le importará. Ha encontrado a la oveja y eso es lo único que importa.

»Después de regresar a la oveja al redil, correrá a casa a pesar de sus cansadas piernas, y dirá a sus vecinos y amigos: *La oveja que perdí, la encontré de nuevo. Vengan, hagamos una fiesta.*

»Ahora imaginen —prosiguió Jesús— que una mujer tiene diez monedas de plata. En su pueblo la gente tiene muy poco dinero. Cultivan sus propios alimentos, tejen sus propias telas y se prestan unos a otros las cosas cuando las necesitan. Así que esas monedas son muy valiosas para ella. De hecho, es la cosa más valiosa que tiene. Las lleva como un collar alrededor del cuello. De todas sus posesiones, ese collar es lo más hermoso. Luego, un día, el collar le parece extraño. Se lo quita y descubre que falta una de las monedas. No puede encontrarla por ninguna parte.

»¿Qué hará? Por supuesto que la buscará a diestra y siniestra. Encenderá una lámpara de aceite y buscará en todos los rincones de la casa. Barrerá el piso y se pondrá atenta a escuchar si la moneda tintinea contra la escoba. Y si no escucha el tintineo, examinará el montón de tierra que ha barrido para asegurarse de que la moneda no está ahí. Buscará en la cama, detrás del armario, debajo de las ollas. Y cuando la encuentre, se sentirá muy aliviada y complacida, se pondrá a bailar por toda la casa y saldrá corriendo para llamar a sus amigas y vecinas.

»Les dirá: *He perdido una de mis valiosas monedas de plata, pero la encontré de nuevo. Vamos, ¡hagamos una fiesta!*

»Pues bien —dijo Jesús—, eso les da una idea de cuánto placer me da la compañía de esas personas a las que ustedes desprecian tanto y a quienes me enorgullece considerar como mis amigos. Y les dará también una idea de cuán valioso es cada uno de ellos para Dios. El problema es que si continúan pensando lo buenos y listos que son ustedes y persisten en mirar con desprecio a los demás, ¡se perderán la fiesta!

»Y tengo otra historia para ustedes —continuó Jesús—: Había un hombre que tenía dos hijos. Un día, el hijo menor se le acercó y le dijo: *Padre, ¿no es cierto que cuando mueras tu propiedad se dividirá entre mi hermano y yo? Bueno, pues yo no puedo esperar. Quisiera que por favor me dieras mi parte ahora.*

»Pedir esto era escandaloso y terriblemente ofensivo. La mayoría de los padres se hubieran enojado mucho, pero el padre de este joven hizo lo que su hijo le pidió. En ese mismo instante dividió sus propiedades. Era como si ya hubiese muerto. Siguiendo la costumbre, otorgó dos tercios de su propiedad a su hijo mayor y un tercio al menor.

»Lo peor estaba por venir. La familia había cultivado su tierra durante generaciones. Desde el principio de los tiempos habían cosechado en los mismos campos y habían llevado a sus ovejas y cabras a pastar en los mismos lugares y a beber en los mismos pozos. Luego de unos cuantos días, el hijo menor vendió su parte y se fue de casa. La familia y el pueblo entero estaban horrorizados con sus acciones. Había causado una deshonra para el pueblo, había insultado a su familia y humillado a su padre. La gente pensaba que las cosas nunca volverían a ser iguales.

»El joven se alejó lo más que pudo de su familia y de su pueblo. Viajó a un país distante, donde nadie lo reconociera y nadie supiera lo que había hecho.

»Y luego se dedicó a pasarla en grande. Gastó todo lo que tenía en diversiones. Pero cuando se le acabó el dinero, las cosas ya no fueron tan divertidas. De pronto se sintió demasiado lejos de casa. Sus nuevos amigos no quisieron saber de él cuando se le terminó el dinero. Estaba muy solo. Para empeorar las cosas, en el país donde vivía ocurrió una grave hambruna. Era sumamente difícil encontrar alimentos y estos eran muy costosos. No tenía dinero para comprar nada. Se estaba muriendo de hambre.

»Tuvo que buscar un trabajo. Acosaba constantemente a la gente para que le dieran empleo, y por fin alguien le ofreció contratarlo para que cuidara de los cerdos en los campos. El hombre que le ofreció el trabajo sabía que era judío, y se suponía que los judíos nada tenían que ver con los cerdos. No pretendía hacerle una oferta seria, lo único que quería era librarse de él. Pero el joven aceptó el empleo. Estaba muy desesperado y muy, pero muy hambriento.

»Sin embargo, el criador de cerdos no le daba nada de comer. Los cerdos sí tenían comida suficiente, ya que podían comer vainas de algarrobo silvestre, pero el joven no tenía nada. Seguía muriéndose de hambre. Estuvo a punto de compartir las vainas con los cerdos, pero eran demasiado amargas.

»Finalmente entró en razón. Se dijo a sí mismo: *Allá en casa de mi padre los peones tienen comida más que suficiente y yo aquí me muero de hambre. ¡Esto es estúpido! Regresaré a casa, eso es lo que haré. Y cuando llegue diré a mi padre: Padre, he cometido un error. Erré contra Dios y contra ti. Ya no soy digno de llamarme tu hijo. No puedo pertenecer a la familia después de lo que he hecho, pero recíbeme como si fuera uno de tus peones.*

»Entonces se dispuso a regresar a casa. Era un largo viaje y estaba débil por el hambre. Sus sandalias estaban gastadas y su ropa hecha jirones.

»Llegó a una cresta que miraba hacia el pueblo de su familia. Lenta y dolorosamente, con el corazón que latía más por temor que por esfuerzo físico, subió hasta lo más alto y se quedó viendo las casas y a los hombres que trabajaban en los campos.

»Empezó a bajar de la cima y tomó el camino que se dirigía al pueblo. Tenía la esperanza de que nadie lo reconociera, pero de inmediato lo vieron. En poco tiempo había una multitud que lo rodeaba. No estaban muy complacidos de verlo. Recordaban más que bien cómo había salido del pueblo y cómo había insultado a su familia y a su padre.

»Su padre siempre estaba en alerta, esperando que un día su hijo regresara a casa. Escuchó los gritos de la multitud y miró en esa dirección para averiguar qué pasaba. De inmediato vio a su hijo.

»Estaba lleno de gozo, pero también se alarmó. ¡Su hijo estaba en un estado deplorable! Vestía con harapos y tenía apariencia de cansancio y total abatimiento. Y la multitud parecía estar a punto de arrojarlo al suelo.

»Corrió lo más rápido que pudo hacia su hijo. Irrumpió entre la multitud, lanzando los brazos sobre el cuello de su hijo, para abrazarlo y besarlo en ambas mejillas.

»El hijo ya tenía preparado su discurso: *Padre*, le dijo, *he pecado contra Dios y contra ti. Ya no soy digno de llamarme tu hijo.*

»Pasó por alto aquello de que lo contratara como un peón. El hecho de que su padre corriera para reunirse con él y que lo saludara de ese modo le robó la idea de la mente. Nunca se imaginó que su padre estuviera tan complacido de verlo y menos después de lo que había hecho. Nunca antes se había percatado de cuánto lo amaba su padre.

»Su padre lo escuchó, pero no discutió con él. No le dijo: *Claro que te seguiré llamando hijo. Los hechos dicen más que las palabras.* Sabía lo que haría a continuación.

»—¡Pronto! —dijo a sus esclavos—. Tomen la mejor túnica, la que uso para las ocasiones especiales, y vistan a mi hijo con ella. No podemos dejar que siga con esa ropa hecha jirones. Y pongan mi anillo grabado en su dedo y calcen sus pobres pies. Vístanlo como rey. Y traigan el becerro, ese que hemos estado engordando. Mátenlo y ásenlo y hagan un festín para todo el pueblo. Porque este hijo mío estaba muerto y ahora está vivo de nuevo. Estaba perdido, pero ahora lo he encontrado.

»Y así comenzaron las celebraciones.

»El hijo mayor seguía en los campos. No se había dado cuenta de que su hermano regresó a casa. A diferencia de su padre, no estaba esperándolo. No estaba enterado de lo que sucedía. Así que al final del día, cuando se acercaba a la casa y escuchó el sonido de una banda de músicos que tocaba y de la gente que bailaba, quedó completamente azorado.

»Había un pequeño grupo de muchachos fuera de la entrada de la casa de su padre, bailando y cantando con la música y riendo gustosamente. Se dirigió entonces a uno de ellos:

»—Qué está pasando.

»—¡Tu hermano ha vuelto a casa! —respondió el niño—. Tu padre ha matado al becerro de engorda para él, porque ha regresado con bien.

»Cuando escuchó eso, el hijo mayor se enfureció. Se negó a entrar y participar en la fiesta. Empezó a patalear afuera, para descargar su ira contra el suelo.

»Su padre había estado buscándolo para que acudiera al festín. Cuando alguien le informó que estaba afuera, salió de inmediato.

»—¡Tu hermano ha vuelto a casa! —exclamó—. Entra y únete a la fiesta y come un poco de res asada. Necesito que ayudes a atender a nuestros huéspedes.

»El hijo mayor explotó de rabia.

»—¡Mira! —gritó a su padre—. Todos estos años he trabajado como esclavo por ti. He hecho todo lo que me has pedido. Nunca he ido en contra de tus deseos. Sin embargo, nunca me has dado ni una cabra para que la cocine y la comparta con mis amigos. Pero ahora, hoy que tu hijo está de regreso, después de gastar todo lo que le diste en lo que sin duda fue una vida disipada, matas al becerro cebado para festejarlo. ¡No es justo!

»—Pero, hijo mío —replicó el padre—, siempre has estado conmigo. Todo lo que tengo es tuyo. Sin embargo, tu hermano estaba muerto y ahora ha vuelto a vivir. ¡Estaba perdido, pero ahora ha sido encontrado! ¿Cómo no podría celebrarlo? ¿Cómo podríamos dejar de sentirnos felices?

»Recuerden esta historia —dijo Jesús a los líderes religiosos— y empezarán a entenderme. Recuerden al padre de esta historia y empezarán a entender a Dios».

El buen samaritano
Lucas

La historia del hijo perdido, o del hijo pródigo como se le llama con frecuencia, es una de las parábolas más famosas de Jesús. La otra es la del buen samaritano, que también está en el Evangelio de Lucas.

Es una narración acerca de un viaje y de lo que le sucede en el camino a cuatro hombres diferentes. Estos hombres viajaban por el desierto de Judea desde Jerusalén a Jericó, una distancia cercana a 27 o 28 kilómetros. Tres de ellos eran judíos y el cuarto era samaritano.

Los samaritanos y los judíos no tenían buenas relaciones, habían sido enemigos durante siglos. Muchos judíos despreciaban a los samaritanos. Samaria se encontraba entre Judea, al sur, y Galilea, al norte. La mayoría de los judíos evitaban en lo posible esa área y la mayoría de los samaritanos se mantenían lejos de los judíos. Muchos judíos ni siquiera pensaban que los samaritanos se pudiesen considerar humanos. Eran escoria y nada más.

La parábola menciona a un sacerdote y a un levita. Sin duda venían del templo en Jerusalén, donde habrían estado ayudando a dirigir los rezos. Los sacerdotes tenían la tarea más importante en el templo, en tanto que los levitas se ocupaban de labores de poca importancia. Dos veces al año, los dos acudían al templo para prestar sus servicios durante una semana. Muchos sacerdotes y levitas vivían en Jericó, así que es probable que ambos fueran de regreso a casa. Se suponía que el templo era un lugar sagrado, el sitio más sagrado del mundo para los judíos, y sacerdotes y levitas se preocupaban mucho de obedecer las leyes de su religión. De hecho, había leyes que se referían a ellos, en particular a los sacerdotes, y que no se aplicaban a la gente común.

De nuevo, Lucas coloca la parábola en un contexto específico: una discusión entre Jesús y un experto en leyes religiosas judías.

UN EXPERTO EN LA LEY JUDÍA escuchaba mientras Jesús enseñaba a la gente cuáles eran los caminos de Dios. Se puso de pie y preguntó:

—Maestro, ¿qué debo hacer para estar con Dios?

—¿Qué es lo que está escrito en la ley? —respondió Jesús—. ¿Qué respuesta da eso a tu pregunta?

—Amarás a Dios con todo tu corazón, con toda tu alma, con todas tus fuerzas y con toda tu mente —contestó el experto—. Y amarás a tu prójimo como a ti mismo.

—Absolutamente cierto —dijo Jesús—. Hazlo y harás compañía a Dios por toda la eternidad.

—¿Pero quién es mi prójimo? —inquirió el experto.

—Permíteme que te cuente una historia —señaló Jesús.

»Un día, un hombre cabalgaba de Jerusalén a Jericó. Hacía mucho calor. Las colinas del desierto eran muy bellas, pero demasiado inhóspitas.

»Entonces llegó a un sitio particularmente solitario del camino. No había tiendas de pastores ni se veía a otros viajeros. De pronto, una banda de ladrones saltó de entre las rocas y lo atacaron. Intentó defenderse, pero los ladrones eran muy numerosos. Lo golpearon y le robaron todo lo que tenía. Se llevaron su asno y todas las cosas que cargaba en sus alforjas. Incluso le quitaron la ropa que llevaba puesta. Luego escaparon, dejándolo sangrante e inconsciente a un lado del camino.

»Por casualidad, un sacerdote viajaba por el mismo camino, pero estaba un par de kilómetros atrás. Al pasar una curva del camino vio al pobre hombre que yacía a unos cuantos metros de distancia. El sacerdote detuvo su asno. ¿Qué podría hacer? Era evidente que el hombre había sufrido el ataque de unos ladrones. ¿Los ladrones seguirían por ahí? El sacerdote escudriñó nerviosamente hacia todos lados y se esforzó por escuchar si alguien estaba escondido por ahí con el propósito de asaltarlo. El hombre que estaba tirado a la vera del camino no hacía ningún movimiento. *Debe estar muerto*, pensó el sacerdote. *Eso quiere decir que no debería tocarlo. Soy un sacerdote y me contaminaría si me acerco a él. Eso significará que tendré que acudir al templo y formarme con todas las demás personas impuras cuando hagan sonar el gong y ofrezcan el incienso. Y me tomará un tiempo estar limpio de nuevo, además de que será demasiado costoso. Sin embargo, la ley demanda que no se deje sin enterrar a los muertos. Pero no puedo acercarme demasiado para asegurarme de que está muerto. Aparte, quizá ni siquiera sea judío. Válgame Dios, ¿qué debo hacer?*

»Mientras tanto, el hombre seguía tirado y sin moverse.

»El sacerdote se puso en marcha de nuevo sobre su asno. Con gran cautela atravesó al otro lado del camino, manteniéndose lo más lejos posible del hombre, luego espoleó al asno para que empezara a trotar y se apresuró hacia Jericó.

»El hombre que sufrió el asalto seguía tendido y cubierto de sangre. Pasó el tiempo y los buitres empezaron a sobrevolar el sitio.

»Después un levita apareció por la misma curva del camino. También vio al hombre. No era posible pasar sin verlo. Igual que el sacerdote, se detuvo a mirar. Los mismos argumentos pasaron por su mente. Ya había visto al sacerdote que cabalgaba a cierta distancia de él y era evidente que había pasado justo al lado del hombre. Entonces el levita se dijo a sí mismo que si el sacerdote no se había detenido, tampoco él debería hacerlo. Así que cruzó al otro lado del camino y siguió adelante con gran prisa.

»Pasó más tiempo. El hombre seguía inconsciente y no faltaba mucho para que oscureciera.

»Pero cuando el sol estaba empezando a ponerse detrás de las colinas, llegó un samaritano que venía cabalgando y conduciendo una recua. Al ver al hombre tirado ahí, bajó de inmediato de su asno, se acercó a él y se arrodilló a un lado. ¡Gracias a Dios el hombre seguía vivo! Tomó de sus alforjas un frasco con aceite de oliva y un poco de vino y lavó lo mejor que pudo las heridas del hombre. En sus sacos también llevaba un poco de tela, un paño costoso que había comprado en el mercado de Jerusalén. Lo sacó, lo desgarró en tiras y las usó como vendas. Luego cubrió al hombre con un poco de su ropa sobrante, lo subió con gran cuidado sobre su burro y lo llevó, junto con sus demás animales, a una de las posadas de Jericó.

»Toda la noche, el samaritano cuidó de él. El hombre recuperó la conciencia, pero en la mañana todavía no estaba en condiciones de irse. Así que el samaritano dio un poco de dinero al hospedero y le dijo:

»—¿Cuidarías de este hombre por mí? Ese dinero debería bastar, pero si gastas algo más, te pagaré cuando regrese. No quiero que el pobre hombre quede endeudado y eso complique más sus otros problemas».

Cuando terminó su historia, Jesús se dirigió al experto de la ley.

—¿Qué piensas? —preguntó—. ¿Cuál de los tres hombres fue un buen prójimo para el hombre al que atacaron los bandidos?

—Aquel que le mostró misericordia —respondió el experto.

—Entonces debes ser como él —replicó Jesús—. Debes hacer lo mismo que el samaritano. No se detuvo a interpretar los detalles sutiles de la ley. Sabía qué debía hacer y lo hizo. No le importó que el hombre que yacía en el camino fuera o no un judío. Simplemente vio a una persona que necesitaba su ayuda. Si realmente quieres estar con Dios y seguir sus caminos, entonces debes ser como el samaritano.

Los trabajadores y la viña
Mateo

En muchas de sus parábolas, Jesús mostraba que Dios veía las cosas de manera diferente a como las ven los humanos. De hecho, a lo que se refería es que, cuando Dios está cerca, debemos prepararnos para las sorpresas. Debemos disponernos a pensar de nuevo en lo que es correcto, justo y equitativo. Prepararnos para cambiar nuestra forma de pensar acerca de lo que significan la bondad y la generosidad. Debemos estar dispuestos a ver a los demás bajo una nueva luz. Cuando Dios hace su propia voluntad, nunca sabemos qué pueda suceder.

Nuestra última parábola, que aparece únicamente en el Evangelio de Mateo, nos lleva de manera directa a los campos de Galilea que Jesús conocía tan bien y a los viñedos que eran tan comunes en ese lugar. Cuando las uvas estaban en la etapa correcta para cosecharlas, era importante recolectarlas con rapidez. De modo que los propietarios de los viñedos tendrían que haber contratado hombres adicionales para que hicieran el trabajo. A veces contrataban a estos jornaleros por un día hasta que terminaba la cosecha. Muchos habitantes de Galilea no poseían tierras propias y eran muy pobres, el dinero adicional que podían ganar en temporada de cosecha era muy importante para ellos y sus familias. Si alguien no conseguía empleo, eso significaba que su familia pasaría hambre. Así que los hombres se reunían en los mercados de los pueblos locales, con la esperanza de que alguien los contratara por ese día. En el tiempo de cosecha, el día de trabajo duraba doce horas y los hombres trabajaban todo el tiempo, bajo el calor del mediodía y en la tarde.

La parábola de Jesús iba más o menos así:

—EL REINO DE DIOS ES COMO LES DESCRIBIRÉ —dijo Jesús.

»Había llegado el tiempo de cosechar las uvas. Así que a las seis de la mañana, el dueño del viñedo fue al mercado a contratar trabajadores adicionales. Gran cantidad de hombres paseaban por ahí con la esperanza de que los contrataran. Algunos de ellos no estaban en muy buenas condiciones. Unos tenían dolor de espalda o sus articulaciones no funcionaban del todo bien y otros estaban envejeciendo. Pero todos intentaban parecer tan aptos y fuertes como fuera posible y sumamente dispuestos a trabajar. De hecho, sí querían trabajar. Sus familias dependían de ello.

»El dueño del viñedo eligió a unos cuantos y negoció con ellos la paga que recibirían. Al final acordó pagarles la cantidad usual por un día de trabajo. Haría que su capataz les pagara al terminar la jornada, cuando hubieran hecho el trabajo.

»La cosecha no progresaba con suficiente rapidez. El dueño del viñedo necesitaba más personal. Así que a las nueve de la mañana regresó al mercado, eligió algunos hombres más, prometiendo pagarles lo que era justo, y los envió a su viñedo. Los hombres no se quejaron del salario; simplemente estaban contentos de tener empleo.

»Al mediodía y de nuevo a las tres de la tarde, el dueño regresó al mercado y contrató más hombres.

»Estaba a punto de terminar la jornada y la cosecha iba sobre ruedas para ese momento. Si contratara a unos cuantos hombres más, seguramente terminarían con el trabajo. Entonces el dueño del viñedo fue otra vez al mercado. Ya casi daban las cinco de la tarde y solamente quedaba una hora de labores.

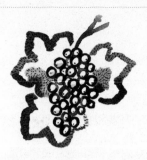

»Se sorprendió de encontrar que todavía quedaban hombres que esperaban ahí. Deben haber estado desesperados por encontrar trabajo.

»—¿Por qué siguen parados aquí, perdiendo el tiempo todo el día? —preguntó.

»Era una pregunta tonta, pero los hombres no lo dijeron. Estaban más que dispuestos a conseguir trabajo, aunque fuera una hora o cualquier cosa, para poder llevar algo a casa con sus familias.

»—Es que nadie nos ha contratado —respondieron cortésmente.

»—Bueno, pues yo los contrataré —dijo el patrón—, vayan de inmediato a mi viñedo.

»Una hora después, llegó el momento de que todos detuvieran las actividades. El patrón fue a hablar con su capataz.

»—Llama a los trabajadores y págales —declaró—. Empieza con los hombres a quienes contraté al final y luego ve pagando a los siguientes, hasta llegar a los que contraté primero.

»Así que los hombres a los que había contratado alrededor de las cinco de la tarde se formaron en fila y cada uno recibió la paga del día completo.

»Los hombres a los que contrató a las nueve, al mediodía y a las tres de la tarde, recibieron la misma cantidad de dinero.

»Por último llegó el turno de aquellos a los que había contratado a las seis de la mañana. Vieron lo que habían recibido los primeros y pensaron que les tocaría un bono adicional. Pero no fue así. Se les pagó el salario usual.

»¡Estaban furiosos! Vieron el dinero que tenían en la mano y marcharon con el dueño del viñedo.

»—¡Pagaste lo mismo a los hombres que apenas empezaron a

trabajar hace una hora! —exclamaron—. Les has dado lo mismo que a nosotros, aunque nos hemos estado esforzando todo el día debajo del sol abrasador. ¡Eso no es justo!

»Uno de ellos se paró frente al dueño. Se había nombrado a sí mismo líder de los hombres. Esperaba una respuesta y sería mejor que fuera buena.

»—Amigo —dijo el dueño—, no te hecho ningún mal. ¿No acordaste conmigo desde la mañana que te pagaría el día de salario a la tarifa que es común? Bueno, pues eso es lo que has recibido. Tómalo y sigue tu camino. He elegido dar la misma cantidad a los hombres que contraté al final. Ese es mi derecho. Así es como yo hago las cosas».

Las Bienaventuranzas
Mateo y Lucas

Jesús vivió y trabajó principalmente entre los pobres. Deseaba que tuvieran confianza y quería mostrarles dónde podrían encontrar la verdadera esperanza. Esas personas sentían que no podían lograr nada por sí mismos para facilitarse la vida. Estaban aprisionados en un mundo donde no tenían alternativa respecto a las sequías, las enfermedades o las plagas de langostas. Estaban atrapados en una situación en la que tenían que trabajar para personas que no se preocupaban por ellos. Otros no tenían más remedio que ir todos los días a los mercados con la esperanza de encontrar trabajo. Muchos de los hombres conocían la vergüenza de regresar a casa sin nada que dar a sus esposas e hijos. Otros seguían siendo presas de la esclavitud y también estaban atrapados en una tierra ocupada por los romanos. Como siempre, la peor situación era la de las mujeres y los niños.

Jesús llegó entre estas personas a llevarles la vida y el consuelo de Dios. En unos cuantos versos que se conocen como las Bienaventuranzas, o las bendiciones, expresó de la manera

más bella la extraordinaria esperanza que ofrecía a esta gente.
Existen dos versiones de las Bienaventuranzas; una de Mateo,
y otra de Lucas. La versión de Lucas es la más breve y va más o
menos así:

AFORTUNADOS ustedes, los pobres,
porque el reino de Dios es suyo.
Afortunados ustedes, los hambrientos,
porque saciarán su hambre.
Afortunados quienes hoy lloran,
porque después reirán.

Esta es la versión de Mateo:

Afortunados aquellos que dependen
por completo de Dios,
que no tienen a nadie a quien recurrir,
porque suyo es el reino de los cielos.
Afortunados aquellos que se lamentan,
porque recibirán consuelo.
Afortunados los humildes,
porque heredarán la tierra.
Afortunados quienes tienen hambre y sed de justicia,
porque serán saciados.
Afortunados los que muestran misericordia,
porque misericordia recibirán a cambio.
Afortunados aquellos que ansían a Dios
por sobre todas las cosas,
porque de cierto verán a Dios.
Afortunados los pacíficos,
porque se les llamará hijos de Dios.
Afortunados los perseguidos,
porque buscan lo justo y correcto,
y de ellos es el reino de los cielos.

Otros proverbios y una oración

Jesús enseñó con parábolas o con proverbios. Los proverbios son como pequeños poemas o frases poéticas. Entre sus proverbios se encuentran los siguientes:

Los últimos serán los primeros y los primeros serán los últimos.

Ama a tus enemigos. Haz el bien a aquellos que te odian.

Concede a los demás el trato que quieres para ti mismo.

Ten misericordia, ya que Dios, tu Padre, es misericordioso.

No juzgues a otros y no serás juzgado. No condenes y no serás condenado. Perdona a los demás y recibirás perdón. Da y se te dará en buena medida; como grano compactado y que se desborda de la canasta, así caerán los dones en tu regazo.

¿Por qué percibes la mota de polvo en el ojo de alguien más, cuando no ves el enorme tronco en tu propio ojo? ¿Cómo puedes decirle a tu amigo: *Déjame sacar esa mota de polvo de tu ojo*, cuando no ves el tronco que llevas tú mismo? ¡Primero retira el tronco de tu propio ojo y luego podrás ver claramente para quitar el polvo del ojo de tu amigo!

Y digo a los padres, si uno de sus hijos les pide pan, ¿quién de ustedes le daría una piedra? O si uno de sus hijos les pide un pescado, ¿quién le daría una serpiente? Si ustedes saben qué deben dar a sus hijos, cuánto más sabrá su Padre celestial cómo dar lo que es bueno a aquellos que se lo piden.

No desprecies a nadie solo porque es pequeño o vulnerable, o porque ha cometido un error. Recuerda que tienen a sus ángeles guardianes en el cielo que miran directamente al rostro de Dios.

Con frecuencia, Jesús intercalaba sus enseñanzas en una historia. A continuación presentaremos dos historias que se tomaron en parte de Marcos y en parte de Mateo:

Jesús y sus amigos estaban en Capernaúm, una pequeña comunidad pesquera en el extremo norte del mar de Galilea. Ese día habían recorrido un largo camino.

Cuando llegaron a la casa adonde se dirigían, Jesús les preguntó:

—¿Qué iban discutiendo en el camino?

Sus amigos estaban demasiado avergonzados como para confesarlo.

—Ya sé de qué hablaban —dijo Jesús—. Estaban discutiendo sobre cuál de ustedes es el más importante, ¿no es cierto? Eso quiere decir que no han escuchado lo que he venido diciendo. Cualquiera que desee ser el primero, debe ser el último de todos y el siervo de los demás.

Una niña jugaba tranquilamente en una esquina de la habitación. Jesús la llamó y la hizo pararse al centro del círculo de amigos. La niña nunca antes había estado al centro de los demás. Estaba más acostumbrada a las esquinas o a los sitios tranquilos donde nadie pudiera verla. Jesús la cargó en brazos y la niña se sentía como la persona más importante de todo el lugar. Nadie antes la había tratado así. Sus padres la amaban, pero era la más pequeña de la familia y siempre la consideraban como la menos importante. Si sus padres eran injustos con ella o la castigaban, no había nada que ella pudiese hacer al respecto.

Mientras todavía sostenía a la niña, Jesús dijo a sus amigos:

—A menos que cambien y se vuelvan como niños, no sabrán lo que significa pertenecer al reino de Dios. No deben tratar de ser más importantes y mejores que los demás. ¡En lugar de ello, deben ser como esta pequeña y tendrán el sitio más importante en el reino de Dios!

En otra ocasión, las madres empezaron a llevarle a Jesús sus bebés e hijos pequeños, porque deseaban que impusiera sus manos sobre ellos y los bendijera.

Los amigos de Jesús quisieron detenerlas, pero cuando Jesús se dio cuenta de lo que hacían, se enojó mucho.

—¿Qué creen que están haciendo? —exclamó—. Dejen que los niños se acerquen a mí. ¡No los detengan, porque el reino de Dios pertenece a quienes son como ellos!

Así que las madres se adelantaron, una por una, y Jesús tomó en sus brazos a cada uno de los niños, colocó su mano sobre sus cabezas y los bendijo.

Estos son unos cuantos de los proverbios de Jesús que encontramos en el Evangelio de Juan:

Yo soy el pan de la vida. El que venga a mí nunca pasará hambre y cualquiera que crea en mí nunca tendrá sed.

Yo soy la luz del mundo. El que me siga nunca caminará en la oscuridad, sino que llevará consigo la luz de la vida.

Soy el buen pastor. Un buen pastor está preparado para dejar su vida por sus ovejas. Si un lobo ataca a su rebaño,

un pastor contratado huirá, porque no le importan las ovejas. Entonces el lobo las dispersará y se llevará a una de
ellas. Pero yo soy el buen pastor. Las ovejas son mías. Las
conozco a todas y ellas me conocen a mí. Es como ocurre
entre mi Padre y yo, Él me conoce y yo lo conozco a Él.
Daré mi propia vida por las ovejas. Nadie podrá llevárselas
de mi lado.

El Padre y yo somos uno.

Yo soy el camino, la verdad y la vida.

Soy la vid y ustedes son las ramas. Si se mantienen unidos
a mí, se multiplicarán sus frutos.

Finalmente hablaremos de una oración. Para los cristianos, esta representa la oración más famosa del mundo y aquella que se utiliza
con más frecuencia que ninguna otra. Casi todos los cristianos la
conocen de memoria. En los Evangelios aparece dos veces, una en
Mateo, y otra, en versión más corta, en el Evangelio de Lucas. La
versión más larga es la que utilizan los cristianos para orar y para sus
ceremonias religiosas públicas. Se le conoce como padrenuestro.
  Jesús dijo:
  —Esta es la manera en que deben orar:

Padre nuestro del cielo,
santo es tu nombre.
Que venga a nosotros tu reino
y se haga tu voluntad
en la tierra como en el cielo.
Danos hoy nuestro pan de cada día.
Perdona nuestros pecados
como perdonamos a quienes pecan contra nosotros.
No nos dejes caer en tentación
y líbranos del mal.

10
LA MUERTE Y RESURRECCIÓN DE JESÚS

Los cuatro Evangelios del Nuevo Testamento dedican la totalidad o la mayoría de su contenido al último año, más o menos, de la vida de Jesús, y se ocupan más que nada de los sucesos que llevaron a su muerte y a lo que ocurrió después. Todos los autores de los Evangelios concuerdan en esto: la muerte de Jesús, por terrible que haya sido, resumió todo lo que Jesús defendía y todo lo que dijo e hizo. Jesús mostró a la gente cómo era Dios y transmitió ese mensaje de la manera más clara al morir y cuando se reencontró con sus discípulos después de su muerte.

Desde entonces, los cristianos han seguido la pauta de los Evangelios. Esa es la razón por la que el Viernes Santo, cuando se celebra la muerte de Jesús en la cruz, y el Domingo de Pascua, cuando se celebra su resurrección de entre los muertos, son fechas tan importantes para ellos. También es la razón por la que la cruz es el símbolo más común entre los cristianos. Se encuentra en la mayoría de los templos: en sus muros, en sus techos, en los vitrales de sus ventanales, sobre sus altares. Muchos cristianos portan alrededor del cuello una pequeña cruz colgada de una cadena, prendida de la solapa de su saco o tienen una cruz sobre una pared o en algún estante en su casa o la cuelgan del espejo retrovisor de su automóvil.

Cada uno de los cuatro Evangelios nos cuenta a su propio modo la historia sobre la muerte y resurrección de Jesús, aunque concuerdan mayormente en el patrón básico de los acontecimientos. Para la narración sobre la muerte de Jesús y los sucesos que condujeron a ello, este capítulo de El Libro de los Libros se basará principalmente en el recuento de Marcos, aunque tomaremos unos cuantos detalles adicionales de Mateo, Lucas y

Juan. Sin embargo, para la descripción sobre la resurrección de Jesús, el capítulo utilizará tres historias de Juan en lugar del relato de Marcos.

La entrada a Jerusalén
Los cuatro Evangelios

La historia sobre los sucesos que condujeron a la muerte de Jesús comienza con su llegada a Jerusalén para el festival judío de la Pascua.

Miles y miles de peregrinos judíos provenientes de toda Palestina y de sitios muy lejanos, llegaban a la ciudad para celebrar juntos el festival en el templo. A sus ojos, el templo era el sitio más sagrado de todo el planeta. Acudían para encontrarse con su Dios y, en un mundo y un país bajo el yugo romano, también iban a Jerusalén para encontrarse unos con otros y celebrar el hecho de ser judíos. En el templo podían sentirse orgullosos de su origen.

Durante la Pascua volvían a narrar la historia de cómo sus ancestros habían escapado de Egipto y de cómo el faraón se ahogó en el mar Rojo junto con su ejército. En aquel entonces, Dios había rescatado a su pueblo. Algunos seguramente habrán pensado que los rescataría de nuevo, pero esta vez los salvaría de los romanos. Quizás este año el Mesías vendría y arrojaría a los romanos, se coronaría rey, les daría de nuevo su libertad y convertiría otra vez a Jerusalén en el centro del mundo.

Los romanos estaban en guardia. Pilatos, el gobernador romano de Judea, solía vivir en la costa del Mediterráneo, pero se había mudado a Jerusalén con gran cantidad de soldados adicionales. Había una fortaleza romana, conocida como Antonia, que dominaba desde lo alto el área del templo para mantener una estrecha vigilancia de la situación. Los romanos no querían problemas y si el pueblo se atreviese a iniciar una revuelta, se desharían de ellos de inmediato. Los sacerdotes que controlaban el templo tampoco querían dificultades, solo deseaban que las cosas marcharan de la manera acostumbrada.

JESÚS Y SUS AMIGOS se encontraban entre quienes iban a Jerusalén para la Pascua. Multitudes de peregrinos de Galilea iban junto con ellos. Las muchedumbres incluían a muchos pobres que escuchaban las enseñanzas de Jesús y sentían un grado de orgullo que nunca antes habían experimentado. El pueblo que recibió los alimentos que Jesús les obsequió en el mar de Galilea también iba con él. Miriam, la mujer que lo había tocado en la muchedumbre y había sanado, lo acompañaba, al igual que Raquel, la chica a la que salvó de la muerte, quien iba acompañada de sus padres. Asimismo lo seguía una mujer que se llamaba María, quien provenía de Magdala, una pequeña población en la orilla del mar de Galilea. María había estado muy enferma y Jesús la había sanado; desde entonces, ella se mantuvo a su lado el mayor tiempo posible.

Recorrían un camino que serpenteaba desde Jericó y cruzaba las colinas del desierto de Judea. Para ese momento, se encontraban apenas a unos tres kilómetros de la ciudad.

Jesús iba a pie como el resto de sus discípulos, pero decidió que entraría a Jerusalén sobre una cabalgadura. Entraría a la ciudad como un rey, y les demostraría lo que significaba en realidad ser un rey, así como el tipo de rey que Dios era. Necesitaba un asno que nadie hubiese montado antes. Nadie tenía permitido montar en el asno de un rey.

—¿Ven ese pueblo que está más adelante? —preguntó a dos de sus amigos—. Cuando entremos ahí, encontrarán atado un asno que nadie ha montado antes. Desátenlo y tráiganlo conmigo. Si alguien les pregunta qué están haciendo, solo digan que el maestro lo necesita y les dejarán tomarlo.

Los amigos estaban un poco desconcertados ante tal petición, pero hicieron lo que Jesús les indicó y encontraron justo lo que él les había dicho. Llevaron el asno a Jesús y arrojaron sus mantos sobre el lomo del animal. Jesús lo montó.

—Jesús, te llevaremos a Jerusalén como un rey —gritaron todos.

En poco tiempo llegaron a la cima del monte de los Olivos. Al frente estaba Jerusalén y pudieron ver el nuevo complejo del templo que se estaba construyendo. El rey Herodes había empezado los trabajos. Quería algo mejor que lo erigido después del exilio, en una época de grandes dificultades. El diseño de Herodes semejaba su ambición: era enorme. El pueblo lo había estado construyendo durante cincuenta años, pero seguía sin terminarse. Había grandes escalinatas que llegaban hasta la plataforma del templo y columnatas que parecían proseguir al infinito. Tenía una enorme plaza donde podían entrar tanto los gentiles como los judíos. Alrededor de sus muros internos se colocaban avisos donde se advertía que si los gentiles iban más allá de ese punto, se les condenaría a muerte. Luego, unos cuantos escalones más arriba, había un atrio especial para mujeres judías, y todavía más arriba se encontraba el atrio de hombres judíos. Ninguna mujer podía ascender hasta ahí. Doce escalones más arriba estaba el templo en sí, la casa de Dios. Solo los sacerdotes tenían acceso a este, e incluso ellos no tenían permitido ingresar al sanctasanctórum. Era el sitio más sagrado de todos. Se encontraba separado del resto del templo por un velo. Solamente el sumo sacerdote tenía permitido pasar al otro lado de esa cortina una vez al año.

Los peregrinos se quedaron viendo desde arriba la enorme construcción y por un momento les quitó el aliento. Luego, una de las personas que acompañaban a Jesús empezó a gritar: ¡*Dios bendiga al rey*! Los demás comenzaron a aclamarlo y a lanzar el mismo grito. Extendieron sus mantos sobre el camino frente a Jesús y con paja y ramas de los campos formaron una alfombra sobre la cual pasaría montado en su asno.

—¡Dios bendiga al rey! —gritaban—. ¡Dios bendiga al rey!

Luego descendieron de la colina, junto a un jardín conocido como Getsemaní, hacia los muros de Jerusalén.

No se percataron de que Jesús iba llorando. Miraba al otro lado de la ciudad. Entonces Jesús pensó: *Si tan solo supieran el camino que se tiene que recorrer para lograr la paz.*

Así entraron en Jerusalén. Los peregrinos de Galilea y Samaria se integraron en la gigantesca multitud. Los gritos de ¡*Dios bendiga al rey*! se perdieron en el clamor general. No sucedió nada notable ni extraño, solamente gran cantidad de empellones y codazos en las estrechas calles, mientras los soldados romanos mantenían la vigilancia sobre los atrios del templo desde su fortaleza. Pareció un terrible anticlímax. ¿Algo iría a suceder?

Finalmente, Jesús y sus compañeros llegaron hasta la plataforma del templo y después ascendieron al primer atrio. Jesús miró alrededor y observó cuidadosamente todo lo que ahí sucedía. Pronto regresaría. Pero se estaba haciendo tarde y él y sus amigos debían encontrar alojamiento para esa noche. Era demasiado costoso quedarse dentro de la ciudad, así que regresaron al monte de los Olivos y cruzaron los montes al pequeño pueblo de Betania. Estaba a solo tres kilómetros de distancia y podían hospedarse ahí durante el festival.

Motín en el templo
Los cuatro Evangelios

AL DÍA SIGUIENTE DE QUE había entrado a Jerusalén, Jesús regresó al templo, pero ahora estaba listo para actuar. Había visto suficiente. Había observado el trato que se brindaba a la gente. En apariencia, los sacerdotes eran más importantes que los demás. Los ricos eran más importantes que los pobres. Los hombres tenían un lugar preferencial por encima de las mujeres y los adultos eran más importantes que los niños. La gente que vivía en Jerusalén importaba más que los campesinos de Galilea, con sus acentos y dialectos campiranos. Y a los enfermos y discapacitados no se les consideraba suficientemente puros como para que se les permitiera acercarse a Dios.

Todo esto llenó de ira a Jesús. Esta gente —los enfermos, los discapacitados, los campesinos de los pueblos de Galilea que tenían tantas dificultades, las mujeres, los pobres— era con quienes vivía, la gente que acudía a él para pedir ayuda, aquellos a los que impartía sus enseñanzas, ¡el pueblo al que amaba! ¡Y ellos eran los únicos que lo amaban a él! En cuanto a los niños, ¿no había puesto él mismo a una niña al centro de su círculo de amigos y les había dicho que todos deberían ser como niños?

Se suponía que el templo era el sitio donde todos se acercaban a Dios, sin importar quiénes fueran. Tenía el propósito de ser un sitio donde cualquier persona en el mundo pudiera encontrar el amor y la generosidad de Dios, en especial aquellos que más lo necesitaban. Pero así no eran las cosas ahí. La gente que más necesitaba a Dios era a la que se hacía a un lado.

El templo debía ser el sitio donde los pobres encontraran la pasión de Dios por la justicia y de donde saldrían con los bolsos llenos de buenas cosas. Pero el día anterior, Jesús había observado que los campesinos de Galilea cambiaban su dinero por monedas especiales que tenían que usar en el templo. Los había visto utilizar esas monedas para comprar con grandes esfuerzos los pichones que ofrecerían como sacrificio.

Ya había visto suficiente. ¡Era el momento de actuar! Así que ahora, en su segundo día en la ciudad, marchó hacia la zona del templo y empezó a echar a aquellos que compraban y vendían. Volcó las mesas de la gente que cambiaba el dinero, tiró los asientos de los vendedores de pichones y detuvo a los sacerdotes y levitas que llevaban sus vasijas sagradas de una parte del templo a otra.

—Dios dijo —gritó Jesús—: ¡*Mi casa será casa de oración para todos los pueblos, para todos en el mundo!* Ustedes, los que controlan este lugar, ¡lo han convertido en una cueva de ladrones! Los pobres vienen y ustedes los vuelven más pobres. La gente que ha recibido desprecios toda su vida viene aquí para encontrar un poco de dignidad y respeto, y ustedes los envían de regreso con menos de lo que tenían antes.

Los pobres, las víctimas de abuso, la gente a la que en general no se tomaba en cuenta, aclamaron con grandes gritos las palabras de Jesús. Los ciegos y los cojos se apilaron alrededor de él para que los sanara y los niños empezaron a gritar diciendo: ¡*Dios bendiga al rey!* ¡*Dios bendiga al rey!*

Los principales sacerdotes y algunos otros líderes judíos a los que se conocía como escribas, escucharon la conmoción y salieron para ver qué sucedía. ¡Esto era intolerable! Ese tal Jesús quería detener el funcionamiento del templo. Si la gente no cambiaba su dinero o compraba sus pichones, y si los sacerdotes y levitas no podían llevar las vasijas sagradas adonde se necesitaban, la veneración a Dios se detendría por completo. ¡El templo estaría acabado! Una persona que profetizara la destrucción del templo enfrentaría los azotes y una condena de muerte. Este galileo no solo anunciaba la destrucción del templo, sino que sus acciones estaban dirigidas a lograrlo.

Y todos esos ciegos y cojos, ¿qué estaban haciendo ahí? Ese tipo de personas no tenían permitido el acceso al templo. Y esos niños que gritaban ¡*Dios bendiga al rey!*, ¿en qué estaban pensando? Los niños debían mantenerse callados cuando había adultos alrededor. Y entonces los soldados romanos vendrían corriendo de la fortaleza Antonia y convertirían el recinto del templo en un campo de batalla.

Era necesario ponerle un alto a ese hombre. No había ninguna duda al respecto. ¿Pero cómo? Ese era el problema. La gente que lo rodeaba estaba pendiente de cada una de sus palabras. Era evidente que lo adoraban. Si la policía del templo llegara a arrestarlo, eso definitivamente causaría un motín.

De modo que por el momento dejaron a Jesús en paz. Aguardarían al momento apropiado.

Pero Jesús no podía dejar el templo en paz. Al poco tiempo estaba de regreso, observando junto con sus amigos a las mujeres que colocaban sus ofrendas en las grandes arcas con forma de trompeta que se encontraban en el atrio de las mujeres. Había mujeres ricas de Jerusalén y de otras ciudades que, vestidas con elegantes túnicas, arrojaban grandes cantidades de dinero de plata e incluso de oro en esas arcas. Luego, una viuda extremadamente pobre se acercó a una de las arcas y arrojó dos diminutas monedas de cobre.

—Vean a esa vieja mujer que está allá —dijo Jesús indignado—. Ha dado más que lo que han dado en conjunto todas las demás mujeres. Ellas tienen bastante dinero de sobra y no les hará falta. Pero la viuda ha puesto todo lo que tenía. Ahora ya no le queda nada con qué vivir. ¿Qué hará? Se los diré: ¡pedir limosna en las calles o morir de hambre! Eso es a lo que este sitio la ha conducido. Vino aquí con casi nada. Debería haberse ido con los bolsillos llenos a reventar. ¿Recuerdan qué vio Moisés en el monte Sinaí cuando Dios pasó a su lado? ¡Vio toda la bondad de Dios, el grano y el vino, las manadas y los rebaños que bailaban en las calles; vio la vida como un vergel! Eso es lo que esta pobre viuda debió haber encontrado aquí. ¡Pero ahora se ha ido sin *nada*! Todo está al revés.

La consagración de Jesús como Mesías
Los cuatro Evangelios

Siglos antes del nacimiento de Jesús, cuando Salomón, el hijo de David, se volvió rey en Jerusalén, lo llevaron a un manantial que se llamaba Gihón, detrás de los muros de Jerusalén. Un sacerdote ungió su cabeza con óleo sagrado. El pueblo gritó: ¡*Larga vida al rey*!, pusieron una corona sobre su cabeza y lo sentaron en un trono. Cantaron un salmo especial de coronación en el que se hablaba de que Dios había dicho al nuevo rey: *Tú eres mi hijo*. Entonces, a fin de que todos creyeran, el Espíritu de Dios descendió sobre Salomón y le concedió el poder y la sabiduría para reinar.

Ahora bien, Jesús ya había estado en el río Jordán cuando Juan lo bautizó. Escuchó que Dios le dijo: *Tú eres mi Hijo*, y el Espíritu de Dios se posó sobre él. Tiempo después, cuando iba hacia el monte de los Olivos, la gente había dicho: ¡*Dios bendiga al rey*!, y los niños habían expresado esas mismas palabras en el atrio del templo. Pero nadie lo había ungido. Nadie había puesto una corona sobre su cabeza. Nadie lo había sentado en un hermoso trono.

Jesús recibió la unción, pero no de manos del sumo sacerdote, ni en el templo, ni en medio de una gran ceremonia. ¡Fue la unción más extraordinaria que haya recibido rey alguno!

Jesús estaba en Betania, en la casa de un leproso llamado Simón, comiendo con él y varios amigos. Por ser judío, Jesús no tenía permitido comer al lado de los leprosos o siquiera entrar en sus casas. Se decía que los leprosos eran impuros. Sus hogares y todas las cosas que tocaban también se suponían impuras. Pero Jesús no se preocupaba por tales cosas, nunca permitió que las reglas y ordenanzas de la religión le impidieran acercarse a la gente, y las personas como Simón eran las que más lo necesitaban. Además, la compañía de aquellos como Simón era la que más disfrutaba.

Estaban en medio de la comida cuando de pronto irrumpió una mujer que llevaba un frasco de alabastro de cuello largo en el que había un ungüento muy costoso y aromático que se conocía como nardo. La mayoría de los varones en la habitación estaban estupefactos. Era inaudito que una mujer, una total desconocida, interrumpiera a un grupo de hombres que comían juntos. ¿Qué demonios creía estar haciendo? Pero no tuvieron tiempo de interrogarla, porque de inmediato hizo algo bastante asombroso. Rompió el delgado cuello del frasco y vertió el ungüento sobre la cabeza de Jesús. Su esencia dulce e intensa llenó la habitación.

Todos se quedaron con la boca abierta ante la conducta de la mujer; todos excepto Jesús, que sabía exactamente lo que ella había hecho.

Durante un breve instante se quedaron en total silencio, y luego alguien espetó:

—¡Qué desperdicio!

—Eso equivale al salario de todo un año —dijo otro.

—Se podría haber vendido y dar el dinero a los pobres —gritó un tercero.

—¡Eres una idiota sin remedio! —dijeron todos a la mujer.

—¡Déjenla en paz! —exclamó Jesús—. Déjenla en paz. Sabe lo que ha hecho. Es un acto de amor, algo muy bello y una cosa muy buena y generosa. Siempre tendrán a los pobres con ustedes —continuó—. Habrá muchas oportunidades de que sean amables con ellos. Pero no siempre me tendrán a mí. —Hizo una pausa y miró a la mujer—. ¿Qué no ven? —dijo a los otros—. Me ha ungido. Ahora soy el ungido, ¡el Mesías! ¡El Cristo! Esta mujer ha representado el papel del sumo sacerdote. Simón, tu hogar se ha convertido en la casa de Dios.

»Pero esta mujer sabe muy bien el tipo de rey que seré, y el tipo de corona y trono que se me darán. También me ha ungido para el sepulcro. Ya saben la manera en que las mujeres ungen a los cadáveres para el sepulcro. Pues bien, esta mujer, cuyo nombre ni siquiera conozco pero que me ama con un amor tan generoso, sabe plenamente bien que debe darme por muerto. Y ha venido a prepararme para la eternidad. De hecho, creo que la esencia de su ungüento ya ha llegado hasta el cielo.

Entonces se volvió a la mujer y prosiguió:

—Siempre te recordarán por esto. Cada vez que la gente cuente mi historia, hablarán de tu gran amor, de tu generosidad y de tu sabiduría.

Traición
Mateo, Marcos y Lucas

Los principales sacerdotes y escribas estaban decididos a detener a Jesús. ¿Pero cómo? Ese era el problema. Por supuesto que no esperaban conseguir ninguna ayuda de los discípulos de Jesús. Sin embargo, eso fue precisamente lo que obtuvieron, y de uno de sus amigos más cercanos, uno de los hombres que habían estado a su lado en Galilea todo el tiempo que Jesús se dedicó a enseñar y a sanar a la gente. Ese hombre se llamaba Judas Iscariote.

JUDAS SALIÓ A ESCONDIDAS de Betania cuando pensó que nadie se daría cuenta, fue a Jerusalén y se dirigió con los principales sacerdotes para decirles que les entregaría a Jesús.

—Puedo decirles exactamente qué ha estado diciendo sobre el templo —informó—. Y conozco sus movimientos. Esta noche los conduciré a él. Sé dónde estarán él y sus amigos. Será un lugar lejos de la gente. Sin multitudes ni escándalos, sin ningún riesgo de un motín. Iré con él y lo saludaré con un beso. Entonces sabrán quién es y podrán arrestarlo.

—¡Excelente! ¡Excelente! —declararon los sacerdotes—. ¡Esta es la oportunidad que buscábamos! Estamos muy agradecidos contigo, Judas. No te preocupes, estás haciendo lo correcto y recibirás una recompensa adecuada por todas tus molestias.

Judas salió y se apresuró a llegar a Betania para reunirse con los demás.

La Última Cena
Los cuatro Evangelios

Como parte de las celebraciones de la Pascua, Jesús y un grupo de sus amigos tendrían una cena especial. Conmemorarían la ocasión en que los israelitas habían huido de Egipto, cruzaron el mar Rojo y entraron al desierto para reunirse con Dios en Sinaí. Al menos esa era la celebración que los amigos de Jesús pensaban realizar, pero Jesús tenía otras ideas. De hecho, sus amigos estaban a punto de llevarse unas cuantas sorpresas esa noche.

—NECESITAMOS ENCONTRAR UN LUGAR para nuestra cena de Pascua y alistarlo todo —dijeron los amigos a Jesús—. ¿Dónde quieres que vayamos?

Jesús eligió a dos de ellos y les dio sus instrucciones.

—Vayan a Jerusalén —dijo— y un hombre se encontrará con ustedes. Llevará una jarra de agua sobre la cabeza. Como saben, en general son las mujeres las que hacen esas labores y los hombres que venden agua en las calles utilizan odres, así que lo identificarán con mucha facilidad. Los conducirá a una casa que él conoce. Cuando lleguen, digan al dueño que el maestro manda preguntar por la habitación donde puede pasar la Pascua con sus amigos. El dueño les mostrará una amplia estancia en el piso alto y ahí tendrá todo lo que necesitamos. Entonces podrán arreglar que la cena esté lista para nosotros.

Los dos amigos fueron a Jerusalén y encontraron específicamente lo que les había indicado. Cuando llegó la noche, Jesús arribó a la casa con sus demás amigos.

Mientras comían, se percataron de que Jesús estaba muy callado. Parecía preocupado, con la mente puesta en otras cosas.

De pronto les dijo:

—Uno de los que están en esta habitación me traicionará.

Los amigos estaban impactados.

—¡Yo no! ¡Yo no! ¡Yo no! —gritaron al unísono.

—Es uno de ustedes, que come a mi lado en este mismo momento —respondió Jesús.

—Maestro —dijo Judas—, ¿seguramente no te refieres a mí?

Jesús lo miró directamente.

Un poco después, durante la cena, Jesús tomó una hogaza de pan, dijo una oración para bendecirla, la partió y pasó los trozos a sus amigos mientras decía:

—Tomen y coman, porque este es mi cuerpo, que se entregará por ustedes. Hagan esto en memoria mía.

Luego tomó una copa de vino, pronunció una oración de agradecimiento y la pasó a los demás diciendo:

—Esta es mi sangre, que se derramará por muchos para el perdón de los pecados. —Luego hizo una pausa y añadió— Mi cuerpo y mi sangre señalarán un nuevo principio, una nueva amistad con Dios, un reencuentro con el perdón. Debo decirles que no volveré a beber vino hasta que lo haga en un gran festín con Dios, una vez que todos permitan que Dios despliegue su reino y que, al fin, todo esté bien.

Los amigos no sabían cómo interpretar estas palabras excepcionales y maravillosas. No era en absoluto lo que hubiesen esperado en una cena de Pascua. Pero nunca las olvidarían.

Esa misma noche se llevaron otra sorpresa. Jesús se puso de pie, se quitó su túnica exterior, ató una toalla alrededor de su cintura, vertió agua en una jarra y empezó a lavar la suciedad de los pies de sus amigos y a secárselos con la toalla.

Se acercó a Pedro, y éste le dijo:

—Maestro, ¿lavarás *tú* mis pies?

—Algún día lo entenderás —respondió Jesús.

—¡Pero no puedes hacerlo! —exclamó Pedro—, es decir, ese es el trabajo de un esclavo. Incluso no puedes ordenar que los esclavos lo hagan si son judíos. Y tú no eres un esclavo. ¡Eres nuestro Guía, nuestro Señor, nuestro Maestro! Podríamos lavar tus pies para mostrarte cuánto significas para nosotros, pero tú no puedes lavarnos los pies. Las cosas deberían ser a la inversa.

—Te entiendo —dijo Jesús—, pero si no te lavo los pies, ¿cómo puedo demostrarte cuánto te amo? ¿Y cómo podrías ser mi amigo, Pedro, si no me dejas acercarme a ti?

—¡En ese caso lávame también las manos y el rostro! —exclamó Pedro.

Jesús rió.

—Con los pies basta —afirmó. Se puso de pie y miró al resto de sus amigos—. ¿Entienden lo que he hecho? Me llaman su Maestro, su Guía, su Señor, y sin embargo yo les he lavado los pies. He actuado como su discípulo, como su esclavo. Como verán, en mi caso todas las cosas son al revés y lo mismo ocurre con Dios. Ustedes deben seguir mi ejemplo. Es frecuente que los reyes se impongan despóticamente sobre sus súbditos. Miran con desprecio a la gente y la subyugan, pero al mismo tiempo quieren que todos digan cuán amables y generosos son. Ustedes no deben ser así. El mayor entre ustedes debe ser como el más pequeño; su líder debe ser su siervo. Véanme a mí, con esta toalla húmeda alrededor de mi cintura. ¿Les parezco un rey?

»Pero seré su maestro una vez más y les daré algo que deberán recordar. Es muy sencillo: ámense los unos a los otros. Como yo los he amado, así también ustedes deben amarse entre sí.

Apresado
Los cuatro Evangelios

LA CENA DE PASCUA había terminado y Judas se escabulló de nuevo. Jesús y sus amigos cantaron juntos un salmo que era especial para la Pascua, y atravesaron los muros de la ciudad en dirección al valle de Cedrón, que estaba al otro lado.

Empezaban a ascender por las pendientes del monte de los Olivos hacia el jardín de Getsemaní, cuando Jesús dijo a sus amigos:

—Todos ustedes me abandonarán.

—¡Yo no lo haré! —protestó Pedro—. ¡Aunque todos lo hagan, yo no lo haré!

—Pedro —replicó Jesús—, esta misma noche, antes de que cante el gallo dos veces, tú me negarás tres veces.

—¡Aunque tenga que morir por ti, te juro que no te negaré! —respondió Pedro.

Los demás dijeron lo mismo.

Finalmente llegaron a Getsemaní cuando ya estaba oscuro. No había luz de luna ni brillaban las estrellas.

—Siéntense aquí —les indicó Jesús— mientras yo rezo. Pedro, Santiago y Juan, vengan conmigo.

Los cuatro se adelantaron hacia el jardín, entre los retorcidos olivos. En cuanto estuvieron fuera de la vista de los demás, Jesús se empezó a poner muy angustiado.

—Mi corazón está a punto de romperse por el temor —dijo—. Quédense aquí y permanezcan despiertos.

Se adelantó un poco más él solo, cayó de rodillas y empezó a orar a Dios:

—Abbá, Padre mío, tú puedes lograrlo todo. No quiero atravesar por esto. ¡Haz algo para librarme de ello! —se sacudía con violencia y enterró la frente en el suelo—. Pero que no se haga lo que yo deseo, sino lo que es tu voluntad.

Se puso de pie, temblando aún, y regresó hacia donde habían quedado Pedro, Santiago y Juan. Estaban profundamente dormidos.

—Pedro —dijo—, ¿no pudiste mantenerte despierto tan solo una hora? Despierta, quédate despierto y reza. Reza para que ustedes no pasen por esta misma prueba.

Regresó al mismo lugar que antes y dijo la misma oración. Esperó que Dios respondiera pero encontró silencio. Solamente se escuchaba el viento que agitaba las hojas de los árboles.

De nuevo regresó con sus tres amigos. Necesitaba con desesperación de su consuelo, su fortaleza y su apoyo. Pero de nuevo
dormían. Se quedó de pie ahí, mirándolos desde arriba. Desperta-
ron sobresaltados y no sabían qué decir.

Les dio la espalda y regresó al mismo sitio a orar, para encontrar la compañía de Dios y traerlo cerca de él. Pero cuando quiso
escuchar a Dios, lo único que pudo oír fue el viento en los árboles.
Por tercera vez regresó con sus amigos y por tercera vez los encontró dormidos.

—¿Duermen aún? —preguntó en voz baja—. ¿Siguen tomán-
dose las cosas con calma? —giró la cabeza y escuchó. Había un
nuevo sonido. Venían a apresarlo. Podía ver entre los árboles el
parpadeo de la luz de las antorchas.

—¡Levántense! —gritó a sus amigos—. ¡Ya están aquí!

Los amigos seguían tratando de ponerse en pie cuando llegó
Judas al frente de un grupo de soldados de la guardia del templo,

armados con espadas y garrotes de madera. Judas avanzó directamente hacia Jesús.

—¡Maestro! —exclamó, y lo besó.

Los soldados arrestaron a Jesús de inmediato.

Jesús vio las armas que portaban, y dijo:

—¿Creen que soy un bandido peligroso? ¿Por qué no me arrestaron cuando estaba en el templo?

Sus amigos estaban aterrorizados. Quizá también los arrestarían si se quedaban con Jesús, o peor aún, podrían matarlos. Así que lo abandonaron y corrieron lo más rápido posible. Todos lo hicieron excepto Pedro, que corrió al jardín y luego se escondió detrás de unos árboles para observar lo que sucedía.

Jesús se quedó solo con Judas y los soldados. Las llamas de las antorchas lanzaban extrañas sombras entre los árboles. La luna y las estrellas seguían ocultas detrás de una espesa nube.

Entonces los soldados empezaron a marchar llevándose a Jesús.

El juicio injusto
Los cuatro Evangelios

LOS SOLDADOS CONDUJERON A JESÚS de regreso a la ciudad, a través del portal en las murallas y por las estrechas y sinuosas calles. Era muy tarde y las calles estaban desiertas. El eco del sonido de sus pasos resonaba en las paredes de las casas.

Lo llevaron a la casa del sumo sacerdote, donde los principales sacerdotes, escribas y ancianos estaban reunidos esperándolo. Esto era el Sanedrín, el máximo tribunal judío en esas tierras.

Pedro estuvo siguiendo a los soldados a cierta distancia. Después de que desaparecieron detrás de la puerta, se deslizó al atrio del edificio. No podía seguir más adelante. Tendría que esperar. La noche era fría, pero por fortuna había un brasero prendido. Se agachó cerca de él y extendió las manos frente a las llamas. No había nadie más alrededor.

En una amplia sala en el piso superior del Sanedrín iniciaron el juicio contra Jesús. Estaban rompiendo sus propias reglas al reunirse de este modo durante la noche, pero eso no tenía importancia para ellos. La justicia tampoco era relevante. Solo querían librarse de Jesús. Ese hombre era un riesgo demasiado grave. Había puesto en peligro todo el funcionamiento del templo y no podían tolerarlo.

Se dieron cuenta de que Pilatos, el gobernador romano, desearía tanto la muerte de Jesús como ellos mismos, aunque por una razón diferente. Sus soldados habían escuchado que el pueblo lo había aclamado como rey. Tenían por seguro que Pilatos consideraría a Jesús como una amenaza directa para su autoridad y para la autoridad del emperador en Roma. Por la mañana llevarían a Jesús para entregarlo con Pilatos.

También necesitarían convencer a las multitudes para tenerlas de su lado. Pensaron que eso no debía ser muy difícil, al menos en lo que se refería a la gente que vivía en Jerusalén. La mayoría de ellos dependía del templo para vivir y Jesús amenazaba con ponerle fin a todo lo referente al templo. Con respecto a los demás, incluyendo a los campesinos de sitios como Galilea, a Pilatos se le ocurriría algo.

El juicio estaba amañado. Los sacerdotes habían sobornado a algunas personas para que dieran evidencias contra Jesús, pero algunos decían una cosa y otros decían otra. Sus testimonios no concordaban.

El sumo sacerdote estaba impaciente. El tiempo se les venía encima y necesitaban montar un caso adecuado que presentar a Pilatos o quedarían como unos idiotas. Jesús tampoco estaba cooperando, por lo menos desde el punto de vista del sumo sacerdote. No había dicho ni media palabra. Le dieron oportunidad de responder a los cargos, pero todo el tiempo se había mantenido en silencio, con la vista fija sobre el piso.

—¿No tienes nada que decir? —inquirió el sumo sacerdote—. ¿Qué piensas de todas las cosas que se dicen en tu contra?

Jesús no respondió.

El sumo sacerdote perdió los estribos.

—¡Mírate! —gritó—. Eres el Mesías, el Hijo de Dios, ¿no es cierto? —y lanzó una risotada.

Jesús levantó la cabeza y lo miró de frente.

—Lo soy —dijo tranquilamente—. Y cuando muera, verás al Hijo del Dios sentado a la derecha de Dios, y vendrá entre las nubes del cielo para derrotar a las fuerzas tiránicas y ponerle fin a la desgracia que causas. Crees que estoy en tu poder, pero tienes que observar la situación más profundamente. ¡Cuando muera, examina las profundidades de Dios y ahí me encontrarás!

—¡Eso es una blasfemia! —clamó el sumo sacerdote. Se desgarró las vestiduras para indicar el final del juicio y para mostrar que el prisionero era un blasfemo. Miró a los otros miembros del Sanedrín, y dijo:

—No necesitamos más testigos. Han escuchado que esta blasfemia salió de su propia boca. ¿Qué sentencia le imponen?

Solamente había una sentencia posible. Cualquiera que fuese condenado por blasfemia tenía que morir.

—¡Este hombre merece la muerte! —gritaron al unísono.

Todos se agruparon alrededor de Jesús. Algunos lo escupieron en el rostro. Una persona amarró una venda alrededor de sus ojos y empezaron a golpearlo.

—¡Vamos, profeta! —gritaban—. ¡Danos una profecía!

Entonces los guardias del templo se hicieron cargo y le propinaron una golpiza.

La negación de Pedro
Los cuatro Evangelios

MIENTRAS SUCEDÍA TODO ESTO, Pedro estaba abajo en el atrio, calentándose cerca del fuego. Empezaba a amanecer y ya había unas cuantas personas que llegaban para cumplir con sus obligaciones.

Una de las siervas del sumo sacerdote pasó al lado de Pedro y se percató de que estaba agachado junto al fuego. Las llamas del brasero iluminaban su cara. La chica se detuvo un momento y se preguntó qué haría ese hombre ahí. Fijó la vista en él y se dio cuenta de que lo conocía. Era el mismo hombre que estaba en el templo el otro día, cuando ese Jesús causó tantos problemas. Este hombre estaba con él. La sirvienta estaba segura de ello.

—Estabas con Jesús, ¿no es cierto? —dijo en voz alta—. Ese hombre de Nazaret que ha estado causando todos los problemas.

—No sé de qué hablas —respondió Pedro.

Se puso de pie y fue a un callejón que conducía del atrio hacia la calle. Ahí estaba más oscuro y quizá sería un mejor lugar para esconderse. En la otra calle se escuchó el canto de un gallo.

Pasó el tiempo y ahora había más personas que circulaban por el lugar. La misma sierva pasó al final del callejón. Vio que Pedro se ocultaba, y gritó:

—¡Oigan!, este hombre es uno de los amigos de Jesús. Lo reconozco.

Todos se detuvieron y fijaron la vista en él.

—*No* es cierto —exclamó Pedro, sintiendo los fuertes latidos de su corazón.

Todos se reunieron alrededor de él.

—¡Sí lo eres! —gritaron—. ¡Lo sabemos por tu acento! Eres de Galilea. ¡*Debes* ser uno de sus amigos!

Ahora Pedro sentía mucho temor.

—¡Juro solemnemente por Dios, el Señor de los cielos y la tierra, que no conozco al hombre del que están hablando!

En ese momento el gallo cantó por segunda vez y Pedro recordó lo que Jesús había dicho cuando iban en camino a Getsemaní: *Esta misma noche, antes de que el gallo cante dos veces, tú me negarás tres veces.*

Entonces se desmoronó y rompió en llanto.

Pilatos
Los cuatro Evangelios

YA ERA DE MAÑANA y había llegado la hora de enviar a Jesús con Pilatos. Así que los sacerdotes le ataron las manos y lo condujeron por las calles al palacio donde viviría Pilatos durante el festival.

Pilatos estaba encantado de que se las hubieran arreglado para arrestar a Jesús sin causar ningún desmán en la ciudad. Sabía por qué habían estado tan dispuestos a prender a este hombre, pero eso no le preocupaba. Lo único que era de interés para él era el informe que le habían dado sus propias tropas, que el galileo se había paseado por toda la ciudad llamándose rey a sí mismo, y que tenía una gran multitud de seguidores que creían que lo era. En apariencia, algunos niños habían gritado ¡*Dios bendiga al rey*! dentro de las instalaciones del templo. Era evidente que debía librarse de ese hombre o se enfrentaría a una revuelta de grandes dimensiones y el emperador en Roma no estaría nada complacido con eso. Al emperador no le gustaban las revueltas.

Condujeron a Jesús a su presencia. Pilatos lo miró de arriba abajo. El galileo tenía las manos atadas y el rostro inflamado y cubierto de moretones por la golpiza que le habían propinado los guardias del templo. Pudo ver que la gente le había escupido.

—Entonces —dijo con tono de sorna—, ¿*tú* eres el rey del que he estado escuchando?

—Eso lo dices tú —respondió Jesús.

Los principales sacerdotes se lanzaron de inmediato con sus acusaciones. Pilatos esperaba que Jesús se defendiera, pero no lo hizo. Parecía estar enterado de la treta que estaban tramando y no quería tener nada que ver con ello.

—¿No tienes nada que decir? —inquirió Pilatos con enojo—. ¡Mira todos los cargos que se han hecho en tu contra!

Jesús se mantuvo callado. Pilatos estaba confundido. En su experiencia, los agitadores judíos generalmente tenían mucho que decir sobre sí mismos, pero era evidente que este hombre no tenía miedo.

—Muy bien, veremos qué piensa la multitud, ¿no creen? —concluyó.

Estaban en una habitación del piso superior, en un lugar que daba hacia una enorme plaza al frente del palacio. La plaza estaba llena de gente y Pilatos los miró desde arriba. Lo único que despertaban en él era desprecio, y sin embargo, seguía temiéndoles. Si algunos de ellos eran partidarios de este extraño y silencioso galileo, podrían tomar una actitud muy beligerante cuando Pilatos lo condenara a muerte. Era una situación complicada.

Por fortuna tenía una idea. Había un hombre que la guardia de palacio había capturado, cuyo nombre era Barrabás. Era el líder de un grupo conocido como los Sicarios. Para los romanos, los sicarios eran unos famosos terroristas judíos. Barrabás y sus compinches habían causado un motín y acuchillaron a varios soldados romanos. Pilatos esperaba crucificarlos luego del festival, cuando los peregrinos hubiesen regresado a sus hogares. Pero, después de todo, quizás podría liberar a Barrabás. Este era un hombre al que habían quebrantado. Los torturadores romanos habían hecho bien su trabajo y ya no provocaría problemas, además de que de todos modos ejecutaría a toda su banda. Pilatos sabía que no asumiría ningún riesgo con liberarlo. Pero, como era evidente, la multitud no lo sabía. Les gustaría que Barrabás quedara en libertad. A menudo, Pilatos dejaba en libertad a un prisionero durante la Pascua, para que las multitudes se sintieran felices, y la gente estaba esperando que eso sucediera. Esta vez les daría a elegir: Barrabás o Jesús. Podrían optar por el que más les gustara, solo que él y los sacerdotes se asegurarían de que eligieran a Barrabás. *Sí*, pensó Pilatos, *esto podría funcionar muy bien*. Dio la orden de que sacaran a Barrabás de las mazmorras. Luego fue con los sacerdotes y les explicó su plan. Los sacerdotes salieron de la habitación y se mezclaron con la multitud.

Había una gran plataforma en la plaza y en medio de esta se encontraba un enorme asiento parecido a un trono. Algunos soldados escoltaron a Pilatos hasta la plataforma y tomó asiento. Detrás de él venían más soldados que escoltaban a Jesús y a Barrabás.

—Como verán —gritó Pilatos mientras señalaba a Jesús—, aquí tengo a su preciado rey. ¿Quisieran que lo deje en libertad?

—¡No, libera a Barrabás! —demandó la multitud.

Esos sacerdotes han hecho un buen trabajo, pensó Pilatos.

—¿Entonces qué he de hacer con este rey? —respondió a la multitud.

—¡Crucifícalo! —gritaron.

—¿Por qué? —dijo Pilatos, fingiendo horror—. ¿Qué mal ha hecho?

La multitud gritó aún más fuerte:

—¡Crucifícalo! ¡Crucifícalo!

Por los dioses, se dijo Pilatos para sí mismo, *¡esos sacerdotes sí que son listos! La crucifixión es un castigo romano. ¡Lograr que los judíos pidan la crucifixión de un judío! ¿Quién ha escuchado tal cosa? Los sacerdotes han conseguido que todos estén totalmente histéricos.*

—Muy bien —dijo a la multitud—. Haré lo que piden.

Entonces se volvió hacia los soldados romanos y les indicó:

—Dejen ir a Barrabás. En cuanto a este Jesús, denle una buena azotaina y después crucifíquenlo.

Descendió de la plataforma y entró a palacio para seguir con sus actividades. En su opinión, todo había salido notablemente bien.

La coronación de Jesús
Los cuatro Evangelios

LOS SOLDADOS SE TOMARON los azotes muy en serio. Sabían hasta dónde llegar. Demasiados azotes matarían a un hombre y entonces no tendrían a quien crucificar. Tenía que hacerse con exactitud para casi llevar a la persona a la muerte, pero no demasiado.

Al terminar, llevaron a Jesús adentro, a la parte del palacio donde estaban reunidos los demás soldados.

—¡Miren lo que tenemos aquí! —gritaron—. ¡Tenemos al mismísimo rey de los judíos!

Los otros se acercaron.

—No tiene gran apariencia de rey —comentó uno de ellos.

—Tendremos que vestirlo como tal —dijo otro—. Vamos, su majestad. Podemos lograr que se vea mejor que un rey de los judíos. ¡Le daremos la apariencia del emperador mismo!

—El emperador viste de púrpura, así que le pondremos un manto púrpura —expresaron todos a coro.

—Y el emperador también lleva una corona de laurel. Lo sentimos, su majestad, aquí no tenemos laureles, pero sí tenemos esta linda corona de espinas. Deberá llevarla en lugar de la otra. Pongámosla en su frente. ¡Esta es su coronación, su majestad!

Enterraron la corona de espinas en la cabeza de Jesús y se hincaron frente a él para aclamarlo:

—¡Viva el rey de los judíos! —gritaron todos.

Golpearon a Jesús en la cabeza con una vara y le escupieron el rostro. El salón se llenó con las risas de los soldados.

Finalmente, cuando tuvieron bastante, le quitaron el manto, lo vistieron de nuevo con sus ropas campesinas y lo condujeron a la crucifixión. Un centurión, que era el oficial, estaba a cargo de la partida de ejecución.

Crucifixión
Los cuatro Evangelios

LOS SOLDADOS COLGARON una placa de madera alrededor del cuello de Jesús. En ella habían escrito: «Rey de los Judíos». Pilatos quería que todos vieran lo que le sucedía a quienes se atrevían a desafiar el poderío de los romanos.

Jesús tuvo que cargar su propia cruz —cuando menos el madero horizontal— hasta el sitio de la ejecución. Era pesada y difícil de llevar por las estrechas calles y había sufrido una fuerte golpiza. La tortura lo había debilitado y las piernas le temblaban como gelatina. Se desplomó de rodillas en el suelo y el tablón de la cruz le cayó encima.

—¡Levántate! —gritó el centurión y le dio una fuerte patada. No sirvió de nada. Ya no le quedaban fuerzas. Un judío llamado Simón, que provenía de la ciudad de Cirene, en la costa norte de África, pasaba por ahí.

—¡Oye, tú! —llamó el centurión—. ¡Ven a cargar la cruz de este hombre! Tenemos algo que hacer y queremos terminarlo antes de la próxima semana.

Así que la pequeña procesión siguió adelante una vez más por las calles de Jerusalén. Llevaba algunos soldados al frente y otros detrás, mientras que Jesús iba en medio, seguido unos cuantos pasos atrás por Simón, quien arrastraba la cruz.

Llegaron a un lugar a las afueras de los muros de la ciudad que tenía el nombre de Gólgota, o la colina de la Calavera. Algunas mujeres ofrecieron a Jesús un poco de vino con una pócima para aminorar el dolor, pero él no lo aceptó.

Entonces los soldados lo desnudaron y lo crucificaron. Fijaron en el piso una viga de madera de dos metros, clavaron las muñecas de Jesús a la otra viga que Simón había cargado, y su-

bieron a Jesús con cuerdas hasta lo más alto del poste. Ataron ambas vigas con cuerdas y clavos, y clavaron los pies de Jesús en el poste vertical. Por último fijaron la placa que decía «Rey de los Judíos» en la parte más alta, un poco por arriba de la cabeza de Jesús.

De modo que ahora, finalmente, habían terminado las ceremonias de investidura de Jesús como rey. Se había colocado a Jesús en la cruz para que todos lo vieran y esa cruz era su trono.

—Padre, perdónalos —dijo Jesús, jadeando con dificultad—. No saben lo que hacen.

Los soldados se dividieron las ropas de Jesús entre ellos y echaron suertes para ver qué pieza les tocaría.

A la derecha e izquierda de Jesús crucificaron a dos ladrones.

El sitio era ruidoso. La gente había acudido a presenciar la ejecución y empezaron a gritar insultos contra Jesús. Incluso los principales sacerdotes y escribas estaban ahí.

—¡Salvó a otros, pero no puede salvarse a sí mismo! —vociferaban.

—¡Vamos, Mesías! —exclamaron todos—. ¡Desciende de la cruz y entonces creeremos en ti!

Uno de los ladrones se unió a las burlas.

—¡También podrías salvarnos al mismo tiempo! —le gritó.

—¡Eres muy bueno para hablar! —clamó el otro ladrón—. Es tu última oportunidad para hacer lo que es correcto. Nosotros sabemos por qué estamos aquí, pero este hombre no ha hecho ningún mal. Y *es* un rey, lo sé. —Entonces miró a Jesús y dijo—: Jesús, acuérdate de mí cuando llegues a tu reino.

—Amigo —replicó Jesús—, seguramente este mismo día estarás conmigo en el paraíso.

Tres horas pasaron y llegó el mediodía. Se suponía que fuera la parte más luminosa del día, pero de pronto el sol desapareció y una espesa oscuridad cubrió toda la región. Era como si el sol se hubiera convertido en cenizas y toda la creación estuviera de luto.

La oscuridad duró tres horas más y la desolación fue total. La mayoría de los amigos de Jesús lo habían abandonado. Incluso Dios mismo lo había abandonado. Cuando menos así parecía. Esos juicios falsos ante las autoridades del templo y ante Pilatos, el salvajismo de los guardias del templo y de los soldados romanos, el espantoso dolor, el esfuerzo constante por respirar y ahora esa terrible oscuridad, parecían haber causado que Dios se ocultara. No se le podía ver por ninguna parte, ni escucharlo en ningún sitio. Las palabras de un antiguo salmo llegaron a la mente de Jesús. Levantó la cabeza y las gritó hacia la oscuridad:

—¡Dios mío! ¡Dios mío! ¿Por qué me has abandonado? ¿Por qué? ¿Por qué? ¿Por qué?

Y luego de dar un último suspiro, murió.

En ese mismo instante, en el templo dentro de la ciudad, el enorme velo que separaba al sanctasanctórum del resto del templo se desgarró de arriba abajo. La muerte de Jesús hizo que Dios se mostrara. ¡Ya no pudieron mantenerlo oculto! No pudieron fingir que únicamente los sumos sacerdotes eran suficientemente buenos como para estar en su presencia. Justo en el momento en que Jesús se sintió más abandonado por Dios, Él salió a recorrer las calles de la ciudad, como alguna vez había recorrido los caminos del Jardín del Edén. En aquella oscuridad, bajo la cruz de Jesús, parecía casi como si Dios mismo hubiese muerto. En verdad, la muerte de Jesús liberó a Dios.

El centurión que estaba al pie de la cruz percibió el significado de todo ello. Miró a Jesús, y declaró:

—¡Este hombre era el Hijo de Dios!

Ahora que la ejecución había terminado, los pocos amigos de Jesús que se encontraban entre la multitud se acercaron con cautela. Estaban tres mujeres que lo habían seguido en Galilea y le acompañaron a Jerusalén, entre ellas María Magdalena.

También estaba un miembro del Sanedrín judío que no había estado de acuerdo con lo que habían hecho con Jesús. Su nombre era José y provenía del pueblo de Arimatea. Se mantuvo callado el tiempo suficiente, pero hizo acopio de todo su valor y fue con Pilatos para solicitar que le dieran el cuerpo de Jesús para sepultarlo. En general los romanos dejaban colgados los cadáveres de los crucificados. José no podía tolerar la idea de que el cuerpo de Jesús se quedara ahí hasta descomponerse o que fuera alimento para los buitres.

Pilatos ya había tenido suficiente con el asunto de Jesús.

—Haz con él lo que quieras —dijo.

Así que José corrió al mercado a comprar la tela para la mortaja y se apresuró lo más que pudo con algunos de sus amigos al Gólgota. Bajaron el cuerpo de Jesús, lo envolvieron en la sábana y lo llevaron a una tumba que se había construido horadando una cueva en la piedra, del tipo de sepulcro donde se podía entrar agachando la cabeza. José lo había adquirido pensando que algún día lo enterrarían ahí, pero no importaba. Recostaron en el interior el cadáver de Jesús e hicieron rodar una gigantesca piedra para tapar la entrada. Finalmente se alejaron a toda prisa.

La devota discípula de Jesús, María Magdalena, había seguido a la pequeña procesión fúnebre, manteniendo la distancia para que nadie se percatara de su presencia. Había visto que José y sus amigos no habían tenido tiempo para dar un sepelio apropiado a Jesús. No habían lavado su cuerpo, ni lo habían ungido con aceites de aromas dulces. Al día siguiente era sabbat y entonces María no podría hacer nada. Pero en cuanto despuntara la aurora del día siguiente, ella regresaría a la tumba y corregiría la situación. Sin embargo, no sabía cómo podría mover esa piedra. Pero se ocuparía de ello cuando llegara el momento. Se alejó de ahí preguntándose cuándo brotarían las lágrimas de sus ojos y podría dejar salir su pena.

María*
Juan

MARÍA SE LEVANTÓ MUY TEMPRANO la mañana del domingo y fue de inmediato a la tumba. No había sido capaz de esperar al amanecer. Todavía estaba oscuro, pero había luz suficiente como para que, al momento de llegar ahí, se diera cuenta de que había sucedido algo muy raro. La piedra había rodado a un lado y ya no cubría la entrada, ¡y alguien se había llevado el cuerpo de Jesús!

Conocía la casa donde Pedro se estaba escondiendo con los demás amigos de Jesús, así que corrió ahí a toda prisa.

—¡Se han llevado a Jesús de la tumba! —gritó—. ¡No sé dónde lo han puesto! ¿Quién podría hacer tal cosa?

La tumba estaba en un jardín y María les dijo exactamente dónde se encontraba, de modo que Pedro y uno de los otros discípulos fueron corriendo para averiguar qué había pasado. María los siguió lo más rápido posible.

El acompañante de Pedro llegó primero. María tenía razón, la piedra que debía sellar la entrada estaba hecha a un lado. El sol apenas despuntaba por el horizonte y sus primeros rayos iluminaron el interior del sepulcro, haciendo que la piedra reluciera como oro. El acompañante de Pedro miró hacia el interior y vio que la tumba estaba vacía, excepto por la mortaja que José había usado y que estaba tirada sobre la saliente donde habían colocado el cadáver de Jesús. ¡Pero el cuerpo no estaba ahí ni tampoco había olor a muerte!

* María Magdalena.

En ese momento llegó Pedro corriendo y entró de inmediato. También vio la mortaja y una tela que José seguramente había usado para envolver la cabeza de Jesús. Pero Jesús no estaba.

Su acompañante bajó la cabeza y entró. No entendía del todo, pero sabía que en ese lugar había sucedido algo muy bueno. La tumba no estaba vacía. ¡Estaba llena de la vida de Dios!

Los dos hombres regresaron a casa llenos de asombro, sin saber cómo interpretar el suceso. Pero María Magdalena no se fue. Entró de nuevo a la tumba sin saber qué hacer, pero algo que sí tenía por seguro es que no podía irse. No había abandonado a Jesús cuando lo crucificaron y ahora tampoco lo dejaría. Se quedó afuera del sepulcro, llorando.

De pronto percibió un aroma y un susurro que le parecieron venir del cielo. Se inclinó para mirar al interior de la tumba. ¡Había dos ángeles sentados en la saliente de piedra, tan quitados de la pena como si fueran parte del escenario! ¿Qué hacía el cielo en este jardín? No era el momento para la presencia celestial. Era un momento de dolor y de muchas lágrimas.

—¿Por qué lloras? —preguntaron los ángeles.

—¿Por qué creen que lloro? —respondió María—. Se han llevado a mi Señor, mi Amigo, mi Maestro, y no sé dónde lo han puesto.

Ella se enderezó, y pensó: *Valiente utilidad que tienen ustedes. ¡Y se consideran ángeles!*

Les volvió la espalda y vio que frente a sí tenía una figura. Era Jesús.

—¿A quién buscas?

María pensó que debía ser el jardinero.

—¡Ay, señor! —lloró—. Se lo han llevado, tan solo dígame dónde lo han puesto e iré a recoger su cuerpo.

—María —dijo la figura.

Ahora pudo reconocer la voz. ¡Era Jesús!

—¡Maestro! —exclamó entre lágrimas.

Dio un paso al frente, y entonces Jesús le dijo tranquilamente:

—María, no puedes abrazarme. Ahora estoy libre. Pero ve con el resto de mis amigos y diles lo que has visto y oído. Y cuéntales que pronto estaré con Dios.

Luego se fue y los ángeles también se fueron con él. María corrió a informar a los demás. Irrumpió en la habitación donde se encontraban, y exclamó:

—¡He visto al Señor! ¡Lo he visto!

Tomás entiende... al final
Juan

ESA MISMA NOCHE, cuando todos los amigos estaban reunidos preguntándose qué iría a pasar, y aún temerosos de que los soldados romanos o los guardias del templo fueran a buscarlos, Jesús se apareció entre ellos.

—¡La paz esté con ustedes! —dijo—. Les traigo la paz de Dios, el bienestar de Dios, la vida en toda su plenitud, la vida como en un vergel.

María Magdalena entendió, pero los otros no podían creer lo que veían y escuchaban. La última vez que la mayoría de ellos habían visto a Jesús, un guardia del templo lo llevaba arrastrando desde Getsemaní.

Pero entonces Jesús les mostró las heridas de la crucifixión y tuvieron la seguridad de que era él.

Estaban extremadamente felices. Pensaron que todo estaba perdido y que los tiranos habían ganado. Creyeron que finalmente las fuerzas oscuras habían triunfado y que la muerte lo tenía entre sus garras.

Pero la muerte no puede tener dominio sobre la vida de Dios. Ahora lo entendían. Podían ver y escuchar que era cierto.

—¡La paz esté con ustedes! —dijo de nuevo Jesús—. Así como Dios, nuestro Padre, me envió a ustedes, ahora yo los envío. Deben continuar con el trabajo que inicié.

Entonces infundió su aliento sobre ellos, y les dijo:

—Reciban el Espíritu Santo, el Espíritu de Dios. ¡Vayan a llevar el perdón de Dios a este mundo!

Una vez, en el Jardín del Edén, Dios se arrodilló en el suelo e infundió la vida dentro del primer niño humano. Ahora Jesús resucitado, recién concluida su victoria sobre las oscuras fuerzas de la tiranía y la muerte, infundió nueva vida en sus amigos, una vida que significaba que podrían vivir en total plenitud y llevar vida y bendiciones a otros.

Pero uno de los amigos más cercanos de Jesús faltaba en esta reunión: un hombre llamado Tomás. Había ido a Gólgota, interesado en ver el sitio donde Jesús había muerto.

Cuando regresó, los otros le dieron la noticia con gran emoción.

—¡Hemos visto al Señor! —exclamaron.

—A Jesús lo crucificaron —respondió Tomás con amargura—. Esa terrible muerte lo marcará para la eternidad. No creeré lo que dicen a menos que pueda ver por mí mismo las heridas de su cuerpo.

Por supuesto que Tomás tenía razón. No era posible que Jesús regresara a la vida como si nada hubiese pasado. Si había vuelto de entre los muertos, entonces las señales de la crucifixión llegarían al mismo corazón de Dios, y el cielo y la tierra cambiarían a causa de ellas.

Pasó otra semana y Tomás estaba hundido en la pena. Todos los días acudía a Gólgota. El dolor de la pérdida de Jesús era intolerable, casi como el dolor de la crucifixión.

Entonces Jesús se presentó de nuevo y esta vez Tomás estaba entre ellos.

—¡La paz esté con ustedes! —dijo Jesús y luego se dirigió a Tomás—. Mira, Tomás —exclamó—, mira estas heridas que llevo, las señales de los clavos y de las espinas, las señales de su crueldad. ¡Tócalas con tu mano!

¿Pero cómo se puede tocar aquello que representa la vida misma de Dios? Tomás ni siquiera hizo el intento, y solamente dijo:

—¡Mi Señor y mi Dios!

Pedro va de pesca
Juan

LOS AMIGOS DE JESÚS SALIERON DE JERUSALÉN y regresaron a Galilea. Un día, siete de ellos estaban sentados en la orilla del mar de Galilea, mirando hacia las aguas. Pedro estaba ahí, junto con Tomás, Santiago y Juan. Recordaban la ocasión en que habían navegado en su barca y casi se habían ahogado en una terrible tormenta. Una ola más grande que un risco se había elevado para hacerlos pedazos, pero Jesús había despertado, hizo desaparecer la ola y puso en calma las aguas. En aquel momento no lograron entenderlo, pero ahora sí entendían.

—¡Vayamos a pescar! —dijo súbitamente Pedro.

—Qué buena idea —declararon los demás—. ¡Como en los viejos tiempos!

De hecho, los viejos tiempos se habían ido. Con la resurrección de Jesús, estos tiempos no solo eran nuevos, sino también extraños. Era como si el mundo fuera totalmente nuevo, recién hecho por las manos de Dios.

Pasaron toda la noche pescando, pero no atraparon nada. Cuando el cielo sobre las colinas orientales empezó a mostrar los primeros rayos del sol, se dirigieron de regreso a la costa. La sensación era extraña. Y Pedro, Santiago y Juan pensaron que era como aquel día en que Jesús los llamó por primera vez para que lo siguieran.

Cuando la barca se acercaba a la orilla, pudieron ver una figura parada en la arena. Parecía estar esperándolos.

—¿Pescaron algo? —gritó la figura.

—Nada —respondieron desde lejos.

—Lancen la red del lado derecho de la barca y verán lo que obtendrán —dijo la extraña figura.

Pedro, Santiago y Juan se miraron unos a otros. Sus recuerdos de la pesca de aquel lejano día se volvieron más claros todavía.

Arrojaron la red del lado derecho de la barca, ¡y de inmediato se llenó de tantos peces que apenas pudieron subirla! La figura que estaba en la playa reía.

—¡Ya sé quién es! —gritó uno de los amigos—. Reconocería esa risa en cualquier parte. Es Jesús, nuestro amigo, nuestro Señor.

Pedro no podía esperar a reunirse con él. Saltó al agua y nadó hasta la costa, mientras los otros llevaban la barca a la orilla.

En la playa había una fogata hecha con carbones.

—¡Creo que desayunaremos pescado! —dijo Jesús y rió de nuevo. Era como la risa de Dios.

Pedro ayudó a los otros a llevar la pesca a tierra. También había pan. Jesús tomó el pan y un poco de pescado y los repartió entre ellos.

Recordaron la ocasión en que Jesús alimentó a toda esa pobre gente hambrienta a orillas del mar. Esa vez también comieron pan y pescado. Los amigos no habían comprendido entonces lo que todo eso significaba, pero ahora sí entendían.

Cuando terminaron de comer, Jesús se volvió hacia Pedro.

—Pedro —dijo Jesús—, ¿me amas más que a nadie?

—Sí, mi Señor —replicó Pedro—. Sabes que te amo.

—Entonces cuida de mi gente en mi nombre —dijo Jesús.

Por segunda vez preguntó:

—Pedro, ¿me amas?

—Sí, mi Señor, sabes que te amo.

Por tercera vez Jesús dijo:

—Pedro, ¿me amas?

—Señor —exclamó Pedro—, tienes la sabiduría de Dios. Sabes todo lo que ha de saberse. Sabes que te amo.

—Alimenta a mi gente —dijo Jesús—, quita su hambre. —Hizo una pausa y luego, en voz muy baja, dijo la misma palabra que le había dicho cuando se encontró por primera vez con él—: Sígueme.

Tres veces Pedro había negado a Jesús. Tres veces, en la casa del sumo sacerdote, había dicho que ni siquiera sabía quién era Jesús. Le había fallado cuando más lo necesitaba. No había estado ahí para verlo morir o para darle algún consuelo en esas terribles horas finales. Pedro había pensado que nunca se perdonaría a sí mismo por eso, ni podría recibir el perdón. Pensó que cargaría con esa culpa por el resto de su vida.

Pero ahora Jesús lo había perdonado y le había mostrado que también él mismo podría perdonarse. Jesús no le había lanzado acusaciones; no lo había culpado, ni juzgado o condenado. Solo le había preguntado si lo amaba. Le había dado tres oportunidades de decirlo. Esas tres ocasiones en que lo negó tenían ahora respuesta. Pedro había pensado que nunca podría decirle a Jesús cuánto lo amaba en realidad. Pero ahora había podido hacerlo. Y todas esas veces en que lo negó desaparecieron bajo el amor y el perdón de Dios.

Ahora que había recibido el perdón, seguramente podría seguir a Jesús. Podría seguirlo hasta el fin del mundo y continuar con el trabajo que él había iniciado.

11
DE JERUSALÉN A ROMA: INICIOS DE LA IGLESIA

Lucas no concluyó su historia con la resurrección de Jesús. Después de terminar su Evangelio, escribió un segundo tomo, que se conoce como Hechos de los Apóstoles o simplemente como Hechos. En Hechos retoma la historia justo en el punto donde termina su Evangelio y nos cuenta lo que sucedió con los discípulos de Jesús y cómo fue que cada vez más personas empezaron a seguirlo, no solo en Palestina, sino también en otras partes del Mediterráneo. En consecuencia, Hechos es la historia de los inicios de la Iglesia cristiana.

La narración de Lucas se centra principalmente en lo que hicieron dos de los discípulos de Jesús y qué sucedió con ellos. El primero es Pedro, que había sido uno de los mejores amigos de Jesús en Galilea. El segundo es Pablo, un judío estricto que nunca conoció a Jesús mientras vivió y, de hecho, fue un resuelto opositor a la Iglesia en sus primeros tiempos, incluso mandó a prisión a algunos de sus miembros. Lucas nos narra cómo fue que Pablo empezó a seguir a Jesús y cómo ayudó a la Iglesia a difundirse más allá de Palestina.

Al concentrarse tanto en Pedro y Pablo, Lucas deja sin contar las historias de muchas personas. Menciona una vez a María, la madre de Jesús, muy al principio de Hechos, pero luego ya no nos dice más sobre ella. ¿Qué le sucedió? ¿Cómo murió? ¿Se convirtió en una gran líder de la Iglesia en Jerusalén o en Galilea? No lo sabremos. María Magdalena también es una figura muy importante en los Evangelios, incluido el de Lucas. Presenció la crucifixión de Jesús y fue una de las primeras en encontrarlo después de *que resucitó de entre los muertos. ¿También fue importante en los primeros tiempos de la Iglesia? Es muy posible. Pero tampoco lo sabemos. No se le menciona en absoluto dentro de Hechos.*

Por supuesto, nadie puede contar toda la historia. No sería justo criticar a Lucas por relatar solamente una parte de ella, pero debemos recordar que pasaron muchas otras cosas que no se encuentran dentro de Hechos y, en particular, debemos tener en cuenta que las mujeres casi seguramente representaron un papel mucho más importante en la primera Iglesia de lo que Lucas nos deja entrever.

Toda la verdad

Cuando Juan el Bautista bautizó a Jesús, el Espíritu de Dios vino a él y le concedió poder para derrotar a las fuerzas oscuras del mal y establecer el amor y el perdón de Dios sobre la tierra. Después de que resucitó de entre los muertos, Jesús prometió a sus discípulos que el Espíritu de Dios también les concedería la fortaleza para continuar con su labor.

Ese día llegó pronto, pero primero los amigos tuvieron la experiencia más extraordinaria.

LOS AMIGOS DE JESÚS ESTABAN REUNIDOS en el monte de los Olivos viendo hacia Jerusalén. Jesús se apareció entre ellos, extendió sus manos sobre sus cabezas, y dijo esta antigua bendición:

Que Dios los bendiga y los guarde.
Que Dios haga resplandecer su rostro sobre ustedes y les otorgue la gracia.
Que Dios les muestre su rostro y les conceda la paz.

Mientras hablaba, una densa niebla lo envolvió. Era igual a la extraña niebla que alguna vez había ocultado la cima del monte Sinaí, donde Dios se encontró con Moisés y le dio los Diez Mandamientos. En tiempo más reciente, la niebla cubrió otra montaña donde Jesús se había transfigurado ante Pedro, Santiago y Juan, cuando ellos lo habían visto como era en realidad. Había resplandecido entonces con la luz de la presencia de Dios, porque era la envoltura de Dios, su manto y su mismo enigma. Ahora brilló con un resplandor todavía más intenso. Brilló con la luminosidad del cielo y el destello del amor de Dios. Rodeó a Jesús, quien desapareció de la vista, como si se hubiera vuelto parte de ese resplandor y del misterio de Dios.

Finalmente los amigos supieron toda la verdad acerca de Jesús.

Viento y fuego

CINCUENTA DÍAS DESPUÉS DE LA PASCUA había otro festival judío llamado Pentecostés. De nuevo Jerusalén se llenó de peregrinos judíos de toda Palestina y de muchos países más allá de sus fronteras.

Los amigos de Jesús estaban juntos en una habitación. María, la madre de Jesús, estaba entre ellos. De pronto llegó el sonido de un viento que rugía y ante ellos aparecieron lenguas de fuego que parpadeaban y tocaron a cada uno de los que ahí se encontraban. El sonido era como el que habría hecho el Espíritu de Dios al soplar como el viento sobre un oscuro cúmulo de agua en el momento de la creación del mundo, y las lenguas de fuego eran como las llamas que bailaron ante Moisés en la zarza ardiente.

El espíritu de Dios atrapó a los amigos y los meció y levantó en un torbellino. Ahora tendrían el valor, la sabiduría y la energía para proseguir con la obra de Jesús.

Llenos de entusiasmo se apuraron a encontrarse con las multitudes de peregrinos que se apiñaban unos contra otros por toda la ciudad. Las palabras salían de ellos sin esfuerzo, casi como si no estuvieran hablando por sí mismos, como si los ángeles se hubieran metido dentro de sus cabezas. Los judíos que escuchaban sus palabras quedaron asombrados. Venían de tantos sitios diferentes y con tantos idiomas distintos y, sin embargo, ¡podían entenderlo todo! ¡Era como si cada grupo de peregrinos escuchara las palabras de los amigos de Jesús en su propia lengua materna!

La gente recordaba la antigua historia de la ciudad de Babel y cómo Dios había causado que sus orgullosos constructores hablaran en lenguas diferentes. La situación se volvió tan extraña que empezaron a ocurrir peleas y tuvieron que dejar de construir. Se dispersaron por toda la tierra y la ciudad terminó en ruinas. ¡Pero esto fue exactamente lo opuesto de Babel! Habían llegado a Jerusalén hablando una serie de idiomas diferentes, pero ahora podían entenderlo todo. En vez de pelear, quizá ahora habría paz, unidad y bienestar, en lugar de dispersión y ruina.

No obstante, algunas personas pensaron que los amigos de Jesús estaban borrachos. ¡*Deben haber tomado demasiado vino por el festival*!, se decían entre sí.

Pedro habló a nombre de los amigos.

—No hemos bebido —replicó—. Después de todo, apenas son las nueve de la mañana. No, esto es algo que nuestros profetas estaban esperando. Dijeron que llegaría el día en que Dios derramaría su Espíritu sobre todos, sobre hombres y mujeres, viejos y jóvenes, esclavos y libres. Entonces tendrían visiones y sueños.

Pues bien, amigos míos, ¡esos días han llegado! ¡Hemos tenido esas visiones! ¡Hemos soñado esos sueños!

»Todo esto es gracias a Jesús de Nazaret. Jesús liberó a la gente. Calmó al tempestuoso mar cuando las fuerzas oscuras lo llevaron a un frenesí. Arrojó a las aguas la locura de un hombre. Alimentó a los hambrientos, devolvió la vista a un ciego y arrancó a una niña de las garras de la muerte. Sin embargo, ustedes se volvieron en su contra, ustedes y los líderes del templo. Lo entregaron a los romanos y ellos lo crucificaron.

»Creyeron que ese sería su fin. Pero no lo era en absoluto; más bien era el principio. ¡Dios lo liberó de la muerte! ¡Ahora forma parte del resplandor y del misterio de Dios! Sus líderes lo trataron como basura, pero déjenme decirles que ahora brilla como el oro del cielo. Los romanos lo trataron como criminal, pero nos demostró a todos lo que realmente significa ser un rey.

Las palabras de Pedro calaron hondo en el corazón de la gente.

—¿Cómo podremos resarcir el daño? —preguntaron.

—Lleven su pesar y su culpa ante Dios —respondió Pedro—, y vengan con nosotros a recibir el bautismo. Entonces encontrarán el perdón de Dios, como nosotros lo encontramos, y también recibirán su Espíritu.

»Juan bautizaba a la gente en el río Jordán. Jesús mismo recibió el bautismo de manos de Juan. Ahí fue cuando el Espíritu de Dios se posó sobre él como un ave. Pero ustedes no necesitan ir al Jordán. ¡Los bautizaremos aquí en Jerusalén y el Espíritu que voló sobre Jesús también volará sobre ustedes!».

Cerca de tres mil judíos recibieron el bautismo ese mismo día.

La muerte de Esteban

No todos los primeros seguidores de Jesús en Jerusalén hablaban el mismo idioma. Es posible que por un momento haya sido lo contrario de Babel, pero los cristianos criados en Palestina hablaban arameo, mientras que aquellos de Jerusalén y de otros países hablaban griego. Todos acudían al templo, pero cuando se trataba de sus momentos especiales de oración o cuando comían juntos, se reunían en casas diferentes.

En aquellos días mucha gente pobre se unió a la Iglesia. Reunían todo lo que tenían para que nadie sufriera o pasara hambre. Cuando menos esa era la idea. A veces, la gente vendía algunas de sus posesiones, incluso sus casas y terrenos, y ponían todo su dinero en un fondo común para ayudar a los pobres. Un hombre rico que se llamaba Bernabé, quien era levita y ayudaba a organizar el culto en el templo, vendió un terreno y presentó el dinero a los doce líderes de la Iglesia para que ellos compraran alimentos para los necesitados. Los doce eran hombres como Pedro, Santiago, Juan y Tomás, que habían sido amigos de Jesús desde los tiempos de Galilea.

Por desgracia, los seguidores de Jesús que hablaban griego no estaban recibiendo un trato justo. Se quejaban de que, cuando se repartían las raciones diarias de alimento, sus viudas pobres no recibían tanta comida como las viudas que hablaban arameo. Estas eran mujeres muy necesitadas que no tenían quien cuidara de ellas. El asunto era grave.

—Muy bien —dijeron los doce—, es cierto que todos hablamos arameo. Nacimos y nos criamos en Palestina. Ustedes, los que hablan griego, necesitan sus propios líderes que puedan asegurarse de que todo sea justo entre nosotros.

Así que eligieron a siete hombres. Uno de ellos era un joven que se llamaba Esteban.

ESTEBAN ERA UN ORADOR EXTRAORDINARIO. Siempre que iba a las calles reunía a una multitud, y hablaba acerca de Jesús con gran valor y convicción. Sin embargo, causaba gran enojo entre algunas personas de la ciudad, en especial cuando tocaba el tema del templo. Las personas a quienes más enojaba eran aquellas que hablaban griego como él y se habían avecindado propositivamente en Jerusalén para estar cerca del templo. Cuando empezó a decir cuánto había criticado Jesús al templo y después declaró que nunca debería haberse construido, estos hombres se enojaron violentamente. Intentaron discutir con él, pero no tenía caso. Así que pusieron de su parte a la mayor cantidad posible de gente, arrestaron a Esteban y lo llevaron ante el Sanedrín. Este era el tribunal judío más elevado en todo el país. Ese mismo tribunal había juzgado a Jesús, lo había condenado por blasfemia y lo había entregado a Pilatos para que lo crucificara.

Los miembros del Sanedrín observaron a Esteban. Su rostro brillaba como si fuera el de un ángel. Pero las acusaciones en su contra eran muy graves.

—Nos dicen —expresaron los jueces— que has estado hablando cosas terribles sobre el sitio más sagrado para nosotros. ¿Tienes algo que decir al respecto?

—Claro que sí —respondió Esteban con impaciencia—. ¡Tengo mucho que decir! Soy judío como ustedes, pero creo que estarán de acuerdo en que nuestra historia está llena de decepciones. Dios ha estado haciendo un gran esfuerzo por nuestra causa desde el principio, pero siempre hemos sido de carácter difícil y le hemos causado grandes penas. ¡Tan solo vean cómo le volvimos la espalda en el monte Sinaí! Moisés y Dios liberaron a nuestros ancestros de la esclavitud en Egipto, y cuando Moisés estaba en la cumbre del monte Sinaí reuniendo las preciosas enseñanzas de Dios para entregarlas a nuestros ancestros, ¿qué hicieron ellos? Se dirigieron a Aarón, el hermano de Moisés, y le dijeron: *Estamos hartos de Moisés y de su Dios, haznos un dios adecuado, uno que creemos con nuestras manos*. Entonces crearon el becerro de oro. Ya todos ustedes conocen esa historia.

»La situación no mejoró cuando nuestro pueblo empezó a vivir en Palestina. No, siguieron adorando a dioses que habían creado con sus manos, dioses que no eran dioses en absoluto y que con toda seguridad no se parecían en nada a nuestro Dios, quien hizo los cielos y la tierra.

»Y para empeorar todavía más las cosas, el rey Salomón construyó un templo aquí, en Jerusalén. En pleno desierto, cuando nuestros ancestros vivían ahí, Dios tenía una tienda. Era solamente una tienda, pero eso era más que suficiente para Dios. Podía levantar su campamento e ir adonde quisiera. Pero Salomón quería mantenerlo encerrado en Jerusalén, así que le construyó un templo. Eso también era algo hecho por manos humanas, como el becerro de oro y todos esos otros dioses.

»Entonces, como pueden ver, siempre le hemos dificultado la vida a Dios. Cuando envió profetas para llevarnos por el camino correcto, ¿qué hicimos nosotros? Los perseguimos y, a veces, ¡incluso los matamos! Y cuando finalmente envió a su propio Hijo, Jesús, ¡ustedes también lo mataron! ¿Su oposición a Dios no tiene fin?».

Esas palabras provocaron el furor del Sanedrín y de todos aquellos que habían arrestado a Esteban.

—¡Miren! —gritó Esteban—. ¡Puedo ver dentro de los cielos! ¡Puedo ver a Dios en toda su gloria, y a Jesús de pie a su lado derecho!

La multitud y los miembros del Sanedrín se taparon los oídos con las manos. No podían tolerar seguir escuchando todo esto. Sacaron arrastrando a Esteban y lo llevaron así por las calles de la ciudad hasta que llegaron a un sitio fuera de las murallas. Entonces empezaron a arrojarle piedras. Según dijeron, era culpable de blasfemia y merecía que lo lapidaran hasta matarlo.

Esteban cayó de rodillas por los impactos de las piedras. Arrodillado en el suelo gritó con todas sus fuerzas:

—¡Señor, perdónalos!

Y después de decir esas palabras, murió.

El encuentro de Pablo con Jesús resucitado

Cuando lapidaron a Esteban, la gente se quitó sus mantos para poder atinar mejor cuando lanzaban las piedras y así golpearlo con más fuerza. Los dejaron a los pies de un joven judío de nombre Pablo.

Pablo estaba enfurecido con lo que Esteban había venido diciendo. También era un judío que hablaba griego y vivía tan apegado al templo como los demás. Estaba feliz de ver muerto a Esteban. No se había dado cuenta antes de cuán peligrosos eran estos discípulos de Jesús, pero ahora lo sabía. Se convirtió en su opositor más fanático. Empezó yendo de casa en casa para arrestar a los discípulos, hombres y mujeres, y enviarlos a la cárcel.

Sin embargo, Pablo no era el único perseguidor. Muchos de los discípulos de Jesús tuvieron que escapar a otras partes de Judea o a Samaria o incluso más lejos, a sitios como Damasco, una ciudad en Siria. Así fue como empezó a propagarse la Iglesia más allá de Jerusalén. Los doce permanecieron en Jerusalén, pero tuvieron que ocultarse.

UN DÍA PABLO SE DIRIGIÓ A DAMASCO. Planeaba visitar las sinagogas de los judíos que vivían ahí, buscando a cualquier hombre o mujer que siguiera a Jesús para regresarlos a Jerusalén y someterlos a juicio ante los sumos sacerdotes. En sus bolsillos llevaba cartas oficiales del sumo sacerdote en las que le otorgaba autoridad para realizar los arrestos.

Cuando casi llegaba a la ciudad, de pronto una luz cegadora inundó el cielo. No era un rayo. No era el sol. Era la luz de Dios que obligó a Pablo a caer de rodillas. Luego escuchó una voz que venía directo del cielo.

—Pablo, Pablo —dijo la voz—, ¿por qué me persigues?

—¿Quién eres? —preguntó Pablo

—Soy Jesús —respondió la voz—. Soy al que persigues. Cuando vas en búsqueda de mis amigos, vas en búsqueda de mí. Cuando los arrestas, me arrestas a mí. Cuando los metes en prisión, me haces prisionero a mí y cuando los amenazas con un juicio en Jerusalén, me amenazas a mí.

»Pero, Pablo, amigo mío, tengo un trabajo para ti. Incorpórate y ve a Damasco y te enviaré a alguien que te dirá cuál es esa labor.

Pablo se levantó del suelo. La luz de Dios lo había dejado ciego y no podía ver nada. Había otras personas que viajaban con él. También escucharon la voz, pero no vieron nada y no sabían cómo interpretar lo sucedido. Uno de ellos tomó a Pablo de la mano y lo guió hasta Damasco, a una casa en la calle Recta. Durante tres días y tres noches, Pablo no comió ni bebió nada. Estuvo ayunando en espera de que se le dijera lo que Jesús tenía en mente para él.

Pablo y Ananías

UNO DE LOS DISCÍPULOS DE Jesús que estaban en Damasco era un hombre llamado Ananías. Tres días después de que Pablo llegó a la ciudad, Jesús se le apareció a Ananías en una visión.

—Ananías —llamó Jesús.

—Aquí estoy —respondió éste.

—Hay algo que quiero que hagas —indicó Jesús—. Quiero que vayas a la calle Recta y veas a un hombre que se llama Pablo. Deseo que le impongas las manos y le des mi bendición, para que recobre la vista. Te está esperando.

—¡Por supuesto que no! —gritó Ananías—. ¡Señor, estoy enterado de todo lo que ha hecho Pablo! Anda por las calles de Jerusalén buscando a tus discípulos para encarcelarlos y ahora ha venido hasta Damasco para arrestar a todos tus amigos que están aquí. Trae cartas del sumo sacerdote. Me estás pidiendo que vaya con él y le diga: «Hola, Pablo, qué gusto verte. Soy discípulo de Jesús y he venido aquí para que me arrestes, solo para facilitarte el trabajo». ¡No puedes pedirme que lo haga, Señor!

—Por supuesto que no te estoy pidiendo que hagas eso, amigo mío —respondió Jesús—. Encontré a Pablo cuando venía en camino. Tengo una labor muy importante que quiero que él lleve a cabo. Quiero que viaje por todo el mundo y cuente mi historia a los gentiles y a los judíos dispersos por todo el imperio y que nunca han escuchado sobre mí.

Ananías era un hombre valeroso. Aun así no estaba seguro de qué encontraría al llegar a la calle Recta, pero de todas maneras fue ahí.

Pablo estaba sentado en una esquina de la habitación mirando al piso, incapaz de ver nada. Ya se estaba sintiendo débil por la falta de alimento y agua. Ananías se le acercó con cuidado. Al menos Pablo no parecía estar en condiciones de arrestarlo o, lo que es más, de hacer cualquier cosa.

Ananías carraspeó suavemente:

—Pablo —dijo—, el Señor Jesús, que se encontró contigo en el camino a Damasco, me ha enviado. Me pidió que te imponga las manos para que recobres la vista y te llenes del Espíritu de Dios.

Pablo giró la cabeza en dirección hacia la voz. No podía ver nada, ni siquiera una vaga sombra. Entonces sintió las manos de Ananías que se posaban sobre su cabeza y de pronto pudo ver claramente de nuevo. Ahora podía verlo *todo*. Podía ver cuán equivocado había estado en perseguir a Jesús y a sus discípulos. Podía ver que Jesús era el verdadero Hijo de Dios.

Se levantó y rodeó con sus brazos el cuello de Ananías y lo abrazó. ¡Ananías pensó que lo mataría, dada la fuerza de su abrazo!

—Ahora que eres un discípulo de Jesús, debo bautizarte —afirmó Ananías.

Así que Pablo recibió el bautismo y después comió y bebió un poco. Fue la mejor comida que hubiera tenido alguna vez.

Escape en una canasta

DESPUÉS DE QUE ANANÍAS LO BAUTIZÓ en Damasco, Pablo le dijo:

—Llévame a las sinagogas. Tengo algo que decir a esas congregaciones.

—Primero debo presentarte con los demás discípulos de Jesús —contestó Ananías—. Creo que se llevarán una pequeña sorpresa.

Ellos no fueron los únicos sorprendidos. Cuando Ananías presentó a Pablo con los demás judíos en las sinagogas, apenas daban crédito a sus oídos. Estaban bien enterados acerca de Pablo y de lo que había estado haciendo en Jerusalén, así como de sus razones para ir a Damasco. Y aquí estaba, diciéndoles que Jesús era el Hijo de Dios. ¡Era increíble!

Sin embargo, algunos sí lo creyeron, y otros se sintieron profundamente molestos.

—¡Se suponía que su propósito era arrestar a todos esos discípulos de Jesús —se decían unos a otros—, no que se les uniera! ¡Es el peor de todos ellos! ¡No puedes lograr que deje de hablar! Si no hacemos algo, nos causará un verdadero problema.

Así que incubaron un plan para matarlo. Por fortuna, Pablo se enteró de ello. Para entonces tenía muchos seguidores y amigos en la ciudad, no solo Ananías, pero era evidente que era muy peligroso quedarse ahí. El problema era que sus enemigos vigilaban día y noche la entrada de la ciudad. ¿Cómo podría escapar?

—En una canasta —dijo una de sus amigas.

—¿Cómo? —respondió Pablo.

—En una canasta —repitió la chica—. Hoy mismo, después de que oscurezca, te pondremos dentro de una canasta y te bajaremos en ella al otro lado de los muros.

—¡Debes estar bromeando! —exclamó Pablo.

Pero no bromeaban. Y así fue como Pablo escapó de Damasco.

Cuando finalmente regresó a Jerusalén, quiso integrarse a los doce, pero ellos le tenían gran temor. No creían lo que algunas personas estaban diciendo. Ciertamente que era la última persona en la tierra que se convertiría en discípulo de Jesús. En su opinión, debía ser una trampa. Los arrestaría y entregaría a las autoridades del templo.

Pero Bernabé, el levita que vendió el terreno, se reunió con Pablo, escuchó su historia y lo presentó con los doce. Bernabé les dijo que Jesús le había puesto el alto a Pablo cuando iba de camino a Damasco y después Pablo fue a predicar en las sinagogas de esa ciudad.

De este modo fue que Pablo se integró al grupo y empezó a predicar de manera pública acerca de Jesús por las calles de la ciudad. Pero aquellos judíos que hablaban griego y habían apedreado a Esteban hasta matarlo, comenzaron a planear cómo deshacerse también de Pablo. Así que sus amigos lo trasladaron al puerto de Cesarea en la costa del Mediterráneo y lo subieron en un barco con destino a Tarso, una ciudad en la región de Cilicia, en la costa norte continental frente a la isla de Chipre. Tarso era el sitio donde Pablo se había criado.

Pedro y un soldado llamado Cornelio

PEDRO TAMBIÉN HABÍA VIAJADO por la costa del Mediterráneo y finalmente desembarcó en el pueblo judío de Jaffa, a 56 kilómetros de Cesarea. En esa ciudad vivía un centurión llamado Cornelio. Provenía de Italia, pero se había retirado del ejército y se asentó en Cesarea. Él y su familia llegaron a conocer a muchos judíos del lugar y sentían gran afecto por ellos, al igual que mucha atracción por su religión y el culto que practicaban. Se unieron a sus rezos o a escuchar sus Escrituras. Seguían sus festivales y creían en su Dios. No se convirtieron del todo al judaísmo, ni seguían todas las leyes y costumbres judías, pero eran muy generosos y donaban gran cantidad de dinero a los líderes de la sinagoga para que lo entregaran a los pobres.

Un día, a las tres de la tarde, cuando era una de las horas del rezo judío, Cornelio estaba en su casa orando y tuvo una visión de lo más extraordinaria. Vio un ángel, tan claro como el día. ¡Su habitación se había transformado en un trozo del cielo!

El ángel lo llamó por su nombre.

—Cornelio.

Se quedó mirando al ángel, sintiendo un gran asombro.

—¿Qué deseas, señor? —preguntó.

—Dios te conoce muy bien, amigo mío —respondió el ángel—. Ha escuchado tus oraciones y sabe todo acerca de tu generosidad. Hay algo que quiere que tú hagas. En Jaffa está un hombre que se llama Pedro. Ha estado quedándose en casa de alguien llamado Simón, un curtidor que vive junto al mar. Envía a algunos hombres para que traigan a Pedro aquí.

Eso fue todo. No hubo más explicación ni nada acerca de Pedro, excepto por el sitio donde se hospedaba. Cornelio nunca había oído de él. ¿Qué significaba todo esto? Bueno, pues solamente había un modo de averiguarlo. Envió a Jaffa a dos de sus esclavos y a un soldado amigo suyo que también veneraba al Dios judío.

Al mediodía del día siguiente, cuando el pequeño grupo que envió Cornelio estaba por llegar a Jaffa, Pedro subió por la escalera hasta la terraza de la casa de Simón, se volvió en dirección a Jerusalén y comenzó a orar. El sol era caluroso y Pedro empezó a sentir sueño. Lo siguiente que supo es que estaba dormido. Luego percibió una extraña sensación de hambre y soñó que del cielo descendía un gran manto con todo tipo de animales, aves y reptiles en su interior. Había cerdos que husmeaban por todas partes y camellos, liebres, salamandras, cocodrilos, lagartijas, águilas, gavilanes, milanos, cuervos, búhos y buitres; todas las cosas que los judíos tenían estrictamente prohibidas como alimento.

Pedro estaba asqueado ante lo que veía, pero en medio del extraño sueño, escuchó una voz que le decía:

—¡Levántate, Pedro! ¡Mata y come!

—¡Ciertamente que no! —exclamó Pedro—. ¿Cómo podría? ¡Soy judío! Dios nos ha prohibido comer cualquiera de esos seres, son impuros. Si los comiéramos, ya no seríamos judíos. ¡No puedes impedir que siga siendo un judío!

Se escuchó la voz de nuevo:

—Lo que Dios ha hecho puro, no debes llamarlo impuro.

Esto sucedió tres veces. Luego el manto desapareció y Pedro despertó sobresaltado.

¿Qué significaba? Pedro estaba perplejo. Eso iba en contra de todo lo que se le había enseñado desde que era un niño. Los judíos eran un pueblo santo. Podían tener mucha relación con los gentiles. Podían hacer negocios con ellos o recibirlos dentro de sus sinagogas, pero de todas maneras debían mantenerse aparte, en particular durante las comidas. Tenían prohibido comer algunas de las cosas que los gentiles sí comían. Había antiguas historias que contaban que a veces a los judíos se les había perseguido y forzado a abandonar su religión. Algunos de ellos se habían negado a comer los alimentos de los gentiles y como resultado se les condenaba a muerte. Pedro conocía bien esas historias, su madre se las había contado cuando era un niño; tenía héroes y heroínas predilectos que se habían negado a comer alimentos impuros.

Entonces escuchó voces que venían de la calle. Había tres hombres parados en la reja de la casa.

—¿Es esta la casa donde vive Simón, el curtidor? —preguntaron—. ¿Y aquí se encuentra un hombre que se llama Pedro?

Para ese momento, Pedro estaba más que despierto, pero escuchó otra voz en su interior.

—Pedro, ve con esos hombres —dijo la voz—. Los he enviado yo mismo. No tienes nada de qué preocuparte.

Pedro conocía esa voz. Era la voz del Espíritu de Dios.

Así que bajó de la terraza y se acercó a los tres hombres.

—Yo soy Pedro —exclamó—. Soy al que están buscando. ¿Qué desean?

—Venimos enviados por alguien llamado Cornelio —explicaron—. Es un centurión que vive en Cesarea. Es un hombre justo que sigue el culto en la sinagoga de esa ciudad. Todos los judíos lo aman. Ha tenido una visión de un ángel, y ese ángel le dijo que nos enviara para llevarte a Cesarea, para que todos podamos escuchar lo que tienes que decirnos.

Todavía no tenía claro qué significaba eso, pero seguramente estaba pasando algo. La visión del manto y ahora la visión del ángel que se presentó a Cornelio. ¡Era obvio que Dios se traía algo entre manos!

—Será mejor que entren —dijo Pedro a los hombres—. Quédense aquí esta noche y mañana iré con ustedes.

Al día siguiente, Pedro y algunos otros de los discípulos de Jesús que estaban en Jaffa emprendieron el viaje con los tres hombres por la costa hasta Cesarea. Finalmente llegaron a casa de Cornelio.

Cornelio los esperaba. Había reunido a algunos de sus familiares y amigos cercanos. Cuando Pedro llegó a la reja de la casa, Cornelio corrió a recibirlo y cayó a sus pies.

—No, por favor —dijo Pedro—, no te arrodilles, amigo mío. Soy un ser humano como tú.

Cornelio lo condujo dentro de la casa y Pedro se sorprendió al encontrar tantas personas. Todos eran gentiles, igual que Cornelio.

Pedro los miró a todos y de pronto se dio cuenta del significado de la visión sobre el manto. *Lo que Dios ha hecho puro, no debes llamarlo impuro*. Eso fue lo que dijo la voz misteriosa. Había repetido tres veces las mismas palabras: *Lo que Dios ha hecho puro, no debes llamarlo impuro*. La voz no estaba hablando sobre los animales o las aves, sino sobre la gente: las personas, como todos los hombres, mujeres y niños reunidos en esa casa en Cesarea, en esa habitación, esperando a escuchar sus palabras. El tiempo en que los judíos debían mantenerse aparte de los gentiles había terminado. También había concluido el tiempo en que Pedro, el judío, se mantuviera separado.

—Como saben —les dijo—, los judíos nos hemos mantenido apartados de ustedes, los gentiles. Durante siglos pensamos que era necesario hacerlo a fin de ser el pueblo de Dios. He creído en ello desde que era un niño, pero estaba equivocado. Dios me lo ha mostrado. ¿Qué es lo que quieren que les diga?

Cornelio repitió la historia de su visión sobre el ángel que ya le habían contado a Pedro cuando estaba en Jaffa.

—Has sido muy amable de venir desde Jaffa —concluyó Cornelio— y nos hemos reunido aquí para escuchar lo que Dios te ha pedido que nos digas.

—Dios dijo a nuestro ancestro Abraham que fuera una bendición para todo aquel con quien se encontrara en su camino —comenzó Pedro—. Dijo que todas las familias de la tierra encontrarían la bendición de Dios por medio de Abraham. Ahora entiendo el significado. Eso significa que el pueblo judío debe permanecer abierto a todo aquel que sea amigo de Dios, que le haga compañía y se esfuerce junto con Él para llevar sus bendiciones al mundo. Eso se refiere a las personas como ustedes, todos los que están en esta habitación. ¡Y sí que tengo muchas cosas buenas que decirles! Si han de pertenecer al pueblo de Dios, deben escuchar toda la historia de Jesús de Nazaret.

Entonces Pedro les contó todo lo que tenía que decirles: la historia sobre cómo Juan bautizó a Jesús y los tiempos en Galilea; Fotina y el loco entre las tumbas; Miriam y Raquel; Jonatán y todos los demás. Luego les habló de los romanos y las autoridades del templo que quisieron librarse de Jesús y cómo lo habían crucificado.

—Pero la muerte no pudo retenerlo —dijo Pedro—. ¡Dios lo liberó! Nosotros lo vimos. Desayunamos con él a orillas del mar de Galilea. Sé que suena extraordinario, y lo es. ¡Pero es verdad! Y aquí me tienen, en su casa, contándoles todo al respecto. Eso también es extraordinario.

En el instante en que Pedro terminaba de hablar, el Espíritu de Dios invadió a Cornelio y a toda su familia y amigos. Sucedió de nuevo como había ocurrido en Jerusalén durante Pentecostés, cuando los amigos de Jesús recibieron al Espíritu.

—Bueno —dijo Pedro a sus amigos de Jaffa—, ¿qué esperan? Será mejor que los bauticen en el nombre de Jesucristo.

Después de eso, Pedro se quedó varios días con Cornelio y su familia, y la Iglesia nunca volvería a ser la misma.

Cuando a Pablo y Bernabé los confundieron con dioses

En esta historia, Lucas nos cuenta que Pablo y su acompañante Bernabé sanaron a un hombre que nunca había podido caminar. Lucas no nos dice el nombre de esa persona, pero le hemos llamado Filón.

BERNABÉ FUE EL DISCÍPULO de Jesús que llevó primero a Pablo con los doce en Jerusalén. Algún tiempo después de que Pablo fuera enviado a Tarso, la Iglesia en Jerusalén pidió a Bernabé que acudiera a Antioquía, una gran ciudad en Siria. De ahí viajó a Tarso para buscar a Pablo, lo encontró y lo llevó consigo de regreso a Antioquía. Ahí permanecieron juntos por todo un año, enseñando a gran cantidad de gente acerca de Jesús. Fue en Antioquía donde a los discípulos de Jesús se les empezó a llamar cristianos.

Un día, los cristianos de Antioquía estaban orando juntos cuando el Espíritu de Dios les dijo:

—Tengo un trabajo para Pablo y Bernabé, para el que tendrán que ir más allá de Antioquía. Deben ponerse en camino.

De modo que Pablo y Bernabé viajaron juntos a muchos sitios y contaban la historia de Jesús adondequiera que fueran. A menudo utilizaban los caminos construidos por los romanos, y un día llegaron por uno de esos caminos a un lugar que se llamaba Listra. Era un pequeño y remoto pueblo, a varios cientos de kilómetros de Antioquía. En ese sitio había existido una pequeña población por más de dos mil años, pero nunca fue famosa. La gente que vivía ahí conservaba su propio idioma, o dialecto, y adoraba a los antiguos dioses griegos, como Zeus. A las afueras del pueblo había un pequeño templo dedicado a esa deidad.

Como siempre, Pablo predicaba acerca de Jesús intentando darse a entender en griego sencillo. No le estaba resultando nada fácil.

Luego se percató de que un hombre lo escuchaba. Estaba sentado en el suelo al lado de un grupo de gente. Su nombre era

Filón. Todos en Listra conocían al viejo Filón. Tenía una discapacidad desde que nació y no había podido caminar ni un solo día de su vida. Así que nunca había tenido un trabajo y solía sentarse todo el día a pedir limosna. Ya tenía bastante trabajo con seguir vivo. En realidad no era viejo, pero lo parecía.

Filón nunca había escuchado a nadie que hablara como Pablo. Había algo en Pablo y también en Bernabé que despertaba una extraña sensación de esperanza en su interior. Nunca habría imaginado que pudiese caminar, pero ahora empezaba a preguntarse si estos dos visitantes judíos podrían lograr que se levantara sobre sus inútiles pies y pudiera mover las piernas.

Pablo se dio cuenta de la mirada en los ojos de Filón. Detuvo su discurso, y lo miró directamente.

—Amigo —le dijo—, ¡levántate! ¡Ponte de pie!

La gente rió.

—El viejo Filón nunca se ha parado en toda su vida —declararon—. Filón, ¿verdad que eres un pobre viejo inválido? Oye, Filón, ¿qué estás haciendo? ¡Te caerás! Filón, puedes caminar. ¡Sí, puedes caminar!

Filón *estaba* caminando.

Los habitantes del pueblo nunca habían visto algo parecido. En Listra nunca pasaba nada. La gente nacía, se casaba, tenía hijos y trabajaba hasta agotarse por completo, para finalmente morir. Eso era todo. Pero esto era una cosa asombrosa, misteriosa y totalmente extraordinaria. Era algo bajado del mismo cielo. Filón también pensaba lo mismo.

—¡Los dioses han bajado a la tierra con forma humana! —gritó alguien en la multitud.

—Sí —dijo otro al mirar a Bernabé—, ¡ese debe ser Zeus!

—Y este otro —comentó un tercero señalando a Pablo— debe ser Hermes, el mensajero de los dioses, porque es el que habla.

Dos niños pequeños corrieron al templo de Zeus.

—¡Será mejor que vengan pronto! —gritó uno al viejo sacerdote—. ¡Zeus está aquí! ¡Ha llegado al pueblo! ¿Recuerdan al viejo Filón? ¡Ya puede caminar!

—¡Y Hermes está con él! —exclamó el otro—. ¡Ambos vinieron aquí, a nuestro pueblo, están en Listra! ¡Vengan!

El sacerdote estaba muy emocionado.

—Saquemos algunas guirnaldas —dijo— y sacrifiquemos unos bueyes. ¡Este es un gran día, el mayor en toda la historia del templo!

No pasó mucho tiempo para que una pequeña procesión se acercara a las puertas del pueblo. Al frente caminaba el sacerdote del templo, cubierto con todas sus túnicas, y después venían sus asistentes y los dos chicos. El sacerdote llevaba guirnaldas, en tanto sus asistentes conducían a dos bueyes.

—¿Qué hacen? —protestaron Pablo y Bernabé—. Somos seres humanos como ustedes. No somos dioses. Adoramos al Dios que creó los cielos, la tierra y los mares; las aves, los animales, las plantas y todos los peces. Adoramos al Dios que les da la lluvia. Es su energía la que hace brotar las semillas que ustedes siembran y las hace crecer. Llena sus estómagos con alimento y sus corazones con alegría. Los hace bailar por las calles, aunque nunca hayan caminado y hayan tenido que vivir sentados contra una pared, pidiendo limosna. ¡Ese es el Dios que les traemos!

Apenas pudieron lograr que la gente no sacrificara los bueyes en su honor.

Pero entonces llegaron al pueblo otras personas que eran sus enemigos acérrimos. En algún tiempo Pablo había salido de Jerusalén hacia Damasco para arrestar a los miembros de la Iglesia que estaban ahí. Esa gente estaba tan enojada con los discípulos de Jesús como Pablo lo había estado, y eran tan fanáticos como él lo había sido antes de encontrarse con Jesús en el camino a Damasco. Estaban preparados para hacer todo lo que estuviera en sus manos para detener a Pablo y Bernabé.

Los acusaron, en especial a Pablo, de todo tipo de cosas y lograron poner a la gente de su lado. Les dijeron que Pablo era un blasfemo y que atacaba sus creencias más preciadas. Así que quienes hacía un momento adoraron a Pablo y Bernabé como si fueran dioses, ahora lanzaban piedras contra Pablo para matarlo.

Cuando creyeron que estaba muerto, lo arrastraron fuera del pueblo y lo dejaron para que lo devoraran los animales salvajes y los buitres. Parecían haber olvidado todo acerca de Filón.

Pero Pablo no estaba muerto y no todos en Listra se olvidaron de Filón. Bernabé y Pablo siguieron adelante, pero pronto regresarían durante un tiempo y en el lugar se estableció una pequeña comunidad de cristianos. Como es obvio, Filón era uno de los líderes.

Una revuelta en Éfeso

Pablo vivió tres años en la ciudad de Éfeso, en la costa del Mediterráneo. Éfeso no era como Listra. Esta última era una comunidad pequeña y lejana, y la mayoría de la gente no había escuchado sobre ella. Pero Éfeso era una de las ciudades más famosas del imperio romano. El sitio más conocido en esa ciudad era el templo dedicado a Artemisa, la diosa griega, era una de las siete maravillas del mundo y los peregrinos acudían ahí desde muchos países. Los efesios consideraban a Artemisa la guardiana de la ciudad, aquella que la mantenía segura y garantizaba su bienestar.

También representaba algo bueno para los negocios. Los peregrinos que llegaban a la ciudad siempre querían llevarse a casa algo como recuerdo. Algunos plateros de la ciudad creaban pequeños relicarios de plata para que la gente los comprara. Estos relicarios les recordarían su peregrinaje y también ayudarían a rezarle a Artemisa cuando volvieran a sus hogares. Los relicarios eran muy populares y mucha gente en Éfeso tenía trabajo gracias a su fabricación. Era una buena actividad comercial. Hasta que llegó Pablo.

PABLO EMPEZÓ A NARRAR la historia de Jesús en una sinagoga de la ciudad de Éfeso. Durante tres meses estuvo ahí. Algunos de los judíos de esa sinagoga se convirtieron en cristianos y otros no. Al final, aquellos que se convirtieron al cristianismo acordaron formar una nueva sinagoga, una sinagoga cristiana, y eso fue justo lo que hicieron.

Pero Pablo también quería llevar su mensaje a los gentiles, las personas que no eran judías y no asistían a las sinagogas. Entre sus seguidores en la ciudad había algunos hombres y mujeres ricos, quienes contribuyeron con su dinero para alquilar el auditorio de la escuela de Tirano para que Pablo hablara ahí todos los días. Causó un enorme impacto en la gente que acudió a escucharlo y muchos de ellos empezaron a darles la espalda a Artemisa y a los demás dioses griegos.

Eso no fue muy del agrado de los plateros. El comercio había empezado a declinar. No estaban vendiendo tantos relicarios como acostumbraban y si no hacían algo pronto, algunos de ellos se irían a la quiebra y muchos hombres decentes se quedarían sin empleo.

Un hombre llamado Demetrio tenía una de las tiendas más grandes de relicarios de la ciudad. Convocó a los demás plateros y a sus trabajadores para tener una reunión.

—Este judío llamado Pablo —inició su charla— dice constantemente a la gente que los dioses que se hacen con las manos no son dioses en absoluto. Muchos ya están empezando a creerle.

Otro de los asistentes añadió:

—Pues yo diría que no solo están empezando a creerle, algunos están pendientes de cada una de sus palabras.

—Mis ventas han caído a la mitad —comentó un tercero—. Ya tuve que despedir a la mitad de mis trabajadores. Eran trabajadores calificados. ¿Cómo podrán sostener ahora a sus familias?

—No solo son las ventas —dijo Demetrio—, también eso afecta a nuestro gran templo. Es una de las maravillas del mundo. Si Pablo sigue como hasta ahora, ¡el templo se irá a la ruina! Cuesta mucho dinero mantener su funcionamiento y si los peregrinos dejan de venir, eso será su fin. Es tan sencillo como eso. ¿Y qué hay de la misma Artemisa? ¡Es una diosa de gran poder, *nuestra* diosa, y Pablo la trata como si fuera basura!

Mientras Demetrio hablaba se reunió una gran multitud. Sus palabras los azuzaron hasta enfurecerlos.

—¡Grande es Artemisa, diosa de los efesios! —gritaron—. ¡Grande es la Artemisa de los efesios!

La gente fue llegando de todas partes para averiguar de qué se trataba todo ese ruido y pronto se creó un alboroto en toda la ciudad.

—¡Vayamos al teatro —gritó Demetrio— y deshagámonos de esto de una vez por todas!

De modo que todos se apresuraron hacia el teatro. Estaba al aire libre y tenía forma de un enorme cuenco partido por la mitad. Los asientos eran gradas de piedra que rodeaban el semicírculo. Podía albergar a veinticuatro mil asistentes. En poco tiempo se había llenado.

Algunos de los hombres arrastraron hasta ahí a Gayo y a Aristarco, dos de los cristianos que acompañaban a Pablo, y Pablo quería ir personalmente a rescatarlos y a hablar con la multitud. Pero sus amigos le dijeron que no sería seguro.

—¡Pero tienen a Gayo y a Aristarco! —gritó—. ¡Podrían matarlos!

—Si vas te matarán a ti —dijeron sus amigos—, ¿y de qué le servirá eso a Gayo y a Aristarco?

Justo en ese momento, dos hombres llegaron corriendo con Pablo.

—Hemos venido en nombre de los asiarcas —anunciaron—, que son amigos tuyos. Pidieron que te dijéramos que permanezcas lejos del teatro. Es demasiado peligroso.

Los asiarcas eran personas muy respetadas no solo en Éfeso, sino en toda la región.

—No puedes ignorar su consejo, aun si ignoras el nuestro —dijeron sus amigos a Pablo.

Seguían teniendo problemas para disuadirlo, pero al final lo lograron. Pablo no fue al teatro.

Dentro era un pandemonio. Unos gritaban una cosa y otros gritaban otra. La mayoría de la gente no sabía por qué estaban ahí o qué estaba sucediendo. Habían quedado atrapados en el clamor de la multitud mientras iba pasando y se habían unido a ella debido a la conmoción generalizada.

La situación se había vuelto explosiva y la violencia podía estallar en cualquier momento. La muchedumbre incluía a varios judíos. Aunque no eran miembros de la Iglesia, querían defender a Pablo y también a Gayo y Aristarco. No querían que hubiera actos violentos y de todas maneras concordaban con muchas de las cosas que Pablo y los otros habían venido diciendo.

Empujaron al frente a un judío llamado Alejandro. Era un orador con gran influencia. Quizá podría lograr que la gente recobrara la razón. Pidió que hicieran silencio y empezó a hablar. Pero cuando explicó que Pablo estaba predicando acerca del mismo Dios que los judíos y la gente se dio cuenta de que también era judío, lo hicieron callar a gritos.

—¡Grande es la Artemisa de los efesios! —gritaron—. ¡Grande es la Artemisa de los efesios!

Ahora todos exclamaban lo mismo y lo hacían sonar como un grito de combate. Así siguieron durante dos horas completas y el ruido era terrible.

A la larga, el alguacil se las arregló para acallarlos.

—¡Ciudadanos de Éfeso! —prorrumpió—. ¿Qué cosa les preocupa? Nuestro templo de Artemisa es famoso en el mundo entero y la estatua de la diosa se encuentra también dentro de él. Como saben, esa efigie no fue hecha por la mano del hombre, porque cayó directamente del cielo. Esa es nuestra creencia. Entonces, ¿de qué tienen que preocuparse? Estos judíos, Gayo y Aristarco, Alejandro y Pablo, no han robado al templo. No han dicho ninguna blasfemia contra Artemisa. Si Demetrio y sus compañeros tienen alguna queja, deberían hacer lo correcto y llevarla ante los tribunales. Esta ciudad nuestra es grande y el comportamiento de ustedes amenaza con causarle una deshonra. Tendremos suerte de que las autoridades romanas no nos acusen de causar un motín. Ahora vayan a sus casas, y háganlo tranquilamente. Todos sabemos cuán grande es la Artemisa de los efesios. No tienen que gritarlo por todas partes.

Por fortuna eso funcionó. La multitud se disolvió. La gente dejó el teatro y se dirigió a sus casas o a sus trabajos, y Gayo y Aristarco, y también Alejandro, estuvieron a salvo.

Pero había llegado la hora de que Pablo partiera. Ya no había más que pudiese hacer en la ciudad, no mientras los ánimos estuvieran tan caldeados. Se despidió de los miembros de la Iglesia en Éfeso y partió por barco hacia Macedonia.

Una revuelta en Jerusalén

LAS COMUNIDADES CRISTIANAS empezaron a brotar por toda la parte oriental del Mediterráneo gracias a Pablo y sus compañeros. Pablo trabajó más que nadie para propagar la historia de Jesús fuera de Palestina y para atraer a los gentiles hacia la Iglesia.

Después de mucho viajar entre las iglesias que había fundado, Pablo regresó a Jerusalén. Sabía que era peligroso, pero estaba decidido a ir ahí.

—En caso necesario —comentó—, estoy preparado para morir. Sin importar qué pase, debo ser leal a Jesús hasta el final.

Estaba en lo correcto, era peligroso. En primer lugar, varios de los miembros de la Iglesia en Jerusalén seguían teniendo sospechas sobre él. Muchos de los cristianos judíos de esa ciudad pensaban que era importante que todos los conversos gentiles se comportaran como judíos estrictos y siguieran sus normas alimentarias. Habían escuchado que Pablo no los obligaba a obedecer esas normas. No podían entenderlo y pensaban que estaba causando un gran daño. Sospechaban que había dejado de ser judío.

Según resultó después, ellos no fueron los que llevaron las cosas a un punto crítico, sino algunos judíos no cristianos de Éfeso. La mayoría de los judíos de esa ciudad habían sido amistosos con Pablo, incluidos aquellos que no se habían integrado a la Iglesia o a la sinagoga cristiana. Pero unos cuantos pensaban que Pablo era un peligroso agitador. Había causado un tumulto en esa ciudad y si no se cuidaban, forzaría la intervención de las autoridades romanas y entonces todos los judíos sufrirían junto con los cristianos.

Algunos de estos judíos hicieron un peregrinaje a Jerusalén. Un día iban de camino al templo cuando uno de ellos dijo:

—¡Miren! ¡Ahí está Pablo! ¡Y lo acompaña Trófimo!

Trófimo era un gentil que venía de Éfeso.

—Lo debe haber llevado dentro del templo —comentó otro hombre.

—Sí —dijo un tercero—, y sin duda lo llevó al atrio reservado para los hombres judíos. No lo hubiera dejado solo, ¿no creen? No, lo ha llevado al atrio con él. Eso significa que ha profanado ese sitio sagrado. Esto es sumamente grave.

Pablo y Trófimo habían desaparecido, pero al día siguiente los mismos hombres vieron de nuevo a Pablo en el templo, dentro del atrio interior. Lo tomaron por la fuerza y gritaron a los demás judíos del lugar:

—¡Este hombre ha traído a los gentiles hasta nuestro atrio! ¡Ha profanado este santo lugar!

Con eso bastó y de inmediato se inició una revuelta. Alguien sacó a rastras a Pablo y lo hubieran matado en el acto si los soldados romanos no hubieran intervenido.

El tribuno, que era el principal funcionario romano a cargo, tomó a Pablo, lo encadenó e intentó averiguar qué estaba pasando. Pero la turba siguió gritando.

—¡Ahórquenlo! ¡Desháganse de él!

Los soldados tuvieron que subir a Pablo por las escaleras hasta su cuartel para librarlo de la gente.

—Hace poco tuvimos a un egipcio que causó graves problemas —dijo el tribuno—. Ya nos ocupamos de sus seguidores, pero él escapó. ¿No serás ese tipo? Porque si lo eres, será mejor que empieces a rezar en este momento.

—No —afirmó Pablo—. Soy un judío de Tarso. No estoy aquí para causar problemas. ¿Querrían dejarme hablar con la multitud?

—Eso sí que te será difícil —replicó el tribuno—, pero si quieres, puedes hacerlo.

Finalmente Pablo se las arregló para acallar a la muchedumbre y se dirigió a ellos desde lo alto de la escalinata, fuera de la puerta del cuartel.

Escucharon durante un momento lo que tenía que decir, pero luego explotó de nuevo su rabia. El oficial romano lo llevó dentro del cuartel y cerró la puerta.

—Muy bien— dijo a uno de sus centuriones—, llévate a este revoltoso y sácale la verdad a latigazos. Quiero llegar al fondo del asunto.

Los soldados lo condujeron a otra habitación en el cuartel, donde tenían los instrumentos de tortura. Ataron a Pablo a una banca y estaban a punto de golpearlo con un látigo cuando Pablo dijo al centurión:

—¿Es legal que azotes a un ciudadano romano al que no se ha sometido a juicio, ni se le ha encontrado culpable de un delito?

Cuando escuchó eso, el centurión fue a toda prisa con el tribuno. Irrumpió en la habitación y gritó:

—¡Ese hombre es ciudadano romano!

El tribuno llegó de inmediato.

—¿Estás seguro? —preguntó a Pablo.

—Por supuesto que sí.

—Yo también soy un ciudadano —dijo el tribuno—. Tuve que pagar mucho dinero para que se me diera la ciudadanía.

—Yo nací como ciudadano —respondió Pablo.

—Entonces me disculpo, señor —añadió el tribuno—. Tendremos que resolver este asunto de otro modo. ¡Centurión! Desátelo, por favor.

La amenaza de una emboscada

EL TRIBUNO NO ENTENDÍA qué cargos se hacían contra Pablo. Así que al día siguiente ordenó reunirse al Sanedrín, llevó a Pablo ahí y lo presentó ante ellos. El Sanedrín era el tribunal judío que condenó a Jesús antes de que se le crucificara, y el que también mostrara tanta cólera en contra de Esteban.

Varios miembros del Sanedrín pensaban que Pablo no había hecho nada malo, pero se inició una fuerte discusión que poco tiempo después se tornó violenta. El tribuno temió que hicieran pedazos a Pablo, de modo que los soldados lo llevaron de regreso al cuartel. No habían llegado a ninguna conclusión.

Luego las cosas empeoraron. A la mañana siguiente, más de cuarenta judíos acudieron con el sumo sacerdote para llevarle un plan. Eran enemigos fanáticos de Pablo y creían que representaba una amenaza para el futuro del judaísmo.

—Hemos hecho un juramento —declararon al sumo sacerdote—. No comeremos ni beberemos nada hasta que hayamos matado a Pablo. Pide al tribuno que lo traiga hasta tu casa. Dile que deseas hacer una investigación adecuada de su caso. El tribuno estará de acuerdo porque quiere resolver el asunto lo más pronto posible. Estará agradecido de que le hagas ese ofrecimiento. Entonces lo emboscaremos al dirigirse aquí y lo mataremos.

Ahora bien, un joven sobrino de Pablo estaba viviendo en Jerusalén. Se enteró sobre la emboscada y se las arregló para entrar al cuartel y contarle todo a su tío. Pablo llamó a uno de los centuriones.

—Lleva a este joven con el tribuno —dijo—, tiene algo que informarle.

El centurión lo llevó al salón del tribuno.

—Señor, un joven desea verlo —explicó—. Pablo, el prisionero, me pidió que lo trajera con usted. Tiene algo que decirle, señor.

—¿De qué se trata? —preguntó el tribuno.

—Señor, hay un intriga para emboscar a mi tío —reveló el sobrino de Pablo—. El sumo sacerdote le pedirá que lo lleve mañana a su casa. No tome en cuenta su petición. Habrá cuarenta hombres esperándolo. Han hecho el juramento de que no comerán ni beberán hasta haberlo matado.

—Has hecho bien, muchacho —le dijo el tribuno—. Ahora no digas que has estado aquí ni que has hablado conmigo. ¿Me entiendes?

—Sí, señor —le respondió.

Después de que el sobrino de Pablo se fue, el tribuno se dirigió a dos de sus centuriones.

—Sacaremos a este tal Pablo de Jerusalén y lo haremos rápido —indicó—. Reúnan algunas tropas. Quiero que lleven esta noche a Pablo hasta Cesarea, con el gobernador. Le escribiré una carta que llevarán con ustedes, explicando lo que ha venido sucediendo.

Pablo solicita audiencia con el emperador

CUANDO PABLO LLEGÓ A CESAREA, Félix, el gobernador romano, leyó la carta del tribuno y prometió escuchar su caso en cuanto llegaran sus acusadores.

—Regresen a Jerusalén —señaló a los centuriones— e informen al sumo sacerdote que tengo a Pablo aquí. Pídanle que venga y nos informe de qué se trata este asunto.

Así que el sumo sacerdote llegó a Cesarea con algunos de los ancianos del templo y con un hombre que se llamaba Tértulo, quien fue el encargado de presentar el caso contra Pablo.

—Su excelencia —dijo Tértulo—, este hombre ha estado causando problemas entre los judíos de todo el mundo. Es el cabecilla de una peligrosa secta. Lo atrapamos intentando profanar el sagrado templo, de modo que lo arrestamos, su excelencia.

—No estaba intentando nada por el estilo —adujo Pablo—. Señor, yo soy un buen judío, un judío devoto. No soy un agitador. Todo esto tiene que ver con Jesús y su resurrección. De eso se trata esta discusión en realidad.

Félix se dio cuenta de que Pablo no era culpable. Pero de todas maneras lo dejó en prisión, para mantener felices al sumo sacerdote y a sus seguidores. También esperaba que Pablo o sus amigos le dieran una buena suma de dinero como soborno. Pero no llegó ningún soborno, así que mantuvo a Pablo en custodia en Cesarea. Pablo estuvo ahí por dos años, hasta que llamaron a Félix a Roma y llegó un nuevo gobernador, que volvió a realizar un juicio contra Pablo.

El nombre del nuevo gobernador era Festo. Cuando finalmente tuvo delante de él a Pablo y a sus acusadores, para Festo resultó difícil entender los argumentos. Pensó que sería mucho mejor si podía juzgar a Pablo en Jerusalén. Ahí recibiría mejor consejo de sus asesores y tendría una buena oportunidad de arreglar con rapidez todo el problema. Se volvió hacia Pablo y le dijo:

—¿Estarías dispuesto a ir a Jerusalén y que te juzguen ahí en mi presencia?

—No intento escapar de la muerte —respondió Pablo—. Si soy culpable de un grave delito, estoy dispuesto a pagar la condena. Pero no tendría un juicio justo en Jerusalén. Apelaré ante el emperador.

—En tal caso, irás con el emperador —contestó Festo.

Días después, el rey judío Agripa y su hermana Berenice llegaron a Cesarea para dar la bienvenida a Festo por su llegada a Palestina. Festo contó a Agripa acerca de Pablo y éste le preguntó si podía verlo y escuchar lo que tenía que decir.

Entonces Pablo le contó a Agripa toda su historia.

—Como verá usted, su majestad —concluyó—, al llevar la historia de Jesús a los gentiles, solamente estoy siendo fiel a mi fe como judío. Dios dijo a Abraham que debía ser una bendición para todos aquellos que conociera. Y uno de los profetas dijo que los judíos deberíamos ser *una luz para las naciones*. Eso es lo único que estoy haciendo. Trato de llevar la bendición, el perdón y la luz de Dios a tantas personas como sea capaz de hacerlo.

Después de que Pablo concluyó su historia, Agripa salió de la habitación con Festo. El gobernador romano le dijo:

—Ese hombre no ha hecho ningún mal, ¿no es cierto?

—Claro que no —concordó Agripa—. Si tan solo no hubiera apelado al emperador, lo hubiéramos podido dejar libre. Pero como están las cosas, tendremos que enviarlo a Roma.

El naufragio

PABLO Y OTROS PRISIONEROS, custodiados por un centurión romano y sus soldados, partieron por barco hacia Italia. Tenían el viento en contra y la nave avanzaba con mucha lentitud en su recorrido. Ya era una época tardía del año, un momento riesgoso para estar en un barco en medio del Mediterráneo.

Llegaron a un sitio que se llamaba Buenos Puertos, en la costa sur de la isla de Creta. Cuando salieran de Creta, estarían en mar abierto.

Pablo se dirigió entonces al centurión y a sus soldados.

—Señores, es demasiado peligroso continuar. He viajado muchas veces y conozco las tormentas que se desatan en esta época del año. Si dejamos este puerto, perderemos la nave y toda su carga y muchos nos ahogaremos.

El centurión escuchó lo que Pablo le decía, pero quería conocer también qué pensaban el capitán y el dueño del barco, y deseaba obtener la opinión de los marinos y otros viajeros experimentados.

—El problema es —dijo el capitán— que Buenos Puertos no es un lugar adecuado para pasar el invierno hasta que podamos navegar de nuevo en la primavera. A veces las tormentas invernales chocan directamente contra ese puerto y es posible que destrocen el barco. Creo que deberíamos partir siguiendo la costa hasta Fenice, que es un puerto mucho más seguro.

—¿Qué opina el resto de ustedes? —averiguó el centurión.

—Estamos de acuerdo con el capitán —respondieron.

De modo que esperaron la llegada de un viento moderado del sur, que los impulsaría en la dirección correcta, e izaron las velas. Pero no se habían alejado mucho de Buenos Puertos cuando el viento cambió de dirección y se volvió muy violento.

No había nada que pudieran hacer, por lo que decidieron sortear la tormenta.

Se las arreglaron para subir el bote salvavidas y ataron cuerdas debajo del casco para impedir que se rompiera. Bajaron el ancla para prevenir que la tormenta los lanzara contra las rocas. Pero la tormenta siguió, con un viento más fuerte que nunca. Sopló toda la noche y al día siguiente los marinos empezaron a arrojar la carga al mar. Al otro día también arrojaron los aparejos, para aligerar todavía más la nave, pero no sirvió de nada. Estaban indefensos ante la tormenta y quedaron a la deriva durante largos días y noches, conducidos adonde el viento y las olas los llevaran. No veían señales de tierra y todos, excepto Pablo, perdieron la esperanza de llegar a salvo. Pero una noche Pablo tuvo una visión.

Se puso de pie entre sus compañeros de viaje, se afianzó para soportar los vaivenes del barco, y gritó por encima del rugido del viento y de las olas:

—Amigos míos, debieron haber escuchado mi consejo cuando estábamos en Buenos Puertos. Pero no pierdan esperanza. Un ángel de Dios se me apareció anoche en una visión. El ángel me dijo: *Pablo, no debes temer. Llegarás a Roma y presentarás tu caso al emperador, como deseas hacerlo. Y Dios salvará a todos en este barco. La nave en sí se perderá, pero nadie morirá ahogado.* Así que todos ustedes deben ser valientes. Dios nos conducirá por buen camino. En el pasado me ha librado de muchas situaciones difíciles y sé que lo hará de nuevo. Tendremos que encallar en alguna isla.

A la mitad de la decimocuarta noche desde que habían salido de Buenos Puertos, los marinos sospecharon que se acercaban a tierra. Pensaron que podían escuchar cómo rompían las olas contra la costa y el mar por el que navegaba el barco tenía un sonido un tanto diferente. El agua era poco profunda. Bajaron cuatro anclas por la popa para impedir que el barco chocara contra las rocas y rezaron pidiendo que llegara el día.

Aún estaban rodeados por la oscuridad más intensa, pero podían escuchar que se acercaban cada vez más a la costa. Temían que el barco se destrozara contra las piedras, así que empezaron a bajar el bote salvavidas.

Pablo vio lo que hacían y de inmediato fue con el centurión.

—Los marinos abandonarán el barco. Si lo hacen, no habrá esperanza para el resto de nosotros.

El centurión se volvió hacia algunos de sus soldados.

—¡Pronto! —les dijo—. ¡Detengan la huida de los marinos! Corten las cuerdas del bote salvavidas y déjenlo a la deriva.

No habían comido nada por varios días. No tuvieron tiempo para comer por haber estado tan ocupados en salvar la nave de que la volcara la tormenta. Estaban débiles y agotados.

Justo antes del amanecer, Pablo les dijo a todos:

—Necesitan comer algo y recuperar sus fuerzas, las necesitarán para sobrevivir. No se preocupen, ninguno de ustedes perderá ni un cabello de sus cabezas —hizo una pausa y continuó—. Bueno, por mi parte, comeré un poco de pan.

Tomó una hogaza, dio gracias a Dios, rompió un trozo de ella y empezó a comer. Los otros lo observaron y entonces también comieron.

Después de comer, arrojaron el resto de la carga al mar. Si querían llegar a tierra, necesitaban que el barco estuviera lo más ligero posible.

Llegó la mañana y pudieron ver la isla, aunque no la reconocieron; sin embargo, localizaron una playa junto a unos riscos.

—Vayamos a la playa —dijo el centurión.

Recogieron las anclas e izaron la vela para dirigirse a tierra, pero no vieron el banco de arena que estaba justo por debajo del agua. El barco encalló y quedó varado, las olas chocaban contra la popa y empezaron a destrozarlo.

—Señor, debemos matar a los prisioneros —gritaron los soldados al centurión—. No podemos dejar que salten por la borda y escapen.

—No se atrevan a matar a ninguno de ellos —respondió el centurión—. Quiero que Pablo llegue a salvo.

Y elevando su voz sobre el sonido estridente de las olas que chocaban y destrozaban la madera del barco, gritó:

—¡Todos abandonen el barco! ¡Si pueden nadar, salven sus vidas! Si no saben nadar, entonces afiáncense de algo y lleguen a tierra.

Así que se lanzaron al mar y nadaron hasta la orilla o se sostuvieron de las planchas de madera que se habían desprendido del barco. Ninguno de ellos se ahogó. A bordo viajaban doscientas setenta y seis personas y todas llegaron a salvo, como habían dicho Pablo y el ángel.

Pablo llega a Roma

LA ISLA A LA QUE LLEGARON era Malta. Tuvieron que permanecer ahí durante el invierno, pero tres meses después, cuando mejoró el clima y de nuevo fue segura la navegación, abordaron otro barco que primero fue a Sicilia y luego siguió la costa de Italia hasta un puerto llamado Puteoli. En ese sitio ya había varios cristianos, que recibieron a Pablo en cuanto llegó. El centurión le permitió quedarse con ellos por siete días.

Cuando hubieron transcurrido los siete días, Pablo partió, aún bajo custodia, hacia la última etapa de su viaje. Requerirían otros cinco días hasta llegar a Roma.

Los cristianos de la ciudad se habían enterado de su próxima llegada y cuando estaba todavía a 65 kilómetros de distancia, algunos de ellos acudieron a darle la bienvenida. Otros 16 kilómetros más adelante se encontraron con más cristianos. De modo que Pablo entró a Roma como prisionero, pero iba rodeado de amigos.

Dentro de la ciudad se le permitió que viviera en su propio alojamiento y solamente asignaron un soldado para custodiarlo. Estaba en libertad de hablar con cualquiera que lo visitara.

En Roma había muchos judíos y a sus oídos no había llegado noticia alguna de las acusaciones contra Pablo, así que cuando les contó todo acerca de la revuelta en el templo y lo que sucedió después de eso, rápidamente aceptaron sus palabras.

—Pero queremos saber más acerca de Jesús —dijeron—. Sabemos que tiene discípulos en muchas partes, incluyendo esta ciudad, y también sabemos que muchos judíos de otros lugares están profundamente enojados con ellos. Cuéntanos más. Queremos saber cuál es la verdad.

Entonces Pablo habló durante muchas horas con ellos. Algunos estaban convencidos de lo que les decía y otros no le creían. Unos se volvieron cristianos, otros no.

Pablo estuvo en Roma viviendo en sus habitaciones bajo guardia durante dos años. Cada vez que la gente acudía a él, ya fueran judíos o gentiles, les daba una cálida bienvenida y de buena gana les contaba todo sobre Jesús, toda la historia de principio a fin. Nadie intentó detenerlo.

De esa manera fue que el cristianismo llegó a Roma. Todo había comenzado en Belén y en Nazaret, el pequeño y oculto caserío judío en las montañas de Galilea. Los romanos habían intentado aplastarlo. Habían crucificado a Jesús. ¡Pero Dios lo había liberado y ahora ahí estaba Pablo, uno de los más grandes discípulos de Jesús, que predicaba sobre él en la ciudad capital del imperio romano!

12
CARTAS A LAS IGLESIAS Y UNA VISIÓN FINAL

No es solamente Lucas quien nos cuenta acerca de Pablo en las historias que describe en Hechos de los Apóstoles. También conocemos a Pablo a través de sus propios escritos, ya que él mismo envió cartas a ciertas comunidades cristianas y algunas de esas epístolas han sobrevivido. En un principio, cuando se enviaron, seguramente se leían en voz alta a todos los integrantes, y es obvio que se les consideraba como grandes tesoros que debían conservarse con cuidado y pasarse de generación en generación.

Estas cartas son los primeros documentos en el Nuevo Testamento. Se escribieron antes que cualquiera de los Evangelios, incluso antes del libro de Hechos.

La mayoría de las iglesias a las que se dirigió Pablo con sus epístolas eran las que él mismo había fundado y les escribía para mantener contacto con sus miembros, darles aliento y lidiar con los problemas que surgieran y con dudas que pudiesen tener. Una de las cartas a la iglesia de Roma se escribió incluso antes de que Pablo visitara esa ciudad, y en la actualidad no nos queda del todo claro por qué la envió. En esa época esperaba visitar Roma y quizá con esa carta intentaba presentarse a sí mismo y a sus enseñanzas ante los cristianos de ese lugar antes de su llegada. Quizá escuchó sobre las divisiones entre cristianos judíos y gentiles y trataba de lograr su unión. Tal vez la carta pretendía resolver ambos asuntos.

Estas cartas, excepto quizá aquella dirigida a la iglesia de Roma, son como la mitad de una conversación, algo parecido a escuchar a otra *persona mientras habla por teléfono. Podemos escuchar lo que Pablo dice, pero no conocemos lo que comentan los cristianos que están al otro lado de la línea. No sabemos con exactitud qué le habían estado diciendo como para provocar que hable del modo en que lo hace. Tenemos que tratar de descubrirlo por las cosas que Pablo escribe y a veces esta es una tarea difícil.*

No obstante, en esas cartas encontramos algunos pasajes maravillosos que no son demasiado difíciles de entender. Este último capítulo de El Libro de los Libros incluirá unas cuantas de las epístolas y luego concluirá con dos pasajes del último libro de la Biblia, el Apocalipsis.

Cristianos en disputa

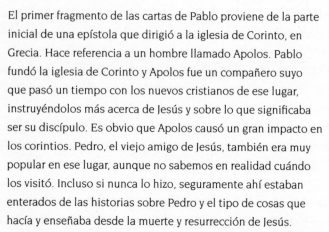

El primer fragmento de las cartas de Pablo proviene de la parte inicial de una epístola que dirigió a la iglesia de Corinto, en Grecia. Hace referencia a un hombre llamado Apolos. Pablo fundó la iglesia de Corinto y Apolos fue un compañero suyo que pasó un tiempo con los nuevos cristianos de ese lugar, instruyéndolos más acerca de Jesús y sobre lo que significaba ser su discípulo. Es obvio que Apolos causó un gran impacto en los corintios. Pedro, el viejo amigo de Jesús, también era muy popular en ese lugar, aunque no sabemos en realidad cuándo los visitó. Incluso si nunca lo hizo, seguramente ahí estaban enterados de las historias sobre Pedro y el tipo de cosas que hacía y enseñaba desde la muerte y resurrección de Jesús.

Pablo escribió la carta mientras estaba en Éfeso, y Apolos estaba con él durante esa época. Tres hombres de la iglesia corintia habían llegado a Éfeso y también estaban con él, y algunos esclavos, familiares o amigos de una mujer que se llamaba Cloé también le llevaron noticias sobre esa iglesia. No estaba complacido con lo que le habían contado.

LA GENTE DE CLOÉ me ha dicho que hay peleas entre ustedes. Algunos de ustedes dicen: *Yo apoyo a Pablo.* Otros dicen: *Apoyo a Apolos* o *Apoyo a Pedro* o *Apoyo a Jesucristo.*

¿Qué están pensando? ¿Existen cuatro iglesias en ese lugar? ¿Cristo se ha dividido en cuatro partes? No deben seguirme a mí, a Apolos o a Pedro. Deben seguir a Cristo. Pero de nada sirve que algunos de ustedes digan: ¡*Claro que lo seguimos!* ¡*Son los otros quienes no lo hacen*!

No quiero que existan divisiones entre ustedes. Quiero que estén unidos, con una sola mente puesta en un solo propósito, trabajar unos con otros y no unos contra otros. Tampoco quiero que ninguno vaya por ahí pensando que es muy inteligente y sabio, y declarando que los únicos que están en lo correcto son los que coinciden con ustedes.

Recuerden, la cruz de Cristo es lo que une todo. Sé que esto no tiene sentido. Sé que parece debilidad o locura. Sé que muchos de nuestros hermanos y hermanas judíos quieren milagros o un Mesías que llegue rodeado de triunfo, trayendo detrás toda la pompa y circunstancia de un gran rey. Sé que muchos de los gentiles quieren a alguien sabio e inteligente, alguien con gran educación y con elegantes palabras y evidencias. Entonces llegamos nosotros y predicamos sobre un hombre que venía de un pueblo campesino que nadie conoce, ¡y que murió como criminal en una cruz! Sé que Jesús crucificado *pareciera* débil; de hecho, totalmente impotente. Pero he de decirles: véanlo y serán testigos del poder de Dios. Sé que para algunos el Jesús crucificado parece una tontería, pero debo decirles: véanlo y serán testigos de la sabiduría de Dios. Porque la necedad de Dios es más sabia que la sabiduría humana y la debilidad de Dios es más fuerte que la fortaleza del hombre. Jesús pone todo de cabeza.

Véanse a sí mismos, amigos míos. No muchos de ustedes son inteligentes según los criterios humanos, no muchos son poderosos o respetables. Gran cantidad de ustedes son esclavos o pobres, la clase de personas a las que se mira con desprecio o se trata como basura. Pero véanse ahora. ¡Son amigos de Dios! Ponen en vergüenza a los inteligentes y a los altos y poderosos. Cuando se trata de Dios, las cosas se invierten y Él los ha elegido a ustedes para poner eso en evidencia.

De modo que si desean glorificarse, no lo hagan acerca de sí mismos o de mí, de Apolos o de Pedro. Glorifíquense en Dios y en lo que Él ha logrado.

¡Después de todo, véanme a mí, amigos míos! Cuando llegué a Corinto no utilicé palabras inteligentes o argumentos difíciles de entender. No los impresioné con mi palabrería elegante. Estaba nervioso. Llegué temeroso y temblando. Traje conmigo al Espíritu y al poder de Dios, y nada más. Pero ellos bastaron. ¿Se dan cuenta? Su fe no depende de mi sabiduría. Depende de Dios.

¿Qué es Apolos? ¿Qué soy yo? Tan solo sirvientes de Dios y nada más. Somos como jardineros que labran el jardín de Dios. Llegué a Corinto y planté la semilla. Apolos vino después de mí a regarla. Pero no hicimos crecer las plantas, Dios fue quien lo hizo. Ustedes son la obra de Dios. Nosotros ayudamos un poco, pero es a Dios a quien deben agradecerle.

¿Conocen los grandes templos de Corinto? ¿Han escuchado acerca del templo en Jerusalén? Pues bien, ¡*ustedes* son el verdadero templo de Dios! Ustedes son donde vive su Espíritu. Ustedes son el lugar sagrado. ¡Tan solo piensen en ello!

Las adversidades de Pablo

Han sobrevivido dos de las cartas de Pablo a la iglesia en Corinto. Entre la primera y la segunda visitó de nuevo ese lugar. Sin embargo, la segunda carta muestra que la situación había empeorado. Algunos otros judíos cristianos habían llegado a la ciudad y pusieron a la comunidad cristiana contra él. Pablo decidió que se defendería y su defensa de sí mismo es muy reveladora. Muestra cuánto tuvo que soportar desde que empezó a seguir a Jesús y a llevar la noticia de su amor a los pueblos y ciudades del Mediterráneo oriental. Estas son las palabras de Pablo:

DEBEN RECORDAR QUE YO TAMBIÉN soy judío. Todos los demás cristianos judíos han estado diciendo que no he sido fiel a la fe de mis ancestros. Esto es una mentira. Soy tan israelita y descendiente de Abraham como lo son ellos. Y al igual que ellos, me enorgullece ser un siervo de Cristo. Piensen cuántas cosas he tenido que pasar por seguir a Cristo. Una y otra vez me han arrojado a la cárcel. Me han flagelado incontables veces por predicar acerca de Jesús. A menudo he estado a punto de perder la vida. Cinco veces mis compatriotas judíos me han dado treinta y nueve azotes. En tres ocasiones las autoridades romanas me han golpeado con varas. Una vez me apedrearon. He estado en tres naufragios. Durante todo un día y toda una noche estuve a la deriva en mar abierto. He hecho más viajes de los que puedo contar y he arriesgado la vida atravesando ríos. He enfrentado los peligros que representan los ladrones y bandidos, el peligro de mis compatriotas y de los gentiles; el peligro de las ciudades y de estar en medio de la nada, al igual que los peligros del mar y de los falsos cristianos. Me he agotado debido al exceso de trabajo. He pasado incontables noches de insomnio y he tenido hambre y sed. He estado desnudo y en medio del frío, casi a punto de morir congelado.

Y luego, además de todo esto, he sufrido las preocupaciones que vienen de la presión que ejercen a diario sobre mí todas las iglesias. Si cualquiera de sus miembros se esfuerza, yo me esfuerzo con él. Si cualquiera tropieza por culpa de algún otro y lo hacen caer, mi cara también arde con su vergüenza.

El Dios y Padre de nuestro Señor Jesucristo sabe que todo esto es verdad.

Pero olvido una cosa. Cuando estuve en Damasco, el gobernador quería arrestarme y tenía guardias apostados en las puertas de la ciudad. Pero me bajaron en una canasta desde la ventana de una casa que se había construido contra uno de los muros y así escapé de sus garras.

Ustedes son el cuerpo de Cristo

La siguiente sección nos lleva de regreso a la primera carta que dirigió a los corintios.

TODOS USTEDES TIENEN DONES. El problema es que algunos piensan que sus propios dones valen más que los de otros. Algunos piensan que si la gente no tiene los mismos dones que ustedes, no son discípulos adecuados de Cristo.

Pero todos podemos tener los mismos dones. Y, en todo caso, el mismo Espíritu de Dios, la energía misteriosa y creativa de Dios, es la fuerza que incita todos sus dones. A través de ellos es como Dios se hace visible. Y esos dones no se les han dado para que presuman de ellos y piensen que ustedes son mejores que los demás. Los poseen para el beneficio de toda la Iglesia y de toda la comunidad.

Quiero dejar algo en claro. La comunidad cristiana es como un cuerpo. El cuerpo tiene muchas partes diferentes. Quizá el pie diga: «No soy parte del cuerpo porque no soy una mano». El oído podría decir: «No soy un ojo, así que no pertenezco al cuerpo». Eso sería una verdadera tontería. Pero si todo el cuerpo solamente fuera un ojo o un oído, eso también sería ridículo. ¿Cómo sería capaz de oler? El ojo no puede decir a la mano que no la necesita. El oído no puede decirle al pie que no lo necesita. Eso sí que sería una locura. Una parte del cuerpo no puede decir a otra: «Soy más importante que tú». Todas las partes del cuerpo tienen la misma importancia. Tienen que cuidar unas de otras, porque si una parte sufre, todas sufren. Si un objeto entra en sus ojos, todo su cuerpo sufre. Si se golpean un dedo del pie, todo su cuerpo sufre. Si se cortan la mano, su cuerpo sufre. Se siente como si el dolor inundara todo su cuerpo. Pero si se coloca una corona sobre su cabeza o cubren sus hombros con un bello manto, todo su cuerpo camina sintiéndose orgulloso.

Ustedes, los cristianos de Corinto, conforman un cuerpo y no solo cualquier cuerpo. Ustedes son el cuerpo de *Cristo*. Vienen de diferentes familias, de diferentes orígenes. Algunos son esclavos y algunos son libres; unos son hombres, otras son mujeres y otros son niños; unos son pequeños y otros son grandes. Pero todos pertenecen a Cristo. Todos son amigos de Cristo. Están inmersos en Cristo y él los lleva consigo. Cristo vive en ustedes y ustedes viven en él. Cristo es su hogar, su refugio, el sitio donde moran. Cristo es donde ustedes viven y crecen.

Ustedes son el cuerpo de Cristo. A través de ustedes, Cristo aún recorre esta tierra.

El amor es lo más extraordinario

A veces Pablo escribe con estilo poético. Este fragmento de su Primera Epístola a los Corintios es, tal vez, el más famoso que haya escrito alguna vez.

AUNQUE HABLE bellas palabras,
y de mi boca salga un lenguaje angelical,
si no tengo amor,
seré cual ruidosa campana o estruendoso platillo.

Quizá entienda todos los misterios,
y tenga la ciencia mundana;
quizá tenga fe de sobra
para mover montañas,
pero si no tengo amor,
no soy nada.

Tal vez regale mis posesiones,
me entregue y pierda la vida misma,
si no tengo amor,
no logro nada.

El amor es paciente,
el amor es amable,
no envidia
ni se envanece;
no es presuntuoso
ni burdo.

No busca salirse con la suya,
o cuidar de sí mismo.
No es presto para ofenderse
ni lleva cuenta de agravios.
No se regodea en los errores ajenos,
sino que su dicha es la verdad.

El amor lo soporta todo,
cree en todo y espera todo,
resiste todas las cosas.

El amor nunca cede,
nunca falla,
no termina.
Las profecías cesarán,
pues todo será revelado.
El conocimiento tendrá fin,

pues todo será conocido.
Ahora apenas sabemos poco
y profetizamos a oscuras.
Pero un día el todo devorará a lo pequeño
y la luz desvanecerá la oscuridad.

Cuando era niño,
hablaba como niño,
pensaba como niño
y resolvía las cosas como niño.
Pero luego crecí
y dejé atrás las cosas de niños.

Ahora, en nuestra búsqueda de Dios,
no vemos más que los nebulosos reflejos de un espejo.
Al final lo veremos de frente.
Ahora solo lo conozco en parte.
Entonces lo conoceré como Él me conoce a mí.

Hay tres cosas perdurables:
fe, esperanza y amor,
solo tres.
Y de ellas, la más grande es el amor.

Vida después de la muerte

El siguiente fragmento también proviene de la Primera Epístola
a los Corintios.

CRISTO RESUCITÓ de entre los muertos. Y nosotros también regresaremos de la muerte. Pero alguien quizá pregunte: *¿Cómo se resucita a la gente de entre los muertos? ¿Qué tipo de cuerpo tienen?* Les respondería. Pero no puedo responderles, porque está más allá de mi imaginación.

Es como cuando siembran una semilla en la tierra. Es una cosa muy pequeña. Si no lo supieran, al mirar la semilla en su mano nunca adivinarían que una planta pudiese crecer de ella, un tallo de trigo, una flor o un enorme árbol. Nunca pensarían que una amapola pueda venir de su diminuta semilla o que un roble crezca a partir de una bellota.

Cuando morimos, somos como semilla. Una verdadera semilla hace a un lado la tierra y de su interior nace una planta fresca. Después de la muerte brotaremos como una nueva creatura, al igual que hizo Jesús luego de morir. Y sin embargo, seremos los mismos. No pueden brotar amapolas de las bellotas, ni robles de las semillas de amapola.

Somos seres débiles e infortunados y todos hemos de morir. ¡Pero el día que Dios nos regrese de entre los muertos seremos algo digno de verse! Tendremos una dignidad, una honra, un poder y una gloria que nunca soñamos y la muerte ya no tendrá dominio sobre nosotros.

Un hermoso cántico

Otra iglesia que fundó Pablo estaba en Filipos, una importante ciudad de Macedonia. Una vez que estaba en prisión, escribió una carta a la iglesia de ese lugar, en la que citaba un hermoso cántico. Debe ser uno de los primeros himnos religiosos cristianos. En el siguiente pasaje escuchamos primero que Pablo se dirige a los cristianos filipenses y luego leeremos el cántico.

TENGO UN ENORME CARIÑO POR TODOS USTEDES, y ustedes me han dado tanto. Ahora hagan que mi dicha esté completa coincidiendo entre sí y mostrándose el mismo amor los unos por los otros. No intenten colocarse por arriba de los demás. Sean humildes y consideren a los otros como mejores que ustedes. No sigan todo el tiempo sus propios intereses, en vez de ello ocúpense de los intereses ajenos.

Tan solo piensen en Cristo. Piensen igual que pensaba Cristo…

Porque aunque era divino,
no quiso semejarse a Dios
ni aferrarse con firmeza a tal naturaleza.
En lugar de eso se despojó
de todo honor y toda gloria.
Se humilló hasta la nada
y tomó la condición del esclavo,
naciendo semejante a los hombres.

Al compartir el destino humano,
se humilló todavía más.
Porque al igual que un esclavo,
recibió el trato del criminal
y llegó hasta la muerte.
Siguió el destino mortal del esclavo,
la muerte del peor de los criminales,
¡la muerte en la cruz!

¡Y es por ello que Dios lo ha exaltado!
Es la razón por la que Dios le ha otorgado el nombre
que supera todos los nombres,
para que al nombre de Jesús
todos se arrodillen,
en el cielo, en la tierra y bajo esta,
y que toda boca grite: ¡*Jesucristo es el Señor*!
para la gloria de Dios, que es su Padre.

Una última selección

Por último, presentaremos algunos versículos y fragmentos de una carta que escribió Pablo a un grupo de iglesias en Galacia, una región en lo que ahora se conoce como Turquía, y de la epístola que escribió para los cristianos de Roma.

Primero veremos la Epístola a los Gálatas:

YA NO EXISTEN judíos o gentiles, esclavos o libres, hombres o mujeres. Porque todos son uno en Cristo Jesús.

Amigos míos, se les ha llamado a ser libres. Pero no usen su libertad a su propio arbitrio. Úsenla para servirse entre sí. A través del amor, actúen como esclavos los unos de los otros. Porque todas las enseñanzas de Dios al pueblo de Israel se pueden resumir en esto: *Ama a tu prójimo como a ti mismo.*

Eso es lo que produce el Espíritu de Dios en la gente: amor, dicha, paz, paciencia, bondad, generosidad, lealtad, gentileza y control de uno mismo.

Y tres pasajes de la Epístola a los Romanos:

Cuando aún estábamos desamparados, Cristo murió por nosotros. Murió por nosotros aunque le dimos la espalda a Dios. Es muy poco común que alguien esté dispuesto a morir para salvar a una buena persona. Pero nosotros no éramos buenas personas cuando Cristo murió por nosotros. Éramos enemigos de Dios y, sin embargo, Dios vino a buscarnos; a pesar de ello se reconcilió con nosotros a través de la muerte de su Hijo. Así podrán ver cuán seguros estamos ahora con Dios.

Todos los que se guían por el Espíritu de Dios, son hijos e hijas de Dios. Porque Dios no los ha hecho sus esclavos, para que se acobarden ante él y teman su vara. Los ha adoptado como sus propios hijos. Es por ello que cuando rezamos a Dios, clamamos ¡*Abbá*! ¡*Padre*! Ese clamor proviene del Espíritu de Dios que está profundo dentro de nosotros y nos recuerda que somos los hijos de Dios. Y si somos sus hijos, entonces debemos ser sus herederos. ¡Somos los herederos de todo lo que Dios posee, partícipes de su herencia junto con Cristo!

Si Dios está con nosotros, ¿quién puede estar en contra nuestra? ¡Nos dio a su propio Hijo! Entonces ciertamente que puede darnos lo demás, todas las dádivas que tiene por ofrecer. Nadie puede imponer cargos en contra nuestra, porque Dios mismo nos declara inocentes. Nadie puede condenarnos, pues Cristo defiende nuestro caso. ¿Qué puede separarnos del amor de Cristo? ¿Puede lograrlo la adversidad o la angustia, puede lograrlo la persecución o el hambre, la desnudez, el peligro o la espada? Ahora sé lo que significan las palabras del viejo salmo: *Por tu causa se nos mata todo el día; se nos trata como ovejas que van al matadero.* Eso describe mi propia experiencia. Pero aun así hemos ganado la batalla. ¡Con Cristo que tanto nos ama, hemos terminado más que vencedores! ¡Estoy seguro de que no existe nada en la muerte o en la vida, en el reino de los espíritus o de las fuerzas sobrenaturales, en el mundo como es o como será, nada en absoluto en toda la creación, que pueda separarnos del amor de Dios en Cristo Jesús, nuestro Señor!

Visiones del Cielo

El último libro de la Biblia se conoce como el Apocalipsis. Nos proporciona una visión de la derrota final de las fuerzas oscuras, al igual que sobre el reino de Dios y el cielo. La Biblia comienza con una masa de agua, que se agita en la oscuridad, y luego nos habla de un jardín. Finaliza con la desaparición de esa masa de agua y con una ciudad en lugar del jardín. Sin embargo, en la visión de la ciudad celestial se detecta un claro eco del jardín, y al igual que la Biblia comienza con Dios, en el Apocalipsis concluye también con Dios.

Iniciamos con Dios y terminamos con Dios. Por supuesto, en todo este recorrido le hemos hecho compañía a Dios. La Biblia es el libro de Dios, se refiere a Él y reluce con su resplandor. Pero Dios es mucho más que la Biblia. Con toda seguridad, la Biblia no es Dios, aunque algunos la traten como tal. A pesar de esto, por muchos siglos gran cantidad de personas se han encontrado con Dios a lo largo de sus páginas y, sobrecogidos ante la amistad y el amor de Dios, han encontrado la fuerza y la sabiduría para trabajar con Él.

En la Biblia todo tiene que ver con hacerle compañía a Dios.

Como cierre, presentamos algunos pasajes finales del Apocalipsis.

ENTONCES VI UN NUEVO CIELO y una nueva tierra, porque el primer cielo y la primera tierra ya habían terminado.

No había más océano, ni más agua oscura que amenazara con devorar la creación de Dios, ni fuerzas oscuras que intentaran ahogar al mismo Dios.

Vi una nueva Jerusalén, la ciudad santa, que descendía del cielo cubierta de todas sus galas, adornada como una novia que se acerca a su marido. El novio era Dios y todos los cielos y la tierra asistían a la boda.

Entonces escuché una fuerte voz que decía:
Vean, Dios ha montado su tienda aquí,
el Tabernáculo,
donde todo está en perfecto orden.
Donde todo es bueno y muy bello,
como el mundo en la primera hora.
Vean, Dios ha fundado su hogar con los niños,
con hombres y mujeres.
Habitará con ellos
y ellos serán su pueblo.
Dios mismo estará con ellos
y secará toda lágrima de sus ojos.
Ya no habrá muerte
y ya no habrá penas,
no más llantos
ni dolor.
Porque el primer mundo habrá desaparecido.

Entonces un ángel me mostró el río con el agua de vida. Resplandecía como el cristal y fluía del trono de Dios hasta la mitad de una amplia y recta calle de la ciudad. A ambos lados del río crecía el Árbol de la Vida. Cada mes produce una nueva cosecha de frutos que todos pueden tomar y comer. Y las hojas del árbol llevan salud a las naciones.

No habrá nada impuro en esa ciudad. Y todo será santo, porque todo estará lleno de Dios. Todos en la ciudad lo alabarán. Verán su rostro y podrán conocerlo tal cual es y llevarán su nombre grabado en la frente.

No habrá más noche, ni oscuridad, ni temor a la oscuridad; no se encenderán apresuradamente las linternas, no habrá terror ni hechos oscuros. Y no habrá necesidad de un sol que brille en el día, porque la ciudad se llenará con la luz de la gloria de Dios.

Y los amigos de Dios reinarán con Él en esplendor por los siglos de los siglos.

REFERENCIAS DE LA BIBLIA

Más enseñanzas de la montaña de Dios: Éxodo 23,4-5; Levítico 19,9-10; Deuteronomio 22,8; 16,9-15; Éxodo 23,9; Levítico 19,18; Deuteronomio 6,5

El becerro de oro: Éxodo 32,1- 30 con referencia a Éxodo 24,9 -11; Éxodo 25 - 31; 16,1 - 17,7

Nuevos inicios: Éxodo 32,31 - 33,23; 34

La muerte de Moisés: Deuteronomio 34,1-7

Capítulo 4: Viviendo en la tierra de Dios

La caída de Jericó: Josué 6,1- 25

Eluma, una mujer menospreciada: Jueces 13

Ana, una mujer sin un hijo: 1 Samuel 1,1 - 2,21

¡Samuel! ¡Samuel!: 1 Samuel 3,1-18

El rey Saúl: 1 Samuel 3,19 - 4,1; 8,4 - 20; 9,1 - 10,1a

David, el niño pastor: 1 Samuel 16,1-13

David y Goliat: 1 Samuel 17,1- 51

La huida de David: 1 Samuel 19,9 -10; 24,1- 22; 26,1- 25, con referencia a 2 Samuel 7, 8 -16

David y Betsabé: 2 Samuel 7, 8 -16; 11,1- 27

David y Natán: 2 Samuel 12,1-24

Elías y la competencia en el monte Carmelo: 1 Reyes 18,2 - 46

La huida de Elías: 1 Reyes 19,1-18

Elías, Acab y el viñedo: 1 Reyes 21,1-24

Capítulo 5: El pueblo de Dios en peligro

Que la justicia de Dios corra como el agua: Amós 1-2; 5,10 -12,24; 6,1-7; 8,4 - 6; 5,18 -23; 7,10 -17

Oseas y el amor de Dios: Oseas 11,1- 9

¡Jerusalén nunca caerá en manos enemigas!: Salmos 17, 8; 46,1- 5, 7,11; 48,12 -14

Jeremías habla con la verdad: Jeremías 2,1-13; 19; 21, 8 -11; 22,1- 5; 38,1 -13

La caída de Jerusalén: 2 Reyes 24, 8 - 25,21; Jeremías 38,14 - 28; 43,1-7

Tristes cantos de lamento: Salmo 74; Lamentaciones 1,1- 6; 1,11b -14, 16, 18; 2,9, 20; 3,21- 22; 5,14 -15

Sueños del hogar: Isaías 40,1 -11; 54,1-10

Un valle lleno de huesos y un nuevo Jardín del Edén: Ezequiel 37,1-14; 43,1- 5; 47,1 -12; 48,35

Reconstrucción de Jerusalén: Nehemías 1- 2; 4,1- 23; 6,15 -16

Daniel: Dios entre las llamas: Daniel 3

Daniel en la guarida de los leones: Daniel 6

Capítulo 6: Bellas historias, bellos poemas

Capítulo 7: El nuevo comienzo: nacimiento de Jesús

Capítulo 8: ¿Quién fue Jesús?

Capítulo 9: Jesús: narrador y poeta